16	3	2	13
5	10	11	8
9	6	7	12
4	15	14	1

José Ramos Tinhorão

A MÚSICA POPULAR NO ROMANCE BRASILEIRO

Vol. II: Século XX (1ª parte)

editora 34

EDITORA 34

Editora 34 Ltda.
Rua Hungria, 592 Jardim Europa CEP 01455-000
São Paulo - SP Brasil Tel/Fax (11) 3816-6777 editora34@uol.com.br

Capa, projeto gráfico e editoração eletrônica:
Bracher & Malta Produção Gráfica

Revisão:
Alexandre Barbosa de Souza

1ª Edição - 2000

Catalogação na Fonte do Departamento Nacional do Livro
(Fundação Biblioteca Nacional, RJ, Brasil)

Tinhorão, José Ramos, 1928-
T588m A música popular no romance brasileiro (vol. II: século XX [1ª parte]) / José Ramos Tinhorão. — São Paulo: Ed. 34, 2000.
416 p.

ISBN 85-7326-179-X

1. Música popular - Brasil - História e crítica.
I. Título.

CDD - 780.981

A MÚSICA POPULAR NO ROMANCE BRASILEIRO
Vol. II: Século XX (1ª parte)

Nota da editora:
Foram mantidas as grafias originais nas citações em meio ao texto.

PREFÁCIO

A entrada do Brasil no século XX — preparada desde o fim do Oitocentos pela abolição da escravidão, o advento da República, pelo início da atividade industrial, da imigração estrangeira e das grandes obras públicas — iria provocar como reflexo mais evidente, na área cultural, a descentralização da vida literária (o Rio de Janeiro perdendo a posição de pólo quase exclusivo da produção) e o aproveitamento, pelos romancistas, dos cenários regionais e novos quadros da vida social, ampliados em conseqüência da rápida diversificação dos serviços e do trabalho urbano.

A projeção dessas mudanças sobre a atividade literária, em geral, e sobre o romance em particular, foi o aparecimento, ao lado do Rio de Janeiro, de centros de produção local em várias capitais — como Porto Alegre, São Paulo, Belo Horizonte e Recife — com aproveitamento de temas que vinham ampliar o campo de ação dos enredos, fazendo surgir os romances de escândalo ou de crônica do submundo carioca, da vida de pequenas cidades, ou específicos da vida proletária, pequeno-burguesa ou vagamente "populares".

Como não podia deixar de acontecer, ante esse envolvimento dos romancistas com a realidade social em fase de rápidas mudanças, aumentam nas histórias ambientadas no meio urbano das primeiras décadas do século XX as referências à música popular, agora mostrada em seu papel de produto cultural ligado a interesses de fabricantes de novidades destinadas ao lazer de minorias.

De fato, o levantamento da produção literária na área do romance, no Brasil, do início da República ao período pós-Segunda Guerra Mundial revela, de envolto com a trama dos enredos, o modo como se efetuou nesse anos a invasão das novidades da era tecnológica não apenas na capital, mas nos centros urbanos que surgiam ou se adensavam pelo país. E isso, aliás, pondo a nu toda a problemática sócio-cultural que a nova realidade vinha desencadear, ao tentar impor padrões em choque com o quadro de vida tradicional estruturado depois de quatro séculos de economia rural.

O resultado do impacto desse bombardeio de sons e imagens, na maioria das vezes importados via cinema e disco estrangeiros, seria o advento de uma onda de alienação entre os jovens das camadas de classe média das cidades brasileiras.

No geral, a alegre aceitação pela população urbana desses novos produtos dirigidos ao lazer prendia-se ao desejo de modernidade da massa emergente, o que esperavam todos alcançar pela simples incorporação aos modelos criados para o equivalente de sua classe nos países mais desenvolvidos, Estados Unidos à frente.

Isso tudo seria, pois, magnificamente captado pelos romances do período marcado pelas duas guerras mundiais: primeiro, ao identificarem o clima de confusão social provocado pela quebra dos costumes tradicionais com o caos carnavalesco; depois (e agora com mais verdade), ao tentarem a avaliação do fenômeno através da revelação das contradições de uma sociedade em transição do mundo rural para a era do capitalismo industrial.

É, pois, uma imagem desse vasto painel sócio-cultural esboçado no conjunto de seus livros pelos romancistas brasileiros do novo século que se projeta neste segundo volume de *A música popular no romance brasileiro*, com o colorido e a riqueza de informações que — às vezes com surpresa — o interessado na história da música popular passa a dever à literatura em sua movimentada visão da realidade.

SÉCULO XX
(1ª parte)

A MÚSICA POPULAR NO ROMANCE
(Crônica das cidades)

LIMA BARRETO

Autor do "ISAIAS CAMINHA"

TRISTE FIM DE

Polycarpo Quaresma

Typ. "Revista dos Tribunaes"

CARMO 55—RIO DE JANEIRO

Página de rosto da primeira edição do *Triste fim de Policarpo Quaresma*, de Lima Barreto, 1915.

LIMA BARRETO E OS ROMANCES DE CRÍTICA SOCIAL

Com ficcionistas do tipo de Xavier Marques, que chegava a 1930 sem deixar de ser um escritor do século XIX, encerra-se o ciclo dos romancistas que ainda refletiam (inclusive pelo estilo) um Brasil marcado pelas tradições e problemas típicos do período monárquico, posição superada da qual nem mesmo os primeiros adeptos do Realismo e do Naturalismo conseguiram escapar, apesar de toda a sua preocupação de "atualidade".

Em verdade, a partir do início do século XX, começam a aparecer romancistas que irão reproduzir a partir daí a vida de novos grupos sociais gerados pela divisão do trabalho conseqüente do avanço do capitalismo industrial nas cidades e, logo depois, a realidade das camadas surgidas no campo, com a grande transformação operada no mundo rural após o fim do trabalho escravo. Essa nova tendência seria marcada pela preocupação da crítica social e, como para fixar bem as diferenças do novo tempo, o primeiro grande romancista desta fase, Lima Barreto, seria um revoltado mulato, em tudo oposto, pelo pensamento e pela própria vida, ao outro mestiço considerado o maior escritor do período anterior, o fundador da Academia Brasileira de Letras, Machado de Assis.

Se por um lado ainda guardava a respeito da atividade literária um conceito elitista herdado do século anterior, tendo na literatura um "ideal", Lima Barreto acabaria se transformando — exatamente como resposta à rejeição à sua entrada para o círculo dos literatos vitoriosos (e, em parte, também, devido ao problema da cor) — em um dos escritores mais tipicamente pequeno-burgueses da literatura brasileira.

Moralista, idealista, individualista e revoltado confesso, Lima

Barreto realizou em sua carreira uma trajetória inversa à da maioria dos escritores brasileiros de origem popular, quase sempre conduzidos ao fim da vida a uma posição de ascensão social. Inicialmente aluno de bons colégios, como o Liceu Popular Niteroiense (onde chegou ao suplementar e estudou até rudimentos de música)[1] e a Escola Politécnica, ao mesmo tempo em que gozava as delícias da vida bucólica da Ilha do Governador, onde o pai era administrador da Colônia de Alienados, Lima Barreto desceria os degraus da decadência econômico-social até a mediocridade e pobreza da vida suburbana, afundando-se na bebida ante a consciência mesma dessa queda, e em meio a atribulados acidentes familiares.

De fato, ao contrário do realista-naturalista Aluísio Azevedo (que, pessoalmente, considerava Lima Barreto superior a Machado de Assis como fixador de tipos),[2] o criador de Policarpo Quaresma não iria movimentar predominantemente em seus romances operários, artesãos, lavadeiras, costureiras, malandros ou humildes freqüentadores de cortiços e casas de pensão do centro da cidade, mas pequenos funcionários, militares aposentados, jornalistas, políticos, professores, literatos malogrados e famílias da baixa classe média suburbana.

Talvez por isso — e embora apreciado pelos modernistas de 1922 por sua rebeldia algo plebéia ao pensamento e estilo literário oficiais — Lima Barreto não possa ser considerado um romancista do povo (no sentido que seriam mais tarde, por exemplo, Lauro Palhano e até certo ponto Jorge Amado), o que explicaria

---

[1] Carta de Lima Barreto a Murilo Araújo, citada por Francisco de Assis Barbosa, em *A vida de Lima Barreto*, 2ª edição revista, Rio de Janeiro, José Olympio, 1959, p. 41.

[2] Ver artigo de Sérgio Buarque de Holanda publicado sob o título "Em torno de Lima Barreto" no *Diário de Notícias*, Rio de Janeiro, 23 de janeiro, 1949, e transcrito como prefácio à edição do romance *Clara dos Anjos* (Brasiliense), e que é também citado por Francisco de Assis Barbosa em seu livro acima mencionado.

também sua incapacidade de compreender em seu tempo o verdadeiro sentido do carnaval e das nascentes manifestações de lazer da massa, tais como o futebol e o cinema.

É exatamente por essa razão, no entanto, que em suas breves referências à música popular, mesmo sem focalizar o povo miúdo da cidade, Lima Barreto tem oportunidade de fornecer, afinal, em três de seus romances, alguns dos retratos mais perfeitos dessa manifestação cultural entre a pequena classe média carioca não apenas suburbana, mas do reduto dessa gente moradora mais próxima do grande centro do Rio, na virada do século XIX para o século XX — a Cidade Nova.

Em perfeita coerência com tal vocação de componente da classe média suburbana (em que se enquadrava desde logo por sua condição de amanuense da Secretaria da Guerra), Lima Barreto tomaria por modelo do segundo personagem mais importante de seu romance *Triste fim de Policarpo Quaresma*, não a figura de um dos muitos boêmios cantores de modinhas populares da época, mas o megalômano e ridiculamente auto-intitulado "Papa dos cantores", Catulo da Paixão Cearense.

Neste ponto chega a ser muito curioso o fato de o mulato Lima Barreto, sempre preocupado com o preconceito de cor no Brasil, ter sido levado a opor a seu personagem Ricardo Coração-dos-Outros — personificado no pretensioso trovador branco e cortejador da elite, Catulo Cearense — o simpático compositor-cantor negro e ex-palhaço de circo Eduardo das Neves, levando mesmo seu pedante personagem a referir-se ao rival como "aquele tal preto" que "continuava na sua mania de querer fazer a modinha dizer alguma coisa, e tinha adeptos".[3]

A "mania de querer fazer a modinha dizer alguma coisa", que no romance Lima Barreto não esclarece qual seja, era referência ao fato de Eduardo das Neves ter criado, a partir da últi-

---

[3] Lima Barreto, *Triste fim de Policarpo Quaresma*, 3ª edição, São Paulo, Livro de Bolso, 1943, p. 106.

ma década do século XIX, a novidade da composição de cançonetas, modinhas e lundus sobre acontecimentos históricos ou de interesse do momento, como os crimes famosos, escândalos da cidade etc. E a prioridade dessa novidade no âmbito da criação popular o próprio palhaço-cantor-compositor negro a reivindicaria (com orgulho, aliás), ao explicar na "Declaração" publicada a título de prefácio no seu folheto *Trovador da malandragem*, de 1902, o espírito de seu trabalho de poeta do povo na elaboração de tais composições:

> O muito merecimento que têm (e é por isso que tanto sucesso causam) é que eu as faço segundo a oportunidade, à proporção que os fatos vão ocorrendo, enquanto a coisa é nova e está no domínio público. É o que se chama "bater o malho, enquanto o ferro está quente".[4]

O próprio Catulo da Paixão Cearense, inspirador da figura de Ricardo Coração-dos-Outros, não ignorava a importância do trovador Eduardo das Neves — o que explica o ciúme pela fama do rival negro nos meios do povo — e, por volta de 1922, chegou a escrever sobre o ex-palhaço com quem fora obrigado a dividir as glórias de poeta popular:

> Este Eduardo das Neves, que morreu em 1919, gozou de notoriedade notável. Fazia os seus versos satirizando os homens e os fatos e cantava ao violão. Era negro, quase analfabeto, mas de inteligência viva e penetrante. Faleceu há uns quatro anos. Cantou em cir-

---

[4] Cf. Eduardo das Neves, *Trovador da malandragem*, Rio de Janeiro, Livraria Quaresma, 1926, p. 4. Sobre a figura e o papel de Eduardo das Neves como artista do povo entre o fim do século XIX e as duas primeiras décadas do século XX, ver o capítulo "Os circos e os pavilhões", em José Ramos Tinhorão, *Música popular: os sons que vêm da rua*, Rio de Janeiro, Edições Tinhorão, 1976.

> cos, teatros, cinemas, Passeio Público, serenatas, festas populares, etc.
>
> Eduardo foi muito querido e apreciado pelo povo. Morreu repentinamente, pouco depois de chegar de uma festa, onde fora cantar.[5]

Em lugar desse simpático artista das camadas mais pobres do povo, a vocação pequeno-burguesa de Lima Barreto iria levá-lo, pois, a escolher para modelo de seu personagem exatamente o equivocado e pernóstico trovador considerado "popular" apenas pela classe média e por um grupo de intelectuais apreciadores divertidos da sua megalomania.

É bem verdade que Lima Barreto, tomando como base de sua história o sem-sentido das posições nacionalista-ufanistas postas em voga por Alberto Torres e pelo conde Afonso Celso, não podia propor para amigo de seu visionário personagem Policarpo Quaresma alguém que refletisse a objetividade popular demonstrada pelo simpático e inteligente palhaço-cantor Eduardo das Neves. Neste caso, o mais compreensível seria que esse amigo fosse mesmo o pretensioso e algo ridículo criador do chamado "caboclismo poético", que à época da ação do livro — período da Revolta da Armada, no governo de Floriano Peixoto — dedicava-se a colocar letras de um romantismo gongórico nas músicas de grandes compositores de choro, e sempre preocupado no reconhecimento da sua "arte" pelas elites.

Lima Barreto, aliás, explicaria a rivalidade artística entre Eduardo das Neves e Catulo Cearense por um prisma muito pes-

---

[5] Ver Catulo da Paixão Cearense, série de pequenas notícias sobre figuras da música popular citadas em seu poema "Canto da Saudade", em apêndice, "Notas", publicado ao final do seu livro *Mata iluminada*, Rio de Janeiro, A. J. de Castilho, 1928. No poema "Canto da Saudade", a referência a Eduardo das Neves é feita por Catulo nos versos: "Do Mário que tendo sido,/ como o Eduardo das Neves/ — palhaço de picadeiro, — / ascendeu à extrema glória/ de ter cantado no Scala [...]".

soal, em que entrava sua velha preocupação com o problema do preconceito de cor. Assim, procurando mostrar os ciúmes de Ricardo Coração-dos-Outros em relação ao "crioulo Dudu das Neves", escrevia:

> Aborrecia-se com o rival, por dois fatos: primeiro, pelo sujeito ser preto; e segundo: por causa de suas teorias.
>
> Não é que ele tivesse ojeriza particular aos pretos. O que ele via no fato de haver um preto famoso a tocar violão, era que tal coisa ia diminuir ainda mais o prestígio do instrumento. Se o seu rival tocasse piano e por isso ficasse célebre, não havia mal algum; ao contrário: o talento do rapaz levantava a sua pessoa por intermédio do instrumento considerado; mas, tocando violão, era o inverso; o preconceito que lhe cercava a pessoa, desmoralizava o misterioso violão que ele tanto estimava. E além disso com aquelas teorias! Ora! querer que a modinha diga alguma coisa e tenha versos certos! Que tolice!
>
> E Ricardo levava a pensar nesse rival inesperado que se punha assim diante dele como um obstáculo imprevisto na subida maravilhosa para a sua glória. Precisava afastá-lo, esmagá-lo, mostrar a sua superioridade indiscutível; mas como?
>
> A *reclame* já não bastava; o rival a empregava também. Se ele tivesse um homem notável, um grande literato, que escrevesse um artigo sobre ele e a sua obra, a vitória estava certa. Era difícil encontrar. Esses nossos literatos eram tão tolos e viviam tão absorvidos em coisas francesas... Pensou num jornal, *O Violão*, em que ele desafiasse o rival e o esmagasse numa polêmica.[6]

---

[6] Lima Barreto, *Triste fim de Policarpo Quaresma*, edição citada, pp. 83-4.

Na verdade, essa necessidade de aprovação por parte das celebridades foi de fato uma das preocupações de Catulo, que, ao contrário da afirmação de Lima Barreto, não deixou de encontrar literatos brasileiros e estrangeiros — como seriam os casos de Júlio Dantas e Salvador Rueda — que lhe louvassem a poesia, conforme mostram as citações que o próprio poeta fazia em seus livros dos elogios a ele dirigidos.

No geral, embora a figura de Ricardo Coração-dos-Outros coincida com a de Catulo da Paixão Cearense (e o próprio biógrafo e herdeiro editorial do poeta, Guimarães Martins, reconheceria isso expressamente em sua coletânea das "modinhas" de Catulo), Lima Barreto constrói em *Triste fim de Policarpo Quaresma* um personagem bem mais simpático do que seu inspirador o foi na vida real.

O único traço da personalidade de Catulo da Paixão Cearense transmitido com precisão por Lima Barreto através de Ricardo Coração-dos-Outros é a extrema vaidade pessoal do famoso letrista, e sua preocupação em freqüentar as casas de gente de alguma importância social. Assim é que, tendo o cândido major Policarpo Quaresma chegado à conclusão de que precisava aprender a tocar modinhas ao violão, por tratar-se de "expressão poético-musical característica da alma nacional", manda chamar a sua casa Ricardo Coração-dos-Outros por verem todos nele "o primeiro executor e cantor da cidade". A apresentação do vaidoso personagem é preciosa:

> Acabava de entrar na casa do major Quaresma o Sr. Ricardo Coração-dos-Outros, homem célebre pela sua habilidade em cantar modinhas e tocar violão. Em começo sua fama estivera limitada a um pequeno subúrbio da cidade, em cujos saraus ele e seu violão figuravam como Paganini e a sua rabeca em festas de duques; mas, aos poucos, com o tempo, foi tomando toda a extensão dos subúrbios, crescendo, solidificando-se, até ser considerada como coisa própria deles. Não se

julgue entretanto que Ricardo fosse um cantor de modinhas aí qualquer, um capadócio. Não; Ricardo Coração-dos-Outros era um artista a freqüentar e a honrar famílias do Méier, Piedade e Riachuelo. Rara era a noite em que não recebesse um convite. Fosse na casa do tenente Marques, do Dr. Bulhões ou do seu Castro, a sua presença era sempre querida e apreciada.[7]

E assim era, realmente, Catulo da Paixão Cearense.

O romance *Triste fim de Policarpo Quaresma* começa precisamente pelo capítulo "A lição de violão", com o nacionalista ingênuo, major Quaresma, recebendo as primeiras aulas do "senhor baixo, magro, pálido", que a vizinhança via chegar meio desconfiada "com um violão agasalhado numa bolsa de camurça": "Um violão em casa tão respeitável, que seria?"[8].

Com esse tipo de comentário dos vizinhos do major Quaresma, Lima Barreto demonstrava o preconceito ainda existente no fim do século XIX, mesmo entre as famílias suburbanas, contra o instrumento ao qual se ligava uma idéia de boêmia, capadoçagem, arruaças e conseqüentes desentendimentos com a polícia. E era isso o que levava, por exemplo, a irmã de Policarpo Qua-

---

[7] Lima Barreto, *Triste fim de Policarpo Quaresma*, edição citada, p. 17. Catulo, aliás, sempre vaidoso, reivindicava ele mesmo essa popularidade ao lembrar no prefácio da edição de suas modinhas, em 1945, que a maior parte dos convites para ouvi-lo cantar vinha das famílias dos cem alunos do colégio que abrira na Estação da Piedade: "Imaginemos que cada aluno pertencesse a uma família de quatro pessoas. Eram quatrocentos convites infalíveis! Havia noites de duplicata e triplicata". E acrescentava, revelando a sua vocação de trovador voltado para a elite: "Quando me via constrangido a faltar a algum pagode, era porque tinha palestra em casa de Luís Murat, Coelho Neto, Hermes Fontes, Alberto de Oliveira, Melo Moraes, Sílvio Romero, Afrânio de Melo Franco, Afonso Arinos e muitos outros que também não me dispensavam".

[8] Lima Barreto, *op. cit.*, p. 10.

resma a tentar dissuadi-lo de sua recente mania aconselhando: "Policarpo, você precisa tomar juízo. Um homem de idade, com posição, respeitável, como você é, andar metido com esse seresteiro, um quase capadócio — não é bonito!"[9].

Policarpo Quaresma, no entanto, tinha resolvido contratar o professor de violão por sólidas razões político-filosóficas, e assim, após ser visto subindo a rua "tendo debaixo do braço um violão impudico", sujeita-se à curiosidade das mocinhas da vizinhança, que passam e repassam pela calçada fronteira esticando o pescoço na ânsia de descobrir a novidade:

> Não foi inútil a espionagem. Sentado no sofá, tendo ao lado o tal sujeito, empunhando o pinho na posição de tocar, o major, atentamente, ouvia "Olhe, major, assim". E as cordas vibravam vagarosamente a nota ferida; em seguida, o mestre aduzia: "é ré, aprendeu?".
>
> Não foi preciso pôr na carta; a vizinhança concluiu logo que o major aprendia a tocar violão. Mas que coisa? Um homem tão sério metido nessas malandragens![10]

Transformado de professor de violão em amigo da casa (mal chegava perguntando "— Já sabe dar o *ré sustenido*, major?" e logo D. Adelaide, irmã de Policarpo Quaresma, chamava-os para jantar: "A sopa está esfriando na mesa"), Ricardo Coração-dos-Outros passa a fazer verdadeiras preleções teóricas sobre a arte de tocar e de compor versos especialmente para serem musicados. E aqui, realmente, Lima Barreto aproximava-se novamente do modelo, pois Catulo da Paixão Cearense, sempre pretensioso e auto-suficiente, não apenas se negava a cantar músicas de outros autores, mas tinha teorias próprias sobre a "seriação das palavras

---

[9] *Ibid.*, p. 11.

[10] *Ibid.*, p. 10.

dentro da frase cantada" que valiam por uma antecipação, em mais de vinte anos, de certas preocupações teóricas manifestadas por Mário de Andrade a partir da década de 1930.[11]

O trecho de *Triste fim de Policarpo Quaresma* em que Ricardo Coração-dos-Outros aparece como o próprio Catulo da Paixão Cearense a deitar sapiência sobre o violão e a técnica de compor modinhas (identidade de idéias que se pode comprovar lendo o prefácio de Catulo à sua coletânea *Lira brasileira*, de 1908), reveste-se de importância documental do mais vivo interesse para a história da música popular, enquanto fenômeno sócio-cultural:

> Quaresma preparou os dedos, afinou o violão, mas não havia na sua execução nem a firmeza, nem o dengue com que o mestre fazia a mesma operação.
>
> — Olhe, major, é assim.
>
> E mostrava a posição do instrumento, indo do colo ao braço esquerdo estendido, seguro levemente pelo direito; e em seguida acrescentou:
>
> — Major, o violão é o instrumento da paixão. Precisa de peito para falar... É preciso enconstá-lo, mas encostá-lo com macieza e amor, como se fosse a amada, a noiva, para que diga o que sentimos...
>
> Diante do violão, Ricardo ficava loquaz, cheio de sentenças, todo ele fremido de paixão pelo instrumento desprezado.

---

[11] Em seu trabalho "Os compositores e a língua nacional", apresentado em 1938 ao I Congresso de Língua Nacional Cantada, e depois incluído no volume *Aspectos da música brasileira* (São Paulo, Martins, 1965), Mário de Andrade estende-se em longos comentários sobre o problema do ritmo das frases cantadas, e pergunta, referindo-se aos autores de canções eruditas: "Será que os nossos compositores já se preocuparam com este máximo problema de dicção?" (*op. cit.*, p. 68). Ao poeta popular e compositor Catulo da Paixão Cearense isso já preocupava, realmente, e tal fato não escapou a Lima Barreto.

A lição durou cinqüenta minutos. O major sentia-se cansado e pediu que o mestre cantasse. Era a primeira vez que Quaresma fazia esse pedido; embora lisonjeado, quis a vaidade profissional que ele, a princípio, se negasse.

— Oh! Não tenho nada de novo, uma composição minha.

D. Adelaide obtemperou então:

— Cante uma de outro.

— Oh! por Deus, minha senhora! Eu só canto as minhas. O Bilac — conhecem? — quis fazer-me uma modinha, eu não aceitei; você não entende de violão, seu Bilac. A questão não está em escrever uns versos certos que digam coisas bonitas; o essencial é achar-se as palavras que o violão pede e deseja. Por exemplo: se eu dissesse, como em começo quis, n'"O Pé", uma modinha minha: *O teu pé é uma folha de trevo* — não ia com o violão. Querem ver?

E ensaiou em voz baixa, acompanhado pelo instrumento: *o-teu-pé-é-uma-fo-lha-de-tre-vo.*

Vejam, continuou ele, como não dá. Agora reparem: *o-teu-pé-é-uma-ro-sa-de-mir-ra.* É outra coisa, não acham?

— Não há dúvida, disse a irmã do Quaresma.[12]

É interessante notar que Lima Barreto usou para o exemplo fornecido por seu personagem Ricardo Coração-dos-Outros uma canção realmente de Catulo, intitulada "Teu Pé", mas não reproduzindo os versos literalmente, e sim parafraseando-os. De fato, o trecho citado por Ricardo

O teu pé é um rosa de mirra

---

[12] Lima Barreto, *op. cit.*, pp. 22-3.

corresponderia, talvez, aos versos de "Teu Pé" em que Catulo cantava:

Teu pé, tão sedutor
é uma camélia
de Cupido.[13]

Da mesma forma, quando logo a seguir Ricardo Coração-dos-Outros se propõe a cantar a modinha "Promessa", apesar dos versos terem sido identificados por Guimarães Martins como pertencendo a uma canção de Catulo, tal composição "A Promessa" não figura na coletânea organizada pelo próprio herdeiro literário do poeta em 1943, sob o título *Modinhas.* A cena de canto limita-se apenas à citação de dois versos, quando Lima Barreto mostra Ricardo Coração-dos-Outros optando pela interpretação da modinha "Promessa" em lugar de "Teu Pé", sob a alegação de considerar esta última muito batida:

> — Não, objetou Ricardo. Está velha, vou cantar a Promessa, conhecem?
>
> — Não, disseram os dois irmãos.
>
> — Oh! Anda por aí como as Pombas do Raimundo.
>
> — Cante lá, Sr. Ricardo, pediu Adelaide.
>
> Ricardo Coração-dos-Outros por fim afinou ainda uma vez o violão e começou com voz fraca:
>
> *Prometo pelo Santíssimo Sacramento*
> *que serei tua paixão...*
>
> — Vão vendo, disse ele num intervalo, quanta imaginação, quanta imagem!

---

[13] A letra completa da canção "Teu Pé", de Catulo da Paixão Cearense (e não "O Pé", como escreveu Lima Barreto, talvez propositadamente), pode ser lida em *Modinhas*: *Catulo da Paixão Cearense*, São Paulo, Fermata do Brasil, 1972, pp. 124-6, oganizado por Guimarães Martins.

> E continuou. As janelas estavam abertas. Moças e rapazes começaram a se amontoar na calçada para ouvir o menestrel. Sentindo que a rua se interessava, Coração-dos-Outros foi apurando a dicção, tomando um ar feroz que ele supunha ser de ternura e entusiasmo; e, quando acabou, as palmas soaram do lado de fora e uma moça entrou procurando D. Adelaide.[14]

Ao situar seu personagem Policarpo Quaresma inicialmente em São Cristóvão, Lima Barreto aproveita, aliás, para referir-se a outro tradicionalista conhecido da época, embora sem citar-lhe o nome. Trata-se, porém, com certeza, do poeta e interressado em histórias de costumes de folclore Melo Morais Filho, que realmente residia naquele bairro e, pelo Natal, costumava patrocinar desfiles de Pastorinhas em sua casa:

> Albernaz vinha contrariado. Contava arranjar um número bom para a festa que ia dar, e escapava-lhe. Era quase a esperança de casamento da filha que se ia, das quatro, porque uma delas já estava garantida, graças a Deus. [...]
>
> A decepção, porém, demorou dias. Cavalcanti, o noivo de Ismênia, informou que nas imediações morava um literato, teimoso cultivador dos contos e canções populares do Brasil. Foram a ele. Era um velho poeta que teve a sua fama aí pelos setenta e tantos, homem doce e ingênuo que se deixara esquecer em vida, como poeta, e agora se entretinha em publicar coleções que ninguém lia, de contos, canções, adágios e ditados populares.
>
> Foi uma grande alegria quando soube o objeto da visita daqueles senhores.[15]

---

[14] Lima Barreto, *op. cit.*, p. 23.

[15] *Ibid.*, p. 32.

É porém a figura de Catulo da Paixão Cearense, representada por Ricardo Coração-dos-Outros, que realmente permeia toda a história como contraponto real à personificação literária do nacionalismo ingênuo figurado em Policarpo Quaresma.

Ao ser apresentado à rica afilhada do major Quaresma, a simpática e inteligente Olga, por exemplo, Ricardo vai ter oportunidade de defender sua teoria da excepcionalidade da acentuação rítmica dos versos feitos para serem cantados. Diante do interesse de Olga, que diz "Já o conhecia de nome, sr. Ricardo", o vaidoso poeta-cantor refere-se à injustiça das críticas a seus versos e argumenta:

> — [...] Todos os críticos se atêm a essa questão da metrificação. Dizem que meus versos não são versos... São, sim; mas são versos para violão. V. Exa. sabe que os versos para música têm alguma coisa de diferente dos comuns, não é? Não há, portanto, nada a admirar que os meus versos, feitos para violão, sigam outra métrica e outro sistema, não acha?
>
> — De certo, disse a moça. Mas parece-me que o Sr. faz versos para a música e não a música para os versos.
>
> E ela sorriu devagar, enigmaticamente, deixando parado o seu olhar luminoso, enquanto Ricardo, desconfiado, lhe sondava a intenção com seus olhinhos vivos e miúdos de camundongo.
>
> Quaresma, que até ali se conservava calado, interveio:
>
> — O Ricardo, Olga, é um artista... Tenta e trabalha para levantar o violão.[16]

Tal ainda como Catulo da Paixão Cearense, Ricardo Coração-dos-Outros morava no subúrbio, "olhando da janela do seu

---

[16] *Ibid.*, p. 40.

quarto para uma ampla extensão edificada, que ia da Piedade a Todos os Santos".[17] É aí que, um dia, lembrando-se do amigo Policarpo Quaresma, que não via desde sua internação no Hospício da Praia da Saudade (Praia Vermelha) e sua posterior mudança para um sítio longínquo, o Sossego, a duas horas da cidade, Ricardo Coração-dos-Outros lembra-se de ir visitá-lo. Como tem apenas dois mil-réis no bolso, porém, aproveita um convite para cantar na festa de casamento da filha do general Albernaz e consegue do velho oficial a promessa de uma passagem gratuita de trem. E é nessa festa na casa de Albernaz que, mais uma vez, Lima Barreto retrata a conhecida prosápia de Catulo da Paixão Cearense, que se negava a cantar com alguém conversando na sala:

> Chegou a vez de Ricardo. Ele ocupou um canto da sala, agarrou o violão, afinou-o, correu a escala; em seguida, tomou o ar trágico de quem vai representar o Édipo-rei e falou com voz grossa: "Senhoritas, senhores e senhoras". Parou. Consertou a voz e continuou: "Vou cantar 'Os Teus Braços', modinha de minha composição, música e versos. É uma composição terna, decente e de uma poesia exaltada". Seus olhos, por aí, quase lhe saltavam das órbitas. Emendou: "Espero que nenhum ruído se ouça, porque se não a inspiração se evola. É o violão instrumento muito... mui... to de-li-ca-do. Bem".[18]

Após esse preâmbulo, em que Catulo aparece como que fotografado, Ricardo Coração-dos-Outros começa a cantar ("Principiou brando, gemebundo, macio e longo como um soluço de onda; depois uma parte rápida, saltitante, em que o violão estalava."), e quando "alternando um movimento e outro a modinha

---

[17] *Ibid.*, p. 105.

[18] *Ibid.*, p. 117.

acabou", o autor do romance remata a cena com um pormenor que revela a popularidade dos poetas cantores de modinhas e sua identificação com a sensibilidade feminina, ainda por aquele fim de século XIX:

> Para fugir aos cumprimentos, Ricardo correu à sala de jantar. No corredor chamaram-no: Sr. Ricardo, Sr. Ricardo! Voltou-se. Que ordena, minha senhora? Era uma moça que lhe pedia uma cópia da modinha.
>
> — Não se esqueça, dizia ela com meiguice, não se esqueça. Gosto tanto das suas modinhas... São ternas, tão delicadas... Olhe: dê aqui a Ismênia para me entregar.[19]

Obtida a passagem gratuita por interferência do general Albernaz, Ricardo Coração-dos-Outros viaja para o sítio Sossego, onde passa um mês de triunfos, "pois a fama de seu nome precedia-o, de forma que todo o município o disputava e festejava".[20]

É durante essa temporada campestre na casa do amigo Quaresma que o cantor-compositor, ao regressar de passeio pela roça, anuncia ter concluído nova modinha: "Os Lábios da Carola" (título que, por sinal, não figura entre as músicas atribuídas a Catulo no volume de *Modinhas* organizado por Guimarães Martins com a ajuda do próprio poeta). Ante a pergun ta de D. Adelaide sobre se tinha gostado do passeio, Ricardo Coração-dos-Outros responde:

> — Muito. Que lugar! Uma catadupa... Que maravilha! Aqui, na roça, é que se tem inspiração.
>
> E ele tomava aquela atitude de arroubo: uma fi-

---

[19] *Ibid.* O pedido da moça baseava-se, como se vê, no mesmo interesse romântico que provocara solicitação idêntica por parte da personagem de Teixeira de Souza no romance *O filho do pescador*, mais de cinqüenta anos antes.

[20] *Ibid.*, p. 120.

sionomia de máscara de trágico grego e uma voz cavernosa que rolava como uma trovoada abafada.

— Tens composto muito, Ricardo? indagou Quaresma.

— Hoje acabei uma modinha.

— Como se chama? indagou D. Adelaide.

— "Os lábios da Carola".

— Bonito! Já fez a música?

Era ainda a irmã de Quaresma a perguntar. Ricardo levava agora o garfo à boca; deixou-o suspenso entre os lábios e o prato e respondeu com toda a convicção:

— A música, minha senhora, é a primeira coisa que faço.

— Há de no-la cantar logo.[21]

Aqui — e certamente por desconhecer os verdadeiros autores da maioria das músicas atribuídas unicamente a Catulo — o romancista confere ao trovador retratado em Ricardo Coração-dos-Outros uma qualidade que Catulo da Paixão Cearense não possuía. Isto porque, como se pode verificar pelas quase 200 composições que deixou, acontecia exatamente o contrário da afirmação do personagem: Catulo partia quase sempre de melodias já conhecidas, e para as quais escrevia versos sem qualquer entendimento prévio com seus autores.[22]

---

[21] *Ibid.*, p. 126.

[22] Esse hábito pouco ético de Catulo da Paixão Cearense contribuiu para sua fama de grande compositor, quando parte do sucesso de suas modinhas, valsas e canções deve ser creditada à beleza das melodias de músicos como Anacleto de Medeiros (cujo *schottisch* "Iara", de 1896, aproveitado inclusive por Villa-Lobos em seu *Choros nº 10*, ficou conhecido sob o nome de "Rasga o Coração" depois de receber letra de Catulo), Joaquim Antônio da Silva Calado (autor da polca "Flor Amorosa", publicada em 1880), Pedro de Alcântara (cuja polca "Choro e Poesia" seria transformada na canção "Ontem ao Luar") e dezenas de outros excelentes músicos ligados ao choro carioca.

O fato é que, de volta a sua casa dos subúrbios, Ricardo Coração-dos-Outros, que "já publicara mais de um volume de canções e, agora, pensava em publicar mais outro" (realmente, o primeiro livro de Catulo, *Cantor fluminense*, foi publicado em 1887, seis anos antes da época em que transcorre a ação de *Triste fim de Policarpo Quaresma*), lança-se ao trabalho ignorando inclusive o noticiário dos jornais, que anunciavam a Revolta da Armada, em 1893:

> Naquela tarde estava sentado à mesa, corrigindo um de seus trabalhos, um dos últimos, aquele que compusera no sítio de Quaresma — "Os Lábios da Carola".
>
> Primeiro, leu toda a produção, cantarolando; voltou a lê-la, agarrou o violão para melhor apanhar o efeito e empacou nestes:
>
> *É mais bela que Helena e Margarida,*
> *Quando sorri meneando a ventarola.*
> *Só se encontra a ilusão que adoça a vida*
> *nos lábios de Carola.*
>
> Nisso ouviu um tiro, depois outro, outro... Que diabo? pensou. Hão de ser salvas a algum navio estrangeiro. Repinicou o violão e continuou a cantar os lábios de Carola, onde encontrava a ilusão que adoça a vida.[23]

A descrição das peripécias por que passaram os cariocas durante a Revolta da Armada — a garotada saudando os disparos dos canhões aos gritos de *queimou!*; os soldados satisfeitos com o soldo dobrado indo divertir-se nos intervalos do serviço; e a curiosidade em torno da movimentação dos batalhões — estava

[23] Lima Barreto, *op. cit.*, pp. 168-9.

destinada a constituir o ponto alto do romance de Lima Barreto. E é exatamente no capítulo "Patriotas", que abre esta terceira parte de *Triste fim de Policarpo Quaresma*, que Ricardo Coração-dos-Outros volta a aparecer, já agora transformado em cabo a serviço do major Quaresma (cuja patente da antiga Guarda Nacional seria, aliás, confirmada com sua inclusão no Batalhão Cruzeiro do Sul — fundado para defender o governo de Floriano Peixoto mediante o pagamento de 400 mil-réis). Reconhecido pelo amigo Policarpo Quaresma no momento em que resistia aos berros à sua incorporação na tropa como "voluntário", o modinheiro Ricardo concorda em servir, estabelecendo uma condição: "— Eu sirvo sim, sim, mas dêem-me o meu violão. Bustamante perfilou e gritou aos soldados: Restituam o violão ao cabo Ricardo".[24]

Não mais preocupado, a esta altura, em identificar seu personagem Ricardo Coração-dos-Outros à figura de Catulo da Paixão Cearense (que de fato jamais poderia ser incomodado pelas autoridades do recrutamento, em face de suas notórias ligações com altas figuras do país), Lima Barreto envereda pela exploração do pitoresco e do ridículo das situações, fazendo inclusive o major Quaresma ferir a rigidez da rotina militar com uma corajosa permissão de caráter liberal:

> Ricardo Coração-dos-Outros apareceu. Estava engraçado dentro de seu fardamento de caporal. A blusa era curtíssima, sungada; os punhos lhe apareciam inteiramente; e as calças eram compridíssimas e lhe arrastavam no chão.
>
> — Como vais, Ricardo?
>
> — Bem. E o Sr. major?
>
> — Assim.
>
> Quaresma deitou sobre o inferior e amigo aquele seu olhar agudo e demorado:

---

[24] *Ibid.*, p. 187.

— Andas aborrecido, não é?

O trovador sentiu-se alegre com o interesse do comandante:

— Não... Para que dizer, major, que sim... Se a coisa for assim até o fim, não é mau... O diabo é quando há tiro... Uma coisa, major; não se poderia, assim, aí pelas horas em que não há fazer, ir nas mangueiras cantar um pouco...

O major coçou a cabeça, alisou o cavanhaque e disse:

— Eu, não sei... É.

— O Sr. sabe que isso de cantar baixo é remar em seco... Dizem que no Paraguai...

— Bem. Cante lá; mas não grite, heim?[25]

O resultado da liberalidade é que, ao fazer sua inspeção às trincheiras, o severo tenente Fontes — este sim, compenetrado oficial de carreira — acaba ouvindo, com espanto, um violão a soar por trás do monte de sacos de alfafa que escondiam um canhão:

> Olhava o horizonte, depois de exame atento ao canhão, e considerava a ilha das Cobras, quando ouviu o gemer do violão e uma voz que dizia:
>
> *Promete pelo Santíssimo Sacramento...*
>
> Dirigiu-se para o local de onde partiam os sons e se lhe deparou este lindíssimo quadro: à sombra de uma grande árvore, os soldados, deitados ou sentados em círculo, em torno de Ricardo Coração-dos-Outros, que entoava endechas magoadas.

[25] *Ibid.*, pp. 190-1.

> As praças tinham acabado de almoçar e beber a pinga, e estavam tão embevecidas na canção de Ricardo que não deram pela chegada do jovem oficial.[26]

No romance *Triste fim de Policarpo Quaresma* aí termina a participação do personagem trovador especialista em modinhas para violão, mas a figura do cantor popular responsável pela difusão de um repertório melódico romântico (capaz, inclusive, de afetar a boa moral de mocinhas dos subúrbios), exercia de há muito um grande fascínio sobre o escritor moralista Lima Barreto.

Desde seu primeiro esboço de romance — o pretendido painel sobre a sociedade escravista brasileira do século XIX que ficaria inacabado em 1904, para ser retomado como conto em 1919, e finalmente desenvolvido sob a forma dos folhetins publicados postumamente de 1923 a 1924 pela *Revista Sousa Cruz*, com o título de *Clara dos Anjos* —, a figura do vilão é reservada a um tocador de violão e cantor de serenatas que Lima Barreto descreve como absolutamente amoral.

Nesse seu livro de trajetória atribulada (só viria a ser editado em livro em 1948, quase vinte e seis anos depois de escrito às pressas, para atender a uma encomenda da *Revista Sousa Cruz*), o romancista sintetiza no personagem Cassi Jones todas as possíveis más qualidades de um filho de família da classe média suburbana transformado por temperamento e fraqueza de caráter em capadócio da pior espécie.

Aliás, alguma ligação psicanalítica de tipo ainda não determinado deveria realmente existir nessa aversão de Lima Barreto pelos boêmios tocadores de violão de rua e cantores de serenatas. E, de fato, conforme revelaria o próprio irmão do escritor, Carlindo Lima Barreto, em depoimento que Francisco de Assis Barbosa reproduz em sua bem informada biografia do romancista carioca, Lima Barreto costumava ver, em suas alucinações al-

---

[26] *Ibid.*, pp. 193-4.

coólicas, músicos seresteiros que o chamavam para sua companhia: "— Vejam! Ali fora! Aqueles sujeitos estão querendo me forçar a tocar violão, a cantar"[27].

Lima Barreto, na verdade, reeditando o conceito que Teixeira de Sousa já deixara implícito quase um século antes, em seu romance *O filho do pescador*, de 1843, atribuía ao violão dos seresteiros o poder de "elixir ou talismã de amor"[28] por ter a "modinha lânguida [...] acompanhamento luxurioso"[29], o que eventualmente podia levar as moças mais sensíveis a uma embriaguez de sentidos semelhante à que a personagem Clara dos Anjos sente ao ouvir pela primeira vez seu futuro sedutor:

> Clara, que sempre a modinha transfigurava, levando-a a regiões de perpétua felicidade, de amor, de satisfação, de alegria, a ponto de quase ela suspender, quando as ouvia, a vida de relação, ficar num êxtase místico, absorvida totalmente nas palavras sonoras da trova, impressionou-se profundamente com aquele jogo de olhar com que Cassi comentava os versos da modinha. Ele sofria, por força, senão não punha tanta expressão de mágoa quando cantava — pensava ela.[30]

---

[27] Francisco de Assis Barbosa, *A vida de Lima Barreto (1881-1922)*, edição citada, p. 296.

[28] Lima Barreto, *Clara dos Anjos*, publicação em folhetins pela *Revista Sousa Cruz*, Rio de Janeiro, de janeiro de 1923 a maio de 1924, no total de 16 folhetins. As citações são da 1ª edição em livro (Rio de Janeiro, Mérito, 1948). A referência aos poderes mágico-amorosos do violão, à p. 42, é precedida, ao fim da p. 41, da declaração segundo a qual os sapatos do personagem cantor de modinhas obedeciam ao estilo exigido "por um elegante do subúrbio que encanta e seduz as damas com o seu irresistível violão".

[29] Lima Barreto, *Clara dos Anjos*, edição citada, p. 117.

[30] *Ibid.*, p. 77.

É verdade que o escritor reconhece não constituir o seu personagem Cassi Jones um típico cantor de modinhas do povo, geralmente humildes mestiços das camadas populares interessados, na maioria das vezes, apenas em impressionar platéias simplórias com seus dotes artísticos, sem maiores agressividades, inclusive de caráter sexual. E, de fato, o romancista escreve:

> Era Cassi Jones um rapaz de pouco menos de trinta anos, branco, sardento, insignificante de rosto e de corpo; e, conquanto fosse também conhecido como consumado "modinhoso", além de o ser também por outras façanhas verdadeiramente ignóbeis, não tinha as melenas do "virtuose" do violão, nem outro qualquer traço de capadócio.[31]

E isso, naturalmente, se explica: querendo chamar a atenção, com a história de Clara dos Anjos, para o problema do tradicional desrespeito sexual por parte dos homens das classes economicamente mais elevadas em relação às moças do povo (principalmente as negras e mulatas), Lima Barreto só poderia acentuar o caráter odioso da sedução se o seu autor fosse branco e de condição social superior à da personagem, a humilde mulatinha filha de modesto carteiro suburbano.

O que é curioso — e, neste sentido, revelador da idiossincrasia pessoal do romancista ao fenômeno de vulgarização da música destinada ao lazer urbano em geral — é o fato de Lima Barreto não ter recuado ante essa excepcionalidade do tipo criado, insistindo em fazer de seu antipático e desonesto filho de "boa família" (responsável "por perto de dez defloramentos e a sedução de muito maior número de senhoras casadas") um tocador de violão especialista em modinhas.

Ao que tudo indica, o que Lima Barreto subconscientemente

---

[31] *Ibid.*, p. 41.

desejava, além de comprovar a tese da influência moralmente deletéria das mensagens românticas dos versos das modinhas, era punir a nova classe dos compositores profissionais que, surgindo à volta dos interesses do teatro musicado, das casas editoras de música e das fábricas de discos, vinha refletir com cinismo, nas letras de suas canções, a ideologia das classes dominantes, necessariamente desrespeitosas para com os negros, mestiços e humildes em geral. E isso ficaria perfeitamente caracterizado em um episódio que, tendo o próprio Lima Barreto como figura central, serve para ligar todos os fatos numa demonstração clara dos motivos de sua aversão não apenas aos gêneros de música urbana, mas também à exploração dos instintos primários por ocasião do carnaval. Segundo depoimento do contemporâneo e amigo Antônio Noronha Santos a Francisco de Assis Barbosa, que o divulgaria em sua biografia do escritor, Lima Barreto tomou a música "Vem Cá Mulata", sucesso do carnaval de 1906, como insulto à gente da sua cor, o que voltaria aliás a afirmar em artigo no número 1 da revista *Floreal*, em 1907.

Após contar, reproduzindo o depoimento de Antônio Noronha Santos, que "durante um carnaval (teria sido em 1906 ou 1907), quando ainda não se entregara de todo à vida boêmia, pela primeira vez com certeza, abandonara os companheiros no melhor da festa, deixando-os perplexos ante a sua atitude inesperada e sem explicação", Francisco de Assis Barbosa escreve:

> Como? Por quê? — perguntavam os amigos espantados, entreolhando-se, como procurando o causador involuntário do aborrecimento.

Dias depois, Lima Barreto confessaria a Antônio Noronha Santos, que fazia parte do grupo, o motivo de sua retirada intempestiva. É que, acompanhando um rancho que passava, por entre guinchos estridentes de cornetim e ruídos surdos de bombos, todos os que compunham a roda, menos ele, começaram a cantar a música da moda:

Vem cá, mulata!
Não vou lá não

— Aquilo — segredou então ao amigo querido — penetrou-me nos ouvidos como um insulto. Lembrei-me de minha mãe. O convite canalha parecia dirigido a ela [...][32]

A maior prova, porém, de que o personagem Cassi Jones funcionou no livro *Clara dos Anjos* como uma projeção dessas idiossincrasias pessoais de Lima Barreto em relação não apenas à agressividade sexual dos brancos para com as mulheres mestiças, mas ao uso de mensagens musicais românticas como arma de persuasão em suas investidas sedutoras, ficaria atestada de maneira inequívoca e absoluta na escolha da modinha que faz o conquistador barato cantar na festa de aniversário da bela mulatinha Clara dos Anjos, quando os dois se encontram frente a frente pela primei-

[32] Francisco de Assis Barbosa, *op. cit.*, p. 217. O episódio revela, na verdade, um excesso de prurido por parte de Lima Barreto, pois, embora traduzindo realmente o estereótipo herdado da sociedade colonial, que prefigura na mulata o desejo sexual, o tango-chula "Vem Cá Mulata" nada tinha de agressivo: a música, originada ao que tudo indica de um estribilho anônimo, surgido nas ruas em carnavais de inícios do século XX, foi adaptado para canção carnavalesca e número de teatro por Arquimedes de Oliveira e pelo revistógrafo Bastos Tigre, que levavam em conta o fato de estarem na moda as cantigas interpretadas no palco por duetistas, e em que a mulher representava quase sempre uma mulata. A prova de que os próprios mestiços não viam insulto algum na canção é que o sucesso da música em disco deveu-se à dupla Os Geraldos, e no teatro ao revistógrafo José do Patrocínio Filho, que tal como os cantores também era mulato, e nem por isso deixou de aproveitar o tema na revista *Vem Cá Mulata*, estreada em setembro de 1906. Antes de dar título a essa peça de Patrocínio Filho, aliás, o "Vem Cá Mulata" já havia sido cantado em março, na revista O *Maxixe*, de autoria do poeta Bastos Tigre (informação esta que, por sinal, não consta da notícia fornecida por Edigar de Alencar sobre a carreira do sucesso carnavalesco "Vem Cá Mulata" em seu livro O *carnaval carioca através da música*).

ra vez. A modinha escolhida aproveitava os versos do poema "Na Roça", do poeta luso-brasileiro Gonçalves Crespo (por sinal também mulato), em que uma mulata "por quem o feitor diziam que andava perdido de amor" acaba fugindo com "um pobre mascate, que em noites de lua cantava modinhas, lunduns magoados".

O próprio Lima Barreto, aliás, sente necessidade de justificar-se diante dos leitores pela escolha de tal música, pois, como demonstra reconhecer, a modinha de Gonçalves Crespo deveria parecer gasta e ultrapassada aos ouvidos do público do início do século XX, que é a época em que se passa o romance. Depois dos rogos habituais ao cantor de modinhas — "Por que não canta, 'seu' Cassi? Dizem que o senhor canta tão bem..." —, o sedutor suburbano acerta, "com apurada pelintragem e com ambas as mãos, a pastinha oleosa, e após limpar os dedos no lenço, faz estalar as cordas do violão avisando que vai cantar uma modinha velha, mas muito gentil e literária — 'Na Roça'". E Lima Barreto escreve:

> Muitos circunstantes ficaram desapontados porque já a conheciam; mas outros gostavam muito da modinha e aprovaram a escolha.
>
> Cassi começou:
>
> *Mostraram-me um dia*
> *Na roda dançando*
> *Mestiça formosa*
> *De olhar azougado...*[33]

Na verdade era "uma modinha velha", para o tempo, mas Lima Barreto precisava da sugestão de seus versos a fim de reforçar a tese subliminar de que, apesar da abolição do regime escravista e do advento da república, os brancos continuavam a funcionar como feitores, apropriando-se não apenas do trabalho de negros

---

[33] Lima Barreto, *op. cit.*, pp. 76-7.

e mestiços, mas do corpo de sua filhas, as quais acabavam tendo que optar entre a submissão pura e simples aos representantes das classes dominantes, ou a fuga romântica com o primeiro poeta trovador que as envolvesse com as alienadoras mensagens lírico-eróticas de seus cantos. Exatamente como tão bem soubera fixar em seu poema "Canção", de 1870, e publicado no livro *Miniaturas*, de 1871, o poeta Gonçalves Crespo (1846-83), em plena vigência, portanto, do regime de escravidão no Brasil:

I
Mostraram-me um dia na roça dançando
Mestiça formosa de olhar azougado
co'um lenço de cores nos seios cruzado,
Nos lobos de orelha pingentes de prata.
Que viva mulata!
Por ela o feitor
Diziam que andava perdido de amor.

II
De entorno dez léguas da vasta fazenda
A vê-la corriam gentis amadores,
E aos ditos galantes de finos amores,
Abrindo seus lábios de viva escalarlata,
Sorria a mulata,
Por quem o feitor
Nutria quimeras e sonhos de amor.

III
Um pobre mascate, que em noites de lua
Cantava modinhas, lunduns magoados,
Amando a faceira dos olhos rasgados,
Ousou confessar-lho com voz timorata...
Amaste-o, mulata!
E o triste feitor
Chorava na sombra perdido de amor.

IV

Um dia encontraram na escura senzala
O catre da bela mucamba vazio:
Embalde recortam pirogas o rio,
Embalde a procuram nas sombras da mata.
Fugira a mulata,
Por quem o feitor
Se foi definhando, perdido de amor.[34]

Lima Barreto, é certo, não faz seu personagem cantar na íntegra, no romance, os versos de Gonçalves Crespo (e, inclusive, omite a parte que se refere à fuga da mestiça com o cantor de modinhas e lunduns magoados), mas deixa implícita a submissão da mulata Clara dos Anjos aos encantos do moço branco suburbano que a fascina ao mesmo tempo como *feitor* — enquanto representante da classe dos brancos bem situados economicamente — e como poeta representante do lirismo popular modinheiro:

---

[34] Reproduzido conforme publicado em Gonçalves Crespo, *Miniaturas*, em *Obras completas*, Rio de Janeiro, Livros de Portugal, 1942, pp. 127-8. Melo Moraes Filho, em *Cantares brasileiros* (Livraria João Ribeiro, 1900) e em *Serenatas e saraus* (Rio de Janeiro, Garnier, 1901-1902), transcreve a "Canção" de Gonçalves Crespo com o título de "A Mucama", para evitar confusão com sua modinha em parceria com Xisto Bahia, "A Mulata" ("Eu sou mulata vaidosa,/ Linda, faceira, mimosa,/ Qual muitas brancas não são [...]"). No entanto, não conseguiu impor o título proposto, continuando o poema de Gonçalves Crespo a ser cantado como modinha sob o título "A Mulata", que é como aparece, por exemplo, em *A lira do capadócio* (sem data, mas seguramente dos primeiros anos do século XX) e em *O cantor de modinhas brasileiras*, colecionadas e revistas por Catulo da Paixão Cearense, em 1927; e, ainda, na gravação da música em disco Victor, nº 34.325-A, por Olga Praguer Coelho, em 1937. Apenas D. Júlia de Brito Mendes publica a "Canção" em sua coletânea *Canções populares do Brasil*, de 1911, com aquele título de "Mucama", certamente por ter reproduzido a música dos *Cantares brasileiros*, de Melo Moraes Filho.

> Isto tudo era dito quase aos poucos sem modulação alguma, enquanto o violão repinicava as mesmas notas, numa indigência musical, numa monotonia de sons que dava sono. Quando chegava ao estribilho
>
> *Sorria a mulata*
> *Por quem o feitor*
> *Diziam que andava*
> *Perdido de amor.*
>
> Por aí ele empregava o seu tic invencível de tocador de violão e cantor de modinha. Cantando, revirava os olhos e como que os deixava morrer. O cardeal Retz diz, nas suas famosas Memórias, que Mme. de Montayon ou uma outra qualquer duquesa ficava mais bela quando os seus olhos morriam. Cassi talvez ficasse mais, se ele tivese alguma beleza; entretanto, esse seu tic impressionava as damas.[35]

E, realmente, a inocente Clara dos Anjos rende-se de maneira tão completa à imagem romântica do cantor de ar sofrido que, "quando Cassi acabou, esqueceu-se de aplaudir o troveiro que, para o seu rudimentar gosto, lhe tinha proporcionado tão forte prazer artístico".[36]

Quase ao fim do romance, quando Cassi Jones de Azevedo já havia conseguido seduzir sua vítima, deixando-a grávida, Lima Barreto reforça sua tese fazendo Clara dos Anjos compreender — ao mesmo tempo em que tomava conhecimento da fuga do sedutor para São Paulo — que todo o jogo amoroso de revirar de olhos e cantar emocionado de modinhas fazia parte de uma técnica fria de conquista erótica: "Estava aí o seu porte; o mais eram acessó-

[35] Lima Barreto, *Clara dos Anjos*, edição citada, p. 77.

[36] *Ibid.*

rios de modinhas, de tocatas de violão, de cartas, de suspiros — todo um arsenal de simulação amorosa que ele, sem caráter e por demais cínico, sabia pregar como ninguém".[37]

À margem dessa ojeriza pessoal pelos cantores de modinhas sentimentais, especialistas, a seu ver, em "simulações amorosas", Lima Barreto não deixa de contribuir com alguns quadros de costumes da vida musical do povo carioca das duas primeiras décadas do século XX, que se inscrevem entre os melhores documentos oferecidos pela literatura de ficção brasileira aos historiadores da música popular urbana no Brasil.

De fato, se se conjugar a descrição inicial do romance *Clara dos Anjos* com o quadro do dia-a-dia dos moradores da chamada Cidade Nova, incluída por Lima Barreto nos seus folhetins diários do romance *Numa e a ninfa*, para o jornal *A Noite*, em 1915, quase se poderia visualizar o ambiente social e o cenário doméstico em que se processava o fenômeno de criação das formas de lazer urbano desde a segunda metade do século XIX, com o aparecimento dos "ternos" responsáveis pelo estilo musical depois denominado de choro: "O carteiro Joaquim dos Anjos não era homem de serestas e serenatas; mas gostava de violão e de modinhas", escreve Lima Barreto abrindo seu romance *Clara dos Anjos*, e acrescenta, enveredando pela informação histórica:

> Ele mesmo tocava flauta, instrumento que já foi muito estimado em outras épocas [o romancista escrevia em meados de 1922], não o sendo atualmente como

---

[37] *Ibid.*, p. 191. Esse "arsenal de simulação amorosa" a que se refere Lima Barreto existia, de fato, inclusive editado sob a forma de abundante literatura de cordel urbano (até hoje não estudada no Brasil), e que compreendia a publicação não apenas de folhetos de *Liras* com as letras das modinhas, canções, lundus e cançonetas em voga desde a segunda metade do século XIX, mas de publicações do tipo *Secretário amoroso* (em que se forneciam modelos de cartas de amor), *Secretário dos amantes*, *Manual dos namorados*, *Dicionário das flores*, *Secretário poético* etc.

> outrora. Os velhos do Rio de Janeiro, ainda hoje, se lembram do famoso Calado e das suas polcas, uma das quais — "Cruzes, Minha Prima!" — é uma lembrança emocionante para os cariocas que estão a roçar pelos setenta. De uns tempos a esta parte, porém, a flauta caiu de importância e só um único flautista dos nossos dias conseguiu, por instantes, reabilitar o mavioso instrumento — delícia que foi, dos nossos pais e avós. Quero falar de Patápio Silva. Com a morte dele a flauta voltou a ocupar um valor secundário como instrumento musical, e que os doutores em música, quer os executantes, quer os críticos eruditos, não dão nenhuma importância. Voltou a ser novamente plebeu.[38]

Sempre preocupado em separar a grande arte da pequena, que seria a popular, o romancista situava seu personagem entre os que se acreditavam músicos "de certa ordem", pois "além de tocar flauta, compunha valsas, tangos e acompanhamentos de modinhas" (o que não deixava de ser uma impropriedade, pois ninguém compõe acompanhamento para modinhas, uma vez que este é feito espontaneamente, com base nas sugestões da melodia solada por um dos instrumentos).

Ainda uma vez, neste ponto, Lima Barreto deixava perceber seu inegável sentido elitista na avaliação do ofício artístico, pois, ao fazer notar que Joaquim dos Anjos também compunha, tendo vendido por 50 mil-réis uma polca, "Siri Sem Unha", e uma valsa, "Mágoas do Coração", "a uma casa de músicas e pianos da rua do Ouvidor", acrescentava que "o seu saber musical era fraco",

[38] *Ibid.*, p. 27. O flautista Patápio Silva, a que o romancista se refere como "flautista dos nossos dias", morrera em 1907, abrindo lugar — ao contrário do que previa Lima Barreto — a uma sucessão de grandes nomes da flauta popular como Pixinguinha (1897-1973); Benedito Lacerda (1903-1968); Dante Santoro (1904-1969); Altamiro Carrilho (1924) e Carlos Poiares (1928), para só citar os mais conhecidos.

pois "embora gozando desta forma animadora [de primeiro flautista de sua localidade, nos arredores de Diamantina] nunca quis ampliar os seus conhecimentos musicais. Ficara na 'artinha' de Francisco Manuel que sabia de cor; mas não saíra dela para ir além".[39]

Eram músicos do tipo de Joaquim dos Anjos, no entanto, que animavam ainda nesse início da segunda década do século XX os bailes em casa de família dos subúrbios e da Cidade Nova ("A orquestra era composta de flauta, cavaquinho e violão — um 'terno', como denominavam os seresteiros"), ao lado, naturalmente, dos tocadores de piano denominados de *pianeiros*, como o próprio Lima Barreto se encarregaria de mostrar no romance *Numa e a ninfa*:

> A Cidade Nova dança à francesa ou à americana e ao som do piano. Há por lá até o célebre tipo de pianista, tão amaldiçoado, mas tão aproveitado que bem se induz que é ocultamente querido por toda a cidade. É um tipo bem característico, bem função do lugar, o que vem a demonstrar que o "cateretê" não é bem do que a Cidade Nova gosta.[40]

E após essa observação reveladora do desejo de ascensão social, ante a oposição da baixa classe média da Cidade Nova ao cateretê de influência rural muito próxima, em favor dos ritmos da moda, "à francesa ou à americana", o romancista retrata, com fina percepção, inclusive psicológica, a figura típica do *pianeiro*:

> O pianista é o herói-poeta, é o demiurgo estético, é o resumo, a expressão dos anseios de beleza daquela parte do Rio de Janeiro. É sempre bem-vindo; e,

---

[39] *Ibid.*, pp. 27-8.

[40] Lima Barreto, *Numa e a ninfa*, 1ª edição em livro, Rio de Janeiro, Oficinas de *A Noite*, 1915, pp. 21-2.

às vezes, mesmo disputado. As moças conhecem os seus hábitos, as suas roupas e pronunciam-lhes as alcunhas e nomes com uma entonação de quase adoração amorosa. É o "Xixi", o "Dudu", o "Bastinhos".

São mais apreciados os que tocam "de ouvido" e parece que eles põem nas "fiorituras" [sic], trinados e "mordentes", com que urdem as composições suas e dos outros, um pouco do imponderável, do vago, do indistinto que há naquelas almas.

Uma "schottisch" tocada por eles ritma o sonho daquelas cabeças, e põe no seu pensamento não sei que promessas de felicidade que todos se transfiguram quando o pianista toca.

Afora a modinha tão amada por todos nós, são as valsas, as polcas, que saem dos dedos de seus pianistas a expressão de arte que a Cidade Nova ama e quer.[41]

Gêneros de dança esses, aliás, que a gente mais humilde da Cidade Nova ("composta de tipógrafos, de contínuos e serventes de repartições, de pequenos empregados públicos ou casas particulares") dançava em clima de muita moralidade em seus bailes domésticos, como o romancista faz questão de testemunhar, contrariando a visão "exótica" que as pessoas das camadas mais altas da nascente classe média carioca tinham do "povo":

Não é verdade, como fazem crer os panurgianos de "revistas" e folhetins "surenés", que os seus bailes sejam coisas licenciosas. Há neles até exagero de vigilância materna ou paterna, de preceitos, de regras costumeiras de grupo social inferior que realiza a criação ou a invenção de outro grupo.[42]

---

[41] *Ibid*, p. 22.

[42] *Ibid.*, p. 21.

Ao morrer, em outubro de 1922, deixando em seus romances um colorido testemunho da vida carioca, vista através dos anseios típicos de uma pequena burguesia dos subúrbios e da Cidade Nova, da qual sempre fez parte, e a cujos desejos de ascensão acrecentava suas próprias aspirações (sempre frustradas) de glória literária e de prestígio pessoal, Lima Barreto sabia que outro escritor prestava-lhe naquele mesmo momento a homenagem de transformá-lo também em personagem de romance. O escritor — por sinal seu amigo e admirador — era Enéias Ferraz (1896-1977), e o romance intitulava-se *História de João Crispim*, publicado ainda em 1922 com a ajuda do próprio Lima Barreto.[43]

Redescoberto e muito elogiado por Wilson Martins no volume VI de sua *História da inteligência brasileira (1915-1933)*, que salienta dever-se ao autor de *História de João Crispim* o "único retrato verdadeiramente vivo de Lima Barreto", Enéias Ferraz conta a história de um engenheiro formado e intelectual sem obra, meio poeta meio "filósofo", que dissipa a vida pelas ruas e bares de um Rio de Janeiro ao mesmo tempo colonial, mas já invadido pelas novas camadas de classe média que em menos de dez anos iriam provocar a meia-solução revolucionária promovida por Getúlio Vargas, a partir de 1930:

> E ficaram a conversar [no Café Suíço, na Avenida Central, depois Rio Branco]. Crispim, com as pernas muito abertas no meio da calçada, olhava distraidamente a ocorrência ainda grande do café. Todo mundo ali discutia, aos berros, às gargalhadas, aos abraços, bebendo e comendo. A freguesia, então, era toda gente da imprensa, de teatro, modestos operários da vida noturna, policiais, *chauffeurs*, rapazes boêmios, joga-

[43] Enéias Ferraz, *História de João Crispim*, Rio de Janeiro, Livraria Editora Schettino, s.d. Em sua biografia de Lima Barreto, Francisco de Assis Barbosa transcreve uma carta do escritor em que este se oferece para ser fiador de uma parte da edição da *História de João Crispim* junto ao editor Schettino.

dores profissionais e parasitas de cabaré. Um mundo de gente neurótica, maníaca, original, revoltada.[44]

Sem oportunidade de participação ativa nos acanhados quadros econômicos da república oligárquica, que substituíra desde 1889 a estrutura patriarcal centralizada de D. Pedro II pelo mandonismo local, essa gente das cidades vivia de fato um momento de revolta, o que se traduzia não apenas nas agitações trabalhistas de marcada tendência anarquista, mas na desmoralização crescente dos valores culturais herdados do século XIX. E era esse sentimento que levava o personagem de outro romance da época, *Carola maluca*, de Coelho Cavalcanti (por sinal do mesmo grupo de Lima Barreto e Enéias Ferraz),[45] a antecipar, em 1919, a denúncia da fragilidade da vida literária e artística destinada a desembocar na Semana de Arte Moderna de 1922:

> — Artes e letras no Brasil atual! gargalha o Oliveira. Toda a nossa arte vem da Europa. Copia-se mal e porcamente do estrangeiro. Os senhores devem estar cansados de ouvir casos engraçados respectivamente a essa obra-prima, feita por seu autor, na Itália, *O Cristo e a adúltera*, que está ali, na Escola de Belas-Artes. Só temos de genuinamente nosso essa coisa galhardamente impecável: os calungas do Raul [o desenhista e caricaturista Raul Perdeneiras]. Quanto à literatura, principalmente a nossa poesia — prosseguiu o ilustre descendente dos fidalgos da Vila da Feira —, a mesma indigência, o mesmo descaramento. Coisas imprestáveis como folhinhas do ano passado. O que de mais tolerá-

---

[44] Enéias Ferraz, *op. cit.*, p. 19.

[45] Coelho Cavalcanti teve seu nome incluído ao lado de Lima Barreto na lista de formação de uma projetada Liga Brasileira contra o Futebol, em 1918, e que jamais chegou a funcionar.

> vel nos aparece é a da seara alheia. Um destes dias, quando falávamos do assunto, observava-me o brilhante poeta das *Ânforas* [Agripino Grieco]: Mestre, a "Profissão de Fé", de Olavo Bilac, não é dele. É de Theophile Gauthier, no *L'Art*, como também é parte do Dante e parte de A. Houssaye o decoradíssimo "Ouvir Estrelas". Este verso do mesmo poeta nosso, as palavras de fé que nunca foram ditas, todo ele é do mestre Stecchetti. E depois de citar uma chiliada de plágios com que se fizeram os homens de letras, me assegurou que Paulo Barreto [João do Rio] copiou de Júlio Bois, nas *Petites réligions de Paris*, as *Pequenas religiões do Rio*; copiou do Fialho, no *Cancro*, o *Bebê de tarlatana rosa*; parodiou da peça de teatro *Madame Vierges*, de Bruant, a sua *Madame Vargas*. Contou-me ainda o nosso vate patrício que o único verso bom de um chamado Felinto, da Academia de Letras, o qual tem banca de peixe, "bela demais para mulher honesta", é tradução ao pé da letra de uma frase de Balzac, no romance *Les Chouans*.[46]

Assim, a exemplo dos personagens de Lima Barreto, as figuras criadas pela nova geração de romancistas não dispostos a competir por um lugar na literatura oficial, representada principalmente pelo modelo de Coelho Neto, só podiam ser gente tirada da nova realidade urbana, como o fracassado João Crispim, do romance de Enéias Ferraz, ou a prostituta Maria da Conceição, a Carola maluca, que o professor Astério de Campos, ao comentar o lançamento desse livro de Coelho Cavalcanti, na revista *A Época*, saída em 1919, afirmava ter existido de fato no Rio de Janeiro "de uma época agitada pelas controvérsias da po-

---

[46] Coelho Cavalcanti, *Carola maluca*, Rio de Janeiro, s.n., 1919, pp. 33-4.

COELHO CAVALCANTI

Carola Maluca

RIO DE JANEIRO

—

1919

Página de rosto da primeira edição de *Carola maluca*,
de Coelho Cavalcanti, 1919.

lítica, pelos exageros de certos costumes impróprios, e pela corrupção de certos caracteres adventícios".[47]

Não é de estranhar, pois, que nesses dois romances de costumes cariocas de autoria de escritores por assim dizer "malditos" — a exemplo de seu mais talentoso contemporâneo, Lima Barreto —, o carnaval apareça como o momento mais representativo de caos social que procuravam denunciar em suas histórias.

Símbolo da explosão dos instintos das massas, o que no Brasil queria dizer mistura de classes pelas ruas, evoluindo baquicamente em meio a sons, cores, perfumes e cheiros embriagadores e excitantes, o carnaval correspondia, de certa maneira, à visão moderna da vida e da arte que, partindo do cubismo com seus arlequins e suas figuras de um impressionismo levado às últimas conseqüências, acabaria tirando do espírito e das imagens carnavalescas o que de mais caracteristicamente haveria na assimilação de conceitos de vanguarda artística, literária e musical cristalizada sob o nome de modernismo, a partir de 1922. E, de fato, até pela forma escandalosa por que se apresentou em São Paulo a Semana de Arte Moderna, o chamado Modernismo (anunciado, aliás, em poesia pelo livro *Carnaval*, de Manuel Bandeira, de 1919) não deixaria de revelar-se um carnaval artístico e literário, em que cada um usou sua fantasia na subversão dos conceitos acadêmicos, em clima de caos desejado e anunciado nos próprios títulos de tantas obras do tempo, como *Paulicéia desvairada*, de Mário de Andrade (nome que, aliás, aparecia na primeira edição do livro sobre um fundo de losangos coloridos, imitando o desenho do traje dos arlequins carnavalescos).

Em *História de João Crispim*, o romancista estreante Enéias Ferraz, então um jovem paulista estudante de Direito no Rio de Janeiro, dedica as vinte páginas finais de seu livro a uma descrição do carnaval carioca, o que serve, aliás, para acentuar a tra-

---

[47] Nota de Astério Campos sobre o livro *Carola maluca*, em *A Época*, setembro, 1919, transcrita por Coelho Cavalcanti ao final de seu livro.

gédia pessoal do pobre João Crispim, transformado em bêbado quase anônimo: atropelado no Mangue por um automóvel repleto de foliões, é levado para o necrotério como indigente e, lá, sentado na lúgubre cadeira protegida por vidro em que se costumava, então, expor os corpos dos desconhecidos para possível identificação.

Ainda antes de iniciar esse capítulo, porém, o romancista faz seu personagem João Crispim encontrar-se na Lapa certa madrugada, após sair da redação do jornal, com "um desses tipos genuinamente cariocas": o boa-vida Antônio Manuel dos Anjos. Membro da diretoria de uma sociedade carnavalesca de préstitos, Manuel dos Anjos — que vinha exatamente de reunião de diretoria prolongada noite a dentro — atestava para aqueles inícios da década de 1920 que a organização do lazer já era um trabalho levado a sério entre as camadas populares do Rio de Janeiro:

> — Afinal, que projeto estupendo é este que você me falava?
>
> — Ah! Crispim amigo, uma coisa verdadeiramente estupenda para o carnaval que vem!
>
> — Quando esse outro carnaval?
>
> — Ora, quando! Pro ano, filho, pro ano...
>
> — Ah! você já está pensando no outro, daqui quase um ano...
>
> Que um ano! Dez meses apenas. Acha muito? E o trabalho, a formação dos préstitos, as modinhas, os cantos a serem escritos e musicados, os bailes, as batalhas de confetes, e o resto? [...] Tudo isso começa três meses antes. Aí está! Não temos nem dez meses, mas sete. Sete meses, filho! E então! Até certos materiais temos que mandar buscar na Europa. Ora, o que são sete meses filho? nada, nada, absolutamente nada![48]

---

[48] Enéias Ferraz, *op. cit.*, pp. 175-6.

Manuel dos Anjos, por sinal, casado e com oito filhos, gabava a João Crispim a beleza de sua amante, Lola — famosa na cidade depois de ter atravessado a Avenida quase nua no dorso de um tigre de carro alegórico, na terça-feira gorda do ano anterior —, quando se aproxima outro folião igualmente vindo de uma farra na companhia de certa Lolinha. Estabelecido um princípio de rusga entre Manuel dos Anjos e o carnavalesco, em face da descoberta da identidade de nome das amantes, fica afinal esclarecido que a Lola do primeiro era Maria Lola, e a do segundo atendia pelo nome de guerra de Lola Tiririca. Depois de pedidos mútuos de desculpas e apertos de mão, o suposto rival de Manuel dos Anjos pode contar pormenores de sua noite de pândega:

> — A Lolinha, filho, trouxe uma cantiga, o suco! Uma coisa que vai fazer sucesso no ano que vem! Ah! espera... eu sei, começa assim:
>
> *Meu amor, minha loucura,*
> *A vida... a dois... a dois!*
> *Que gozo, que gostusura...*
> *Ta... ra... li... lá... lá*
>
> Sapateando na calçada, ele cantava aquelas coisas banais com os olhos revirados para o céu, como se lembrando, todo dengoso, forçando a voz para dar uma toada amorosa à cantiga. E cutucando a barriga do amigo, a mesma barriga em que minutos antes ele ia encharcar o seu punhal:
>
> — Enfim, um mimo de graça a invenção da Lola![49]

Após a despedida do carnavalesco amante da Lola Tiririca, Manuel dos Anjos retoma sua conversa com João Crispim quei-

[49] *Ibid.*, p. 178.

xando-se da falta de apoio do governo para as promoções carnavalescas:

> Dão-nos agora um conto e quinhentos, um conto e duzentos, vergonheira desta ordem! E a gente que se arrume como puder, mas divirta povo, que o deslumbre, que o delire! Como as coisas mudam! Ah! o bom tempo do Campos Sales! Dez, quinze, vinte contos ali, sem tugir, na boquinha! Enfim, apareça, homem, apareça por lá! Come-se, bebe-se...[50]

Tal como Lima Barreto em seus últimos meses de vida, João Crispim vê acentuar-se sua decadência física ao aproximar-se o carnaval. Na vida real, o romancista de *Triste fim de Policarpo Quaresma* não chegaria ao carnaval de 1923, porque morre em outubro de 1922, mas na *História de João Crispim* o personagem de Enéias Ferraz sai de casa para a morte exatamente num sábado de carnaval. Após comentar com o moleque Tobias, o pretinho que lhe serve o café e toma conta da casa — "Estamos no carnaval outra vez, heim! Tobias" —, Crispim lhe dá vinte mil-réis para que se divirta nos bailes do rancho Estrela do Amor e toma o bonde, saltando às 11 horas da noite na Praça da Bandeira:

> João Crispim parado sobre a pequena plataforma dos bondes, sentia em volta o povo que se acotovelava, num delírio confuso, em plena orgia carnavalesca, em pleno bacanal, em pleno satanismo. Era um espetáculo brutal de volúpia. Toda essa massa compacta, gente de toda a casta, mulheres e homens, velhos, crianças, negros musculosos e sátiros, mendigos e prostitutas, ladrões e virgens risonhas, leprosos e assassinos, cáftens e gorduchas mamãs, tudo isso se entrecho-

---

[50] *Ibid.*, pp. 179-80.

> cava familiarmente, face a face, ventre com ventre; tipos repugnantes colavam-se aos seios de uma menina; uma outra sentia um sujeito lhe cavalgando as traseiras, os bigodes roçando-lhe as orelhas; toda essa turba urrava, berrava, explodindo a gargalhada canalha, enquanto as bisnagas abertas esguichavam o seu perfume frio e vaporoso sobre os pescocinhos brancos e púberes; havia cavalheiros que só visavam a abertura das blusas, à procura dos seios, e outros, só bisnagueavam orelhas, ou pelo decote nas costas, deixando correr o líquido ao longo da espinha. Era uma batalha em que todos procuravam mutuamente excitar, descobrindo pequeninas sensações à passagem da onda e onde todo mundo se jogava num vaivém brutal, esfregando-se e comprimindo-se uns contra os outros; a multidão urrava de gozo, saciando-se como uma grande fera açulada pelo copular forte de algum macho possante.[51]

Essa descrição, uma das mais vivas e psicologicamente mais compreensivas do verdadeiro espírito do carnaval de rua do Rio de Janeiro, até pelo menos a década de 1940, é rematada então pelo romancista com uma indicação sobre o clima sonoro em que se realizavam essas chamadas "batalhas de confetes":

> No ar perfumado e quente da noite, ficava a vibrar toda uma sinfonia de risos, toques de corneta, rufos de tambores, vozes e guisos argentinos, enquanto um mundo de fantasias fazia na massa escura do povo umas manchas coloridas, vivas, berrantes, que pareciam excitar todos os os sentidos.[52]

---

[51] *Ibid.*, pp. 223-4.

[52] *Ibid.*, p. 224.

Em meio a essa massa confusa "um *bloco* famoso do bairro começou a atravessar triunfantemente a praça", com "um grande negro vestido de vermelho, calção curto e chapéu de três bicos", carregando "com solenidade o estandarte de seda verde, onde se via o emblema dourado do bloco", enquanto "um grupo de mulatinhas com os cabelos soltos nas costas como um chumaço de lã e uma coroa de rosas enterrada por cima", "cantavam uma canção dolente e pulha, a bombalear os quadris, excitadas ao som plangente e monótono da charanga". Então, após as fantasias mais comuns do tempo — índios com "penas de espanador e molhos de capim seco em volta da cintura"; "sujeitos vestidos de mulher a baterem palmas, sapateando cateretê, a cabeça enrolada num pano vermelho, os braços nus cobertos de corais, seios artificais, grossos quadris, uma colher de pau na mão" —, Enéias Ferraz fixa ainda um flagrante da música carnavalesca:

> Um rapaz vestido de frade gemia no violão esta quadrinha:
>
> *A nossa vida é um suco*
> *Tudo é amor e só troça...*
> *Oh! meu bem, olha esta joça...*
> *Mete aqui depressa, que suco!*
>
> Em volta, fazendo o estribilho, o grupo respondia:
>
> *Mete aqui depressa*
> *Mete aqui, mete aqui...*[53]

Pela madrugada o povo começava a dispersar e João Crispim, "andando de um lado para o outro e seguindo como um verdadeiro garoto a música de qualquer bandozinho que passava",

---

[53] *Ibid.*, p. 227.

acaba num botequim, enquanto na rua, "apenas, nos recantos escuros, magotes de rapazes boêmios, enrolavam ainda no silêncio deserto da praça, rápidos trechos de cantigas carnavalescas", enquanto "outros grupos também passavam empunhando violões ou soprando uma flauta desafinada".[54]

Já no romance *Carola maluca*, as descrições de Coelho Cavalcanti são do carnaval da boêmia elegante de São Paulo em 1888, ano em que a prostituta de luxo Carola aceita o convite de um rico amante paulista e vai visitar sua cidade: houve piquenique da mocidade acadêmica no Brás e "os três dias de carnaval, então, foram indescritíveis":

> — Fizeram um carro de quatro rodas, todo ele cravejado de rosas brancas, puxado por uma parelha de éguas de finíssima raça, propositadamente vindas da granja do coronel Ipiranga, e dentro dele sentaram a Carola vestida de rainha.[55]

"Nobreza e plebe" acompanhavam esse desfile em que "a banda de música da polícia, gentilmente cedida pelo respectivo comandante, ia à vanguarda, ao som de afinadíssimas cavatinas"[56], e, "à noite, no Clube Carnavalesco Paulicéia, houve baile masqué": "Homens de Estado, médicos ilustres, advogados de grande nota, famílias ilustres, vigários, velhos capitalistas enfiaram dominó no só intuito de ver de perto a Carola".[57]

As referências de Coelho Cavalcanti ao carnaval paulista são sumárias, mas revelam de qualquer forma o traço elitista da festa em São Paulo, e que de fato a cidade conservou até pelo menos inícios da década de 1930, quando finalmente os grupos de

---

[54] *Ibid.*, pp. 227-8.

[55] Coelho Cavalcanti, *op. cit.*, p. 65.

[56] *Ibid.*

[57] *Ibid.*, p. 66.

cordões, de batuques e, logo, de escolas de samba inspiradas na novidade criada no Rio de Janeiro, forçaram sua participação nas ruas, provocando a decadência dos corsos e batalhas de flores dos elegantes.

Realmente, até a primeira década do século XX, a vida boêmia e as diversões com mulheres, em meio a cantorias e bebidas, foram um privilégio dos ricos em São Paulo. E isso ficaria perfeitamente demonstrado em um curioso livro meio memória, meio romance, que o autor, o paulista de Araraquara José Maria de Toledo Malta, usando o pseudônimo de Hilário Tácito, publicaria em 1920 focalizando o surgimento das famosas "pensões" de mulheres dirigidas por experientes cafetinas estrangeiras, sob o título *Madame Pommery*.

A casa de Mme. Pommery, misto de "pension d'artistes" e prostíbulo de luxo, chamava-se *Au Paradis Retrouvé* e situava-se no Largo do Paissandu, tendo em seu salão "a um canto a música de piano, violino e flauta" que "não cessava as melodias das valsas e os requebrados dos maxixes". E seria nesse salão que uma das francesas da casa, Nanette, começaria de repente a cantar, alegremente, enquanto dois freqüentadores, Narciso e Mangancha, discutiam sobre as propriedades alimentícias do álcool:

O vatapá
Comida rara
É assim iaiá
Que se prepara
O vatapá [...][58]

Os versos eram do tango "O Vatapá", composto pelo maestro e chefe de orquestra do teatro musicado carioca Paulino Sacramento para a revista *O Maxixe*, de D. Xiquote (Bastos Tigre)

---

[58] Hilário Tácito, *Madame Pommery*, São Paulo, Edição Revista do Brasil, 1920. Reeditado em 1977 pela Academia Paulista de Letras, de onde procede a citação acima, p. 97, e as que se seguem.

e João Phoca (Batista Coelho), encenado no Teatro Carlos Gomes, no Rio de Janeiro, em 1906. O tango, dançado como maxixe na peça, obteve tal sucesso que chegou a ser gravado ainda na primeira década do século em disco Brazil (Gran Record "Brazil", nº 70.219, selo verde e amarelo, gravado de um só lado), cantado em dueto por Albertina Rosa e Orestes Matos, que acentuava a malícia da letra, explicando com isso a preferência da música no repertório das alegres pensionistas de Madame Pommery:

Ele e ela: *O vatapá*
Comida rara
É assim iaiá
Que se prepara
O vatapá
Comida rara
É assim iaiá
Que se prepara...
Ela: *Você limpa a panela bem limpa*
Quando o peixe lá dentro já está,
Bota o leite de coco, o gengibre,
E pimenta da Costa e fubá
Ele e ela: *Mexe direito*
Pra não queimar
Mexe com jeito
O vatapá... (bis)
Ele e ela: *O vatapá*, etc.
Ela: *Camarão torradinho se ajunta*
Ao depois da cabeça tirar...
Ele: *Mas, então, a cabeça não entra?*
Ela: *Qual cabeça, seu moço, qual nada!*
Mexe direito, etc.[59] (bis)

---

[59] Em sua coluna "Cantinho das Canções", publicada no jornal *O Dia*, Rio de Janeiro, de 10 de dezembro, 1972, o antigo radialista e pesquisador de história da música popular brasileira Henrique Foreis Domingues, o Al-

Capa da primeira edição de *Kyrmah: sereia do vício moderno*, de Raul de Polillo, 1924.

Dois anos depois da novela *Carola maluca*, de Coelho Cavalcanti, e do romance memorialístico *Madame Pommery*, de Hilário Tácito, um estranho livro profundamente influenciado pelas idéias da Semana de Arte Moderna, *Kyrmah: sereia do vício moderno*, do escritor paulista Raul de Polillo, voltaria a focalizar o clima algo decadentista do carnaval na cena em que seu personagem, após discurso meio louco ("Precisava de uma apoteose para a minha debandada no cinismo. Ei-la, a apoteose! O último dia de carnaval, nesta orgia, aqui"), termina despedaçando sua taça de champanha contra o espelho da parede, logo imitado pelos demais foliões:

> Um urrah! formidável reboou pelo salão, onde cerca de trinta indivíduos, homens e mulheres, vinham de se engolfar na mais infausta das demências carnavalescas. Atirei a taça com toda a força que ainda me restava nos músculos desfibrados, contra o cristal que encobria uma parede inteira, à minha frente. E o chocalhar dos vidros partidos encheu a sala de sonoridades violentas. Os convivas, entusiasmados, loucos de alegria, imitaram-me o gesto. E cerca de trinta outras taças foram estilhaçar-se de encontro a outros espelhos.
>
> Formou-se um algazarra pagã, dessas que se não dizem. Ao tilintar dos vidros, mesclava-se o vozeirão rouco dos homens desorientados; e uma infinidade de timbres sonoros, a sair da boca rubra das mulheres, vinha intensificar barulhentamente aquele fim de pagode, pondo satiríases bárbaras nas pupilas míopes de dois franceses que ficavam à minha direita.[60]

---

mirante, publicou a letra de "O Vatapá" omitindo a repetição da quadra inicial e a intercalação do estribilho "Mexe direito..." entre as duas outras quadras que constam do texto agora transcrito na versão completa.

[60] Raul de Polillo, *Kyrmarh: sereia do vício moderno*, São Paulo, Companhia Gráfico-Editora Monteiro Lobato, 1924, p. 30.

O personagem de *Kyrmah: sereia do vício moderno* passa as 198 páginas do livro registrando em um diário seus desencontros com uma misteriosa Mlle. X. Pois nessa orgia em que se transforma a festa carnavalesca algo surrealista, Mlle. X estava presente, disfarçada sob um *loup*, a meia máscara de veludo negro que, no dia seguinte, 19 de fevereiro, envia sadicamente dentro de uma carta ao torturado amante que jamais vira seu rosto: "'Look in my face!' — 'Rotisserie' — 'Terminus' — 'Remembrance' — 'Carnaval, 1923'".[61]

Esse carnaval do Terminus, onde se reunia a alta burguesia paulista para seu carnaval fechado, é descrito também de passagem, em 1926, no primeiro romance do futuro líder integralista Plínio Salgado, *O exilado*, que igualmente refletia o impacto das originalidades estilísticas e ideológicas surgidas com a Semana de Arte Moderna:

> — Evoé! Evoé!
>
> Um cordão de negros abria passagem. Pernas cruzadas na capota de um torpedo, uma rósea pierrete deslizava sobre a multidão [...] Martiniano convidou-o [ao amigo Eugênio, que comunicava a fuga de Marina, "uma pobre filha de operários", "no primeiro dia de carnaval"] para dançar no Apolo. Depois iriam ao Terminus.[62]

---

[61] *Ibid.*, p. 33. Quatro dias antes, na véspera do carnaval de 1923, o personagem havia registrado em seu diário: "10 de fevereiro — (véspera de carnaval) — Lá vai a multidão, informe, sacudida aos solavancos de uma alegria fictícia, coletiva e contagiosa, enchendo as ruas, acotovelando-se nas esquinas, fazendo vibrar, no espaço, gritos e canções". Infelizmente, porém, o autor não chega a registrar os versos de qualquer dessas músicas que ouviu no carnaval paulista de 1923.

[62] Plínio Salgado, *O exilado*, 3ª edição, Rio de Janeiro, José Olympio, 1936, p. 185.

O capítulo em que Plínio Salgado descreve esse carnaval dos ricos de São Paulo tem o título de "Rag-time" e, como não podia deixar de ser, a música do carnaval desses clubes elegantes era a dos *jazz bands*, ao som dos quais os poderosos podiam desfrutar sensualmente de mocinhas humildes e ingênuas como Marina, que queria ser artista de cinema, mas acabaria seduzida em uma *garçonière* e enviada ao Rio, de onde "voltaria treinada e inofensiva":

> Como uma trovoada, cresceu a tempestade musical do *jazz band*, uma sarabanda de relâmpagos sonoros, desarticulando a melodia simples da canção nervosa.
>
> Multidões de mascarados e *loups* ferviam na dança erótica. Ivã deu o braço a um dominó, mergulhou na onda. Mas o seu pensamento estava num remoto crepúsculo cinza...
>
> (Queria ser artista de cinema...)
>
> Talvez estivesse ali, no remoinho macabro dos bêbados *fox-trots yanks* [...][63]

Esse mesmo quadro de corrupção das moças filhas de famílias pobres pelos rapazes das novas camadas da burguesia da cidade industrial, aproveitando o clima de "loucura" do carnaval, seria reafirmado sete anos depois de *O exilado* em outro romance de crítica social — e este declaradamente de esquerda —, o "romance proletário" *Parque industrial*, no qual a autora, Patrícia Galvão, sob o pseudônimo de Mara Lobo, conjugava a novidade do estilo "modernista" com o sentido de denúncia político-literária que a Semana de Arte Moderna não chegara a formular.

Nesse pequeno romance panfletário, de linguagem ideologicamente apaixonada, a escritora ligada ao mesmo tempo à vanguarda literária e ao Partido Comunista (às vezes ao lado do companheiro Oswald de Andrade), descreve o animado carnaval do

[63] *Ibid.*, p. 186.

bairro proletário paulista do Brás, e onde os rapazes da sociedade iam com seus automóveis de último tipo conquistar mocinhas do povo:

> Todas as meninas bonitas estão sendo bolinadas. Os irmãozinhos seguram as velas a troco de balas. A burguesia procura no Brás carne fresca e nova.
>
> — Que pedaço de italianinha!
>
> — Só figura. Vá falar com ela. Uma analfabeta.
>
> — Pruma noite, ninguém precisa saber ler.[64]

E enquanto "[...] As filas de automóveis se misturam, engrossando, levando a promessa as meninas pobres, cheias de ventarolas e rolos [de serpentina] catados" — o que leva algumas a suspirar: "Ah! Se eu pudesse fazer corso!" —, as orquestras sádicas incitam: "Dá né-la! Dá né-la!".[65]

A referência era à marcha de Ari Barroso "Dá Nela", a música de grande sucesso do carnaval de 1930, embora logo adiante a romancista faça referência implícita ao carnaval de 1932, ao escrever: "O carnaval fora oficializado. Muita gente caiu na rua de fome. Mas houve champanha à beça no Municipal".[66]

De fato, seria no ano de 1932 que o prefeito do Rio de Janeiro, Pedro Ernesto, decidindo enquadrar as promoções carna-

---

[64] Mara Lobo, *Parque industrial*, São Paulo, s.n., 1933, p. 43. O romance é hoje incluído entre as raridades bibliográficas (e do qual o autor teve conhecimento através do bibliófilo paulista Eric Gemeinder, que possui exemplar em sua biblioteca), não aparece citado nas histórias da literatura brasileira, só sendo o nome da autora referido em dois pontos da extensa *História da inteligência brasileira*, de Wilson Martins, mesmo assim através de transcrição de trecho das memórias de Leôncio Basbaun (p. 507, vol. VI), e da indicação, entre os livros editados em 1959, do volume *Dois romances*, reunindo *Doramundo*, de Geraldo Ferraz, e *A famosa revista*, que escreveu em colaboração com Patrícia Galvão (p. 414, vol. VII).

[65] *Ibid.*, p. 43

[66] *Ibid.*, p. 114.

valescas entre as festas do calendário municipal, criou o logo famoso baile de carnaval do Teatro Municipal, destinado à diversão das camadas mais altas da capital do país.

Segundo anotaria a romancista, porém, ao descrever a viagem de trem da personagem Otávia, a caminho de São Paulo após seis meses de reclusão na colônia de presos políticos Dois Rios, seria também a partir dessa época que, apesar do oficialismo inaugurado no Rio de Janeiro por Pedro Ernesto, os compositores de música popular — seguindo a tradição do teatro de revistas — começariam a incluir, eventualmente, uma certa intenção político-ideológica nas letras das músicas destinadas ao carnaval:

> A segunda classe do noturno que a reconduz a São Paulo leva também os últimos sambas cariocas. A preocupação de luta social já invadiu o canto popular.
>
> — *Rodeia!*
> — *Rodeia!*
> *Que este samba*
> *Vai terminar na cadeia!*[67]

[67] *Ibid.*, p. 43.

OS ROMANCES DE ESCÂNDALO DOS ANOS VINTE

Os episódios de decadência social e de devassidão entre as altas camadas, registrados nos romances brasileiros dos anos vinte do século XX, não deixavam de refletir uma realidade do momento histórico. No âmbito das grandes cidades, principalmente o Rio de Janeiro e São Paulo, o comportamento dessas minorias privilegiadas se apresentava, de fato, nas duas primeiras décadas do século, em absoluta oposição às "boas regras" até então vigentes. E isso se explicava. Entre as novas camadas em ascensão, após o advento da especulação financeira e a multiplicação dos quadros políticos contemporâneos da instituição da República, começou a surgir no Rio de Janeiro (antigo centro administrativo) e em São Paulo (novo centro econômico, graças à riqueza do café) uma sensação de vazio e de insegurança. E era essa sensação que, provocando a tendência à vida dissipada, vinha traduzir nos episódios de vício, escândalo e ostentação a instabilidade do quadro econômico-social, logo destinado a sofrer a devida correção política, quando a Revolução de 1930 se propôs a firmar novo pacto social baseado na conciliação dos interesses entre o latifúndio, o capital financeiro e a classe média urbana.

Esse quadro pré-revolucionário iria aparecer ainda uma vez na literatura em 1924 com o lançamento de um romance que, até pelas circunstâncias da escolha do título e suas escandalosas conseqüências, comprovava o caráter especial do momento histórico. O livro de Romeu Avelar, um jovem escritor principiante, tinha originalmente o título desde logo muito significativo de *Mal do século*, mas o editor — o escritor Benjamin Costallat, naquele mesmo momento alcançando sucesso com seu escandaloso romance *Mademoiselle cinema* — resolveu à revelia do autor mudar o nome do romance para *Os devassos.*

Na verdade, a obra do novo romancista não representava muito, em termos de realização literária, e embora as situações descritas (incluindo algumas sugestões eróticas e uma ou outra frase mais crua) pudessem apelar um pouco para o sensacionalismo, não deviam em princípio ofender uma sociedade em que a prostituição, mais do que livre, chegava a ser ostentada, e onde o uso da cocaína era conhecido corriqueiramente como "vício elegante". O romance *Os devassos*, no entanto — tal como acontecera com *Mademoiselle cinema* —, foi imediatamente proibido pela justiça a pedido da Liga pela Moralidade e, segundo depoimento do próprio editor, chegou a provocar a prisão de um gerente da Livraria Freitas Bastos "e também de um leitor afoito que o comprara na mesma livraria".[1]

O clima de amoralidade entre as altas camadas da classe média e da burguesia tornava-se mais evidente, é claro, por ocasião do carnaval. É, pois, a fixação de algumas cenas dessa nova realidade colhida ao vivo, que faria de *Os devassos* um documento importante, inclusive para a história da música popular e do próprio carnaval.

As cenas de *Os devassos*, ao que tudo indica, focalizam o carnaval carioca de 1922 (apesar de publicado em 1924, o livro já era anunciado pelos editores Benjamin Costallat & Miccolis desde o ano anterior, 1923), e mostram desde logo os personagens Roberto e sua amante Marta saindo para a folia vestidos de pierrô e pierrete ("— Veste o teu *pierrot*, benzinho... Iremos de negro. Dois corvos!"):

---

[1] Romeu Avelar, no artigo "Benjamin Costallat", escrito a propósito da morte deste escritor e editor, e publicado no nº 46 da revista *Leitura*, em abril de 1961. Romeu Avelar conta ainda que, enquanto seu livro era confiscado, Benjamin Costallat, por ser "maneiroso e rico", conseguiu não apenas escapar ao processo, como obteve ainda do promotor uma declaração sobre o "propósito de moralidade de *Mademoiselle cinema*".

> Às dez horas, os dois, misteriosamente mascarados, chegavam ao Assírio, que acendia em viva iluminação. Uma vozeria ensurdecedora se prolongava por todo o vasto salão feericamente iluminado. As serpentinas faziam redes labirínticas do teto às colunas. A folia não podia ser mais licenciosa. Uma extraordinária variedade de fantasias representava quase todas as classes sociais e quase todas as raças do globo. O ar impregnava-se de um cheiro ativo e afrodisíaco de éter e essências finas... Uma orquestra sacudia frêmitos de nevroses no ar... O champanhe espocava, taças se atritavam ao alto das mil cabeças alvoraçadas.[2]

Como não conseguem lugar no salão elegante do Assírio (situado então nos baixos do Teatro Municipal do Rio de Janeiro), Roberto e Marta saem a pé pela Avenida Rio Branco, onde "uma multidão alucinada" "se apertava e magoava por lúbrico prazer". É quando Roberto, tendo encontrado casualmente com o amigo Bernardo, entram os três para tomar chopes no Bar Americano, ao mesmo tempo em que pesada chuva começa a desabar sobre a cidade:

> Num instante o "bar" fica literalmente cheio, quase que nem podia mover-se nos seus próprios lugares. Uma sufocação, um desespero contínuo em todos os semblantes agitados. Os "garçons" não podiam mais servir as mesas, nem conter o povo nas entradas. E eram gritos, risadas canalhas, queixas, apertões, damas e meninas apalpaldas por mãos poderosas e invisíveis, crianças asfixiadas que berravam no regaço das mães aflitas, burgueses revoltados com a patifaria subterrâ-

---

[2] Romeu Avelar, *Os devassos*, Rio de Janeiro, Benjamin Costallat & Miccolis, s.d., p. 263. O ano de edição é 1924.

> nea das pernas de alguns cavalheiros que cavalgavam cinicamente as traseiras de senhoras inofensivas [...][3]

O quadro, típico do antigo carnaval do centro da cidade do Rio de Janeiro, ganha ainda maior fidelidade e importância para a fixação de um momento da história da música carnavalesca, quando, após referir-se à chuva que continuava chicoteando lá fora "os transeuntes ariscos que atravessam os passeios como sombras fugidias", o romancista descreve a formação de um inesperado cordão de foliões, no interior do bar:

> Dentro da sala, um cordão de rapazes, que conseguira forçar a entrada logo ao início, começou a cantar, indiferentes todos à grande balbúrdia:
>
> *Depois do caso feito*
> *Como há de ser? como há de ser?*
> *Papai, mamãe não qué*
> *Que eu me case com você...*
>
> Mas um deles, querendo fazer mais espírito, cantou:
>
> *Depois de nove meses*
> *Como há de sê? como há de sê?*
> *Mamãe, papai não qué*
> *Que eu só... meta com você...*
>
> Dos lados, surgiram logo protestos violentos, ameaças de indignação:
>
> — Isso é contra a moral, "seus" patifes!
>
> — Não pode!
>
> — Canalhas!
>
> Prendam-nos!

---

[3] *Ibid.*, pp. 266-7.

> E imediatamente deu-se o conflito esperado. Socos, garrafadas, trancos e cadeiras no ar. A polícia, com muita dificuldade, conseguiu entrar, mas dentro o "frege" já estava começado, cabeças abertas, caras amassadas e uma balbúrdia incompreensível de ânimos exaltados.[4]

Capítulos antes, Romeu Avelar já mostrara como, na área popular, a diversão pode transformar-se em balbúrdia e conflito nas cidades, a partir de uma simples provocação. Às vésperas do carnaval, ao encontrar-se casualmente na Praça da Bandeira com o antigo companheiro de infância Cláudio, o personagem Roberto é convidado a tentar *penetrar* no "baile do Camisão", nas vizinhanças do Canal do Mangue, "antes do fim da rua Visconde de Itaúna". E o resultado fora o pior possível: "Pararam em frente à porta, olhando muito para dentro. O baile era na sala do fundo, quase nas dependências da casa. Pelo corredor viam-se grupos de namorados agarradinhos, a se beijarem pelos cantos...".

Após perguntar a "duas moças que palestravam à janela" se "podiam chamar o sargento Carvalho, que é do 'choro' [querendo significar que o sargento era integrante do grupo de músicos de choro que animava a festa], Cláudio e Roberto aguardam, enquanto o 'choro' começou a soprar uma coisa muito repinicada com variações excitantes que morriam no grosso do trombone". E como ao final da música as palmas vinham, mas "as merdas das zinhas não conhecem o sargento Carvalho", os pretendidos "penetras" não conseguem entrar na casa, o que os leva a partir para a molecagem das provocações:

> E como um par, muito estrançado, viesse vindo no requebro de um maxixe, ele pôs o chapéu no rosto e gritou para dentro:
>
> — Não pega a moça assim, seu cara, que emprenha...

[4] *Ibid.*, pp. 267-8.

O sujeito aproximou-se mais da janela, e parou com a dama segura pela mão, procurando com um olhar feroz de onde partira a pilhéria pesada.

O pessoal fora prorrompeu numa escandalosa gargalhada.

Cláudio abaixou-se e gritou:

— Cheira a mão agora, perereca!

O homem quis virar bicho e ameaçou o povo de fora com um formidável murro armado nos dedos:

— Sem "vergonhos"!

Uma outra voz gritou logo do meio da rua:

— Endireita a gramática, burro!

O ofendido largou a mão da dama e tentou pular a janela, mas alguns convivas intercederam, procurando contê-lo.

De fora ainda disseram:

— Solta o lagartixa!

Roberto puxou Cláudio pelo braço, quase à força:

— Vamos, que isso hoje acaba em "frege"...[5]

Esse clima de instabilidade social traduzido, principalmente, pela quebra do nexo moral entre a gente das cidades, seria, aliás, muito bem fixado em sua projeção sobre as áreas da política e do jornalismo em outro romance ainda na década de 1920: *O coronel Lousada*, do jovem sergipano então estreante na literatura Pedro Mota Lima.

Ambientado no Rio de Janeiro do tumultuado período de agitação político-militar que teve seu ponto culminante na marcha dos 18 do Forte Copacabana (que, por sinal, não foram 18, mas 11, segundo testemunho de um dos sobreviventes, o depois brigadeiro Eduardo Gomes), o livro de Pedro Mota Lima parodiava com muita fidelidade o momento de crise moral das elites:

---

[5] *Ibid.*, pp. 159-60.

abrigado pelo legalista major Lousada na hora da repressão policial, o jornalista Gil Flores, comprometido com o movimento contra a posse do presidente Artur Bernardes, paga a amizade do velho militar traindo-o com a esposa, Angelina, mulher voltada "para as festas, para a vida atordoante da sociedade [...]".

É em companhia de Angelina, vestida de odalisca, que Gil Flores, fantasiado de "jovem turco" ("calça e casaco de veludo bordado a ouro e um fez escarlate"), comparece ao baile do High-Life da rua Santo Amaro, no Catete, durante o carnaval de 1923.

O clima da festa nas ruas — com uma referência inicial à composição "Macumba", de José Barbosa da Silva, o Sinhô, gravada pelo cantor Baiano, na Casa Edison, no disco Odeon nº 122.424 — é bem captado pelo romancista logo à abertura do capítulo XVII do romance:

> Por sobre a rede de fios cruzam serpentinas. Camiões, palanques floridos, descem, pesados, rua abaixo, repletos de folionas que dançam e cantam em coro. Automóveis, num emaranhado de fitas multicolores, passam velozes, deixando no ar o eco perdido de uma estrofe carnavalesca:
>
> *Ai, Gegê, Meu encanto...*
>
> Cinco da tarde. Bandos plebeus arrastam-se junto aos passeios, ao som de pífanos, violões, pandeiros e reco-recos. São a alegria da garotada descalça e maltrapilha. O mascarado de todos os tempos grita a sua pobreza de espírito, repetindo em falsete o eterno "Você me conhece".[6]

---

[6] Pedro Mota Lima, *O coronel Lousada*, Rio de Janeiro, Universal, 1927, p. 109.

Pedro Mota Lima observa neste ponto que "o carnaval do ano anterior, o Carnaval do Centenário, fora consagrado à sátira política" ("Fora o carnaval do 'Ai, seu mé'"), mas agora, em 1923, "sentia a população, talvez mais do que nunca, o domínio absoluto de Sua Majestade, o sítio":

> A idéia da "geladeira" esfriava tudo. Como alusão, a mais sutil, que o grosso do povo não percebia, e que a polícia julgara inocente, havia apenas "o tatu subiu no pau" [...] Referência direta aos acontecimentos políticos, encontrava-se nas casas de música uma única marcha, cuja letra falava em arroz de Pendotiba. Essa consentiam as autoridades que se cantasse. O carioca, entretanto, empolgado ainda pelo platônico mas intenso sentimento de revolta, não encapava o acinte ao candidato vencido [Nilo Peçanha, derrotado por Artur Bernardes]. Alguns substituíam os versos para aproveitar a música, que lhes agradava. Não faltava, ainda assim, quem fizesse a revanche do "queijo de Minas":
>
> *Ó meu benzinho, caladinho, escuta:*
> *A goiabada nunca foi boa fruta...*[7]

As músicas de intenção política citadas pelo romancista eram a marcha proibida no carnaval de 1921 "Ai, Seu Mé", de Luís Nunes Sampaio, o Careca, com letra de Freire Júnior, satirizando o então candidato Artur Bernardes, e a marcha "Goiabada", composta com senso de oportunidade por Eduardo Souto como resposta exatamente ao "Ai, Seu Mé", e na qual havia de fato referência a uma anedota segundo a qual o presidente Nilo Peçanha, tendo aprovado a idéia da plantação de arrozais em terrenos ala-

---

[7] *Ibid.*, p. 110.

gados no Rio de Janeiro, teria mostrado a um visitante francês os matagais da Baixada Fluminense: "*C'est du ris, excellence*".[8]

Antes de irem para o High-Life, na rua Santo Amaro, Gil Flores e Angelina entram no Palácio das Festas da Exposição de 1922, armado na Avenida das Nações, na hoje Esplanada do Castelo, onde havia baile carnavalesco para a elite. Mais adiante, de dentro do parque de diversões "vinha o som rasgado e fanhoso de pistons e saxofones", produzido por "outro jazz-band — a indefectível jazz [...]": tratava-se de "outro baile público a dez mil-réis a entrada". Finalmente, quando Gil e Angelina chegam ao prédio do High-Life, "o casarão da rua Santo Amaro explendia em miríades de focos multicolores" e "uma banda militar tocava à entrada", enquanto "nas mesas espalhadas pelos jardins, de um e do outro lado nos salões onde havia dança, no terraço, em toda a parte centenas de vozes entoavam em uníssono:

Ai, papai! Ai, mamãe! Ai, titia!
Era assim que eu queria...[9]

Pedro Mota Lima demonstra tal segurança em sua descrição do carnaval carioca de 1923, que não se pode deixar de dar crédito às citações dos versos como sendo de músicas de sucesso daquele ano, mas a verdade é que não foi possível identificar em discos e folhetos de letras de música carnavalesca da época nem essa marcha "Ai Papai! Ai, Mamãe! Ai, Titia", nem as duas outras letras de canções registradas a seguir no mesmo capítulo de *O coronel Lousada*:

O som da orquestra é abafado pelas vozes:

---

[8] O episódio é lembrado com pormenores informativos por Edigar de Alencar, *O carnaval através da música*, 3ª edição, Rio de Janeiro, Francisco Alves/MEC, 1979, pp. 153-4.

[9] Pedro Mota Lima, *op. cit.*, p. 118.

Ai, mulher! Ai, mulher!
Hoje você me abandona,
Amanhã você me quer...[10]
[...]

Gil temendo que os camaradas o reconheçam, chama o garçom e prepara-se para sair.

Um grupo esvoaçante de pierrôs passa em debandada:

[...]
As mulheres elegantes,
Almofadinhas retumbantes,
Sugando às flores doce mel
Quem paga é o coronel...[11]

Um ano antes do aparecimento desse *O coronel Lousada*, o mesmo tema da corrupção da moral tradicional, envolvendo a família de um militar, já havia sido focalizado, aliás, pelo revistógrafo e compositor de música popular Ari Pavão, no livro *Sargeta*, lançado em 1926 na onda de romances de escândalo programados pelo editor-escritor Benjamin Costallat. E também nesse romance que focalizava a infelicidade doméstica do coronel (depois general) Carlos D'Ayres — tal como o coronel Lousada, ligado ao movimento militar pela República — é durante um carnaval, com todos os personagens igualmente fantasiados de pierrôs, que culmina sua desgraça pessoal. É que, alcovitada pela própria madrasta, Risoleta, a jovem Sinhá, filha do primeiro casamento do coronel, entrega-se ao primo paulista Rafael, um gigolô que vai colocá-la para rodar "em uma casa de mulheres da rua General Câmara". E ao saírem os pierrôs em seu automóvel a

---

[10] *Ibid.*, p. 119.

[11] *Ibid.*, p. 120.

caminho da batalha de confetes, onde vão divertir-se alheios ao drama do dono da casa, "o velho, que ficara na varanda, pôde ouvir o cordão, que cantava alegremente":

A baratinha, iaiá,
A baratinha, ioiô,
A baratinha bateu asas
E voou.[12]

A marcha "A Baratinha", de Mário São João Rabelo, divulgada no Rio por uma revista portuguesa e transformada em sucesso do carnaval carioca de 1918, já não seria certamente muito cantada em 1925, o ano em que se situava a ação do romance. Seus versos, porém, foram com certeza o que de mais apropriado o autor encontrou no repertório da música carnavalesca da época para sugerir o que realmente estava acontecendo com Sinhá. Para infortúnio do general Carlos D'Ayres (que logo morreria abraçado ao retrato da primeira mulher, D. Fortunata, representante da moral antiga), sua filha Sinhá — tal como a baratinha da canção — estava exatamente naquele carnaval batendo asas do lar tradicional, para levar vida livre fora da família em desagregação.

[12] Ari Pavão, *Sargeta*, Rio de Janeiro, Benjamin Costallat & Miccolis, 1926, pp. 185-6.

Capa da primeira edição de *Flama e argila*, de Menotti del Picchia, 1920.

O ROMANCE DAS PEQUENAS CIDADES

Ainda pelos inícios da década de 1920, o mesmo fenômeno de expansão econômica responsável, nos grandes centros, por esse quadro de diversificação social que provocava o aparecimento de tantos personagens novos no romance, geraria outro fenômeno também registrado pela ficção: a irradiação do estilo de vida urbano por uma série de cidades do interior atingidas, de maneira direta ou indireta, pelo avanço das áreas industriais (o que provocava situações de conflito já anunciadas desde fins do século XIX, principalmente nos romances dos naturalistas). Assim, antes de surgirem com o moderno regionalismo as histórias ambientadas nas capitais e em centros do interior do Nordeste — de que viriam a constituir exemplos, a partir da década de 1930, as obras de Jorge Amado, José Lins do Rego, Graciliano Ramos, Mário Sette, Rachel de Queiroz e Amando Fontes, entre tantos outros —, são cidades próximas da área industrial de São Paulo que vão marcar sua presença no romance.

Um dos primeiros exemplos desse processo de adoção de padrões urbanos por reflexo, em conseqüência da fácil comunicação com os grandes centros, seria fornecido exatamente em São Paulo nos livros de estréia de um prolífico romancista até hoje conhecido praticamente apenas como poeta do Modernismo: Menotti del Picchia.

Já em seu primeiro romance, *Flama e argila*, de 1920 (relançado em 1927 com o texto "simplificado em vários trechos" e sob o novo título de *A tragédia de Zilda*), Menotti del Picchia situa a história em fazendas próximas a uma suposta cidade interiorana paulista de Heliópolis, onde os proprietários tomavam *whisky*, falavam em *flirt*, tocavam música erudita ao piano ("— Conhece isto?/ — Não./ Era uma 'berceuse' nova, de Scalbert, 'Le Premier Baiser'..."), mas eventualmente assistiam também a rodas de samba dos negros empregados na lavoura.

A confusão do próprio autor do romance quanto ao limite entre a música da cidade e da zona rural chega por isso mesmo a tal ponto que, antes de descrever a dança dos negros da fazenda, anotava — certamente equivocado — que "uma sanfona rouquenha desafinava as notas de um maxixe".[1]

De qualquer forma, porém, páginas adiante, quando o personagem Paulo Matoso dirige-se a um ponto de táxi em Heliópolis, disposto a rodar a esmo pelas ruas da pequena cidade, ainda aturdido com a notícia da sentença homologadora de seu divórcio da mulher Zilda, o motorista que encontra disponível está cantando a marcha "Fala Baixo", do compositor carioca José Barbosa da Silva, o Sinhô:

> O motorista esperava fregueses cantarolando:
>
> *Assim não é, não é, não é,*
> *Assim não é que se maltrata uma mulher.*[2]

É, no entanto, em seu segundo romance, *Laís*, de 1921 — escrito em 1914 e refundido em 1919, para ganhar maior atuali-

[1] Menotti del Picchia, *A tragédia de Zilda*, São Paulo, Companhia Editora Nacional, s.d., p. 42 (certamente de 1927, tendo em vista a data do desenho da capa).

[2] *Ibid.*, p. 94. Os versos certos, segundo a edição da música para piano, são: "Não é assim/ Assim não é/ Não é assim que se maltrata uma mulher". Não deixa de ser curioso, aliás, que a marcha "Fala Baixo", de Sinhô, apareça registrada nesse romance de 1920, quando se sabe que a sua edição como partitura para piano, pela Casa Viúva Guerreiro, do Rio de Janeiro, deu-se quase certamente em fins de 1921, registrando sob o título a indicação: "Marcha carnavalesca de 1922".

zação, e um ano antes da Semana de Arte Moderna, dedicado a Oswald de Andrade —, que Menotti del Picchia iria colocar muito significativamente a oposição de filosofia de vida urbano-rural entre Hélio, um jovem pequeno industrial da capital (que se apaixona pela amante de um médico da pequena cidade de Piquiri) e a mentalidade rotineira e hipócrita dos moradores locais, principalmente em matéria de política.

Em seu estilo dannunziano "no espírito e na letra", segundo Wilson Martins, ou neonaturalista conforme preferia classificar Brito Broca,[3] Menotti del Picchia satiriza com muita sutileza em *Laís* o último momento de hesitação entre a mentalidade capitalista-industrial de um representante da nova realidade brasileira, e as seduções da calma rotina de uma ultrapassada estrutura urbana inscrita em uma área de economia predominantemente rural. E essa oposição é criada, no romance, quando o jovem industrial entrega a direção de sua fábrica de porcelana de São Paulo ao gerente alemão, e deixa-se prender (num meio retrógrado e hipócrita) ao amor de uma mulher feia e inconstante que, no fundo, só o atrai pela espécie de requinte encontrado no gozo dessas mesmas fealdade e mentira. Bem interpretado o tema em seu sentido oculto, porém, se poderia concluir que Laís e a cidadezinha de Piquiri funcionariam para o industrial como as duas faces de uma mesma realidade maior: a realidade do país que entregava seu desenvolvimento industrial ao estrangeiro (o gerente alemão), em

---

[3] As referências de Wilson Martins ao romance *Laís* estão no vol. VI de sua *História da inteligência brasileira*, onde, à p. 220, sustenta que "o camaleônico Osvald de Andrade" se inspirou na técnica de Menotti del Picchia em *Laís* para escrever seu romance *Os condenados*; as de Brito Broca figuram no artigo "A novelística de Menotti del Picchia", publicado na seção "Um Passeio pelos Livros", do jornal *Correio da Manhã*, do Rio de Janeiro, de 31 de maio de 1958, e no qual lembrava que o próprio autor definiria *Laís* como um romance de duas histórias paralelas: "um grotesco drama sexual dentro de um ridículo drama político tão típico num Brasil que novos costumes e novas idéias reformaram medularmente".

nome do apego de suas elites a uma estrutura que continuava a valorizar o mundo rural, através da contraditória manutenção dos feios latifúndios: "Agora Piquiri interessava-o; adaptava-se ao meio; a reputação de Laís era estraçalhada. A princípio quis reagir; depois, sinuoso, tolerou; por fim, para esconder o seu interesse, colaborou discretamente, sempre intimamente contrafeito".[4]

Segundo Brito Broca, a cidade de Piquiri seria Itapira, à época distante cerca de quatro horas de São Paulo, por trem, e, assim, do ponto de vista da história da música popular, o interesse do romance *Laís* ia recair na observação da forma pela qual o escritor — homem da grande cidade, ligado a movimentos de vanguarda em arte e literatura, mas também conhecido por seu sentimento nacionalista — via a participação dos músicos na vida dessa área ainda indemarcada entre o espírito rural e a realidade urbana moderna.

Pelo que revela o quadro sócio-cultural da pequena cidade interiorana desenvolvido por Menotti del Picchia em seu romance *Laís*, a maior representatividade musical perante todas as camadas da incipiente estrutura urbana da Piquiri-Itapira cabia à banda de música local, a Lira 13 de Maio, popularmente conhecida apenas como a *Lira*.

De fato, em coerência com o papel desempenhado tradicionalmente desde o tempo do Brasil colônia pelas bandas de escravos, e, logo depois, no império e na república, pelas chamadas músicas de barbeiros e outros tipos de agremiações musicais do tipo das liras e filarmônicas,[5] a banda de Piquiri é descrita como a fornecedora exclusiva da música municipal, ao lado dos con-

---

[4] Menotti del Picchia, *Laís*, 4ª edição, São Paulo, Companhia Editora Nacional, 1926, p. 135.

[5] Sobre a importância da música de barbeiros e das bandas de música em geral, ver José Ramos Tinhorão, *Música popular: de índios, negros e mestiços*, Petrópolis, Vozes, 1972; *Música popular: os sons que vêm da rua*, Rio de Janeiro, Edições Tinhorão, 1976; e *Os sons do Brasil: trajetória da música instrumental*, São Paulo, SESC, 1991.

juntos boêmios de serenata do próprio povo. Logo ao chegar a Piquiri vindo de São Paulo, Hélio é convidado pelo amigo Plauto, proprietário de uma fazenda próxima, a ir até a cidade ouvir a Lira. E é então que ouve o amigo falar-lhe pela primeira vez de Laís, enquanto soa o "estridor longínquo de um dobrado", da Lira que sobe para a retreta: "Nesse momento, estrupitando, a 'Lira' transpunha o portão do parque. Por ele golfava a multidão!".[6]

É após ter ouvido dessa mesma praça, num domingo, subir a Lira "para o jardim com um claro ruído de metais", que Hélio se afasta para os arredores da cidade pensando em Laís, que afinal viera a conhecer enquanto "no ar, refregas truncadas, vinham pedações longínquos da marcha, que a Lira tocava no parque".[7]

Não se restringiria, porém, aí, o papel da banda de música encarregada de atender à necessidade de lazer do povo citadino interiorano: quando a política começa a ferver em Piquiri, o músico Miguel Francisco do Amaral Camacho, "por antonomásia Chico Pistom", é encarregado de "recrutar os restos desmantelados da 'Lira 13 de Maio'", o que se consegue inclusive importando músicos de fora, como "Casemiro Frutuoso, um pardavasco de Heliópolis, seleiro e tocador de requinta".[8]

> No campo governista foi um delírio. O maestro da "Lira" perdera o sono. Escrevera para o Rio pedindo um dobrado novo; ensaiava-o com afinco, indignado com a clarineta, que embezerrava em tocar um si bemol por um dó natural numa volata, cheia de trilos, onde o estridor do pistom cessava, sincopado, para desandar numa espécie de gargalhada da clarineta, parecida com o estilhaçar de uma pilha de pratos.

---

[6] Menotti del Picchia, *Laís*, edição citada, p. 15.

[7] *Ibid.*, p. 37.

[8] *Ibid.*, p. 85.

> — Si bemol! "seu" Nico! Si bemol "seu" burro! Imagina o fiasco se o zebra do Chico pega você na desafinação!
>
> O pobre preto inchava o pescoço, soprava, de olhos esbugalhados, cordoveias estalando de túrgidas, o canudo de ébano coruscante de chaves.[9]

A necessidade política de atrair o eleitorado ao som de música ("um partido sem filarmônica... é um exército sem clarins", sentenciava Totó Canastra, da oposição), além da oportunidade de emprego para os instrumentistas do interior (Casimiro, o da requinta, fora chamado a Piquiri com a promessa "de um lugar de fiscal da Câmara, após a próxima derrubada"), incluía a doação do fardamento para todos os músicos da Lira, o que servia desde logo para distinguir a corporação da rival, a "dos músicos da 'canalha'": "— Uma bela farda verde papagaio, com alamares amarelos [...] E até patriótica! Fizeram a farda. A Câmara pagou-a pela verba 'ventuais'".[10]

A medida, é claro, resultava ótima para a classe dos músicos, pois obrigava "a canalha", ou seja, a oposição, a fazer o mesmo, vestindo dignamente também os seus instrumentistas:

> — Farda! — berrava Totó Canastra — farda é o que nos falta.
>
> É uma questão de honra para o partido. Arranje-se custe o que custar!
>
> Arranjaram. Por meio de generosas dádivas conseguiram todas as fardas de oficiais da guarda nacional amigos e, substituindo os alamares e dragonas de ouro por aplicações de veludo grená e rabo-de-cachorro, uniformizaram a banda. Numa noite memorável, de pân-

---

[9] *Ibid.*, p. 86.

[10] *Ibid.*

> dega e bebedeira, batizaram-na com o título comprido mas significativo de: Corporação Musical Piquirense Doutor Antônio Canastra.[11]

Aliás, embora o povo adotasse logo a abreviação do título C.M.P. Antônio Canastra, passando a dizer, com familiaridade, "Lá vem a C.M.P.", "os governistas, pérfidos, decifraram assim as letras: 'Canalhas, Muito, Porcos'".[12]

O resultado é que, estabelecida a competição, estimulava-se também a criatividade musical, embora nem sempre com grande sucesso, como aconteceria no caso de Chico Pistom:

> Chico Pistom, exultante, prometera compor um hino de guerra: "Vitória dos Oprimidos ou Triunfo da Justiça". Numa noite, insone, vigilou sobre as pautas; a inspiração arisca atraiu-a com gargalaças de cachaça. Logo nos primeiros compassos, porém, viu as notas cirandarem, vertigionosas e esparramou-se, bêbedo, sobre o papel, derramando o tinteiro sobre a memorável partitura.[13]

A importância social da banda junto à comunidade, no entanto, podia ser medida pelo fato de que, ao ditar um artigo para o jornal *A Trombeta*, defendendo-se de acusações feitas através do jornal O *Rebate*, o político Aristarco Barbaroxa Guella alinhava entre seus títulos os de "membro do Diretório e várias irmandades, sociedades pias e da 'Lira'".[14]

Da mesma forma, do lado da oposição, demonstração idêntica se repetiria quando, em plena campanha política, Antônio

---

[11] *Ibid.*, p. 87.

[12] *Ibid.*

[13] *Ibid.*, pp. 87-8.

[14] *Ibid.*, p. 106.

Canastra encerrava seu discurso em manifestação pública com o pedido aos correligionários: "— Agora quero que acompanhem-me em dois vivas: um a Piquiri liberta, outro à nossa corporação musical!".[15]

Junto ao povo miúdo o prestígio das bandas de Piquiri — como as de tantas pequenas cidades do interior, ainda em plena segunda metade do século XX, aliás — se explicaria facilmente pelo fato de serem elas as responsáveis pela divulgação não apenas de marchas e dobrados, mas das músicas populares propriamente ditas, vindas dos grandes centros, principalmente o Rio de Janeiro.

Ao lado da música dessas bandas locais, tal como o romancista não deixa de anotar também para o caso de Piquiri, só se poderia ouvir, eventualmente nos pequenos centros urbanos, o canto dos seresteiros. O personagem Hélio, por exemplo, ao caminhar solitariamente certa noite pelo Largo da Matriz, pensando no romance estúpido em que se afundava com Laís, iria se deparar com o seguinte quadro:

> Agora três vultos de serenatistas notâmbulos paravam numa esquina. Ouviu o trilo estrídulo do violino, que se afinava pelo *lá* do violão sisudo e plangente. Escutou gargalhadas e:
>
> — Que vai agora? O "Gondoleiro"?
>
> Uma flauta tentou umas escalas. Os três instrumentos consultaram-se pela tonalidade de uma mesma nota. Houve um silêncio, por fim, na noite, subiram uns compassos de valsa, em tom menor triste, muito triste, da qual o violino dizia a ânsia, a flauta a ternura e o violão mágico a angústia dos soluços e das lágrimas [...][16]

---

[15] *Ibid*, p. 129.

[16] *Ibid.*, p. 99.

E não era só o caso da cidade de Itapira, focalizada sob o nome de Piquiri, porque, no romance *Mau olhado*, publicado em 1919, dois anos antes de *Laís*, o escritor mineiro-paulista Veiga Miranda documentava a presença dos mesmos grupos de seresteiros na longínqua zona cafeeira de Barretos, ainda pelos fins do século XIX.

> Altas horas, a uma esquina, paravam vultos encapotados, soavam os bordões e uma voz plangente erguia-se:
>
> *Bem sei que me desprezas,*
> *Que tu não me tens amor...*
>
> Oh! a serenata! o sugestivo encanto dos sons longínquos, insinuantes, chegando a uns ouvidos meio adormentados de virgem, canção de amores sonhados, irreais, evocadora de mil imagens, de mil aventuras, de mil vidas! Hinários mal compreendidos pelos corações de quinze anos, vozes de sedução cheias de desejos implícitos, inexprimíveis em palavras, mas traduzidos na cadência flutuante, no tom musical caricioso, dormente, embalador, frouxo e suave como uma rede!... Toda a poesia do amor platônico se instilava pelas almas virginais, arrastando um cortejo de reações fantásticas, de idéias martiológicas, visões trágicas e noivados de sepulcros. A canção do amor era à surdina, como a da morte, e por isso mesmo o seu prestígio sobre os espíritos larvados de inconsciente romantismo se tornava imenso [...][17]

---

[17] Veiga Miranda, *Mau olhado*, Rio de Janeiro, Leite Ribeiro & Maurillo, 1919, p. 11.

O único problema, como lembrava o próprio autor de *Mau olhado*, é que tais românticos de rua eram os menos indicados para concretizar na prática da vida burguesa os ideais do amor decantado, pois as moças de juízo — como seria o caso da jovem Maria Isolina, que adorava ouvir serenatas, mas acabou casando com o maduro fazendeiro viúvo Malaquias Rodrigues — não arriscavam amores com boêmios sem dinheiro: "Com os serenatistas do lugar nem era bom contar, todos muito sentimentais, chorosos e ardentes de paixão, mas sem um vintém no bolso".[18]

De fato, também no romance *O hóspede*, de outro escritor mineiro da época, o quase desconhecido Aristides Rabelo, responsável em 1921 por esse tecnicamente ultrapassado romance naturalista, o "encanto do som longínquo" das serenatas impressiona na cidade de Diamantina a personagem Amália, que, no entanto, não se engana quanto à condição de pobres coitados dos seresteiros:

> À meia-noite, perturbou-se este primeiro sono: e, num meio torpor, ouviu uma linda música de violões e flautas, tão doce, como se a ouvisse num sonho... Quando foi lentamente tomando posse de si mesma, nesta fantástica, indefinível sensação que a música das serenatas infiltra na alma de quem está no leito, entre o sono e despertar, Amália compreendeu, enternecida, que vinham da rua, à porta de sua casa, aquelas harmonias embaladoras, suavemente balsâmicas. E quando o último acorde da peça sentimental morria, ela já prestava toda atenção à música: e assim ouviu que se puseram a afinar novamente os violões, no sinal de que alguém ia cantar.
>
> E a voz de Olívio, já muito conhecida, pôs-se a entoar com seu timbre apaixonado, num compasso lento e elegíaco:

---

[18] *Ibid.*, p. 10.

Tudo no mundo é passageiro,
Tarde ou ligeiro, tudo tem fim!

Os violões, com acordes profundos, ampliavam sentimentalmente a frase musical, enchendo a noite misteriosa e calma, de um murmúrio vago, indefinido, como se partisse de um órgão subterrâneo.

Não mais suspiro, nem triste choro,
E nem deploro, que tudo é assim!

As flautas, em surdina, pareciam dar suspiros ou ais lamentosos que vinham de longe, de um lugar indeterminado, como se nascessem da alma triste da noite, do ar, das nuvens longínquas...

— Coitado! Voltou... — pensava Amália, com piedade.

E a voz sentimental, repetindo os últimos versos da quadra, num tom mais terno:

Não mais suspiro, nem triste choro,
E nem deploro, que tudo é assim!

Os violões repinavavam aveludadamente, passavam a outra copla, e aquela música foi novamente adormecendo Amália [...][19]

A julgar pelo ambiente social descrito nesses romances ambientados em centros urbanos do interior, a participação musical das camadas mais baixas das pequenas cidades deveria ser bem menor do que a da classe média (não se devendo deixar de obser-

[19] Aristides Rabelo, O *hóspede*, Rio de Janeiro, Livraria Editora Leite Ribeiro & Maurillo, 1921, pp. 450-1. O romance O *hóspede*, citado apenas pelo título na *História da literatura brasileira*, de Nelson Werneck Sodré, é

var que no grupo de seresteiros descrito em *Laís*, havia um violino, e a canção escolhida fora "O Gondoleiro do Amor", baseado em poema de Castro Alves), restringindo-se a música do povo a batuques casuais de negros ("Laís, a um sinal seu, deixara a multidão que rodeava um batuque de negros")[20], e a algumas cantorias soltas, pelas ruas, como o maxixe que os empregados da limpeza pública cantavam para distrair-se enquanto varriam a rua, usando o ritmo daquele gênero de música popular da moda quase como um canto de trabalho:

> Os varredores moviam-se espectralmente na névoa ruiva de poeira, raspando o chão com as vassouras de guanxuma; um acamava o cisco com a pá, num caixote; no meio da rua estava a carroça, sobre a qual uma figura longa remexia os quadris ao ritmo do maxixe em moda:
>
> *Mexe bem remexido*
> *remelexa meu amor...*[21]

E a cantoria continuava com a carroça arrancando "aos trancos, aos solavancos, entre os buracos da rua", no "desengonço dos eixos perros", enquanto "a canção regamboleava zombeteira e canalha":

> *Mexe bem remexido...*[22]

---

comentado por Wilson Martins à página 207 do vol. I de sua *História da inteligência brasileira* tão-somente para dá-lo como "rebento extemporâneo do Naturalismo". A notícia desse romance — cujo autor, Aristides Rabelo, não consta sequer do extenso *Dicionário literário brasileiro* de Raimundo de Meneses — foi dada a conhecer ao autor deste livro pelo bibliófilo Eric Gemeinder, de São Paulo.

[20] Menotti del Picchia, *Laís*, edição citada, p. 134.

[21] *Ibid*., p. 98.

[22] *Ibid*.

Realmente, embora o maxixe apareça no romance *Laís* cantado por varredores de rua, o que faz da cena um flagrante vivo da existência de música popular citadina entre a gente mais humilde da pequena Piquiri eram, no entanto, as bandas de música formadas por gente da pequena classe média que se encarregavam de divulgar esses novos gêneros de música produzidos no Rio de Janeiro.

É esse pormenor que reforça a influência das bandinhas locais na organização do lazer das pequenas cidades, tal como se poderia confirmar por outro livro da época, a "novela" *Memórias de Fulgêncio Claro*, e que, assinado por um desconhecido Fulgêncio Claro, ganha hoje o relevo de uma deliciosa crônica romanceada da vida de um pequeno centro anterior à ação niveladora e massificadora do rádio e da televisão. Não incluída sequer por Wilson Martins entre os quase sete mil títulos de sua tão extensamente informada *História da inteligência brasileira*, a novela *Memórias de Fulgêncio Claro*, editada em 1923 por conta do autor nas Oficinas Gráficas Monteiro Lobato & Cia., em São Paulo, viria revelar-se obra da maior originalidade a partir da própria concepção: escrita em tom de memórias do próprio autor, o suposto Fulgêncio Claro (que chama o livro de novela), as *Memórias de Fulgêncio Claro* acabam constituindo, afinal, o romance de uma cidade — a pequena localidade imaginária de Condeixa. E isso acrescido da surpresa de revelar o caráter de ficção da história apenas no último capítulo, quando um suposto amigo do autor, o farmacêutico Otaviano Machado, traça um perfil do falecido Fulgêncio Claro, revelando ter sido por ele encarregado da publicação de suas memórias condeixenses.

Pois nesse livro de fino humor e estilo ao mesmo tempo tão coloquial e colorido, que só viria encontrar paralelo na moderna prosa memorialística de Pedro Nava, o desconhecido Fulgêncio Claro — que na realidade era o filólogo Marques da Cruz, autor de um reeditadíssimo manual de *Português prático* — situa a Lira Condeixense em nível que confirma, em todos os pontos, a importância local das bandas, já revelada no romance de Menotti del Picchia.

Capa da primeira edição das *Memórias de Fulgêncio Claro*, pseudônimo de Marques da Cruz, 1923.

O livro de Marques da Cruz, com ação desenrolada nos primeiros anos do século XX na imaginária, mas extremamente típica cidade paulistana de Condeixa, na região do Paranapanema, registra a presença da banda nos mais diferentes acontecimentos da vida da cidade. Assim, quando o coronel Júlio Olegário de Resende Filho chega de excursão à vida noturna de Paris, é recebido ao som da "banda musical 'Lira Condeixense' em uniforme de gala, formada pelo padeiro, o ferrador, o sapateiro, o alfaiate e outras pessoas gradas". E depois de seguirem todos até a Matriz "precedidos das crianças e acompanhados da banda de música", todos os presentes são convidados pelo coronel para um "copo de água" em sua fazenda, enquanto "o dono da melhor confeitaria da terra" é incumbido "de dar um copo de cerveja ao povo e um jantar opíparo aos músicos da 'Lira Condeixense'".[23]

Era essa mesma Lira Condeixense, aliás, que na falta de orquestra animava os bailes da elite da terra, sempre realizados no salão da Câmara Municipal:

> Como eu ia dizendo, fui ao baile. Logo, à porta, ouvi o barulho formidável da "Lira Condeixense" bem apetrechada de saxofone e trombone, guinchando um maxixe requebrado para aperitivo de pernas ferrugentas. Não estranhem que não haja, em Condeixa, uma orquestra. Não é preciso; o cornetim e o bombo desempenham essas funções.[24]

Segundo revelava o memorialista, "havia, na Câmara, antigamente, um piano, com teclado regular; mas o Diretor do Clube, que tem (diga-se de passagem) uns dentes avantajados, man-

---

[23] Fulgêncio Claro (pseudônimo literário do prof. Marques da Cruz), *Memórias de Fulgêncio Claro*, São Paulo, Edição do autor, composta nas Oficinas Gráficas Monteiro Lobato & Cia., 1923, p. 98.

[24] *Ibid.*, p. 122.

dou retirar esse traste, como inútil, levando-o para sua casa, onde sua filha, a Bilu, dedilha coisas dissonantes em tardes de ócio".[25]

Os bailes oficiais eram abertos com a execução do Hino Nacional, iniciando depois a Lira Condeixense o desfilar do seu repertório:

> Logo de entrada (as coisas começavam sempre suavemente) tocou uma valsa lenta; e eu vi então, logo, num arranco de ternura, cada namorado voar para cada namorada. Depois, num agarramento de corpos, começaram a deslizar, com uma harmonia de movimentos tão grande que se poderia dizer de cada par que era uma peça inteiriça, requebrando.[26]

No salão, enquanto dançavam, "todos os cavalheiros tinham na mão direita um lenço grande para sorver o suor solene daquela solenidade e não o passar às cinturas das damas circunspectas", costume este, por sinal, que passaria por tradição aos clubes de dança paulistanos do tipo gafieira, onde tal gesto de enlaçar as damas segurando um lenço é considerado obrigatório como sinal de delicadeza.

Ao som da valsa dançavam "mocinhas em botão, com jeito de quem sabe tocar piano e falar francês", e os pares ciciavam palavras que "pareciam macias, embaladoras, langorosas, naquele passo ondulante de valsa lenta, entre exalações de perfumes e de carnes moças, que tomaram banho três horas antes".[27]

Terminada a valsa, a "Lira Condeixense rompeu numa esfusiante 'polca militar'" e, segundo descrição de Fulgêncio Claro, "tudo rodopiou então marcialmente, com desarticulações de

---

[25] *Ibid.*

[26] *Ibid.*, p. 126.

[27] *Ibid.*

polichinelo, cumprindo a sua obrigação, ao troar formidando dos trombones valorosos".[28]

Isso permitiria ao memorialista algumas especulações em torno da participação da música na vida humana ("Eu imergi na filosofia e considerei que o homem é um bípede essencialmente musical"), após as quais volta à realidade despertado por "uma esplêndida quadrilha, uma proveitosíssima quadrilha, em que todos saracoteavam, arcaicamente, bomboleando os tecidos mais adiposos, sob o mando onisciente do Otaviano, que exalava o perfume fino de um francês estragado".[29]

Ante a visão desse quadro, Fulgêncio Claro volta a filosofar em torno da profunda significação daquela espécie de excitação coletiva da dança numa sociedade tão reduzida em oportunidades para as aproximações amorosas dos namorados e o sonho das mocinhas educadas para casar:

> Eu imergi de novo, e vi assomarem no meu espírito satisfeito silhuetas angulosas de mulheres bolorentas já quarentonas, que cristalizam ao canto, à espera da quadrilha; e eu vi que lambiam os beiços por sentir o contato de uma mão hirsuta de um cavalheiro másculo; e vi que fizeram o possível para agradar; e imaginei que, após o baile, sonharam, estiradas no seu leito de donzelas sem par, com sua vida triste, digna de melhor sorte, através de uns anos frígidos; e que choraram lágrimas amargas, meditando naqueles pensamento do feio Schopenhauer, quando se refere à abundância de mulheres no mundo, em que aponta à Europa civilizada a poligamia oriental como arma esplêndida contra a corrupção dos grandes centros [...][30]

---

[28] *Ibid.*, p. 127.

[29] *Ibid.*, p. 128.

[30] *Ibid.*, pp. 128-9.

As bandas de música de Condeixa — pois além da Lira Condeixense havia também na cidade outra intitulada Euterpe Maviosa — não se restringiam ao fornecimento de música em solenidades especiais, comemorações de datas cívicas ou nesses bailes da elite na Câmara Municipal, mas serviam ainda para animar festas populares como a do Divino:

> No largo, bem defronte da Igreja, além dos coretos para as bandas de música (a "Lira Condeixense" e a "Euterpe Maviosa") foi armado um mais baixo, um coreto especial para os leilões, com arquibancadas em torno, onde as pessoas pudessem assistir, comodamente, à passagem de fitas de amor, a que o leiloeiro prende a cornucópia do ciúme, para dela, a flux, jorrar o dinheiro divino, com que se custeiam as festas do Divino.[31]

No domingo do Divino cabia à Lira Condeixense acordar a vila com sua algazarra de metais tocando a "alvorada", em despertar ruidoso que encerrava desde logo uma lição de psicologia coletiva muito bem captada por Fulgêncio Claro:

> Aquela maneira alegre de despertar o povo tem o dom de predispor os espíritos para as festanças.
>
> Bem sábio foi aquele padre ou festeiro folião que inventou as tais alvoradas, onde a endiabrada melodia de uma banda musical, espalhando-se ruidosamente na limpidez fresca de uma linda madrugada, nos acorda, arrancando-nos, por vezes, de um sonho delicioso para uma deliciosa realidade.[32]

No último capítulo, intitulado "Continuação das 'Memórias de Fulgêncio Claro' por Otaviano Machado", o suposto amigo

---

[31] *Ibid.*, p. 133.

[32] *Ibid.*, pp. 140-1.

do falecido memorialista de Condeixa revela, então, a última e não menos importante função social atribuída à banda da cidade:

> O préstito fúnebre foi concorridíssimo, o que atesta a grande estima em que era tido por todos.
>
> Os seus restos mortais lá jazem nos sete palmos de terra fria. A "Lira Condeixense" soltou uma marcha fúnebre bem puxadinha da arca do peito.[33]

Enquanto isso acontecia pelas cidades do interior, as descrições de dois outros romances memorialísticos paulistas — *Entre o chão e as estrelas...*, de Tito Batini, de 1943, e *Briguela*, de Iago José, de 1945 — iriam demonstrar que até pelo menos o início da década de 1940 muitas daquelas características de lenta assimilação de valores culturais urbanos ainda persistiam, na própria capital de São Paulo, em bairros de população mais pobre.

No romance *Briguela*, por exemplo — cujo autor, Davi Antunes, nascera na cidade interiorana de Santa Branca em 1896 (Iago José era seu pseudônimo literário) —, entre as lembranças de infância do jovem personagem Alarico (apelidado de Briguela por sua semelhança com um boneco de marionete que tinha tal nome) estava a formação de uma bandinha de música composta por meninos de bairro, com instrumentos fabricados por um latoeiro italiano especialista em lamparinas e canecões:

> Os instrumentos eram de folha, tudo quadrado, tubo e formato, segundo as habilidades de um italiano vivo e atilado que até pensava em altear o preço das lamparinas e dos canecões, tão bom lhe parecia explorar a nova indústria — sax a dois mil réis, trombone a três, bombardino a três e quinhentos e baixo a cinco. Não tinham chave. Um som único, fino ou grosso, mas

---

[33] *Ibid.*, p. 154.

único. Os meninos que não arranjavam dinheiro tocavam requinta ou clarineta, quer dizer, canudos de mamoeiro ou de taquara. Ou então flauta que se obtinha com um pente envolvido em papel de seda. O bumbo saiu dos fundos de bacia velha, ajustados num círculo de madeira de tanoaria. Pratos — duas tampas de latas de querosene.[34]

Com essa banda, os meninos paulistanos tocavam "um dobrado só, com nome de marcha — 'A Marcha da Cerveja Boêmia' —, que não tinha jeito de nada. Quando muito uma sucessão de zoadas à noite de São Silvestre".[35]

Quando Briguela, o líder desses meninos de bairro pobre, se faz jovem, pelos fins da primeira década do século XX, ainda se cantava na capital paulista a modinha "Acorda, Adalgisa", mas, quando ele se enamora de Candinha, o que vai cantar é uma canção lançada em 1919 mesmo pelo cantor Baiano em disco da Casa Edison, do Rio de Janeiro: a modinha "Soluçando":

> Joca o encontrou e pediu um cigarro. Briguela lhe deu logo dois. Estava largo nesse dia. Apartou-se dele, andando rápido e assobiando 'Acorda, Adalgisa'. E como levava a alma em festa lhe deu a sapituca de cantar. Abriu os peitos e...
>
> *Soluçando, eu te digo um triste adeus*
> *No momento fatal da despedida.*[36]

---

[34] Iago José (pseudônimo de David Antunes), *Briguela: romance de maus costumes em três tempos*, São Paulo, Martins, 1945, p. 22.

[35] *Ibid.*

[36] *Ibid.*, p. 37. A modinha "Soluçando" foi gravada em disco Odeon, da Casa Edison, de selo vermelho, sob o nº 121.030, e teve sua letra publicada no folheto nº 50 da série *Canções e cançonetas populares*, da Coleção Fagundes Baeta, do Rio de Janeiro, 1919.

O repertório de música popular desse ano de 1919, aliás, deve ter marcado muito o autor do livro, pois já quase ao final do romance, quando Briguela convalesce da gripe espanhola (que grassara com caráter epidêmico no Brasil até fins de 1918), sua amante Eletra evita suas perguntas sobre o passado amoroso cantarolando o samba carnavalesco "A Rolinha do Sertão", ou "Assim Que É", gravado naquele ano pelo cantor Baiano no disco Odeon da Casa Edison nº 121.531:

> — Você não fala? Que diabo! O ciúme se acabou, palavra... Agora tenho o Alariquinho que me consola das mágoas passadas...
>
> A mulher era raposa de sabida. E garrou a cantar assim:
>
> *Eu quisera ser a rola,*
> *a rolinha do sertão...*[37]

Dois anos antes desse romance *Briguela*, de Iago José, outro escritor vindo do interior paulista para a capital do estado, Tito Batini (Salto de Itu, 1904 — São Paulo, 1990), revelava em suas memórias de um tempo mais próximo — seu romance *Entre o chão e as estrelas...* focalizava a vida operária paulistana na década de 1930 — que as camadas populares de São Paulo continuavam a formar-se culturalmente segundo os moldes ditados a partir do Rio de Janeiro, tal como acontecia nas cidades do interior de alguma importância. Nesse romance, por exemplo, o que o personagem Genarino ouve no "rádio da lojinha da esquina" é a voz de Vicente Celestino cantando a canção de sua autoria "O Ébrio", que gravara em agosto de 1936 no disco Victor nº 34.091-A: "Tornei-me um ébrio e na bebida busco esquecer-te...".[38]

---

[37] *Ibid.*, p. 183.

[38] Tito Batini, *Entre o chão e as estrelas...*, São Paulo, s.n., 1943, p. 100.

Essa influência da moda musical partida da então capital do país é tão absorvente ainda no início da década de 1940, aliás, que mesmo quando Genarino, no auge da participação na luta popular contra o fascismo na colônia italiana, se identifica definitivamente com a cidade de São Paulo, é um samba carioca que lhe vem à memória:

> Genarino conhecia agora a história de sua cidade. Diante dela, pela vez primeira, como diante de um atleta poderoso, viu de novo a ruazinha obscura e esmagada que ia agora desaparecer [...] Lembrou o samba carioca, um barulho ritmado de pandeiros e tamborins, reco-recos e cuícas nos ouvidos, no ritmo daquele enorme anúncio azul e vermelho, que se acendia e se apagava, se acendia e se apagava, como notas silenciosas de música que faz bem e faz mal a gente [...] Regressavam. Irma e Guilherme abraçados iam adiante. Genarino cantava por dentro:
>
> *Vão acabar com a praça Onze...*
> *Não vai haver mais escola de samba, não vai...*
> *Chora o tamborim, chora o mundo inteiro!*
> *Favela, Salgueiro...*
> *Guardai... os vossos pandeiros, guardai...*[39]

E já no fim do livro, com a vitória dos colegas operários liderados por Irma e Ricardo sobre o chefe de serviço fascista, a

---

[39] *Ibid.*, p. 230. Na verdade, os versos da primeira parte do samba "Praça Onze", de Herivelto Martins e Grande Otelo, gravado para o carnaval de 1942 por Castro Barbosa e o Trio de Ouro, no disco Columbia nº 55.319-A, eram os seguintes: "Vão acabar com a Praça Onze/ Não vai haver mais escola de samba, não vai./ Chora o tamborim/ Chora o morro inteiro/ Favelas, Salgueiro,/ Mangueira, Estação Primeira/ Guardai os vossos pandeiros, guardai/ Porque a escola de samba não sai".

música que lhe ocorre seria ainda a do samba "Meu Camarada", de Mário Morais, gravado também no Rio pelo cantor carioca Orlando Silva no disco Victor nº 34.827-A, em setembro de 1941:

> Genarino tratava de se despedir e a canção vinha-lhe à cabeça, partia alegre, ouvindo-a dentro de si mesmo:
>
> *Até amanhã meu camarada*
> *Vou pra casa descansar*
> *A conversa está muito animada*
> *Mas amanhã cedo tenho que ir trabalhar...*[40]

Surpreendentemente, mais de trinta anos depois desse ciclo, tão caracteristicamente paulista de histórias reveladoras do impacto dos modelos urbanos da capital sobre os costumes das pequenas cidades, um autor capixaba, Renato Pacheco (ES, 1928), iria retomar o tema em um pequeno romance intitulado *A oferta e o altar*, que mostrava não ser muito diferente o ritmo da vida em muitos pontos do interior do Brasil pela década de 1950. O cenário era o da cidadezinha praieira de Ponta d'Areia, no extremo nordeste do Espírito Santo, quase encostado à Bahia ("Mais baiana do que capixaba, o povo como que se envergonhava disto"), e que, começando a entrar em contato com os grandes centros com a chegada das estradas de rodagem, via perder sua antiga placidez com o aparecimento de técnicos em petróleo atraídos pela bacia sedimentar cretácea da região. E é curioso observar

---

[40] *Ibid*. Os temas patrióticos foram muito usados pelos compositores de música popular durante a Segunda Guerra Mundial, o que sugeriu ao médico-colecionador de discos brasileiros, do Rio Grande do Norte, Grácio Barbalho um levantamento sob o título "A música popular brasileira e a Segunda Guerra Mundial", na revista *Tempo Universitário*, Natal, Universidade Federal do Rio Grande do Norte, Ano 1, nº 3, 1977, pp. 30-57. O recenseador encontrou 45 músicas com referências à guerra de 1939-1945.

como em *A oferta e o altar*, iniciado pelo autor em Santa Leopoldina em 1961, e concluído em Vitória em meados de 1963, meio século depois da imaginária Piquiri de *Laís*, do paulista Menotti del Picchia, continuavam a sobreviver os mesmos tipos gerados pela vida interiorana. Em seu estilo de fluência quase coloquial, Renato Pacheco esboça figuras como as da recalcada fuxiqueira Joaninha do Muxá, a cantar enquanto moía o milho para o mingau que lhe justificava o apelido — "Pisa, pisa/ Meu bem vai pisando,/ Cabelo de nego vai avoando [...]"[41] —, do mestre de baile de congo do Ticumbi e "cabuleiro", que recebia o Caboclo Ventania ao cantar o ponto: "Estrala trovoada/ Estrala/ Nem tudo o que se vê/ Se fala [...]". E ainda evoca vozes anônimas como a de um preso da cadeia, que canta "ao som de um violão: 'Eu vendi minha mulher/ a troco de rapadura./ Se o negócio lhe agradar/ mulher comigo não dura [...]'".

Em verdade, na cidadezinha de Ponta d'Areia ainda lá está, pronta para a campanha política das eleições, a bandinha local que divulga não apenas "a marcha 'Governador Sardenberg', composição dos desconhecidos José Jornaleiro e do subtenente Edmir Guedes, ambos da Capital [Vitória]" — "Voltou o nosso Chefe/ Vibremos nossa glória./ Viva! Lauro Sardenberg/ Governador da Vitória" —, mas serve ainda para animar bailes de carnaval: "Aos fundos da igreja a banda de música começava a ensaiar para o carnaval, só músicas antigas, como 'Teu Cabelo Não Nega', 'Lá Vem o Meu Trolinho' e 'Minha Caninha Verde' [...]".[42]

A mesma banda de onde saíam os músicos que, ao chegar o carnaval, apareceriam formando a orquestra do baile a fantasia, como a que estaria acabando de tocar "As Pastorinhas", de Noel Rosa e João de Barro, às cinco horas da manhã, enquanto na igreja "o Padre Fernando colocava cinza à testa dos fiéis", e na casa do

[41] Renato Pacheco, *A oferta e o altar*, São Paulo, Ática, 1979. As citações são da 4ª edição, de 1983.

[42] *Ibid.*, p. 100.

estivador Bibi sua filha, Nieta, morria lavada em sangue após a surra de tamanco aplicada pelo pai ao surpreendê-la entregando-se ao "moço da Petrolífera" vestida de havaiana.

Como sinal de novos tempos, porém, na esquecida Ponta d'Areia dos anos 50, algo revelava que alguma coisa, afinal, havia mudado ao longo dos anos nessa rotineira sociedade interiorana: é que a música das bandas, agora, já sofria concorrência dos discos de vitrola:

> Entrou no clube. Cumprimentou, risonho, aqui e acolá. Alguns pares dançavam ao som de uma eletrola. Já se ouviam músicas para o próximo carnaval, mas o encarregado, de dois em dois discos, bisava, sob protestos gerais, seu preferido: "Encosta a tua cabecinha no meu ombro e chora [...]".[43]

A própria escolha desses versos pelo romancista, ao permitir situar no tempo a ação de sua história, explicava as mudanças simbolizadas na importância da eletrola: a música era o rasqueado de Paulo Borges "Cabecinha no Ombro", gravado em março de 1958 pelo Trio Nagô, e transformado em sucesso nacional a partir do seu lançamento como lado A do disco RCA-Victor nº 80.1951, em junho daquele penúltimo ano do governo Kubitschek, autor do projeto que prometia ao país "cinqüenta anos em cinco".

---

[43] *Ibid*, p. 38.

Mario Sette

A Filha de Dona Sinhá

NOVELA

(Especialmente escripta para
o "Jornal do Brasil")

DIREITOS AUTORAIS RESERVADOS

RIO DE JANEIRO
Officinas Graphicas do Jornal do Brasil
Av. Rio Branco, 110 e 112
1923

Página de rosto da primeira edição de *A filha de dona Sinhá*, de Mário Sette, 1923.

OS ROMANCES DE AMBIENTE PERNAMBUCANO

A abertura das pequenas cidades interioranas brasileiras às primeiras manifestações de cultura de massa, difundidas a partir dos grandes centros, principalmente na área da música popular já produzida por compositores profissionais, seria documentada também em Pernambuco, pela mesma época do romance *Laís* e da novela *Memórias de Fulgêncio Claro*, em outro livro que, confirmando a tendência evidenciada em São Paulo, mostrava a repetição do mesmo fenômeno no Nordeste. Tratava-se do romance de Mário Sette *A filha de dona Sinhá*, de 1923, com ação desenvolvida na cidade pernambucana de Caruaru, em fins da primeira década do século XX.

A história do engenheiro recifense Clóvis de Assis, que deixa sua cidade, recém-formado, para trabalhar em obras de pontes e aberturas de estradas na ainda meio provinciana Caruaru, no limite da caatinga, constitui logo de saída um indício do intercâmbio de influências entre as cidades, que começava a romper o isolamento dos pequenos centros rurais vindos dos tempos da colônia. Ainda na Estação Central do Recife, antes de tomar o trem, Clóvis de Assis ouve "gazeteiros apregoando as folhas do dia e as revistas cariocas" e compra a revista *Fon-Fon* (que dividia então com *A Careta* e *O Malho* as preferências nacionais do reduzido público leitor brasileiro).

Durante a viagem, Clóvis faz conhecimento com o juiz municipal de Caruaru, Reinaldo Fontoura, que lhe comunica a dificuldade de obter boas casas de aluguel na cidade, "apesar da febre de construções". Isso queria dizer que a cidade desenvolvia pela primeira década do novo século a sua estrutura urbana (conseqüência, no caso, da riqueza do algodão), permitindo logo depois à jovem viúva Lúcia gabar a vida local dizendo a Clóvis: "— Ah! Caruaru já é uma bela cidade. E com alguma vida. Cinema, passeios, retretas...".[1]

O cinema, em verdade, era o cinema americano, que inaugurava um novo tipo de influência estrangeira ao lado da que as pequenas cidades estavam recebendo da capital do país, o Rio de Janeiro. E isso aparece retratado no romance *A filha de dona Sinhá*, quando o autor mostra o interesse do público dividido entre o cinema e a música da banda local: "A campainha do cinema, muito estridente, anunciava a próxima passagem da fita de sucesso naquela noite. Vinham de longe sons de instrumentos da Euterpe em ensaio".[2]

Influência estrangeira, principalmente norte-americana, que começava a traduzir-se inclusive na linguagem coloquial, como se depreende pelas perguntas das moças a Clóvis no jogo de berlinda, ao tentarem identificar sua possível namorada:

> — Moça de Caruaru?
> — Mora na rua da Matriz?
> — Faz *footing*?[3]

Na área da música de salão — ao alcance apenas da reduzida alta classe média composta pela elite das famílias de proprietários rurais, donos de casas na cidade, pelos profissionais liberais (os "doutores") e por comerciantes de atacado e altos funcionários da administração pública —, vinham somar-se ainda a essas influências brasileiras do Sul e norte-americanas os estilos musicais

[1] Mário Sette, *A filha de dona Sinhá*, 2ª edição, Porto, Livraria Chardron, de Lello & Irmão Ltda., 1926, p. 35. A 1ª edição é de 1923, as citações são do texto da 2ª edição.

[2] *Ibid.*, p. 59.

[3] *Ibid.*, p. 91.

tradicionalmente importados da Europa, via Paris, desde o século XIX. Ao organizarem uma representação teatral, as moças da cidade se mobilizam para escolher o repertório a ser apresentado, e é nesse momento que a resistência da cultura européia marcada pela tradição local se torna clara: quando Elizabeth Silva passa pela casa de Lúcia e pergunta — "Eu vim saber se você pode me emprestar aquela música do *Gigolette*" —, revela ainda que deveria cantar também a valsa "Un Peu d'Amour" por exigência da professora Sinhazinha, e termina pedindo a ajuda de Lúcia nos acompanhamentos. Os ensaios, segundo Elizabeth comunicava, seriam no palco do cinema. Pois, ao concordar em comparecer, Lúcia revela por sua vez a amplitude e a variedade das influências que já atuavam sobre uma cidade como a de Caruaru, ainda antes de 1920:

> — Está bem! Eu recebi até umas músicas novas que poderão servir. Lindas mesmo! Olhe aqui: "J'Aime", da Companhia Bataclan, que esteve no Rio; "Pálida Mimosa", um *fox-trot* bonito; "Tenha Pena da Pretinha", samba...
>
> Lúcia, ao piano, passou as três músicas, enquanto Elizabeth, ao lado, ia cantarolando, em surdina, as respectivas letras.[4]

Essas novidades importadas da capital e do exterior deviam necessariamente chocar-se com a cultura tradicional naquela cidade que ainda guardava, apesar de tudo, seu caráter de centro administrativo e econômico de modelo rural: "No Café Moderno, em banquinhos externos, famílias serviam-se de sorvetes e doces, enquanto no bilhar, em estalidos constantes, entrebatiam-se as esferas de marfim. Pelas calçadas, nas cadeiras de vime ou de junco, outras famílias apreciavam o *footing* e a música [...]".[5]

---

[4] *Ibid.*, p. 177.

[5] *Ibid*, p. 196.

E tal choque era mesmo inevitável, quando se sabe, pelo próprio romance *A filha de dona Sinhá*, que a música dos casamentos realizados na periferia da cidade ainda era fornecida pelos ternos, os grupos de músicos das camadas populares, que tocavam fazendo "mesuras diante do padre, das autoridades civis, dos nubentes, de todos, enfim, em avanços e recuos, polidamente".[6]

Assim, ao chegar o tempo das festas de São João, as diferenças entre a visão de lazer do mundo rural e da cidade provocavam um inesperado confronto que levava o próprio prefeito a intervir, pressionado pela elite dos moradores:

> — Sou obrigado a cumprir as disposições do Conselho, mas, francamente, por meu gosto permitiria as fogueiras na cidade, permitiria os busca-pés, não tolheria os festejos do povo. Mas... dizem que a elegância dos transeuntes se abespinha com as limalhas, os nervos mórbidos dos citadinos se insurgem contra a fumaça e os tiros das ronqueiras [...][7]

Neste ponto, a declaração do prefeito Dr. Célio Gomes é interrompida por uma observação de Reinaldo Fontoura, que traduz, naturalmente, a visão pessoal do romancista Mário Sette — mais tarde famoso por suas crônicas de costumes da vida recifense — em torno desse choque entre as concepções da vida rural e urbana. E a observação é feita sob a forma de uma ironia denunciadora do equívoco em que incorriam as novas elites citadinas em sua aversão pelos costumes ligados à estrutura tradicional: "Suportam apenas [os citadinos] os desnorteios musicais dos *jazz-bands* por serem de importação norte-americana [...]".[8]

---

[6] *Ibid.*, p. 64.

[7] *Ibid.*, p. 76.

[8] *Ibid.*

E a verdade, aliás muito bem captada pelo romancista em seu *A filha de dona Sinhá*, é que, nessa fase de assimilação dos estilos de vida e da cultura de massa importada dos grandes centros do próprio país e do estrangeiro, as cidades interioranas em processo de crescimento viviam, ao abrir da segunda década do século XX, um curioso momento dialético. Um momento representado pela conciliação, no âmbito da música popular, entre o moderno ("E, em seguida, porque quisessem dançar, substituiu-a [Lúcia] ao piano uma mocinha, Inês Barros, muito hábil em tocar valsas e tangos da moda")[9] e o tradicional:

> Perto de Caruaru, uma orquestra, tornando de alguma festa, vinha tocando música sentimental, melodiosa, cujos versos, não menos sentidos, um rapaz entoava com voz forte e harmoniosa:
>
> *Ai! quanta saudade eu sinto!*
> *Desse amor quase extinto...*
> *Desse olhar que não vejo...*
>
> Como caminhavam em sentido contrário, o canto foi esmorecendo, foi estiando, ouvindo-se apenas, já remota, a frase dulcíssima e triste da música repetida pela flauta e pelo violão [...].[10]

Era, aliás, a clara consciência dessa nova realidade que levava Mário Sette a denunciar a visão ultrapassada dos grandes centros em relação à figura do homem rural. Ao referir-se às idéias equivocadas em torno da tradicional figura do "caboclo" e do "caipira", postas em voga no Centro-Sul pelo teatro musicado e pela literatura, a partir do regionalismo de Valdomiro Silveira e

---

[9] *Ibid.*, p. 80.

[10] *Ibid.*, p. 94.

Afonso Arinos, diria o vigário Eugênio, pároco de Caruaru, referindo-se à frase "O Brasil é um país que pede um protetorado", ouvida da boca de um jovem carioca, na confeitaria Alvear:

> O sacerdote ponderou:
>
> — Este juízo anda nas bocas dos que não conhecem o nosso interior. E no Rio, então!! matuto para os cariocas é o jogral que aparece nas revistas do ano, encarnado por um artista pornográfico ou cretino.
>
> O verdadeiro vive por aqui esquecido dos governos centrais que por milagre ainda lhe deixam os mocambos e as doenças.[11]

O espírito de análise da realidade regional revelado nesse Eugênio, que antecipava em *A filha de dona Sinhá* o tom realista e de crítica social a ser inaugurado com a onda do romance nordestino anos depois, durante a década de 1930, seria retomado pelo próprio Mário Sette quase dez anos mais tarde, em 1933, em um romance praticamente desconhecido, mas que merece ser relido como um dos mais perfeitos documentos da vida pernambucana dos trinta primeiros anos do século XX: *Seu Candinho da farmácia*.

Segundo Hílton Sette, filho do escritor, em nota de apresentação da terceira edição de *Arruar*, livro clássico de Mário Sette, o romancista teria escrito *Seu Candinho da farmácia* em momento de revolta contra a mediocridade do meio provinciano e de frustração pessoal: "Nos começos da década de 30 — escreve Hílton Sette — refletindo seu estado de espírito, injustiçado e perseguido na repartição dos Correios e Telégrafos em que trabalhava, meu pai escreve seu único romance amargo, *Seu Candinho da farmácia*, no entanto o mais recifense de todos os seus livros de ficção".[12]

---

[11] *Ibid.*, pp. 43-4.

[12] Introdução de Hílton Sette sob o título "Esta terceira edição de *Ar-*

Assim, foi com o senso crítico aguçado pelo sentimento de revolta contra as instituições que Mário Sette retomou o filão da análise social esboçada em *A filha de dona Sinhá*, deixando registrado em *Seu Candinho da farmácia* um quadro da vida popular da capital pernambucana das vésperas dos anos 30, tão realista e tão vivo, que só encontraria antecedentes no romance em *Passionário*, de Teotônio Freire, e outros exemplos à altura apenas em obras posteriores, como em *O moleque Ricardo*, de José Lins do Rego, e, já em 1961, no romance-reportagem de Nestor de Holanda *Sossego, rua da revolução*.

Seu Candinho da farmácia, escrito entre 1930 e 1931, mas editado apenas em 1933, refletia em sua história o impacto da crise geral do capitalismo de fins da década de 1920 sobre a classe média pernambucana, principalmente na área do pequeno comércio. Há um bom comerciante, honesto e trabalhador, José da Penha, e um mau comerciante, invejoso, hipócrita e mesquinho, o também dono de farmácia, seu Candinho. E, atravessando toda a história, um terceiro personagem: o povo, que fala no romance pela boca de figuras menores, atribuindo a crise às novidades trazidas pela sociedade de consumo e à "irresponsabilidade" geral ("o povo só quer fazer frevo na rua e ver americana nua no cinema"). E isso, ao lado da massa dos humildes, se espalha pelas ruas aproveitando a liberdade nascida da desorganização da economia, responsável, através do êxodo rural, pelo crescimento desmedido da população urbana sem possibilidade de aproveitamento da sua força de trabalho e de estabelecimento de um perfeito controle social.

A posição de observador participante das mudanças sócio-econômicas do fim da Primeira República em Pernambuco, e cujos reflexos se faziam sentir de forma mais ostensiva na capital, per-

---

ruar", para a 3ª edição de *Arruar: história pitoresca do Recife antigo*, de Mário Sette, promovida pela Secretaria de Educação e Cultura de Pernambuco, como vol. XII de sua Coleção Pernambucana, Recife, 1978.

mite a Mário Sette (pessoalmente um apaixonado pelos costumes herdados do Segundo Império) desenhar em seu romance *Seu Candinho da farmácia* um amplo quadro das contradições dessa nova sociedade em formação.

Assim, um dos aspectos que mais chocariam o escritor nessa sociedade em mudança era a dupla ação de influências estranhas que passavam a atuar sobre os costumes tradicionais do Recife: a do Rio de Janeiro (através da música dos discos, divulgada inicialmente em vitrolas e alto-falantes) e a norte-americana (através do disco e do cinema, principalmente após o advento dos filmes musicais).

Logo ao início do romance, Mário Sette exemplica claramente, com um simples diálogo entre o jovem Anésio — que acaba de chegar do cinema — e seu pai, José da Penha, a maneira como se colocava o problema das novas influências denunciadoras da passagem da economia brasileira para a esfera da dependência norte-americana, disfarçada (como sempre) sob a forma de um suposto conflito de mentalidade entre diferentes gerações:

> — O Sr. é de uma outra época, papai. Diz que prefere uma modinha chorona a um *fox-trot* cantado! Que gosto! Acha que a dança de antigamente, uma lezeira de passo, era mais agradável do que a de hoje, uma coisinha doida!
>
> — Cada um acha graça nas modas de seu tempo, meu filho.
>
> — Eu sei, mamãe, porém não posso compreender como se goste mais de uma valsa arrastada do que de um samba sacudido... Qual! A dança moderna é gozadíssima. Um *fox* como tem na fita que eu vi inda agora [...]
>
> Fez uns passos exagerados no terraço, todo curvado, num gesto de quem enlaça com bem força uma dama. José da Penha ri-se. D. Genoveva abana a cabe-

ça numa fisgada de reprovação, traindo profundo sentimento materno.

— Doidinho! Doidinho![13]

A penetração do foxtrote norte-americano em fins da década de 1920 era ajudada não apenas pelo cinema — que além do ritmo ensinava também os passos da dança, tal como demonstrava Anésio —, mas pela ação dos "discos de vitrola" postos à venda para veicular exatamente as músicas de maior "sucesso" dos filmes: "E porque a vitrola recomeçasse a tocar um *fox-trot* de fita em voga, alvitraram dançar".[14]

Paralelamente, as mesmas vitrolas e alto-falantes de praças públicas despejavam sobre as populações das mais distantes cidades brasileiras as músicas compostas no Rio de Janeiro, o que era uma forma de tornar "nacional" — por uma espécie de imperialismo interno — os gêneros igualmente estranhos ao processo de cultura local. Assim, enquanto na descrição dos preparativos para o carnaval de 1930 o romancista escrevia que "os alto-falantes das casas de discos levavam longe as novas marchas de carnaval",[15] logo podia completar a informação com um quadro da animação popular no novo jardim construído em lugar do capinzal da antiga Campina do Bodé:

> O jardim animava-se mais. Agora iam e vinham, numa roda rumorosa e expansiva, deixando rastro de perfumes, várias mocinhas das vizinhanças, em filas de três, conversando alto sobre artistas de cinemas, cantarolando foxes de fitas ou cochichando peripécias de

[13] Mário Sette, *Seu Candinho da farmácia*, São Paulo, Companhia Editora Nacional, 1933, pp. 16-7.

[14] *Ibid.*, p. 87.

[15] *Ibid.*, p. 49.

namoros. Num sobrado fronteiro uma vitrola tocava
"Na Pavuna".[16]

Isso permite situar a ação do romance entre fins de 1929 e inícios de 1930, pois o samba "Na Pavuna" — o primeiro a ser gravado "com a batucada própria das escolas de samba", segundo informação de um dos seus autores, Henrique Foréis Domingues, o Almirante — foi editado em disco em dezembro de 1929, pelo conjunto de cordas e percussão Bando de Tangarás, do qual fazia parte, além do próprio Almirante, os depois famosos compositores Noel Rosa e Carlos Braga, o Braguinha (que, no conjunto, era João de Barro), e ainda os violonistas Henrique Brito e Álvaro Miranda, o Alvinho.[17]

Ao lado dos discos divulgados pelas vitrolas e alto-falantes e pelos filmes musicados, algumas orquestras do tempo do "cinema falado" também ajudavam à penetração da música estrangeira, mormente a norte-americana. D. Genoveva, sozinha em casa, entregue a suas preocupações em torno da paixão do filho Anésio pela caluniada e humilde namorada Amparo, repousa afinal quando a casa se aquieta "deixando ouvir ao longe a orquestra de um cinema num *fox-trot* buliçoso em moda".[18]

O resultado desse bombardeio de sons e de imagens, reveladores do impacto da cultura e dos costumes de centros mais desenvolvidos sobre as primeiras gerações de jovens da moderna classe média urbana regional, é o aparecimento de um novo fenômeno social: o da alienação pela imitação formal dos estilos importados. Ao referir-se ao casamento de Orminda Breves, uma

---

[16] *Ibid.*, p. 99.

[17] Almirante (pseudônimo de Henrique Foréis Domingues), *No tempo de Noel Rosa*, 2ª edição, Rio de Janeiro, Francisco Alves, 1977, p. 68. A gravação de "Na Pavuna" foi feita em selo Parlophon, da fábrica Odeon, sob o nº 13.089.

[18] Mário Sette, *Seu Candinho da farmácia*, edição citada, p. 166.

antiga caixeira da Rua do Livramento, com "Romeu Alencastro, guarda-livros de uma casa de automóveis", o romancista, após descrever o noivo como "um todo espigadinho, alourado, metido a americano", faz seu jovem personagem Anésio retrucar a Amparo, que elogiava a noiva: "— Ele também não é mau rapaz, não. Tem somente a besteira de arremedar os norte-americanos".[19]

Nesse mesmo passeio pelas ruas do Recife, Anésio e Amparo, "pondo os olhos e os ouvidos em tudo", enquanto andavam enamorados, lado a lado, iam ouvindo "trechos de frases, sons de pianos, foxes de vitrolas [...]".[20] Assim como puderam ouvir também, passando diante da casa em que se realizava a festa de casamento de Orminda e Romeu, "um piano tocado por uma solteirona que balançava os cabelos a nazareno num exagero de execução" fazendo "rodar os pares".[21]

A referência aos pianos, aliás, iria permitir a Mário Sette nesse seu livro *Seu Candinho da farmácia* a produção de uma frase de sabor em tudo e por tudo machadiana. É quando, ao descrever o passeio noturno dos namorados Anésio e Amparo pela Rua do Livramento, na direção do beco do Serigado, escreve: "Um piano rebelde ao afinador andava às voltas com uma valsa antiga e mal-sabida".[22]

Embora haja ainda em seu romance algumas referências soltas à nova influência da música de massa sobre os costumes recifenses do despontar da década de 1930 — "Olhe aquela casa tocando vitrola! Quinta-feira santa! Antigamente quem tinha coragem de cantar baixinho no dia de hoje?"[23] —, é na descrição de cenas carnavalescas que Mário Sette vai oferecer a melhor con-

[19] *Ibid.*, p. 192.

[20] *Ibid.*, p. 191.

[21] *Ibid.*, p. 193.

[22] *Ibid.*, p. 287.

[23] *Ibid.*, p. 172.

tribuição à história da música popular nesse seu livro. De fato, desde *Passionário*, de Teotônio Freire, no século anterior, nenhum outro escritor pernambucano voltara a focalizar o carnaval do Recife com a riqueza de informações que o autor de *Seu Candinho da farmácia* trazia neste seu romance.

Para começar, Mário Sette não se limita às referências ao carnaval recifense do fim dos anos 20, mas promove, através das falas de personagens mais velhos, um verdadeiro levantamento da festa na virada do século XIX:

> Atílio Freitas contava dos antigos festejos de Momo, no Recife, nos seus tempos de moço, coisa de uns 30 anos atrás. As ruas embandeiradas, coretos nas praças, músicas, clubes em penca. Não se conheciam ainda os lança-perfumes, dominavam as bisnagas de estanho com água perfumada; os papéis-picados provocando coceiras, os pós de ouro e cor de prata para enfeitar os cabelos compridos das melindrosas da época [...] Um ataque carnavalesco era quase um banho, quando o fosse completo vindo de dentro das casas as bacias e os jarros. E no tempo das limas-de-cheiro.[24]

E quando Anésio pondera que em tal tempo esse decantado entrudo não podia ter a animação do moderno carnaval, pois ainda não existia o frevo, o personagem diz: "— Graças a Deus. A gente via melhor os clubes; os cordões saíam direitinho, em ordem, sem essa sem-vergonhice de hoje, menino. E a mascarada? Hoje não há mais. Quem quer botar um dominó ou uma máscara".[25]

Essas lembranças dos personagens permitem ao romancista — que logo se revelaria excelente cronista de costumes e memorialista do Recife antigo, em livros de crônicas como *Maxambom-*

---

[24] *Ibid.*, pp. 78-9.

[25] *Ibid.*, p. 79.

bas e maracatus, *Anquinhas e bernardas*, *Barcas a vapor* e *Arruar* — evocar inclusive antigas músicas de sucesso de carnavais pernambucanos do século XIX, como as referidas por D. Gabriela:

> — Eu me divertia tanto! Desde menina que gostava dos mascarados, embora tivesse meus medos... E cantavam, lembram-se?
>
> *Ai amor, amor do coração!*
> *Viva Beberibe, Santo Amaro*
> *E Jaboatão!*
>
> — Bravos, d. Gabriela! Não sabíamos que era tão entoada assim!
>
> — Deixem-me... São as minhas saudades de moça... Nunca me esqueço das cantigas do carnaval de antigamente. Ainda sinto tristeza quando me lembro daquela despedida:
>
> *Vai chorar... vai chorar...*
> *Acabou-se o Carnaval.*
> *Amanhã é quarta-feira*
> *Acabou-se o Carnaval...*
>
> Hoje, é desenxabido; um insosso de corso com muita besteira de automóvel e essa porqueira assanhada de frevo [...].[26]

A verdade é que a música e a dança do frevo, surgidas simultaneamente entre o fim do século XIX e os primeiros anos do século XX (o nome *frevo* apareceu na imprensa, pela primeira vez, no *Jornal Pequeno*, do Recife, de 9 de fevereiro de 1907), e tendo como origem o modo exageradamente sincopado pelo qual as

---

[26] *Ibid.*, p. 80.

bandas passaram a executar marchas e dobrados, a fim de permitir a variedade de passos executados pelos capoeiras e desocupados que evoluíam à sua frente, passaram a constituir a maior característica do carnaval pernambucano.

E é isso, afinal, o que o próprio romancista confirma em *Seu Candinho da farmácia*, ao descrever os preparativos das moças para o carnaval no Bloco dos Malmequeres, fazendo dizer uma delas: "[...] Este ano eu vou fazer o passo até não sentir as pernas [...]".[27]

Nessa conversa entre moças, Amparo anuncia que sabe de cor duas das quatro marchas que deveriam ser ensaiadas, e afirma, dando a entender que as músicas escolhidas eram todas do repertório de composições gravadas em disco especialmente para o carnaval: "— Pego a música depressa; os versos decoro na loja. Há sempre um tempinho. Demais, tem uma vitrola defronte que toca o dia inteiro essas marchas todas".[28]

É nesse momento que, de longe, soa "de súbito um toque vibrante, de clarim", e as moças "paralisam as costuras, apuram os ouvidos, entreolham-se num gesto incontido e nervoso":

> — Deve ser o Vassoura! — presume Luizinha, já de pé, endireitando os cabelos.
> — É ele mesmo. Vai sair hoje.
> — Escute. Olhe a música... Oh! frevança!
> — Vamos ver?[29]

O romancista entrega-se então a uma longa e movimentada descrição da passagem do Clube das Vassouras ("E toca a esguichar gente das travessas e becos; o do Serigado golfava curiosos e foliões como uma máquina de fabricar pipocas")[30], re-

[27] *Ibid.*, p. 55.

[28] *Ibid.*, p. 56.

[29] *Ibid.*, p. 57.

[30] *Ibid.*, p. 59.

servando para as impressões sobre a música do frevo o melhor do seu estilo:

> A orquestra do clube explodia metalicamente a introdução de outra marcha pernambucana, frevesca da gema — nervosa, impulsiva, cálida, sincopada, arrastadora [...] A um só tempo cutucadora e arisca, lúbrica e esquiva, abandonante e fugidia, brincalhona e astuciosa, imagem musical de mulher mascarada e seminua que se promete e se furta, acaricia e maltrata, sussurra e grita, avizinha-se e foge, oferece-se e se esconde, e estende a boca e dá muxoxos, faz gaiatices e silencia, abraça e repele, beija e morde, findando vencida e vencedora numa posse integral da folia [...]
>
> Música de arrancos e estacadas, de tremores e tetanizações, de nervosismos e indolências, de sacudidelas e agrados, de rodopios e curvaturas, de calmas e temporais, de amaciamentos e beliscões, de frenesis e languidez, de veludos de dominós e atritos de papel picado [...]
>
> — O frevo![31]

A dança do frevo que, permitindo a invenção de uma coreografia particular a cada dançarino, através do *passo*, vem a formar, pela visão do conjunto da massa humana, a impressão coletiva de movimento denominado de *onda*, é magnificamente descrita por Mário Sette neste ponto de seu romance, ao estabelecer a relação entre os sons da música e a competente resposta corporal dos foliões:

> Aquela massa de corpos e de almas vinha numa obediência absoluta e gostosa à cadência voluptuosa,

---

[31] *Ibid.*, pp. 60-1.

ardente e volúvel da marcha. A cada vez que a orquestra repetia num enfarofado de acordes a introdução todo o povo redemoinhava, refervia nas atitudes mais caprichosas, mais cômicas, mais delirantes. Dir-se-ia que tentavam misturar, confundir, trocar os membros, os troncos, as cabeças, para depois ir procurá-los de novo. E no seguimento da música lá se iam todos na impetuosidade da "onda", no esbandalhamento do "passo", de pernas abertas em tesouras, de cócoras em saca-rolhas, de bustos empinados para a frente em rapidez, de nádegas oferecidas ao alto, de mãos trançadas nas nucas, de narizes a farejar os cangotes femininos, de braços dados em cordões, de barrigas coladas, caras rentes, de bocas grudadas [...]

Moviam-se todos num incessante ondeio, num provocador remexido de quadris, bustos, de ancas, de seios [...]

De súbito uma rápida e brusca estacada da música. A multidão empaca, endurece, espera. Cada um guardando a posição em que foi colhido. Numa esplêndida mostra de modelos. Dentes de fora, risos escancarados, testas suadas, lábios abertos, olhos esbugalhados [...]

Segundos apenas. Vence-se a síncope dos instrumentos. A orquestra recomeça num renovado empurrão da marcha. E de novo todos se movimentam, se esfregam, se torcem, se enlaçam, se verticalizam, se cheiram, se beijam, se apalpam, se agacham, como se a música lhes penetrasse veias a dentro para ir fazer-lhes cócegas no sangue.

E seguem rua afora, dançando e cantando, na confusão carnavalesca dos coloridos dos trajes, dos azougues, dos olhares, das quenturas dos contatos, dos hálitos de lascívia, dos cheiros de suores, das escalas das risadas, das tonalidades das peles, dos contrastes das posições, das harmonias das canções, dos mistérios dos sentimentos.[32]

A orquestra de frevo responsável por essas sonoridades, que na verdade tomavam a massa quase sob a forma de possessão, era composta por "sopradores de trombones, de pistões, de saxofones", a que se seguiam "clarinetas, flautas, reco-recos, rufos [...]".[33]

E a letra da marcha que tocavam dizia: "Ai! Vamo vê si eu vou no frevo com você! Figena, meu amô! [...]".[34]

Quando a onda passa pelo grupo formado por Luizinha, Carminha e Amparo, Anésio é visto "rodopiando com os braços no alto, agitando uma ventarola-reclamo", e então as moças aderem à dança seguindo "no fim do clube, em local menos apertado, fazendo moderadamente o 'passo' e cantando em coro":

Oh! tremelique esquisito
Que dá na barriga das pernas![35]

E a cada novo ingresso de dançarinos a onda engrossa, porque, escreve o romancista, "o frevo tomava foliões por onde passava, como um rio coleta água dos afluentes": "Dos becos e ruas, calças e saias se intrometiam no préstito, contagiando-se pelo remexido. E a marcha a arrastar... a arrastar [...]".[36]

À época do romance *Seu Candinho da farmácia* o autor de marchas para frevos mais atuante do Recife era o depois maestro Nelson Ferreira (1902-1976), o primeiro compositor pernambucano a ter música carnavalesca gravada em discos no Rio de Ja-

---

32 *Ibid.*, pp. 61-2.

33 *Ibid.*, p. 62.

34 *Ibid.*, p. 65.

35 *Ibid.*

36 *Ibid.*

neiro, a partir da marcha "Borboleta Não É Ave", interpretada pelo cantor Baiano, em disco de gramofone da Casa Edison, em 1922.[37]

Pois o romancista Mário Sette registra a sua presença em *Seu Candinho da farmácia* na cena em que as três amigas, tendo voltado ao trabalho da costura de suas fantasias, ouvem novamente na rua o som de outra marcha:

> — É o Vasculhadores, com certeza.
>
> — Será mesmo?
>
> — Vem tocando "Dedé"... Escutem direito... Não é?
>
> — É sim. Oh! marchazinha para dar cordas nas pernas da gente!
>
> — De Nelson Ferreira, já sabe. Tem azougue!
>
> — Vamos ver?
>
> [...]
>
> Atiram fazendas para o lado; saem às carreiras. A rua já se enche também de novo. Tudo se alvoroça: empurrões, machucadelas, espremidos, escorregos, quedas, resmungos, risadas, pilhérias.
>
> Luizinha vai na frente das amiguinhas, saracoteando, entoando alto os versos da marcha, que sabe de cor, marcha que é toda quentura da alma pernambucana em folia:
>
> *Dedé! Dedé!*
> *Você diz que me qué...*
> *Mas, você me enganou,*
> *E deu pra outro o seu amô...*[38]

---

[37] Esta primeira gravação da música de Nelson Ferreira no Sul foi feita em disco Odeon, da Casa Edison, do Rio de Janeiro, sob o nº 122.384, e constitui hoje raridade discográfica. O autor possui um exemplar dessa gravação em disco de prova da própria Casa Edison.

[38] Mário Sette, *Seu Candinho da farmácia*, edição citada, pp. 68-9. Os

A circunstância de um compositor recifense como Nelson Ferreira conseguir gravar suas marchas no Rio de Janeiro, aliás, não implicava diminuir a força da penetração da música carnavalesca composta no Sul, mas de certa maneira agravava o fenômeno de aculturação musical imposta a partir da capital do país. É que os estúdios de gravação das fábricas gravadoras estrangeiras, que em fins da década de 1920 vêm para o Brasil, situavam-se todos no Rio, e, assim, os pernambucanos eram obrigados a comprar discos em que sua música soava deformada pela falta de vivência regional dos instrumentistas cariocas. No caso especial do frevo, cuja modificação de ritmo e de desenho harmônico simplesmente impedia os foliões de executar a variedade de passos conhecida por todos, tal deformação musical sulina provocou protestos, obrigando a Federação Carnavalesca Pernambucana a enviar em inícios de 1930 ao Rio o maestro Zuzinha, "para ensaiar as bandas encarregadas das gravações de *frevos* premiados em seus concursos anuais".[39]

A necessidade inadiável de tal providência fica comprovada ainda no romance *Seu Candinho da farmácia* quando se percebe que, a esta altura, o disco de música carnavalesca passava a constituir não apenas o instrumento de divulgação das novidades "do ano", mas ganhava o caráter de "memória" sonora dos carnavais passados. E é isso que se verifica no romance quando, passado o carnaval, José da Penha oferece "um jantarzinho festivo aos pa-

---

versos citados por Mário Sette são da marcha "Dedé", composta por Nelson Ferreira em parceria com M. Alves e que, de fato, foi muito tocada nas ruas do Recife no carnaval de 1930.

[39] Informação de Valdemar de Oliveira em seu artigo "O frevo e o passo em Pernambuco", em *Boletim Latino-Americano de Música*, Rio de Janeiro, abril, 1946, tomo VI, Instituto Interamericano de Musicologia, p. 158. Para maiores informações em torno das relações entre os músicos de gravadoras do Rio de Janeiro e a música do carnaval pernambucano, ver capítulo "O frevo", em José Ramos Tinhorão, *Pequena história da música popular*, 6ª edição, São Paulo, Art Editora, 1991.

rentes e amigos" para comemorar o término do curso de preparatórios de seu filho Anésio, e o romancista escreve: "A conversa e a vitrola corriam num páreo de animação na sala. Tocavam os discos caídos no gosto do povo, principalmente as marchas do último carnaval".[40]

Em sua inspeção visual de invejoso do sucesso alheio, durante sua visita à casa de José da Penha para a festa, aliás, Candinho Tamarindo pudera anotar entre os novos móveis e objetos comprados por seu concorrente, além de "umas colunas amarelas com uns *cache-pots* de metal", "também a vitrola de armário".[41]

É ainda durante essa reunião que Mário Sette, retomando o recurso já usado antes por Teotônio Freire no romance *Passionário*, inclui entre os personagens um carioca, Caio Curvelo, a fim de permitir as velhas comparações entre os carnavais do Recife e do Rio de Janeiro. Apenas, enquanto em *Passionário* o antipático carioca Álvaro Taborda desfaz de tudo, só encontrando louvores para o carnaval do Rio, em *Seu Candinho da farmácia* Caio Curvelo confessa-se impressionado principalmente com a animação do povo pernambucano:

> Caio Curvelo ponderou:
>
> — Não falo no corso nem nos préstitos: os do Rio são maravilhosos, é verdade, mas, na animação do povo, tenha paciência, o do Recife tem o primeiro lugar. Nem se compara. Aqui tudo estremece mesmo [...] Então, com essa música formidável! Com esse demônio gostoso do frevo![42]

O viajante carioca, inclusive, confessava não ter resistido à sugestão da música e, num dado momento, provocado por "um

---

[40] Mário Sette, *Seu Candinho da farmácia*, edição citada, p. 72.

[41] *Ibid.*, p. 74.

[42] *Ibid.*

pierrozinho preto-roxo" que lhe disse "vem na onda, trouxa!", resolveu também cair no frevo:

> — Ah! o passo. Quando um clube passava com aquelas marchas de arrastar até os cofres e os pianos, com os remelexos, com as "dobradinhas", eu sentia o pecado subir pela espinha dorsal. Um rostozinho me provocava, um esguicho de lança-perfume me punha tonto [...] Sabe? É a música que leva a pessoa para o inferno sem se dar por isso... Não é mesmo? Afinal, na terça-feira aderi... aderi com um sem-vergonhismo de político profissional quando sobe o partido contrário.[43]

Em *Seu Candinho da farmácia*, de 1931, tal como acontecera em *Passionário*, de 1897, o carnaval de rua do Recife descrito por romancistas pernambucanos ainda obedecia certamente a uma visão por assim dizer *familiar*, considerada a ótica dos personagens de ambos os romances, todos eles pertencentes à classe média local. Seria preciso, pois, esperar por um terceiro romance, *O moleque Ricardo*, do paraibano José Lins do Rego, de 1935, para se conhecer finalmente a participação das camadas mais humildes nesse vigoroso carnaval recifense.

Influenciado pelas idéias de Gilberto Freyre, que procurava conciliar o patriarcalismo das elites culturais do Nordeste com as teses exageradamente antitradicionalistas da Semana de Arte Moderna de 1922, em São Paulo (o que seria obtido com o pacto de defesa das originalidades locais realizado durante o Congresso Regionalista de 1926 por intelectuais ligados à hegemonia de Pernambuco no Nordeste), José Lins do Rego conseguiria aplicar da maneira mais completa em seu romance *O moleque Ricardo* essa fórmula de participação na realidade atual, universal, sem abdicação do respeito às origens regionais. E isso era exatamente o que

---

[43] *Ibid.*, p. 75.

seria expresso mais tarde no *Manifesto regionalista do Recife*, redigido por Gilberto Freyre apenas em 1952, quando estabelecia, ao vincular a sorte da arte brasileira à realidade da vida popular, de acordo com o espírito dos debates havidos no Recife em 1926: "De modo que, no Nordeste, quem se aproxima do povo desce a raízes e a fontes de vida, de cultura e de arte regionais. Quem se chega ao povo está entre mestres e se torna aprendiz, por mais bacharel em artes que seja ou por mais doutor em medicina".[44]

O moleque Ricardo contava a história de um jovem trabalhador negro de 16 anos, um dos muitos representantes do excedente de mão-de-obra rural da área da cana-de-açúcar do Nordeste, chamados de "moleques de bagaceira", e que, tentados sempre a migrar para Recife, acabavam por afundar-se na pobreza dos mocambos e alagados, passando a sobreviver à custa de expedientes ou de empregos em trabalho humilde e não-qualificado.

Ambientado no Recife do mesmo período em que Mário Sette situara *Seu Candinho da farmácia*, o romance de José Lins do Rego permite conhecer, através da trajetória do antigo moleque de engenho pelos bairros pobres da cidade, a outra face — que se poderia dizer proletária — do carnaval da capital pernambucana.

Ao deixar o engenho (onde só poderia passar de moleque a trabalhador alugado) levando a esperança de transformar-se em empregado na capital, Ricardo vai servir como criado na Rua do Arame, em casa de D. Margarida, mulher do condutor de trem que o trouxera do interior. Aí passa dois anos sem tomar parte no carnaval, que conhecia só por ouvir falar: "— Toureiro ontem encheu a rua de cabo a rabo./ Outro achava que o clube era o Pás-Douradas:/ —Veja o povo como fica doido com os Pás. Um cabra dos Toureiros se fez de besta na rua Larga, correram o bi-

---

[44] Gilberto Freyre, *Manifesto regionalista*, 4ª edição, Recife, Instituto Joaquim Nabuco de Pesquisas Sociais/MEC, 1967, p. 66. O próprio Gilberto Freire, provocado por contestação de Joaquim M. Inojosa, confessaria que o *Manifesto regionalista* de 1926 fôra exposto durante o congresso de forma oral, só tendo sua redação final em 1952.

cho na faca. Ninguém nem viu. Quando o 'passo' passou, o bicho estava estendido".[45]

De criado de casa de família, Ricardo passa a entregador de pão na Encruzilhada e a requentador da Rua do Cisco, próximo dos mangues, no caminho de Olinda, onde havia um animado clube carnavalesco, o Paz e Amor. Amigo do masseiro Florêncio, seu colega de trabalho na padaria, e que o inicia nas lutas de classe e em vagas teorias socialistas ("Sociedades de trabalhadores se organizam por todos os cantos do Recife", p. 45), Ricardo, e toda a população pobre dos mocambos, esquece inclusive a política quando chega o carnaval:

> O povo da rua miserável cantava de noite. Perto da lama cantavam e dançavam. O carnaval vinha aí. Todo o ano, daquela rua saía o Paz e Amor com os seus homens e as suas mulheres numa alegria de doidos, saltando como bichos criados na fartura. Dois meses antes já anunciavam a música que exibiriam na cidade. O Paz e Amor esquecia os urubus, a catinga do curtume, os filhos magros, para cair no passo. O carnaval era para aquela gente uma libertação.[46]

A observação de que as músicas de carnaval já estavam prontas dois meses antes é de notar-se porque, páginas adiante, José Lins do Rego, referindo-se à música cantada no ensaio do Paz e Amor, afirma que "a marcha nova com a moda eles tinham arranjado por ali mesmo", creditando assim a compositores anônimos locais o repertório carnavalesco com a afirmação: "O músico e o poeta cheiravam a mangue da rua do Cisco".[47]

---

[45] José Lins do Rego, *O moleque Ricardo* (incluindo o romance *Usina*), Rio de Janeiro, José Olympio, 1961, p. 14.

[46] *Ibid.*, p. 57.

[47] *Ibid.*, p. 91.

Ora, ao citar logo depois os versos que os componentes do clube Paz e Amor cantam pela estrada, a caminho do Recife, o romancista revela serem eles da marcha "Borboleta Não É Ave", do já então compositor profissional Nelson Ferreira, e que seria conhecida em todo o Brasil através da gravação em disco realizada pela Casa Edison do Rio de Janeiro, em 1922:

> Os violões, as clarinetas se uniam, confraternizavam nos quebrados, nas harmonias mais doces deste mundo.
>
> O Paz e Amor ganhava pela estrada para o Recife. A Rua do Cisco tinha fôlego de sete gatos:
>
> *Borboleta não é ave,*
> *Borboleta ave é,*
> *Borboleta só é ave*
> *Na cabeça da mulher.*[48]

Não obstante pequenas falhas como essa (e impropriedades como a de escrever "quando o 'passo' passou", uma vez que, na verdade, o que passa é a *onda* formada pelos foliões fazendo o *passo*), é no romance de José Lins do Rego *O moleque Ricardo* que se pode encontrar algumas das melhores informações, não apenas sobre a intimidade dos pequenos clubes carnavalescos recifenses, mas sobre o próprio carnaval do Nordeste. Ricardo, por exemplo, encontra inicialmente dificuldade em adaptar-se à extrema liberdade da coreografia do frevo, em face da timidez que traduzia seu condicionamento de moleque de engenho, sujeito a todas as restrições, e educado para obedecer:

> Quase sempre parava-se [o ensaio do Paz e Amor] para consertar uma voz que desafinava. Depois se re-

---

[48] *Ibid.*, pp. 108-9. Os versos citados coincidem com os gravados em 1922 no Rio de Janeiro pelo cantor Baiano no disco já anteriormente citado.

começava. Ricardo no começo dera trabalho ao presidente.

> — Pára, menino, que encabulação é esta? Quebra como os outros.
>
> O moleque encabulava com o negócio. O clube parava. Seu Genaro ia lhe ensinar o passo, como se devia fazer na rua. As meninas se riam dele. E por fim pegou, a música entrara dentro dele e Ricardo dançava. Botava os ouvidos na música. O mestre gritava para todos:
>
> — Atenção, gente, olha o compasso!
>
> A música entrava de corpo a dentro. Vinha para o sangue, para a alma do povo. E só paravam quando não se podia mais.[49]

O próprio romancista, aliás, explicava indiretamente a causa desse retraimento inicial do moleque Ricardo naquele seu primeiro carnaval em liberdade no Recife (pois os dois primeiros anos, ele os passara praticamente recluso, na meia escravidão de seu trabalho como empregado de casa de família da pequena classe média). Ricardo tinha vindo dos latifúndios da cana, e "no engenho se falava dos mascarados, mas ninguém deixava a enxada nos três dias". Então, escrevia o romancista numa recordação direta de sua infância no engenho Corredor, no município de Pilar, na Paraíba:

> Eram dias como os outros. Pela estrada apareciam mascarados que todos sabiam quem eram. Vestiam-se de negro e estalavam os chicotes, procurando pegar os moleques, que corriam se mijando de medo para as saias das mães. Na casa-grande, às vezes, quando havia gente de fora, sacudiam água uns nos outros [...] O carnaval ali era só aquilo. Raramente vinha clube do Pilar dançar no engenho.[50]

---

[49] *Ibid.*, p. 93.

[50] *Ibid.*, pp. 101-2.

É isso que vai explicar a coerência de Ricardo, ao adaptar-se melhor à estrutura do bloco Paz e Amor, da Rua do Cisco — onde havia a disciplina imposta pelo presidente, seu Genaro ("As meninas para um canto, os meninos para o outro. Não eram permitidas bebidas no ensaio", p. 93) —, do que à folia desbragada dos frevos de rua.

Este pormenor de profunda significação sócio-cultural é tratado no romance de José Lins do Rego de maneira tão discreta e sem comentários especiais, que só o conhecimento prévio das condições em que se realizava o processo de organização do lazer na área do povo do Recife, nos vinte primeiros anos do século XX, permite hoje pinçar as informações do contexto em que está colocada.

Na madrugada de domingo de carnaval, após chegar do ensaio geral do Paz e Amor, indo direto para o serviço na padaria, a provocante negra Isaura, que não se prendia a homens, mas desejava Ricardo por capricho, vê o pãozeiro no seu trabalho de entregas e o convida para quebrar no frevo de rua em sua companhia: "— Vamos hoje? Saí do Bloco do Espinheiro. O presidente de lá se meteu a besta comigo. Dei o fora daquilo. Vamos quebrar hoje, Ricardo?".

Ricardo recusa o convite alegando seu compromisso de componente do bloco Paz e Amor, da Rua do Cisco, e Isaura revela então seu conceito de foliã individualista, rebelde a qualquer espécie de adesão a formas institucionalizadas de brincar o carnaval: "— Carnaval de bloco não presta, não presta não. É colégio. Ninguém pode sair de forma".

De fato, os clubes carnavalescos mais modestos — compostos por gente reduzida ao zero social em suas atividades obscuras e alienantes — sempre procuraram, em todo o Brasil, fazer seu nome, isto é, obter pela afirmação de um valor coletivo o reconhecimento pela sociedade durante o ano todo a cada um de seus humildes componentes. E este impulso (que explica, desde logo, o espírito clubístico e de torcida organizada, tão comum entre as camadas mais baixas da população) tendia, no carnaval, a buscar o reconhecimento das cores e do nome dos blocos, através da sua citação nos jornais. Isso tornava obrigatória, por exemplo, a visita de clubes, blocos, ranchos e cordões às redações dos jornais, o que implicava, de fato, uma certa consciência da institucionalização do grupo, enquanto entidade dedicada à folia carnavalesca:

> Nas redações dos jornais o presidente falou com o homem que estava lá somente para receber os clubes e tomar nota dos nomes:
>
> — Paz e Amor, lhe dizia o presidente com orgulho, 40 figurantes, sendo 10 da orquestra.[51]

A preocupação de fazer os nomes de seus blocos aparecerem nos jornais era de fato tão generalizada nas grandes cidades brasileiras do início do século que, no Rio de Janeiro, chegou a ser gravada, em meados da primeira década do século XX, uma cena cômica em disco sob o título de "Cordão Carnavalesco", cuja graça residia nos pernósticos discursos pronunciados nessa ocasião pelos responsáveis pelo bloco Enxofre Vermelho, ao saudarem os redatores com elogios que visavam, apenas, obter o registro da visita na seção do jornal que começava com a frase: "Estiveram em visita à nossa redação os seguintes blocos [...]".[52]

As redações dos jornais do tempo funcionavam quase sempre em sobrados de casarões do centro da cidade e, assim, por um problema de boa ordem, apenas um pequeno grupo de músicos e foliões subia acompanhado das diretorias para efetuar as saudações e pequenas exibições de praxe. José Lins do Rego, sem che-

---

[51] *Ibid.*, p. 105.

[52] A gravação intitulada "Cordão Carnavalesco", de grande valor documental para a história da vida popular carioca, particularmente no que se refere ao carnaval, foi feita em disco Odeon, da Casa Edison, em 1907 ou 1908, procurando reproduzir em estúdio o clima caótico das apresentações de foliões nas redações de jornais cariocas.

gar a tais minúcias, deixa no entanto implícito esse pormenor ao escrever que "na rua ficavam os admiradores esperando que descessem", observando ainda que os clubes iam sendo engrossados, no caminho, por simpatizantes eventuais, arrebanhados entre o povo miúdo:

> Não era só o povo da rua do Cisco. Muita gente estranha assim se incorporava ao *Paz e amor*. A Rua Nova tinia de gente. Os clubes e os blocos quando passavam, parava tudo quanto era carro e automóvel. Os cabras quebravam na frente com uma impetuosidade de furiosos. As pernas entravam umas por dentro das outras, depois ficavam com a bunda quase que rente no chão e as mulheres sacudindo para a frente tudo o que tinham de bom. E peitos e ventres que pouco ligavam à surra das umbigadas. Era uma alegria que atingia os últimos recursos. De repente paravam. A orquestra se calava. Esperava-se então que rompesse o fogo outra vez para que eles pudessem se despedaçar:
>
> — Música! música! gritavam.
>
> E mal a marcha abria na introdução, o povo pingando de suor, cheirando a cachaça, e inhaca de negro voltava para o passo com a mesma força.[53]

Integrado a esta altura ao espírito do clube, namorando a mulata Odete, filha do presidente do Paz e Amor, Ricardo afastava-se de vez da negra Isaura, embalado em sua ingênua proposta de ascensão dentro da instituição carnavalesca, simulacro modesto — mas muito real — da estrutura organizada pela sociedade branca dominante, de cima para baixo. Por isso, ao cruzar o Paz e Amor com uma onda de frevo de rua, que ia comendo no passo, a negra Isaura vinga-se gritando para Ricardo, ironicamente, na

---

[53] José Lins do Rego, *op. cit.*, p. 105.

euforia de seu momento de liberdade: "— Vem para cá, brocha, deixa o colégio".[54]

Essas diferenças sutis na organização do carnaval de rua do Recife (e que se prendiam, em última análise, às divisões do trabalho e às contradições particulares da estrutura econômico-social de tipo todo especial de Pernambuco) ficavam ainda expressas no romance *O moleque Ricardo*, em sua clara oposição de ordem e desordem, no trecho em que o romancista escreve, relatando as peripécias do desfile do bloco:

> O presidente expulsou um sócio porque estava querendo fazer safadeza com uma moça. O Paz e Amor era sério:
>
> — Se quiser fazer patifaria, não faltam marafonas.
>
> As raparigas debochavam do bloco. Aquilo parecia irmandade de procissão. A bebedeira fazia arruaça.[55]

O espírito escapista da folia carnavalesca entre as camadas populares, fosse sob a estrutura já institucionalizada dos clubes, fosse sob a forma anárquica do individualismo dos frevos soltos de rua, não escaparia também à observação paternalista de José Lins do Rego. É que, apesar de sua posição de intelectual-escritor, e, portanto, ligado necessariamente às elites brancas do Nordeste, o autor de *O moleque Ricardo*, mesmo sem negar essa posição de superioridade social (vide a referência à "inhaca de negro"), conservaria até o fim sua fidelidade às recomendações do Congresso Regionalista de 1926, no sentido de permanecer atento às originalidades do povo.

---

[54] *Ibid.*, p. 109. Estas particularidades da estrutura do carnaval do Recife são estudadas no capítulo "O frevo", em José Ramos Tinhorão, *Pequena história da música popular*, já levando em conta — em parte — essas observações de José Lins do Rego em seu romance citado.

[55] *Ibid.* Note-se, para melhor compreensão das intenções do texto, que "raparigas" no Recife são as prostitutas.

E foi por agir sempre dentro dessa ótica, com "imparcialidade", que José Lins do Rego conseguiu de fato distinguir certas diferenças reveladoras para a compreensão do universo carnavalesco enquanto projeção das rígidas diferenças econômico-sociais, geralmente tão bem disfarçadas sob a aparência do caos popular.

Esse momento revelador se dá, no romance *O moleque Ricardo*, quando, na qualidade de bom descendente de senhores de engenho nordestinos, José Lins do Rego entrega-se à ternura paternalista pelos representantes da velha ordem dos escravos negros, que aproveitavam o carnaval para reviver sua antiga e destroçada cultura africana sob a forma dramática (no melhor sentido etimológico da palavra) dos maracatus.

Os maracatus, formados tradicionalmente pelos representantes mais velhos e mais apegados às heranças negro-africanas de Pernambuco, eram tentativas de encenar no carnaval, em forma de alegoria, antigos momentos de grandeza históricos e culturais de seus povos de origem, reunindo em um desfile algo sombrio as poucas reminiscências que restavam da África na memória coletiva.

Eram esses "maracatus pobres" que o romancista via passar "soturnos com a boneca na frente", parecendo já sua música triste demais mesmo para os negros das novas gerações, nascidos após a Abolição e que, tal como Ricardo, preferiam as marchas e a sensação de liberdade pessoal do frevo.

Os maracatus causavam realmente impressão soturna, inclusive pelo *baque*, a batida de marcação responsável pelo ritmo lento do desfile, e cujo tom cavo e profundo imprimia, no estrondo cadenciado de seus bombos, uma espécie de solenidade majestosa ao conjunto. Esses maracatus funcionavam quase como um apelo à tomada de consciência geral ante a injustiça histórica representada pela escravidão, e era certamente por isso que, ao cruzar na cidade com um desses clubes de negros — o tradicional Leão Coroado —, a gente humilde do Paz e Amor calaria sua alegria e se recolheria ao silêncio, enquanto os negros passavam impondo um quadro de realidade em meio à embriaguez e alienação geral:

> Mas mal chegavam na Helvétia, ouviram um roncar de porco gigante. Era uma coisa mais forte e mais grande que o barulho do carnaval. O maracatu do Leão Coroado entrava na Imperatriz abafando tudo. Os bombos, os instrumentos de xangô calavam tudo. O canto do maracatu era triste. Os negros se entristeciam com aqueles lamentos de prisioneiros, de algemados, de negros gemendo para Deus, rogando aos céus. O maracatu rompia a multidão como uma avalanche. O Paz e Amor se encolheu para deixar o bicho passar com a sua tristeza. As vozes das negras de lá eram umas vozes de igreja. O Leão Coroado entristecia o povo mas passava, ia-se embora. A canalha queria o passo, botar para fora todas as doenças na dança, beber e cantar, que isto de sofrer não era para agora.[56]

O moleque Ricardo, do engenho Santa Rosa, deslumbrado com sua transição do regime de servidão do mundo rural para o ilusório momento de liberdade do carnaval da cidade grande, estava entre a "canalha" que preferia o passo, e viveria aqueles dias de festa de 1922 cantando alegremente a marcha de sucesso de Nelson Ferreira, ela também anunciadora de uma nova era de transformação das ilusões carnavalescas em produto vendável, sob a forma de música condensada em discos: "O moleque do Santa Rosa conhecia outro mundo, outra gente. Havia agora para ele esta coisa boa. Dentro do trem, com moças e rapazes cantando o 'Borboleta Não É Ave', sentia-se mais alguma coisa do que fora. Só se cantava, só se ouvia o 'Borboleta Não É Ave'".[57]

Em seu primeiro romance, *Menino de engenho*, as memórias de infância publicadas por conta própria em 1932, à falta de editor, José Lins do Rego já havia contribuído para a preservação

---

[56] *Ibid.*, p. 106.

[57] *Ibid.*

da memória musical do povo nordestino ao registrar os versos da toada que "o povo miserável da bagaceira" compunha durante a moagem, cantando na boca da fornalha, ao "ruído compassado das talhadeiras no mel quente espumando":

Tomba cana, negro
eu já tombei.
[...]
O engenho de Maçangana
faz três anos que não mói.
Ainda ontem plantei cana,
faz três anos que não mói.[58]

A popularidade dessa toada na região açucareira da Paraíba alcançava na verdade área tão extensa, dada a continuidade dos latifúndios dedicados ao cultivo da cana-de-açúcar no Nordeste, que chegaria aos ouvidos do alagoano José Luís Rodrigues Calazans (na década de 1920, artista de palco e de circo, e mais tarde conhecido como Jararaca, fazendo dupla com o paraibano Severino Rangel, o Ratinho), que iria gravá-la em disco em 1938 sob o título de "Engenho Moedô". Sob a indicação de gênero *rojão nortista*, e trazendo como co-autores os nordestinos Zé do Bambo e o cantor Augusto Calheiros, que no disco cantam em conjunto, fazendo coro para o solista Jararaca, a toada popular da região de origem do romance é revivida com outros versos não recolhidos por José Lins do Rego, e que diziam, após o estribilho: "O engenho moedô/ O engenho moedô/ Bota cana na moenda/ Seu ioiô, seu ioiô...":

O engenho Maçangana
Faz três anos que não mói

---

[58] José Lins do Rego, *Menino de engenho*, Rio de Janeiro, Andersen Editores/Oficinas Gráficas Alva, 1932, com capa de Manuel Bandeira. A citação em epígrafe é da 10ª edição, Rio de Janeiro, José Olympio, 1966, p. 103.

> *Toda a cana está no campo*
> *Ei, caboclo...*
> *Vida boa é cá prá nós...*
> *O engenho moedô*
> [...]
> *O engenho Lamarão*
> *É prá cá de Pilarzinho*
> *O engenho Maçangana*
> *Mais prá lá um bocadinho.*[59]

Surpreendentemente, porém, em seu quinto romance, *Usina*, que continua a história do moleque Ricardo e encerra o chamado ciclo da cana-de-açúcar em sua obra de romancista, José Lins do Rego vai fazer uma única referência à música popular, e assim mesmo não relativa a qualquer criação do povo, mas à valsa de um famoso compositor da classe média pernambucana, o advogado e educador Alfredo de Albuquerque Gama (Recife, 1867-1932).

Ao referir-se em *Usina* à decadência econômica dos latifundiários, com a queda do preço do açúcar para 20 mil-réis a saca ("Precisavam de três para uma garrafa de champanha"), o romancista descreve o reflexo desse fato sobre a vida boêmia nas pensões alegres do Recife, e mostra, então, a resistência de D. Júlia ao tentar salvar as aparências da casa através da manutenção do pianista:

> Britinho continuava no seu piano, com as mesmas valsas de Alfredo Gama e aquele quebrado de olhos. Muitas vezes o pianista, quando a cerveja subia, chorava cantando:

---

[59] Versos registrados na versão de Jararaca, Zé do Bambo e Augusto Calheiros para o disco de 78 rotações, *Engenho Moedô*, gravado na fábrica Odeon em 1938 sob o nº 11.582-B, com acompanhamento por Luperce Miranda (que era pernambucano) e seu conjunto.

Passado florido abrolhos
Sombras que vêm e que vão
Entrando dentro dos olhos
Saindo no coração.

D. Júlia gritava:

— Pára com isso, Britinho, estou de coração partido.

Ela gostava imenso das valsas do Alfredo, mas a frequesia queria maxixe.

Estudantes sentados com mulheres e a freguesia rala por aqueles tempos de crise.[60]

A prova de que as valsas sentimentais de Alfredo Gama agradavam as mulheres de vida nada romântica das pensões e prostíbulos do Recife da virada dos anos 20 é que no livro de outro pernambucano, o romance *Visitação do amor*, de Lucilo Varejão, uma velha dona de pensão, D. Maria, ainda pedia, aí pela segunda metade da década de 1940, que o veterano "pianista avulso" Marques lhe lembrasse músicas daquele compositor.

O piano da pensão de D. Maria era um "Dorner, de cordas cruzadas, daqueles entrados no Recife nos anos tranqüilos e felizes do começo do século", e que, "muito fanhoso" (fora comprado numa casa de leilões em 1945), servia em todo o caso à sua dona para reviver "as valsas e 'pas-de-quatre' da sua já longínqua mocidade". D. Maria, pessoalmente, não tocava piano, mas para isso

[...] tinha *seu* Marques, que todas as tardes aparecia por ali e a quem D. Maria, talvez por mero interesse sentimental, tratava com uma derramada consideração.

---

[60] José Lins do Rego, *Usina*, Rio de Janeiro, José Olympio, 1936. A citação é da página 388, da 5ª edição, de 1961, da mesma editora, que inclui no mesmo volume *O moleque Ricardo*.

> — Quero que me toque hoje — pedia ela — aquela valsinha de Alfredo Gama — "Fitando o Mar". Não sei se lembra dela [...]
>
> E Marques, embora os seus sessenta bem cansados, caía no teclado que dava gosto, com a agilidade de quando iniciava a sua vida de pianista avulso, martelando nos pianos das mil e uma pensões alegres e cafés do burgo recifense.[61]

Ao lado do repertório de músicas de Alfredo Gama, seu Marques tocava ainda, de quando em quando, velhas valsas de outros autores pernambucanos, como Raul Morais (Raul Corumila de Morais, Recife, 1891-1937):

> — Olhe D. Maria. Veja se lembra desta...
>
> — Era "Murmúrios da Noite", do pobre Raul Morais.
>
> Essa valsa lânguida fizera furor na cidade, muitos anos antes.
>
> D. Maria fechava os olhos para melhor sonhar.[62]

A esta altura do após-guerra em que transcorre a história de *Visitação do amor* — quando atingiam o auge as influências conjuntas da moderna música das orquestras norte-americanas, dos primeiros ritmos de massa internacionais impostos pelas grandes fábricas de discos (rumbas, boleros etc.) e do próprio ritmo do samba urbano carioca, divulgado a partir do Rio de Janeiro —, aqueles gêneros musicais vindos do século XIX soavam realmente como coisa de sonho. Isso apesar de toda a beleza melódica que os mais velhos (como o funcionário aposentado da prefeitura, o

---

[61] Lucilo Varejão, *Visitação do amor*, Coleção Concórdia, Recife, Oficinas Gráficas da Imprensa Oficial, 1961, pp. 7-8.

[62] *Ibid.*, p. 11.

Manta, que normalmente não ligava para música) continuavam a encontrar nas velhas composições dos "antigos":

> — Bem, isso é que era música! Havia pelo menos sentimento!
>
> E para Marques:
>
> — Que acha o sr.? Acredita que estas coisas de hoje valham isso? Esses sambas, e rumbas, e o que é lá mais.[63]

A música mais ouvida e cultivada então no Recife (fora do carnaval, naturalmente, quando entre o povo continuava a prevalecer o frevo) eram de fato as novidades musicais que, chegadas do Rio de Janeiro já em discos elétricos desde fins da década de 1920, seriam a partir dos anos 30 insistentemente divulgadas pelo rádio em expansão.

É isso que deixava documentado em seu romance de memórias de bairro do Recife das décadas de 1930 e 1940 o jornalista, compositor e romancista eventual Nestor de Holanda, autor do curioso livro *Sossego, rua da revolução*, em que recordava, em estilo meio de reportagem, meio de ficção, episódios da pequena vida da capital pernambucana, do período da revolução de Getúlio Vargas ao malogrado levante comunista de 1935.

Assim, embora o rádio da casa número 253 da rua do Sossego berrasse um "frevo de Antônio Sapateiro, grande promessa para o carnaval que se aproximava fogosamente", no momento em que o personagem João Pereira chega com a notícia da morte do colega e amigo José dos Santos, não se passariam duas semanas da tragédia, e já a jovem Xandoca, do 201, estaria sendo repreendida por ferir o luto dos vizinhos ao cantar alegremente a marcha de Lamartine Babo "Teu Cabelo Não Nega". E exatamente essa marcha — por uma coincidência cheia de significados —

63 *Ibid.*, p. 12.

Capa da primeira edição de *Sossego, rua da revolução*, de Nestor de Holanda, 1961.

era a mesma que estava chegando ao Recife como música de carnaval "carioca", quando, na realidade, representava uma adaptação da marcha pernambucana "Mulata", dos irmãos Valença, moradores naquela mesma cidade, e cuja apropriação por Lamartine Babo acabaria provocando rumoroso processo na Justiça após o sucesso da música no carnaval de 1932:

> Xandoca, distraída, largou a marchinha:
>
> *O teu cabelo não nega, mulata*
> *Porque és mulata na cor...*
>
> Dona Zazá gritou, fora do tom:
> — Cale o diabo dessa boca, menina!
> — Esqueci.
> — Há duas semanas que você se esquece da morte do vizinho.[64]

A importância do rádio como divulgador não apenas das músicas produzidas no Sul, mas como fornecedor de sugestões ligadas à expectativa de modernidade da gente das cidades em processo de diversificação social (inclusive no campo das atividades profissionais) é aliás comprovada no próprio romance *Sossego, rua da revolução*. A personagem Lili, por exemplo, filha do falecido José dos Santos, ao chegar ao centro da cidade, onde estudava datilografia, costumava parar na rua Nova "em frente

[64] Nestor de Holanda, *Sossego, rua da revolução*, Rio de Janeiro, Pongetti, 1961, p. 12. Em conseqüência do processo dos irmãos Raul e João Valença, do Recife, a gravadora Victor foi obrigada a recolher os discos que registravam no selo a frase "Motivos do Norte — arranjo de Lamartine Babo", relançando-os com a indicação mais precisa de autoria: "Lamartine Babo — João e Raul Valença". Resumo e comentário do processo são encontrados em Edman Ayres de Abreu, *O plágio em música*, São Paulo, Revista dos Tribunais, 1968, pp. 152-8.

da casa de discos, junto ao cinema Royal, mais ou menos perto de onde seu Santos fora atropelado. Ali, ouvia músicas".[65]

Essas músicas eram sambas e marchinhas cariocas como a "Deixa a Lua Sossegada", de João de Barro e Alberto Ribeiro, gravada por Almirante para o carnaval de 1935, e em cuja letra Lili ouvia aqueles nomes de bairros do Rio que sonhava vir a conhecer:

> A marchinha dizia:
>
> *Um beijo começava em Realengo*
> *Esquentava no Flamengo*
> *E acabava no Leblon...*[66]

Ora, como a essa influência sonora se somavam as sugestões das revistas chegadas do Sul — "Nas revistas, via nomes famosos de artistas: Araci Cortes, Carmem Miranda, Aurora Miranda, Araci de Almeida, Dircinha Batista, Alda Garrido. Dos homens, Francisco Alves, Sílvio Caldas, Procópio, Jaime Costa, Mesquitinha"[67] —, a sonhadora Lili seria quase compelida a tentar a vida artística, oportunidade que surge com a perspectiva de sua apresentação, por intermédio de um colega, "ao pianista da rádio", que era, no caso, a Rádio Clube:

> A Estação de rádio ficava na Avenida Cruz Cabugá, no caminho de Olinda. Lili se encontrou com o colega da escola, na esquina da Rua do Lima, ao descer do bonde de Santo Amaro. O pianista já os esperava. Mandou que Lili cantasse qualquer coisa. Ela só sabia música de carnaval. Cantou uma:

---

[65] Nestor de Holanda, *op. cit.*, p. 42.

[66] *Ibid.*, p. 43.

[67] *Ibid.*

> *Eu já*
> *Escolhi minha fantasia,*
> *Vou sair no carnaval*
> *Fantasiada de jia...*
>
> Não disse a dona Mariazinha que ia experimentar o rádio. Fatalmente, a mãe proibiria. Dona Mariazinha sempre achou que moça artista era moça perdida. Idéias antigas! Depois, se aprovada no teste, dona Mariazinha acabaria concordando.[68]

Lili é de fato aprovada pelo pianista — que, depois, ficaria sabendo tratar-se do famoso compositor de frevos e marchas Nelson Ferreira (Bonito, PE, 1902-Recife, PE, 1976) — e entre as exigências que lhe fazem está, exatamente, aprender composições mais novas, o que equivalia a levá-la a atualizar-se pelo repertório enviado em partituras pelos editores de música do Rio de Janeiro.

O repórter romancista, por sinal, reafirmando neste ponto o sentido de quase jornalismo de *Sossego, rua da revolução*, chega a incluir-se entre os personagens do livro, identificando-se como o jovem que apresenta Lili ao pianista da Rádio Clube de Pernambuco, emissora em que realmente estrearia como cantora:

> — É o que estou dizendo, dona Mariazinha. Na Escola Remington, ela conheceu um tal de Nestor de Holanda que a levou ao Nelson Ferreira, da Rádio Clube. Lili Mafalda é sua filha. Sei disso, porque o sacristão tem uma afilhada que também aprende a escrever a máquina.
>
> Dona Mariazinha começou a chorar mais ainda do que vivia a chorar, normalmente. Pediu licença a dona Sibila, por um minuto, e foi desligar o rádio. Voltou:

[68] *Ibid.*, p. 52.

— Não quero nem que o Paulo saiba uma coisa dessas.

— Faz bem, dona Mariazinha, Rádio não presta.[69]

Curiosamente, quinze anos após a publicação desse romance recifense de um migrado para o Rio de Janeiro, outro pernambucano radicado em São Paulo desde 1962, Osman Lins (Vitória de Sto. Antão, PE, 1924-São Paulo, SP, 1978), iria promover em 1976 a recuperação da memória de sua fase no Recife de 1941 até o início dos anos 60, em um romance de requintada tessitura: *A rainha dos cárceres da Grécia*.

Livro sobre um livro (o *alter ego* do autor tenta a exegese literário-psicológica do romance deixado inédito por falecida amante recifense Júlia Marquezim Enone, e cujo tema é a loucura de uma aloucada, a operária Maria de França, em sua obcecada tentativa de conseguir tratamento pelo INPS), o próprio Osman Lins define o tema de *A rainha dos cárceres da Grécia* como o da "memória perdida".

E é, realmente, isso o que o autor faz, por exemplo ao usar o poder evocativo dos versos das canções populares, ouvidos desde sua chegada ao Recife em 1941 para cursar o ginásio, como se fosse um trampolim para seu mergulho nas lembranças:

> Lendo o romance, tinha eu a impressão de ouvir em certas páginas não sei que fugidio eco, uma vibração familiar (este, decerto, o efeito que J.M.E. procurava ao inserir no texto letristas populares), sem entretanto descobrir o que uma jovem de apenas vinte anos percebeu à primeira leitura.[70]

---

[69] *Ibid.*, p. 64.

[70] Osman Lins, *A rainha dos cárceres da Grécia*, 4ª edição, Rio de Janeiro, Guanabara, 1986. A primeira edição é de 1976.

E citava a "seqüência do Carnaval, quando Maria de França encontra Nicolau Pompeu, vários fragmentos de letras carnavalescas inseridas no texto", explicando que aparecem "em itálico as de que posso indicar autoria":

> Nicolau e eu debaixo de uma mesa, cama fofa de confetes e serpentinas *que eu até me embaraço*, o bar quase deserto, que horas? noite alta?, músicas na cabeça, *ó jardineira, que vais fazer mandarim?*, *gosto de te ver, morena, soltando papagaio de papel*, bom é lança-perfume com cerveja, Nicolau se levanta e emborca sobras de copos, grito embaixo da mesa que *não precisa pressa* e ele "*Eu quero ver queimar carvão, eu quero ver carvão queimar*", a sede me tortura, negra, também eu com sede, sede e dor de cabeça, mas o que dói de verdade é o homem do piano, batucando e berrando
>
> *Eu já cantei muito em serenata*
> *na porta de uma ingrata,*
>
> a ingrata uma tolerada corda e cerzida, *estandartes no ar*, um mascarado na porta, dançando feito um boneco e gritando para dentro "Olha a Porteira do Mundo, gente, a Porteira do Mundo!", madrugada alta, *um coro* muito longe entoa a marcha regresso, chora a tolerada do piano manchando a cara pintada de vermelho, um coração miúdo em cada lado da cara, se lamenta para o homem "*Esta vida é mesmo assim*", Hermilo, "*viver feliz quem me dera*", Hermilo canta batendo no piano
>
> *Eu não sei o que fazer*
> *para o meu amor não chorar,*
>
> Nicolau canta com ele, vão por aí pedaços do domingo e do Recife, *Rua Nova*, *Imperatriz*, *Imperador*,

Praça da Independência, eu e Nicolau Pompeu *de chapéu de sol aberto, os blocos famosos, Bloco das Flores, Andaluzas, Pirilampos, Os Corações Futuristas, a Lira de Charmion, a multidão me acompanha*, o cara grita, agora dentro do bar: "A Porteira do Mundo! A Porteira do Mundo!"[71]

Neste ponto, como se antecipando ao trabalho do futuro pesquisador preocupado em identificar no texto literário as ligações com a música popular, o próprio romancista esclareceria as citações da suposta ficcionista Júlia Marquezim Enone, escrevendo:

> Todas as citações, excetuando "ó jardineira", da marcha de Benedito Lacerda e Humberto Porto, são de autores pernambucanos: Nelson Ferreira, Antonio Maria, Luiz Bandeira, os Irmãos Valença e, principalmente, Capiba, que comparece ao menos sete vezes nessa espécie de colagem. O trecho "madrugada alta, um coro muito longe entoa a marcha-regresso" altera (para evitar a anástrofe do modelo?) os versos de Nelson Ferreira na sua "Evocação nº 1": "Na alta madrugada/ o coro entoava/ do Bloco a marcha-regresso". Parece haver ainda, na série de "blocos famosos", onde se rende homenagem ao compositor Nelson Ferreira, uma alusão ao célebre "Valores do Passado", de Edgard Moraes, que agrupa nessa música vinte e cinco nomes de agremiações carnavalescas, alguns extremamente graciosos (Lira da Noite, Pavão Dourado, Flor da Magnólia) e que a romancista não inclui no texto, decerto para que a acumulação não prejudicasse a sugestiva mobilidade da cena.[72]

---

[71] *Ibid.*, pp. 88-9.

[72] *Ibid.*, p. 89.

Escritor de estilo sempre muito cultivado e "literário", Osman Lins como que se justificava desse elogio à linguagem evocativa de versos populares fazendo seu *alter ego* observar a propósito deste trecho do romance analisado que "a locução de Maria de França (requintada, segundo vimos, conquanto aparente naturalidade e mesmo ingenuidade), deixa-se impregnar de variados campos semânticos, de acordo com as áreas temáticas invadidas pela personagem" (p. 89).

Assim, absolvendo com tal ressalva as concessões ao popular da suposta romancista, podia ele, autor real de *A rainha dos cárceres da Grécia*, entregar-se deliciado à evocação dos carnavais vividos no Recife de sua juventude, como denuncia pela citação do frevo-canção de Capiba "Linda Flor da Madrugada", lançado exatamente em 1941, quando o jovem interiorano Osman Lins chegava à capital para iniciar os estudos do ginásio:

> Gente se abraça nas ruas, nos bares, joga talco e água nos estranhos, improvisa instrumentos musicais. Ela [Maria de França] bebe restos de copos ("para mágoas esquecer, ouvintes, eu sou é da fuzarca"), diz a todo mundo que é milionária, sobe nos estribos dos carros que se arrastam, escapamento aberto, cai no frevo sob os alto-falantes ("é de amargar, é do barulho") e por fim entra no bloco "Flor da Madrugada". Aí desfila com um novo personagem, cantando o "hino" da turma, em coro:
>
> *Mandei fazer um buquê pra minha amada,*
> *mas sendo ele de bonina disfarçada,*
> *com o brilho da estrela matutina.*
> *Adeus, menina,*
> *linda flor da madrugada.*[73]

---

[73] *Ibid.*, pp. 22-3.

Uma sutileza para a qual Osman Lins chama atenção nas falas de Maria de França no suposto romance de Júlia Marquezim Enone — que, afinal, é o seu próprio *A rainha dos cárceres da Grécia* — está no fato de a personagem assumir a linguagem dos locutores do rádio, que continuava, mais de trinta anos após a citação de sua influência por Nestor de Holanda no romance *Sossego, rua da revolução*, a manter "o domínio absoluto" junto às camadas pobres "como instrumento de informação e a nenhuma importância do jornal".[74] De fato, quando a personagem exclamava "para as mágoas esquecer, ouvintes", estava inegavelmente adotando o recurso da fala dirigida dos locutores a seu público cativo, em casa, como que estabelecendo assim uma ponte sobre o vazio entre a cidade como um todo e cada ouvinte. O romancista chegava a citar neste ponto pesquisa de um sociólogo sobre o tema publicada no Recife em 1968, para concluir que "a interpretação de Cesária Lacerda [autora do estudo] talvez explique a atração dos pobres pelo rádio. Seja como for, busca avaliar o significado, na chamada classe C, de um tipo de mensagem altamente cordial, freqüente nesse meio de comunicação e lisongeiro para o destinatário".[75]

Esse quadro do impacto do rádio — e, através dele, da música do Sul gravada em disco —, continuando a prevalecer na década de 1960 em centros distantes como o Recife, explicaria porque em tantos romances se revelaria a influência da música estrangeira, principalmente a norte-americana. Inclusive no Rio de Janeiro, onde novos ritmos importados começariam desde a década de 1920 a identificar-se através da novidade dos *jazz-bands* com os propósitos de "modernidade" dos grupos mais altos da classe média, como iriam mostrar as histórias de romances ambientados já agora em cenários da nova burguesia carioca, mergulhada no clima alegre e irresponsável da chamada "boêmia dourada".

---

[74] *Ibid.*, p. 78.

[75] *Ibid.*, p. 79.

Capa da primeira edição de ... *Eu vi você bolinar...*, de Renato Viana, 1927.

O ROMANCE-CRÔNICA DA ERA DO *JAZZ-BAND*

Um exemplo das influências alienadoras, claramente denunciador da fixação de novos grupos sociais da "classe alta" carioca em padrões de gosto e estilo norte-americanos, apareceria em 1927 no romance do teatrólogo Renato Viana publicado no Rio de Janeiro sob o título de ... *Eu vi você bolinar...* Tal título, que hoje poderia ser considerado um tanto estapafúrdio, revela-se no entanto muito significativo quando se sabe que, pela ligação ideológica que estabelecia com uma música de carnaval do tempo, vinha indicar os dois tipos de imposições musicais e de comportamento que influíam sobre o público. ... *Eu vi você bolinar...*, realmente, era o verso inicial da marcha do pianista carioca José Francisco de Freitas que, transformada em sucesso do carnaval de 1926, evocava em sua letra uma recente liberação de costumes (o contato físico representado pela apalpação das mulheres em cinemas e aglomerações públicas, através da bolinação, ou bolina), e revelava na parte da música a marcada influência do *charleston*, o ritmo norte-americano de massa de maior penetração naquele momento.

... *Eu vi você bolinar...* revelava-se um livro absolutamente sem importância do ponto de vista literário, apesar da preocupação do autor de enquadrá-lo no estilo posto em moda pelo Modernismo — frases curtas, procura de sons onomatopaicos, busca de idéia de movimento —, mas o fato de descrever situações envolvendo personagens do pequeno grupo de alta classe média carioca, possuídos do espírito de euforia de pós-Primeira Guerra Mundial, confere ao romance uma inegável relevância como documento.

No que se refere à história da música popular, a importância de ... *Eu vi você bolinar...* está no fato de os personagens dirigirem-se ao salão do restaurante de luxo Assírio para divertir-se durante o carnaval de 1926. Ao contrário de Roberto e Marta, do romance *Os devassos*, de Romeu Avelar, que três anos antes não haviam conseguido lugar no Assírio, os personagens de Renato Viana chegam em 1926 ao salão situado nos baixos do Teatro Municipal do Rio de Janeiro por volta das sete horas e, embora também encontrem a sala repleta, com "milhares de velas elétricas jorrando luz", integram-se à massa dos foliões, permitindo ao romancista a descrição do ambiente em puro estilo "modernista":

> Estoiros de garrafas.
> Retintim de cristais.
> Zunzum de uma vasta colméia humana.
> Enxames lúbricos de desejos...[1]

Como não poderia deixar de acontecer em um salão em que as pessoas estouravam champanha e faziam retinir cristais por aquela altura da década de 1920 — o que fazia supor a presença de jovens modernos, ou seja, voltados para as promessas do capitalismo ligado ao ideal do luxo e do supérfluo —, a música que se ouvia era fornecida por conjuntos imitados das formações de música de dança americana denominadas *jazz-bands*: "[...] e o *jazz-band* era mil gritos macabros de uma ressurreição atávica de instintos canibalescos nas veias da cidade. E o Homem-Novo era o lobo de Hobbes [...]".[2]

Em uma visão inaugural da contradição que se aprofundaria nos anos seguintes, na área da música popular urbana ligada ao gosto da classe média carioca e brasileira, era exatamente esse conjunto americanizado que se encarregava de tocar, já naquele carnaval de gente rica de 1926, os gêneros de canções carnavalescas brasileiras. E o resultado era que, tal como deixa perceber Rena-

---

[1] Renato Viana, ... *Eu vi você bolinar*..., Rio de Janeiro, Miccolis, 1927, p. 60.

[2] *Ibid.*

to Viana, os músicos do Assírio imitavam não apenas o estilo dos *jazz-bands*, mas as próprias cabriolas com que os colegas negros norte-americanos costumavam animar suas interpretações e solos, a fim de divertir o público de brancos com seu histrionismo:

> Maxixe.
> Reco-recos.
> Xique-xiques.
> e no palanque da orquestra os hotentotes do *jazz* vestiam casaca escarlata e riam risos simiescos, escancarando as bocaças sensuais.[3]

Tal como a maioria dos escritores brasileiros, saídos da classe média branca e, portanto, ideologicamente identificados com as elites (inclusive em seus preconceitos), Renato Viana vê os músicos negros realmente como macacos, e registra isso com naturalidade impressionante, considerando o grau de grosseria das imagens empregadas:

> Com duas mãos no pandeiro e as duas outras no chão, um deles acompanhava a toada da última canção carnavalesca lançada na gíria pelas moças elegantes:
>
> *... Eu vi, eu vi*
> *você bolinar*
> *Lili...*
>
> E o batuque:
>
> ... reco-reco
> xique-xique...
> ... reco-reco
> xique-xique...[4]

---

[3] *Ibid.*

[4] *Ibid.*, pp. 60-1.

A escolha da marcha carnavalesca "Eu Vi...", do pianista carioca José Francisco de Freitas, o Freitinhas, para ilustrar a cena de carnaval dos grã-finos no Assírio, em 1927, pode ser considerada perfeita. O autor da composição era talvez o músico profissional brasileiro de maior sentido de mercado da década de vinte: dono de um conjunto de *jazz-band*, que transportava em automóvel próprio, de teto conversível (ou de capota, como se dizia na época), o *maestro* Freitas compunha marchas carnavalescas com ritmo de *one-step*, tocando-as ao vivo e gravando-as em discos com arranjos que constituíam verdadeiras cópias do estilo das orquestras de dança norte-americanas da época.[5]

Gravada em disco Odeon, em fins de 1925, ainda pelo processo mecânico, para a Casa Edison, do Rio de Janeiro, "Eu Vi..." soava na execução do Jazz Band Sul-Americano de Romeu Silva como um autêntico *charleston* disfarçado de marcha carnavalesca, com o baterista fazendo breques rítmicos à americana, e a seção de sopro reproduzindo recursos criados pelos conjuntos de *jazz* negros, e depois passados para as orquestras de brancos sob a forma dos estereótipos musicais englobados sob a indicação de *estilo dixieland*.

Era certamente o reconhecimento da extrema atualidade da moda musical cultivada pelo esperto maestro Freitinhas que levava o autor do romance a referir-se ao fato de a marchinha "Eu Vi..." ter sido "lançada na gíria pelas moças elegantes". Na realidade, fazer parte da gíria das moças elegantes ganhava o sentido de estar na moda entre a juventude das camadas mais altas da sociedade carioca. Ora, tal juventude, liberada pela revolução dos costumes conseqüente da pressão dos interesses da recente indústria de consumo sobre as velhas estruturas ainda presas ao sistema patriarcal, não tendo novos ideais em que fixar-se, só podia mesmo entregar-se às formas de escapismo representadas pelos tóxicos, como a cocaína, e à libertinagem representada — em seu grau mais ino-

---

[5] Sobre o papel de José Francisco de Freitas no processo de comercialização e de concessão às modas musicais estrangeiras, ver José Ramos Tinhorão, *Música popular: teatro & cinema*, Petrópolis, Vozes, 1975.

cente — pela novidade do jogo de bolinação decantado na marchinha "Eu Vi...". E é esse clima livre que Renato Viana, ele mesmo testemunha dos fatos, descrevia em seu romance:

> No *hall* apinhado de povo esfregavam-se os pares, fingindo que dançavam.
> Tropeçavam-se. Apertavam-se. Expremiam-se.
> Cambaleio de corpos.
> Fricção de ritmos.
> Cópulas por sugestão...
> ... reco-reco
> xique-xique...[6]

Esse mesmo clima de internacionalismo e desbragamento a que as altas camadas da classe média e do grupo dos ricos do Rio de Janeiro se entregavam no carnaval de fins da década de 1920 seria confirmado pelas cenas dos bailes à fantasia de outro salão elegante carioca, já agora no romance de Gastão Cruls *A criação e o criador*.[7]

Lançado em 1928, um ano depois de ... *Eu vi você bolinar...*, o romance de Gastão Cruls tem todo um capítulo dedicado à descrição de cenas ocorridas durante o carnaval de 1927 nos salões também luxuosos do Palace-Hotel. E, como para não deixar dúvida quanto ao gosto musical americanizado vigente então entre a elite dos foliões cariocas, a marcha executada nesse baile do Palace é ainda de autoria do mesmo José Francisco de Freitas.

Pelo que dá a entender a descrição de Gastão Cruls nesse seu fraco romance de trama tão original (o escritor inventa uma história e, de repente, descobre que seus personagens existem, e vivem sob os mesmos nomes do romance situações muito semelhantes ao enredo na vida real), ainda às vésperas da Revolução de 1930 a música tradicional continuava a lutar contra a invasão da

---

[6] Renato Viana, *op. cit.*, p. 61.

[7] Gastão Cruls, *A criação e o criador*, São Paulo, Companhia Editora Nacional, 1928.

música estrangeira, conseguindo em alguns casos alternar com os ritmos norte-americanos no repertório das orquestras, mesmo em situação desfavorável nos ambientes da elite.

A cena de carnaval armada pelo autor de *A criação e o criador*, no cenário carnavalesco do Palace-Hotel (ou simplesmente Palace, como várias vezes escreve), funciona no romance como um evidente recurso para reunir, em um mesmo salão, todos os personagens da história, permitindo ao suposto autor do livro, Mário Donegal, comprovar — em visão quase de sonho — o fato incrível de seus personagens existirem, na realidade. O clima do carnaval, misturando bebidas, perfumes e fantasias, só podia mesmo favorecer o "verdadeiro estado de aturdimento" de Donegal, fazendo-o "desconfiar do que os seus olhos viam". E é então que o romancista traça um quadro do momento da invasão do mercado musical brasileiro pelos estilos norte-americanos de música de massa:

> O grande salão estava repleto e a sociedade que ali se reunia, numa algazarra indescritível, viera disposta a divertir-se e sentia sobre os rins o acicate da luxúria. Além do vozear confuso e da atoarda de gaitas, apitos e pipias soprados por mil bocas, as orquestras não cessavam de tocar, e, mal se iam os últimos compassos de qualquer *choro* dengoso e repinicado, o *jazz* irrompia azoinante e torrencial.[8]

O romancista, muito fiel em sua observação de um baile à fantasia elegante, típico da época no Rio de Janeiro, dá a concluir neste ponto que, pela altura do carnaval de 1927, a música brasileira no estilo de "choro dengoso e repinicado" já não correspondia ao interesse dos foliões necessariamente internacionalizados da nova burguesia da capital do país:

> O *jazz* iniciara um *charleston* irresistível, de ritmos sincopados e dissonâncias agudas, e ao som dos

[8] Gastão Cruls, *op. cit.*, p. 166.

> saxofônios fanhosos e das caixas ensurdecedoras, os pares se encontravam numa gesticulação epilética.
>
> — Vocês não se animam? Isso, assim, não pode ser [...][9]

É bem verdade que, durante o mesmo baile de terça-feira gorda daquele carnaval, o *almofadinha* Rodrigo do Amaral ainda deixa sua mesa para dançar "um maxixe buliçoso" com Ivete, e "Filipe também quebrara um maxixe com Ivete", mas quando os foliões começam a "misturar *wisky* com champanha" e a festa esquenta, no sentido da maior animação carnavalesca, o velho Pais da Rocha aparece logo "regamboleando os primeiros passos de um *fox-trot*" com Iolanda.

Assim, nada mais explicável do que o sucesso alcançado naquele carnaval de 1927 pela marchinha "Dondoca", de José Francisco de Freitas. Tal como seus sucessos do ano anterior, "Eu Vi..." e "Zizinha", que já haviam sido as músicas mais cantadas nos bailes de público predominantemente de classe média em 1926, a marcha "Dondoca" nada mais representava, musicalmente, do que um novo *charleston* disfarçado, e em cuja letra o autor voltava a insinuar o tipo de intercâmbio mais liberal entre sexos, recentemente inaugurado no quadro dos costumes cariocas:

> O baile atingia o delírio coletivo; a sala era um verdadeiro pandemônio onde uma multidão ensandecida se premia e acotovelava fremindo nos mais acerbos paroxismos. A orquestra voltara a atacar uma das músicas mais em voga, e todos, *una voce*, repetiam o estribilho famoso:
>
> *Dondoca, Dondoca,*
> *Anda depressa*
> *Que eu belisco essa pernoca...*[10]

---

[9] *Ibid.*, pp. 175-6.

[10] *Ibid.*, p. 205. "Dondoca" foi gravada por Zaíra de Oliveira e J. Go-

Quase ao fim do livro, quando o aturdido romancista Donegal faz um retrospecto dos acontecimentos, comparando sua história original com os caminhos seguidos por seus personagens na realidade ("Como falhara a sua psicologia!"), é esse momento do baile do carnaval no Palace-Hotel que lhe vem à memória, com "Filipe, de nariz postiço e rubicundo, a entoar fanhosamente o 'Dondoca, Dondoca'...".[11]

O terceiro baile carnavalesco mais freqüentado pelas classes altas do Rio de Janeiro de fins da década de 1920, ao lado desses do Assírio e do Palace-Hotel, era o baile do Copacabana Palace, referido de relance, aliás, no próprio romance *A criação e o criador*, envolvendo uma dúvida desde logo muito reveladora do personagem Jaguarão: "[...] Rodrigo do Amaral me disse que não pretende perder nenhum dos grandes bailes do Carnaval. Provavelmente, os Davitt — e quem sabe mesmo os Paes da Rocha — lá irão também, ao Palace ou ao Copacabana?".[12]

Além desses locais de encontro da elite endinheirada, havia ainda o baile do Hotel Glória, que seria focalizado, dentro do espírito algo amaneirado da literatura dos anos vinte, no romance quase crônica de costumes cariocas *Katucha*, do elegante e sensacionalista Benjamin Costallat.

Embora editado em 1931, quando já se anunciava no Bra-

---

mes Jr. em disco Odeon, selo cor de vinho, nº 123.250, para a Casa Edison, do Rio de Janeiro, ainda pelo processo mecânico. Em artigo publicado na revista *Weco*, editada pela Casa Carlos Wehrs, editora das músicas de Francisco de Freitas, o funcionário daquela firma Djalma de Vicenzi, assinando-se J. Itaguaçu, citava a opinião de um cronista segundo o qual o estribilho de "Dondoca" foi cantado durante o carnaval de 1927 por "um milhão de pessoas de todas as idades". No entanto, apesar desse sucesso, o autor informava só terem sido impressas seis mil partes de piano, o que já permite atribuir praticamente toda a força da divulgação das músicas de carnaval, em 1927, aos discos.

[11] Gastão Cruls, *op. cit.*, p. 158.

[12] *Ibid.*

sil o novo romance social de preocupação não apenas regionalista, mas de crítica consciente dos costumes urbanos e das estruturas político-econômicas com *A bagaceira*, de José Américo (1928), e *O quinze*, de Rachel de Queiroz (1930), a história de *Katucha* continuava a desenvolver-se dentro da perspectiva da crônica superficial e quase jornalística da trepidante vida social das modernas camadas de classe média do Rio de Janeiro, tão desejosas de parecerem-se com a equivalente geração norte-americana dos dourados anos vinte retratada nos romances de Scott Fitzgerald.

No romance de Benjamin Costallat, Katucha era Maria dos Anjos, uma filha de prostituta da rua do Catete, no Rio de Janeiro, e que, seduzida aos 14 anos por um dos freqüentadores da pensão de mulheres em que morava com a mãe, resolve vingar-se dos homens arruinando-os. Ao conhecer o jovem médico João Alfredo, de quem se torna amiga, porém, Katucha apaixona-se e passa a viver o drama clássico da difícil conciliação entre o sentimento do amor desinteressado e os apelos do luxo que só os amantes ricos podem pagar. A pobreza do tema e o pouco fôlego criativo de Costallat — que, aliás, parecia reconhecer essa ausência de qualidades, conformando-se em escrever declaradamente para o grande público, numa vocação antecipada de moderno autor de *best sellers* — deveriam fazer de *Katucha* um livro absolutamente sem expressão, não fora a existência de uma qualidade que foi sempre o grande trunfo do escritor: o sentido jornalístico na fixação de quadros da vida carioca.

De fato, ao conduzir sua história para a alegoria de um primeiro encontro noturno entre amantes, em clima de loucura carnavalesca, Benjamin Costallat escolhe o ambiente um pouco menos aristocrático do baile do Hotel Glória, onde, entretanto, predominava, como no Assírio, no Copacabana e no Palace, a música dos americanizados *jazz-bands*:

> À meia-noite, começava a invasão do Glória. E, em quatro salões, com orquestras "jazz-bandescas", o baile à fantasia, o primeiro baile do Carnaval, atirava

> para o ar os gritos lúbricos dos saxofones e apertava os pares na lascívia quente das danças...[13]

Essa movimentação dos personagens, durante o período algo mágico do carnaval carioca, permite ao romancista não apenas certos jogos simbólicos de palavras ("— Oh! meu sonho... minha fantasia..."), mas também uma "visão louca do Carnaval" das ruas:

> O automóvel parara diante da estação do Méier, o foco mais violento do Carnaval dos subúrbios.
>
> — Vamos descer?
>
> Katucha tinha uma vontade enorme de se misturar com a plebe, com aquela massa de fisionomias escuras e vagas.
>
> — Vamos!
>
> Puxaram as máscaras e desceram.
>
> No coreto, uma banda de música atacou um maxixe doido.[14]

A presença de uma banda tocando maxixes na área popular dos subúrbios, como se compreende, é anotada pelo romancista para estabelecer o contraste entre as classes que, afinal, prevalecem apesar de toda a impressão de "democracia" do carnaval (na noite anterior João Alfredo e Katucha haviam dançado, como se viu, ao som de "orquestras jazz-bandescas"). Do ponto de vista da interpretação sócio-cultural do fenômeno, mais de meio século passado das cenas descritas, porém, as diferenças apontadas no romance de Costallat servem para concluir que a imposição de padrões musicais importados se realizava, realmente, de cima para baixo: a classe média entregava-se de boa vontade ao ritmo da moda importada, mas o povo resistia:

---

[13] Benjamin Costallat, Katucha, Rio de Janeiro, Americana, 1931, p. 90.

[14] *Ibid.*, pp. 97-8.

Um grupo de "baianas" sambava.

A ponta dos pés nas chinelas miúdas, elas se contorciam todas, rebolando as ancas, ora com uma lascívia lenta e elaborada, ora num ritmo de gozo brutal.

E sempre nas pontas dos pés pequenos. Enquanto a grande roda decorativa e colorida das saias largas fazia, ao busto quase nu, os bicos dos seios à mostra entre as indiscrições da camisinha de renda, um suporte majestoso como o de um balão que quisesse subir...

[...]

Um homenzinho feio, com o nariz pintado de vermelho e inteiramente desdentado, berrava desafinadíssimo:

— "Foi você, foi você que perdeu, meu bem... Foi você!... Foi você!"[15]

Páginas antes, aliás, ao traçar um amplo painel do carnaval no centro da cidade, Costallat havia confirmado em seu estilo de cronista perdido no romance a presença do instrumental caracteristicamente brasileiro usado nas ruas:

O Rio de Janeiro cheirando a éter, as ruas inteiras cheias de vozes de mascarados, e música e choros e cavaquinhos por todos os cantos, e as parábolas azuis das serpentinas furando os ares, e os rios de confetti atulhando as sargetas, e toda a alegria e todo o amor dos homens e das mulheres, e até dos morros da cidade embandeirados e coloridos, e o sol, o próprio sol abrasador e vermelho, como bêbedo de vida, tudo, tudo parece dizer:

— Momo "tá" aí!...[16]

---

[15] *Ibid.*, pp. 98-9.

[16] *Ibid.*, p. 88.

Esse era o mesmo povo que, já na madrugada da Quarta-Feira de Cinzas, quando Katucha e João Alfredo vão terminar a noitada com uma ceia no restaurante Garoto do Mercado, fronteiro ao mar, próximo do Cais Pharoux, é visto gozando "uns restos de Carnaval, apesar da luz rosada, que já se espalhava pelo mar": "Sambavam ainda 'baianas'. E bêbedos ainda bebiam. E gritos ainda estrugiam. E a alegria ainda era alegria".[17]

À saída do baile, os dois amantes "ainda tiveram tempo de correr os bailes dos 'clubs', onde homens vestidos de 'baianas' e de macacão de mecânico, parafusavam num maxixe terrível com crioulas sem dentes...".[18]

Agora, ao final da festa, Katucha e João Alfredo podiam ver que

> Um choro — cavaquinhos, violão e flauta — não desanimavam.
>
> Apesar de ter chegado, inteira e solene, a quarta-feira de cinzas.
>
> — "Foi você, foi você que me perdeu, meu bem... Foi você!... Foi você!..."
>
> E todos repetiam em coro:
>
> — "Foi você!... Foi você!..."
>
> Todos berravam.
>
> No cais, alguns embarcadiços, esfregando os olhos, indo para o trabalho, detinham-se espantados, diante daquele pequeno núcleo de umas trinta pessoas que eram os resíduos de um milhão e meio de foliões...
>
> — "Foi você!... Foi você!..."[19]

---

[17] *Ibid.*, p. 107.

[18] *Ibid.*, p. 106.

[19] *Ibid.*, p. 108. Não conseguimos encontrar esse estribilho do "foi você" entre as músicas cantadas durante o carnaval de 1927. É possível, no entanto, que os versos sejam de alguma cantiga popular não gravada ou impressa, pois, como se verifica, o romancista cita a mesma canção em duas cenas de carnaval de rua.

OS ROMANCES DO PAÍS DO CARNAVAL

A crise do capitalismo mundial, que, repercutindo na economia brasileira, principalmente através da queda dos preços do café, abriu caminho para a Revolução de 1930, provocara durante os últimos anos da década de vinte uma impressão geral de caos social, que explicava a continuação do fascínio do carnaval aos olhos dos literatos, mesmo depois da exploração do tema sob o prisma do exotismo nacionalista dos primeiros anos do Modernismo. Em meio ao quadro de greves de trabalhadores e das "loucuras" dos grupos de burguesia e de classe média, colocados numa espécie de pânico ante as propostas políticas da esquerda e da direita, o carnaval continuava a aparecer para os ficcionistas como uma projeção fantástica da realidade social. E não apenas na configuração do carnaval como o caos organizado, mas no próprio espírito do momento, pois, desejando na verdade fugir ao pesadelo revolucionário, as pessoas acabavam pensando todas como o personagem João Alfredo, do romance *Katucha*, quando dizia: "— Gosto do carnaval porque ele é a cocaína do povo... é um entorpecente coletivo... que faz esquecer muito sofrimento [...]".

Assim, não seria de admirar que o romance destinado a mais diretamente refletir, por suas preocupações ideológicas, esse momento de crise e de véspera de revolução político-social de 1930, *A viagem maravilhosa*, de Graça Aranha, de 1929, terminasse também com o tipo personificador de todos os defeitos da burguesia da Velha República, Radagásio, sendo envolvido pela ironia do povo durante o carnaval.[1]

---

[1] Por um lapso que só o próprio autor poderá explicar, o crítico e his-

É nesse sentido alegórico, aliás, que devem ser lidas as últimas páginas de *A viagem maravilhosa*, tão citadas no entanto como modelo de descrição realista e documental do famoso carnaval da praça Onze de Junho, no Rio de Janeiro. O que Graça Aranha queria dizer, com sua visão ideológico-impressionista da festiva, colorida e sonora confusão do carnaval das camadas economicamente mais pobres da então capital do país, é que a realidade brasileira continuava a constituir um autêntico carnaval. Dentro dessa conclusão politicamente escapista, de nada adiantaria ao personagem Pedro a anunciada decisão de ir estudar, nos Estados Unidos, os segredos da tecnologia capaz de dominar as forças naturais; assim como de nada valeria ao comunista Manuel querer a "revolução integral no mundo" ou, ao revolucionário nacionalista Monteiro, entrar pelo sertão na tentativa de organizar a revolta camponesa a partir do centro do país. Todos eles, tal como o oportunista e prepotente Radagásio, símbolo das forças dirigentes ultrapassadas, acabariam ridicularizados pelo povo deste país de carnaval. A "suprema libertação", representada pelos destinos de Filipe e Teresa, os personagens centrais do romance, só era possível, pois, através da solução individualista da realização no amor ("— Eu desejo a vocês a maravilha que me aconteceu. Só assim vocês deixarão de ser inquietos", diria o apaixonado Filipe aos amigos Pedro, Manuel e Monteiro, quase ao fim do livro).

Desta maneira, chega a ser irrisório interpretar como possível documento de época esse romance de pretensões filosóficas neoplatônicas, informado pela ideologia impregnada de elitismo e individualismo de um autor que nada conhecia de povo.

Realmente, do ponto de vista de suas descrições da vida popular, mormente no que se refere à música nos rituais de macumba

---

toriador da literatura Wilson Martins, ao examinar o romance *A viagem maravilhosa*, no vol. VI de sua *História da inteligência brasileira*, escreve que "não é à toa que o livro termina numa cena de candomblé", quando, na realidade, as últimas quatro páginas do romance descrevem o carnaval da praça Onze de Junho, no Rio de Janeiro.

carioca e do carnaval de rua — o que acontece de maneira mais extensa em dois pontos do romance *A viagem maravilhosa* —, o livro de Graça Aranha revela um distanciamento tão grande da realidade que sua leitura beira o ridículo.

Os preconceitos de filho da elite provinciana, agravados pelas pretensões da visão internacional, conseqüente da sua atividade como diplomata no exterior, fizeram de Graça Aranha o escritor de sua época mais sujeito à aceitação de estereótipos em relação ao povo do seu país. A negra Balbina, babá da filha de Teresa e aliada fiel e apaixonada de Radagásio (sua mãe fora ama-de-leite do patrão), era "macumbeira" e, quando sai em companhia do ogã preto Barnabé para depositar um despacho na encruzilhada, perto do Hotel Glória, deles escreve o romancista: "A alma dos macumbeiros permanecia imersa na selvageria primitiva".

Prejudicado por esse desconhecimento completo da teogonia da religião dos negros brasileiros (o que denunciava, desde logo, uma adesão tardia a ultrapassados conceitos da etnografia e da antropologia racistas do século XIX), Graça Aranha transforma sua descrição do ritual de uma sessão de macumba carioca nos ermos do bairro da Gávea em uma das mais lamentáveis demonstrações de ignorância e intolerância, travestidas de sentimento paternalista e auto-suficiência científica.

Sem poder imaginar que, nas cerimônias da religião negro-brasileira, cada orixá ou santo tem seu toque e sua coreografia de dança particulares (a dança é ritual, e os movimentos do corpo do *cavalo* sobre o qual desce e se assenta o *santo* invocado valem por uma teatralização das suas características, dentro do melhor espírito do balé clássico), Graça Aranha se permite escrever, a partir de sua posição de branco elitista e auto-suficiente, bobagens como a representada pela fala atribuída ao pai-de-santo Tio Jerônimo: "Agora devotos de Ogum, toca a sambar em favor desta devota. Saravá, povo do mar, saravá, povo do mato. Tudo junto, auê, auê... Oxalá...".[2]

---

[2] Graça Aranha, *A viagem maravilhosa*, Rio de Janeiro, Garnier, 1929, p. 286.

Assim diminuído em sua seriedade de escritor pelo mesmo sentimento de superioridade que já havia reduzido a ridículo descrições de manifestações musicais negro-religiosas em José de Alencar e Júlio Ribeiro, Graça Aranha estende-se então em considerações e observações que só fazem traduzir a sua falta absoluta de compreensão dos fenômenos da cultura popular, alguns dos quais eventualmente deve ter presenciado como estrangeiro em seu próprio país. E o emprego de certas expressões depreciativas indica, pelo espírito de afastamento e intolerância, uma posição que exemplificava as próprias condições da divisão de classes no Brasil, afinal não resolvidas pela revolução sobrevinda um ano após a edição de *A viagem maravilhosa* para, afinal, nada mudar de fundamental na estrutura econômica que justificava tal romance e tal autor.

Graça Aranha, após referir-se a "ogãs violeiros", quando se sabe que os toques rituais das religiões negras são todos à base de sons de instrumentos idiofones (idiofones de percussão como o agogô, o gonguê e o adjá; idiofones sacudidos, como o omelê, o afoxê ou aguê; idiofones raspados, como a macumba ou reco-reco) e membrafones (tambores ou atabaques, em geral), afirma que "o pai-de-santo empurrou Balbina para o samba", impropriedade representada, como já se viu, pelo fato de o samba ser dança de diversão e não religiosa. E a prova de que o romancista nem sequer imaginava isso é que — mesmo tomando-se o emprego da palavra samba como termo genérico, no sentido de batuque —, ainda assim, o escritor voltaria a demonstrar desconhecimento do que pretendia descrever ao acrescentar:

> O samba seria interminável se, depois de um longo tempo de música e dança desbragada [sic], tio Jerônimo, debaixo da mangueira santa, não ordenasse silêncio:
>
> — Suspendam as danças, meus devotos, nós temos muito que trabalhar esta noite e ainda pela madrugada Ogum espera por nós. Vamos para a sala das consultas, o santuário dos espíritos [...][3]

[3] *Ibid.*

Ao que tudo indica ainda não satisfeito com tantas bobagens (danças rituais não se suspendem pela vontade de alguém; os chefes de terreiro não encaram os participantes como devotos; os orixás não esperam por ninguém e jamais existiu qualquer "santuário dos espíritos", mesmo após o contato da religião negra com o espiritismo), Graça Aranha atribui a tio Jerônimo esta preciosidade estilística: "[...] Antes de nos reunir no cansol do pai-de-santo, corra um pouco de restilo [...]".[4]

Mesmo desprezando qualquer comentário quanto à enormidade que constitui semelhante frase na boca de um sacerdote negro (que o próprio romancista, por sinal, faz questão de apresentar como primitivo e ignorante), não se pode deixar de observar o fato de, por trás de toda pretensa qualificação intelectual do romancista, existir de maneira geral mais pedantismo e exibicionismo teórico do que conhecimento profundo em Graça Aranha, em mais de uma área. A palavra *cansol*, por exemplo, não dicionarizada simplesmente por não existir, estava empregada naquela frase evidentemente em lugar de *cancelo*, que, vindo do latim *cancelli*, *cancellorum* (e não *cancellu*, como consta, aliás, do *Novo Dicionário Aurélio*), estaria indicando, por seu sentido de grade ou cancela, o recinto fechado dos barracões hoje chamado de *roncó* na linguagem dos terreiros cariocas.[5] E, quase ao final do livro, o pedante romancista ainda iria se referir a "cheiro de todos os matizes",[6] o que não parece muito próprio, considerando que matiz é atributo de cor e, portanto, perceptível apenas pela visão, e nunca pelo olfato.

É nesse tom de superioridade cultural equivocada que Graça Aranha faz deslizar, nessas páginas lamentáveis da descrição de um ritual religioso afro-brasileiro, toda a visão preconceituosa comum, aliás, a tantos outros escritores e pessoas ligadas às correntes de pensamento das classes dominantes.

---

[4] *Ibid.*, p. 287.

[5] A palavra *roncó*, por sinal, não constava do *Novo Dicionário Aurélio* até 1975.

[6] Graça Aranha, *op. cit.*, p. 379.

Amélia, "rainha de Luanda, a mãe-de-santo", segundo a absurda nomenclatura do escritor, deslumbra Balbina, que "não ousava encarar o Orixá terrível", que aliás não se sabe qual é, sendo certo que rainha de Luanda jamais significou alguma coisa na religião negro-brasileira: "Depois das preces e invocações — escreve ainda o romancista — o pai-de-santo ordenou o samba em louvor do Orixá", o que, como se viu, é no mínimo uma impropriedade no emprego do termo samba, que volta a ser mal-usado na frase: "Sambaram em ritmo religioso, fazendo reverências ao pai-de-santo, que lhes batia com a vara exorcizando-os".[7]

Para dar mais colorido ao "exotismo" da cena, acrescentando-lhe um tom picante de erotismo, Graça Aranha ajunta à sua descrição, com deslavada improbidade intelectual, um pormenor já agora mentiroso:

> A mãe-de-santo deixou cair a saia. A camisa alva, transparente, chegava apenas às coxas oleosas, cobrindo o ventre e os quadris, que enegreciam a brancura da cambraia. Continuou a dançar concentrada, fervorosa. Os devotos batiam as mãos pesadas e as cabeças duras. As vozes altas, esganiçadas, das mulheres erguiam-se sobre as vozes baixas e roucas dos homens. Dançavam aos berros, frenéticos, exasperados de devoção e luxúria. O pai-de-santo animava-os com os seus lamentos piedosos. Amélia arrancou a camisa. Delírio. A negra, esguia, flexível, ardente, empinava a cabeça

[7] *Ibid.*, p. 288. Quanto à existência de uma possível mãe-de-santo com o nome de Loanda, há notícia de uma Maria de Loanda com terreiro "para os lados de Irajá", segundo imprecisa indicação da folclorista Marisa Lira em artigo publicado na *Revista da Semana*, de 29 de março de 1941, sob o título de "Macumbas cariocas". Esclarece, por sinal, Marisa Lira, nesse seu artigo-reportagem, constituir Maria de Loanda "nome do espírito protetor — uma escrava sacrificada pela acusação injusta do assassínio do senhor".

> e os peitos. O ventre entrava, os quadris retezavam-se, o sexo empombava. Eh! Macumba.[8]

E por aí adiante, no mesmo estilo.

Neste ponto, Graça Aranha, visivelmente movido apenas pelo sensacionalismo da cena descrita, e pelo entusiasmo algo senil pelas minúcias de apelo sexual (denunciado pela imagem "o sexo empombava", de agrado certo entre velhos freqüentadores de bordéis, em cujo vocabulário chulo o monte de Vênus era chamado de *pomba*), passa realmente da falta de probidade para a mais inqualificável desonestidade.[9]

É nesse mesmo tom de pura irresponsabilidade que Graça Aranha, até hoje louvado pelos críticos e historiadores da literatura por sua participação a favor do Movimento Modernista, refere-se também a gêneros de música folclórica, misturando numa mesma série de citações imprecisas — e visivelmente destinadas a explorar o "exótico" do sertanejo — o coco, a embolada, os martelos e os desafios. E isto em cenas, aliás, cujo sentido de oportunismo e de exploração gratuita do pitoresco da vida rural, dirigido à curiosidade algo parva da gente de classe média urbana em que recrutava seu público, tornava-se evidente na frase distribuída a um dos tocadores nordestinos: "— Qual, seu doutô! exclamou um dos cabras cantadores, sertão não é só cantoria. Lá se briga a vida inteira e de verdade".[10]

Era, como se vê, a repetição da sovada visão citadina deformadora da realidade da vida nos latifúndios e no "sertão" em geral, e que, explorada desde fins do século XIX pelo sertanismo e, a partir do século XX, pela chamada poesia cabocla no estilo

---

[8] *Ibid.*, pp. 288-9.

[9] José Pereira da Graça Aranha, de rica família do Maranhão, nasceu em São Luís, em 1868, tendo portanto 61 anos ao publicar o romance em que se entregava a essa falsificação da realidade em favor do apelo erótico das descrições.

[10] Graça Aranha, *op. cit.*, p. 294.

de Catulo da Paixão Cearense, começaria logo a ser desmoralizada pelo moderno romance regional contemporâneo da própria *A viagem maravilhosa*. E é isto que torna desde logo o Graça Aranha das descrições de pormenores da vida regional ainda uma vez ultrapassado em seu romance.

É porém nas citações diretas da música popular urbana de seu tempo que o autor de *A viagem maravilhosa* demonstra como realmente lhe era estranha a vida do povo, o que torna perfeita a definição de Agripino Grieco para seu romance: "nesta *Viagem Maravilhosa* tudo é construído nas nuvens, com andaimes na Utopia, e nada aproveita ao Brasil".[11] Isso embora outros críticos mais benevolentes, ou mais preocupados com as intenções literárias de Graça Aranha do que com a realidade que seus romances possam descrever, como faz o professor Alfredo Bosi, focalizando exatamente *A viagem maravilhosa*, digam que "os trechos que reproduzem a macumba da negra Balbina e a cena do carnaval alucinante são exemplos felizes de um estilo que procurava projetar uma concepção dinâmica do mundo".[12]

Na verdade, esses "fragmentos que honram a sensibilidade e intuição de um homem cujo roteiro revelou sempre uma generosa disponibilidade para as aventuras do espírito",[13] no entender do mesmo historiador da literatura, são aqueles em que Graça Aranha manifesta de maneira mais clara o seu despreparo e sua pouca disposição para entender as coisas do povo. Preocupado com os efeitos literários de sua prosa de lugares-comuns enfeitados por adjetivos românticos ("Filipe e Teresa prosseguiam na ânsia do desejo"; "Nesta aurora da paixão o encanto os arrebatava"), Graça Aranha ajunta à imprecisão das citações de fatos da vida e da música populares o ranço dos seus preconceitos de

---

[11] Agripino Grieco, *Evolução da prosa brasileira*, Rio de Janeiro, Ariel, 1933, p. 126.

[12] Alfredo Bosi, *História concisa da literatura brasileira*, São Paulo, Cultrix, 1976, p. 372.

[13] *Ibid.*

classe. A imprecisão se dá quando D. Calu leva a maranhense Ritinha à festa da Glória, no Rio de Janeiro, por exemplo, e o romancista faz a moça provinciana dançar no outeiro, diante da igreja, "o chorado da terra e o coco sertanejo, que os retirantes levaram ao Rosário". Ora, o chorado não é dança carioca, mas parte da versão paraense da marujada, aparecendo ainda como dança sapateada no Espírito Santo. O preconceito se evidencia quando, após dar a saber, através de Teresa, que para Radagásio "a festa da Glória é festa da canalha e lhe faz nojo" — o que leva a imaginar pensamento diferente do romancista —, Graça Aranha demonstra concordar no fundo com o próprio personagem, ao registrar na descrição do ambiente popular da festa:

> As luzes da igreja projetavam-se sobre a massa dos negros, sacudidos pela música, em que os metais clamavam, os zabumbas e tambores vibravam e as flautas silvavam. Rasgado maxixe, em que rebolava a luxúria mestiça.[14]

Essa tendência a ligar os movimentos de dança derivados das umbigadas dos batuques de negros à luxúria, como já se viu, era na verdade uma herança da velha incompreensão revelada desde pelo menos o segundo século da colonização pelos brancos colonizadores, incapazes de compreender as ligações da música com a vida, na cultura africana.

Pois o mesmo erro continuava a ser cultivado por Graça Aranha em 1929, agravado em seu caso pela aceitação de pretensas justificações científicas da etnografia e da antropologia européias do século XIX sobre a "inferioridade" de negros e mestiços:

> Depois do Mangue, a Praça Onze agasavalhava os pares, que se metiam voluptuosos nas sombras das árvores do jardim, enquanto, sobre o espaço arbori-

[14] Graça Aranha, *op. cit.*, 181.

> zado, caíam as luzes e as músicas dos orfeões lusitanos e os sambas dos clubes, onde a negrada lasciva dançava frenética.[15]

Ora, na realidade, os "orfeões lusitanos", cuja existência o romancista apontava nas vizinhanças da praça Onze de Junho, eram representadas à época do romance apenas pela simpática Banda Portugal, inaugurada em 1926 na rua Senador Eusébio, 134, pois o Orfeão Portugal ficava mais distante, no centro velho da cidade. E os clubes de negros, por sua vez, nada mais eram do que as associações recreativas de dança, logo conhecidas como gafieiras, e nas quais a massa proletária da capital do país — composta realmente por maioria de negros e mulatos — divertia-se dançando de par, dentro da moralidade imposta por uma etiqueta rigorosa, por sinal imitada das festas de brancos.[16]

Para cunhar essa visão preconceituosa, o engomado escritor da elite provinciana-universal brasileira chegaria a propor a expressão "volúpia preta". É quando descreve — revivendo em quadro absolutamente inverossímil os velhos tabus cientificistas dos naturalistas — a luta interior de Radagásio, movido pela atração sexual pela negra Balbina, que, no fundo, repudiava:

> Lembrou-se de ligar o rádio no seu escritório, ao lado do quarto de dormir. Alegria. Veio-lhe um maxixe. Radagásio pôs-se a dançar. Imaginou que dançava

[15] *Ibid.*, p. 192.

[16] Sobre o papel das *gafieiras* como instituições de lazer ao alcance das camadas mais pobres do Rio de Janeiro a partir da década de 1920, ver José Ramos Tinhorão, *Música popular: os sons que vêm da rua*, Rio de Janeiro, Edições Tinhorão, 1976. Existiam, entre outras, à volta da praça Onze, a Sociedade Dançante Carnavalesca Paladinos da Cidade Nova (rua Visconde de Itaúna, 73); Clube Dançante Familiar Fidalgos da Cidade Nova (rua de Santana, 55, onde já funcionara o Grupo Dançante Carnavalesco Tome Bença a Vovô).

com Balbina a rebolar assanhada. Veio um samba, veio mais maxixe e toda esta dança, toda esta música cheia de volúpia preta, inflamavam Radagásio. Achava-as gostosas, porque se afinavam com a sua mestiçagem não muito remota. Radagásio sentou-se na cama, esquentado pelos sambas que o rádio mandava.[17]

Para Graça Aranha, como se vê, não apenas a atração sexual de Radagásio pela preta Balbina, mas sua própria excitação ante os sambas ouvidos no rádio, explicavam-se pelo fato de, apesar da pele branca, ter origem negra "não muito remota".

É ainda esse escritor tão geralmente louvado nos livros de história da literatura brasileira que, após registrar a certa altura de seu romance *A viagem maravilhosa* que "Mem pôs no fonógrafo um disco de maxixe", acrescenta esta impropriedade: "Arrebatou freneticamente Zezinho e sambaram, sambaram [...]".[18]

E eis como, graças ao gênio de tal grande romancista das elites, pela primeira vez em todas as notícias já recolhidas sobre a história da música popular brasileira, vem-se a saber que alguém sambou um maxixe.

Segundo lembra Wilson Martins ao referir-se ao livro *A viagem maravilhosa* em sua *História da inteligência brasileira*, Graça Aranha é acusado normalmente de anacronismos e deslizes históricos no encadeamento da ação do romance, cuja trama se desenvolve em 1922, último ano do governo de Epitácio Pessoa, até o primeiro ou, no máximo, segundo ano do governo de Artur Bernardes, ou seja, 1923 ou 1924. E Wilson Martins cita a crítica de Humberto de Campos, segundo a qual Raimundo Monteiro, pelo que se lê no romance, volta do interior como soldado da Coluna Prestes antes de ela ter partido, e dá a conhecer em São Paulo, em 1923, o assalto de Lampião a Mossoró acontecido em junho de 1927. O crítico Wilson Martins, tão rigoroso e às vezes

---

[17] Graça Aranha, *op. cit.*, p. 318.

[18] *Ibid.*, p. 348.

até indiferente a tantas obras de maior valor, desculpa ainda neste ponto Graça Aranha afirmando em relação a tais falhas que, "embora fosse melhor que elas não existissem", não chegam a alterar "nem as perspectivas, nem o sentido do romance".[19]

No entanto, considerando os erros, incongruências e anacronismos encontrados também nas referências à vida popular em *A viagem maravilhosa* (o que lhe retira o interesse histórico e documental), aceitar o julgamento do crítico e historiador da literatura equivaleria a julgar o romance de Graça Aranha importante apenas por contar, em estilo antiquado e pedante, a história de um homem que se apaixona pela mulher frustrada no casamento com um marido grosseiro — o que não parece de todo original.

Na verdade, é nas tão louvadas páginas finais de seu romance, mostrando a passagem do automóvel de Radagásio em meio à massa do povo na praça Onze, em dia de carnaval, que Graça Aranha resume todo o equívoco de sua empresa literária. Sempre preocupado em teorizar a partir de posições filosófico-idealistas de caráter platônico, dentro de um raciocínio coerentemente elitista e cosmopolita, a escolha de um romance histórico de um país e de uma determinada realidade social, em vez da apontada virtude, resultou no engano básico do autor de *A viagem maravilhosa*. Graça Aranha vê o povo como imagens que se movem, mas fica sempre longe de perceber-lhes o conteúdo. Em "ondulante grupo de baianas, dançando, cantando, saracoteando", o romancista enxerga apenas "a grossa luxúria negra".[20] E, nas músicas que cantam, seus ouvidos captam apenas "melopéia plangente para palavras canalhas".

Na hora de citar a melopéia plangente, porém, Graça Aranha escolhe — antecipando, aliás, a época de lançamento da música de dois anos — a alegre paródia popular dos cariocas ao esfuziante *fox-shimy* "Titina", transformada em sucesso do carnaval de 1926 pelo povo que a cantava mudando o ritmo original para o de uma marcha batucada:

---

[19] Wilson Martins, *História da inteligência brasileira*, vol. VI, p. 465.

[20] Graça Aranha, *op. cit.*, p. 380.

Maria, Maria,
Maria Antonieta,
Teu pai toca trombone
Tua mãe toca corneta.[21]

Graça Aranha cita também os versos do samba "Morro da Mangueira", de Manuel Dias, que ainda não existiam ao tempo da ação do romance, e como sempre de maneira errada e incompleta: "Cantos berram: 'Eu fui no samba lá no morro da Mangueira... Claudionor, Claudionor'".[22]

A letra de "Morro da Mangueira", cantado no carnaval de 1926, no entanto, deveria ter merecido melhor atenção do velho escritor que tanto aplaudira a inovação de linguagem dos jovens modernistas, pois o autor do samba dizia com fina ironia popular e no melhor estilo coloquial pregado pela nova escola literária:

Eu fui a um samba
Lá no Morro da Mangueira
Uma cabrocha me falou de tal maneira:
"Não vai fazer como fez o Claudionor,
Para sustentar família foi bancar o estivador".[23]

---

[21] *Ibid.*, p. 381. Segundo o romancista, os versos seriam: "Ó Maria,/ Maria Antonieta./ Teu pai toca trombone,/ Tua mãe toca corneta". A paródia popular foi cantada, aliás, com variações de letra, tal como a registrada por Edigar de Alencar em *História do carnaval através da música*, 3ª edição, Rio de Janeiro, Francisco Alves/MEC, 1979, p. 169.

[22] Graça Aranha, *op. cit.*, p. 382.

[23] O samba "Morro da Mangueira" (ao qual, aliás, também o poeta Manuel Bandeira viria a se referir em crônica, dando-o erroneamente como de autoria de Sinhô, tal como se verá em próximo volume do autor, *A música popular no conto e na crônica*) foi gravado em fins de 1925 ou inícios de 1926 pelo cantor Pedro Celestino com acompanhamento do American Jazz Sílvio de Souza em disco Odeon, da Casa Edison, selo cor de vinho, sob o nº 123.029.

A comparação do processo histórico-político-social brasileiro com a barulhenta, irresponsável, animada, caótica e às vezes confusa e incompreensível folia carnavalesca estava destinada a motivar menos de dois anos depois de *A viagem maravilhosa* o aparecimento de outro romance, em que um jovem estreante baiano, Jorge Amado, então com 19 anos, revelava no próprio título sua adesão a essa tese: *O país do carnaval*.

Apesar de constituir um primeiro exercício literário, e traduzir na própria ingenuidade e confusão ideológica de certos diálogos o pouco amadurecimento do autor, *O país do carnaval* aparecia ultrapassando entretanto em muitos pontos a obra de Graça Aranha, enquanto romance preocupado em refletir a inquietação social do fim da república oligárquica: o estilo é mais leve, o vocabulário mais atual, a colocação das idéias através das falas dos personagens mais viva e verossímil e — acima de tudo —, quando surgem as citações sobre a música das ruas, a visão do povo é mais respeitosa:

> Quando Paulo Rigger saiu, um grupo de mulatas sambava na rua. Cor de canela, seios quase à mostra, requebravam-se voluptuosamente, num delírio. Paulo viu ali todo o sentimento da raça. Viu-se integrado no seu povo. Caiu no samba a berrar:
>
> — Dá nela... Dá nela...
>
> Uma mulata gorda deu-lhe uma embigada. Agarraram-se a dançar no passeio. Até os sujeitos que tocavam violão sambavam numa alegria doente de quem só tem três dias de liberdade.[24]

O jovem romancista, naturalmente, como típico representante da burguesia provinciana (era filho de ex-comerciante de Sergipe transformado em dono de terras no sul da Bahia, e estava

---

[24] Jorge Amado, *O país do carnaval*, Rio de Janeiro, Schmidt, 1931, p. 29.

Capa da primeira edição de *O país do carnaval*, de Jorge Amado, 1931.

no Rio de Janeiro estudando Direito), incidia também em incorreções nas suas referências à música já então produzida por compositores profissionais para o consumo do povo, mas suas falhas não se deviam a qualquer distanciamento provocado por atitude elitista, e sim a pura desinformação. Só por uma extensão de sentido muito grande, é claro, se poderia admitir Paulo Rigger sambando ao som de "Dá Nela", pois essa composição era uma marcha (por sinal gravada em arranjo americanizado), composta pelo mineiro, também estudante de Direito, Ari Barroso, e que se transformara em sucesso no carnaval de 1930 após merecer o primeiro lugar no concurso de músicas carnavalescas organizado pela Casa Edison, do Rio de Janeiro, em dezembro de 1929. O romancista, porém, ao contrário de Graça Aranha, absolvia-se de certa maneira da impropriedade demonstrando, em outro ponto do livro, conhecer ao menos o gênero da composição. Ele o declara quando, no romance, o europeizado Paulo Rigger descobre que a amante francesa Julie o traiu com o crioulo Honório, e a agride como qualquer machista brasileiro ferido em seu sentimento de posse, seguindo assim o conselho da bem-humorada marchinha carnavalesca:

> E ele bateu-lhe até cansar-se. Depois, deixou-a chorando na cama. Saiu. Aspirou com força o ar da noite. A lua, no alto, escondeu-se atrás de uma nuvem.
>
> E o vento parecia cantar-lhe nos ouvidos a marcha carnavalesca:
>
> *Dá nela,*
> *dá nela...*[25]

O objetivo do jovem romancista, evidentemente, era demonstrar que os chamados costumes civilizados funcionavam apenas como um verniz sobre a superfície dos primitivos filhos das socie-

---

[25] *Ibid.*, p. 69.

dades subdesenvolvidas, como era o caso do Brasil. Assim, a marchinha ouvida pelo bacharel Paulo Rigger em seu primeiro carnaval passado no Rio de Janeiro, após a volta da Europa, era usada pelo autor da história com o objetivo de servir como uma espécie de contraponto pitoresco, para comprovar sua tese. De fato, em seu primeiro passeio pelas ruas do Rio, ao desembarcar do navio que o trouxera da França, o personagem de *O país do carnaval* tinha ouvido o "Dá Nela" quase com repugnância:

> Paulo Rigger parou em frente de uma casa de discos. Uma marcha bem cantada enchia o espaço com uma música estranha, nostálgica, cheia de um sentimento que Paulo não compreendia.
>
> A marcha rugia:
>
> *Essa mulher há muito tempo me provoca*
> *Dá nela...*
> *Dá nela...*
>
> — Isso deve ser a música brasileira — pensou Rigger. — A grande música do Brasil.
>
> E ficou a escutar enlevado pela barbaria do ritmo. A alma do povo devia estar ali [...] E como era diferente da sua [...] Ele não bateria nunca numa mulher. A música bradava:
>
> *Dá nela...*
> *Dá nela...*[26]

O jovem escritor Jorge Amado jamais poderia supor, é verdade, que o autor da marcha "Dá Nela" estava longe de representar em suas canções o verdadeiro ritmo e a verdadeira psicologia do povo brasileiro: Ari Barroso, também ele um filho da classe

[26] *Ibid.*, pp. 21-2.

média provinciana, não passava de um pianista-compositor ambicioso, que não hesitava em iniciar sua carreira seguindo a música da moda, de influência norte-americana, assim como mais tarde revelaria seus equívocos pequeno-burgueses compondo de um lado sambas de exaltação patriótica, tipo "Aquarela do Brasil", enquanto de outro lado aderia ao movimento elitista de oposição à política populista, tornando-se vereador pela reacionária União Democrática Nacional, a UDN.

Em alguns pontos, entretanto, o romance *O país do carnaval*, adotando a visão alegórica das festas carnavalescas como uma projeção da realidade brasileira, aproximava-se extraordinariamente de *A viagem maravilhosa.* Ambos os romances eram escritos de um ponto de vista ideológico inteiramente pequeno-burguês, com personagens da classe média discutindo no plano filosófico a saída para problemas pessoais que, na realidade, tinham origem nas contradições da sociedade de classes em que viviam. E, assim, enquanto o personagem Filipe, de *A viagem maravilhosa*, chegava a uma solução individualista pela realização no amor, o personagem Paulo Rigger de *O país do carnaval* parte para a solução igualmente escapista de largar tudo e voltar para a Europa — em pleno domingo de carnaval. Por isso, tal como no romance de Graça Aranha, também no de Jorge Amado o personagem termina entrando em choque com o povo, que o chama para a realidade da vida, embora ela pareça um carnaval:

> Saltou do automóvel e começou a evitar a multidão. Sambava-se nas ruas. Paulo Rigger, com o chapéu amassado nas mãos, o cabelo revolto, os olhos abertos, enraivecido, ia abrindo caminho a socos e cotoveladas.
>
> — Sai, diabo!
>
> — Eh, meu branco. Vamos sambá...
>
> A mulata puxou-o. Os umbigos uniram-se. Ela dobrou-se, voluptuosa.
>
> — Deixa-me, negra!
>
> Arrancou dali, a romper a massa.

— Afinal, talvez este povo esteja com a razão. No Carnaval talvez esteja tudo [...][27]

No entanto, embora o jovem escritor estreante encarasse o romance sem encontrar ainda o seu caminho ideológico e literário (o livro termina com Paulo Rigger a bordo do navio, afastando-se do povo, enquanto "lá longe, desaparecia lentamente o País do Carnaval..."), uma indicação na página anterior à folha de rosto do livro deixava perceber que o futuro autor de romances proletários já antevia a solução do impasse no seu engajamento com a cultura popular.

De fato, da relação de obras do autor "a sair" era prometida uma que evidenciava, a partir do próprio título, a busca de algo que representasse um valor nacional e popular: *Samba: ensaio sobre a raça.*

Esse anunciado projeto seria logo abandonado, mas, segundo revelaria quase cinqüenta anos depois o próprio Jorge Amado, sua idéia, com tal ensaio, era mostrar que as camadas populares já tinham encontrado, no Brasil, a média de cultura nacional original, que os intelectuais de pensamento elitista viviam buscando na imitação dos modelos estrangeiros. Conforme explicaria ainda o escritor, a comprovação da tese requeria, naquele momento, um instrumental teórico-científico e uma pesquisa além das possibilidades de um jovem de 20 anos. A visão intuitiva do processo de ajustamento à realidade sócio-cultural conseguido pelas camadas populares, porém — e do qual a criação do samba, tornado nacional pelas origens negras, era um exemplo —, serviu para convencê-lo de que o romancista podia seguir o mesmo caminho. E isso o escritor iria provar com o sentido social e a adesão ao ponto de vista do povo manifestada em sua obra futura.[28]

---

[27] *Ibid.*, p. 216.

[28] As explicações sobre o pretendido *Samba: ensaio sobre a raça*, anunciado apenas na 1ª edição de *O país do carnaval*, de 1931, foram enviadas por Jorge Amado, em 1978, em resposta a consulta expressa do autor deste livro.

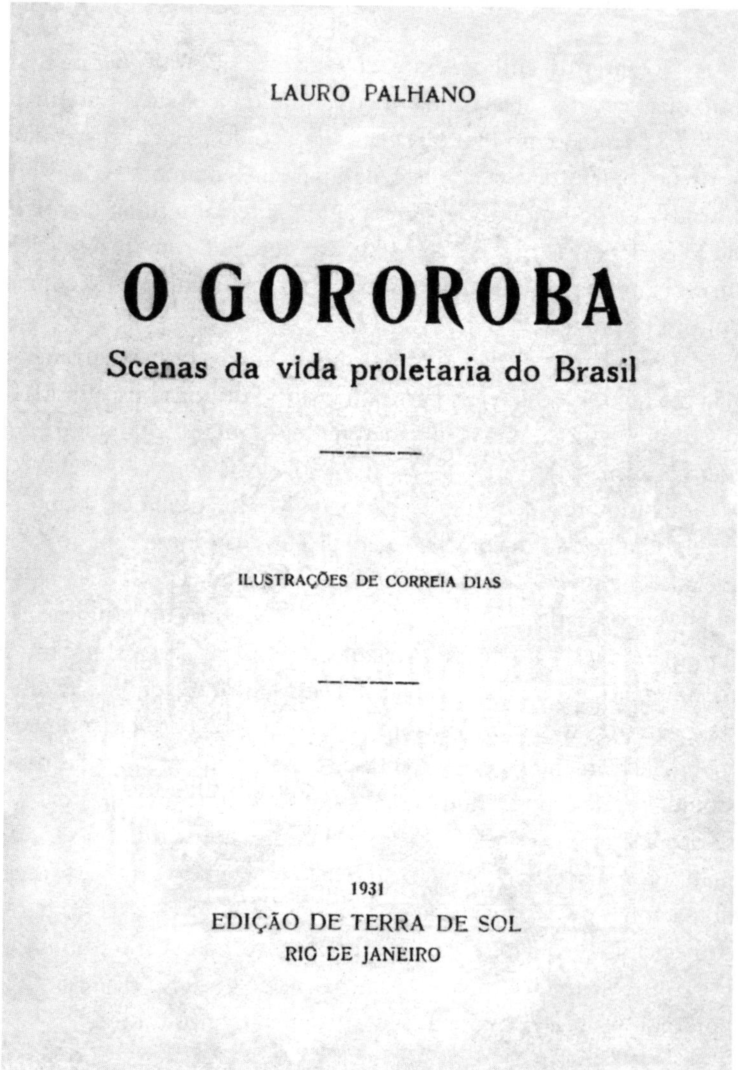
LAURO PALHANO

O GOROROBA

Scenas da vida proletaria do Brasil

ILUSTRAÇÕES DE CORREIA DIAS

1931

EDIÇÃO DE TERRA DE SOL

RIO DE JANEIRO

Página de rosto da primeira edição de O *gororoba: cenas da vida proletária do Brasil*, de Lauro Palhano, 1931.

O ROMANCE SOCIAL: O PRECURSOR LAURO PALHANO E OUTROS BAIANOS

No mesmo ano em que Jorge Amado estreava no romance com seu *O país do carnaval*, ainda hesitando, ideologicamente, sobre a direção a tomar, outro escritor de muito menor fortuna literária iria surgir naquele mesmo 1931 com um livro antecipador do romance social: o autor era Lauro Palhano (pseudônimo do escritor negro Juvêncio Lopes da Silva Campos) e seu livro, o romance *O gororoba*, subtitulado muito programaticamente de *Cenas da vida proletária do Brasil*.

Baiano, tal como o estudante de Direito Jorge Amado, Juvêncio Campos, o Lauro Palhano, chegava pioneiramente ao romance de enfoque proletário não apenas por ser mais velho, mas por se ter iniciado profissionalmente em atividade técnica (era "engenheiro" de máquinas), o que o aproximava de uma classe de trabalhadores que, embora pequena em número, era de fato uma das poucas que poderiam, por seu caráter de força de trabalho especializada nas atividades mecânicas, ser chamada de proletária, no Brasil. E, ainda, no seu caso pessoal, pelo fato de ser preto.

Em seu prefácio sob o curioso título de "Justificando as razões de um porquê", Lauro Palhano começava desde logo afirmando sua vocação de escritor-trabalhador ao apresentar-se como "um indivíduo que só tem manejado martelos", o que lhe permitiria mostrar "aos marechais da Fortuna, aos que governam, que legislam, que defendem as leis, o que é ser partícula dessa grande massa, em constante fluxo e refluxo para um lar de incertezas e de apreensões".[1]

---

[1] Lauro Palhano, *O gororoba: cenas da vida proletária do Brasil*, Rio de Janeiro, Terra do Sol, 1931, p. 8 ("Prefácio" datado de 1930, Rio de Janeiro).

E, assim, como O *gororoba* contava a trajetória de um antigo ferreiro do Ceará, migrado no início do século XX para os seringais da Amazônia, onde se transformaria em maquinista de navio-gaiola, para acabar finalmente trabalhador de estaleiro no Rio de Janeiro, durante a Primeira Guerra Mundial, as cenas da vida popular iriam aparecer pela primeira vez na literatura brasileira não mais vistas de fora, mas narradas de dentro.

Exatamente por isso, é curioso verificar como, em vez de alegoria, o carnaval se apresenta no romance de Lauro Palhano como uma realidade feita para ser vivida intensamente pelo povo, com a alegria de quem rouba alguns momentos à mediocridade da rotina e à dureza do trabalho alienante. E não apenas o carnaval, mas todas as festas que — morador agora em Belém do Pará — o personagem Cazuza poderia freqüentar, vivendo como vivia "em contato freqüente com este sedimento de todas as sociedades, onde pululam malandros, ébrios, larápios e dissolutos; onde é latente a revolta contra os indivíduos de vida mais folgada".[2]

Assim, ao descrever a sociedade de Belém do início do século XX, em que a nobreza representada por três ou quatro famílias proprietárias em Marajó, e a burguesia formada por comerciantes, viviam sem choques com embarcadiços, operários, trabalhadores do porto e pobres em geral, Lauro Palhano registraria:

> Estas classes, porém, tinham uma grande união a ligá-las todas: a alegria facilmente excitável; a alegria comunicativa que passava às ruas e a pretexto de qualquer festa ou tarde de luz. Cruzavam-se cordões de pastorinhas, quando os presépios atraíam a massa popular, desde meados de dezembro aos Reis Magos. Vinham depois da queima das *lapinhas*, os intermináveis domingos magros de Carnaval; os mestres do Divino, dentre os quais o do Mestre Martinho e Tia Ana das

---

[2] *Ibid.*, p. 111.

Passalhas; os festejos do casamenteiro Santo Antônio e São João; os bois-bumbás durante o mês; a festa de Nossa Senhora de Nazaré, afora os *forrós* dos sábados e serenatas em noites de luar. O sol paraense fecundava alegrias.[3]

É uma dessas brincadeiras pré-carnavalescas do fim de dezembro que o romancista vai mostrar no capítulo em que focaliza o casamento da cabocla Raimunda com o personagem Beiçola, de quem Cazuza seria padrinho. A festa foi num sábado, "como de praxe popular", houve danças, e quando, "noite alta, soprou-se a última valsa: — 'Sonhos de Virgem'", chega de surpresa um grupo carnavalesco:

> Fora, passava um grupo de precursores de Momo. Eram embarcadiços, foguistas na maior parte, com reco-recos, pandeiros, flautas, violões e maracás... Entraram para cumprimentar Joaquim Breu, que os recebeu alegremente, com os outros que já lá estavam. Iam a São Brás, para a primeira farra carnavalesca.
>
> Bebericou-se. Reativaram-se os fogos. Dançou-se mais alguma coisa e à saída tocaram no terreiro. Era uma chula muito em voga nos cordões de "Tio-Bimbas".
>
> Beiçola, com algumas libras de pressão a mais na *caldeira*, enfatiotado de noivo, não se conteve e pulou para o seu antigo meio, dançando em passos de capoeiragem, cantando, secundado por Marariá:
>
> — *Cabeça de bagre virou lobisome!*
> *Calcanhá de mulhé rompe rede de home!*
> [...]

---

[3] *Ibid.*, p. 110.

> E os pandeiros e maracás, diabolicamente tangidos, espalhando o micróbio carnavalesco, fizeram todo mundo cair na dança.[4]

Como se vê por essa saborosa descrição do clima pré-carnavalesco de Belém do início do século XX — e na qual já não se encontram as preconceituosas referências a "inhacas de negro", "luxúria mestiça", "volúpia preta", "palavras canalhas" etc. —, era o próprio povo que Lauro Palhano movimentava em seu romance, e não mais figuras vistas através da ótica dos preconceitos de escritores da classe média mergulhados em concepções elitistas por seu distanciamento da realidade da vida entre as classes mais baixas no Brasil.

Neste sentido, as recordações da personagem Abigail, em seu primeiro carnaval passado no Rio, lembram em *O gororoba* as evocações do magro carnaval rural do *Menino de engenho* por José Lins do Rego. Transformada, de amante do aventureiro alemão dono de navio-gaiola, no Amazonas, em companheira do pobre Cazuza, no Rio, a cearense Abigail, enquanto lavava roupa na fonte, vivia pela primeira vez o clima de carnaval carioca: "Era o primeiro carnaval de Abigail no Rio. De outros não se lembrava. No Ceará, no Amazonas, sertões onde tivera uso de razão, era o *entrudo*, grosseiro e sujo, a manifestação máxima dos festejos de momo".[5]

E, assim, tal como em *O moleque Ricardo*, o jovem personagem teve que se adaptar ao frevo do Recife, vencendo sua timidez de "moleque de bagaceira", em *O gororoba* Abigail também precisa passar por cima de seu encabulamento matuto para acertar o passo com a malícia do maxixe carioca:

> As maravilhas que contavam do carnaval carioca deixavam-na em intensa curiosidade, doida pelas folias. E cantando as canções em voga, lavava.

---

[4] *Ibid.*, p. 131.

[5] *Ibid.*, p. 293.

> Deolinda vinha ao banho e o banheiro era perto da fonte. Cantarolando e marchando ao passo cadenciado e tremelicado dos foliões encordoados, fazendo meias-luas e cortados, agarrou a lavadeira, para ensiná-la a "quebrar um maxixe". Abigail ria-se perdidamente. Endiabrada, a Deolinda.[6]

Exatamente por Lauro Palhano revelar-se tão bem informado sobre a vida popular dos primeiros vinte anos do século XX no Brasil, é interessante notar que uma das músicas de maior sucesso do carnaval carioca de 1920 — o samba carnavalesco "Quem Vem Atrás Fecha a Porta", ou "Me Leva, Seu Rafael", do compositor José Luís de Morais, o Caninha — tem alguns de seus versos citados no romance *O gororoba*, como parte de um carimbó cantado no Pará durante a euforia econômica do "surto da borracha". Carimbó este, gênero de canto e dança, que, por sinal, o romancista dá como originário do Maranhão, o que explicaria os versos usados também no Rio por Caninha:

> *Ora me leve, me leve*
> *Seu Rafaé*
> *Ora me leve, me leve*
> *Lá pro Pará!*[7]

Lauro Palhano encaixa de maneira tão natural essa quadra do "me leve, me leve, seu Rafael" na cantoria do "carimbó maranhense com todos os ff e rr", que bem poderia ter acontecido de tal estribilho ter chegado ao Rio de Janeiro levado por maranhenses, da mesma forma como chegara ao Pará, sendo então aproveitado pelo esperto compositor carioca Caninha, que por essa época vivia o auge de seu período de emulação com o segun-

---

[6] *Ibid.*, pp. 293-4.

[7] *Ibid.*, p. 143.

do maior compositor da primeira fase do samba, José Barbosa da Silva, o Sinhô. A ter acontecido o contrário, seria preciso que o romancista se dispusesse a citar os versos ouvidos em época recente em algum carimbó já influenciado pela divulgação do disco com o samba de Caninha (ou seja, posteriormente a 1920), para registrá-los em seu livro como coisa antiga, o que não parece razoável, dada a fidelidade documental do autor em outras citações de músicas encontradas em *O gororoba*.[8]

Essa hipótese da origem popular nordestina dos versos do "me leve, me leve, seu rafael" é referendada ainda quando se verifica que, em seu romance *João Miguel*, de 1931, também a jovem escritora Rachel de Queiroz cita o mesmo estribilho, cantado na prisão de pequena cidade do Ceará por "uma marafona bêbada, desgrenhada e em farrapos", já com pequena variante no segundo verso:

> Os soldados se afastaram, rindo. Muito tempo agarrada às grades, a mulher continuou as apóstrofes. Depois cansou: deitou-se no chão e começou a entoar um estribilho nasalado, monótono, irritante, como para se embalar:
>
> *Me leve, me leve, senhor Rafael...*
> *Me leve, me leve, para o quartel...*[9]

---

[8] É ainda indicador da possível origem nortista e maranhense de "Me Leva, Seu Rafael", o fato de José Luís de Moraes, o Caninha, não ter intitulado seu samba com as palavras desse estribilho, como seria de esperar, mas com a denominação algo estapafúrdia de "Quem Vem Atrás Fecha a Porta". A gravação do samba com esse título (que encerra sentido irônico em relação aos que se deixam ficar para trás, ultrapassados pelos mais espertos) foi feita pelos cantores Baiano e Isaltina em disco de selo vermelho da Odeon, da Casa Edison, nº 121.729, em fins de 1919 ou inícios de 1920.

[9] Rachel de Queiroz, *João Miguel*, Rio de Janeiro, Schmidt, 1932, p. 11.

A cantoria incomoda o assassino João Miguel, que grita para a prostituta bêbada "— Cala a boca, diabo!", mas sem ser atendido, porque "fanhosa a voz teimava":

Me leve, senhor Rafael...
Me leve... me leve...

até que, ante o impotente desespero do preso, "foi-se acabando aos poucos, como um gemido que morre".[10]

Esse intercâmbio necessariamente existente entre a música lançada em disco, no Rio de Janeiro, e a de centros os mais distantes era, aliás, comprovado por essa mesma época, ainda no caso do Ceará, por outro romance da então moderna tendência do regionalismo com caráter social. Tratava-se do romance *Cassacos* (nome cearense do gambá, atribuído preconceituosamente aos suados e maltratados trabalhadores retirantes empregados em obras urbanas), que em 1934 marcara a estréia de outro bom escritor cearense hoje esquecido, o sobralense Cordeiro de Andrade (1910-1943). Nessa história preocupada com a injustiça social em áreas sujeitas a secas periódicas (a ação se passa em Sobral e seus arredores), logo ao primeiro capítulo D. Benvinda sai à janela atraída pelo som de "um bêbado que passava cantando uma modinha":

Perdão Emília, para um desgraçado,
Bem sei que fui ousado [...][11]

E acrescentava adiante que "uma baderna de moleques perseguia o homem, que continuava a modinha":

---

[10] *Ibid.*, p. 12.

[11] Cordeiro de Andrade, *Cassacos*, Rio de Janeiro, Andersen, 1934, p. 10.

Bem sei que fui ousado
Em teu amor preferir...[12]

Tratava-se, como se verifica, da modinha "Perdão, Emília", de autor anônimo, cuja popularidade vinha do século XIX (a julgar por observação de Melo Morais Filho em sua coletânea *Cantares brasileiros*, de 1900, que já a dá como "popular e anônima"), e que, tão logo apareceram as gravações em discos no Brasil, em 1902, seria divulgada em nada menos de três diferentes interpretações: a do cantor Baiano (Zon-O-Phone nº 10.015 e Zon-O-Phone X-692, gravados antes de 1904); pelo cantor Mário Pinheiro (Odeon, da Casa Edison, nº 108.261) e pelo cantor Belchior da Silveira, o Caramuru (Columbia, selo azul, nº 12.254, e Columbia, selo verde, nº B-303), estes últimos seguramente gravados entre 1911 e 1912.

A possibilidade de ouvir a letra original em tantas gravações da época de sua primeira juventude (pois o disco do "Perdão, Emília" não faltaria em alguma das discotecas dos possuidores de gramofones de corneta em Sobral, pela segunda década do século XX) não impede o romancista de incluir o verso inexistente — "Em teu amor preferir" —, o que permite supor estar citando versão guardada na memória.

Ao fim do romance *Cassacos*, Cordeiro de Andrade ainda relembra, através de cantoria solitária atribuída ao personagem Biluca, outra música certamente levada ao Ceará por intermédio dos discos: a marcha "A Baratinha", do português Mário São João Rabelo, e que se popularizara no Brasil a partir do teatro de revista, de onde sairia para transformar-se em sucesso inclusive de carnaval, no ano de 1917, cantada pelo Baiano no disco Odeon nº 121.320, da Casa Edison, e, meses depois, gravada em disco instrumental pelo grupo Passos no Choro, liderado pelo flautista Antônio Maria Passos, no disco Odeon nº 121.520, da mesma Casa Edison, do Rio de Janeiro:

---

[12] *Ibid.*, p. 11.

Biluca, lá dentro, cantarolava a "Baratinha", adicionando, com muito cuidado, num caixãozinho vazio, de biscoitos "Aimoré", cartas, postais em que moças eram beijadas, como nas fitas de cinema, e um bocadão de programas do "Cine-Teatro-Fênix".

A Baratinha, ai ai
A Baratinha, ôi, ôi,
A Baratinha, bateu asas e voou... ô... ô...[13]

No caso de Lauro Palhano, no que se refere a tal tipo de informações sobre música popular ou regional em seus romances, a confiabilidade que hoje merece pode ser aferida por um pormenor significativo: o escritor levava sua preocupação documental a tal ponto que, em seu segundo romance, *Marupiara*, de 1936 — verdadeira saga da exploração da borracha na Amazônia, a partir do aliciamento de trabalhadores-escravos no Maranhão —, chega a incluir a notação musical das melodias do carimbó "Meu Passarinho" e da frase da música de dança interminavelmente repetida de "A Caninana". E com o registro dessas duas músicas completava de certa maneira a descrição metodologicamente "científica" das festas e danças realizadas em núcleos de trabalhadores dos seringais da Amazônia, projetando sua contribuição de observador do fenômeno cultural muito além da mera curiosidade literária: "As festas daquela época, no Alto Amazonas, eram de duas categorias: — As de *barracão*, patronais, mais ou menos aristocráticas, e as de *barraca*, onde Zé-Seringa se espalhava sem cerimônia", começa explicando o romancista no capítulo "A Caninana", para logo acrescentar:

Nos bailes patronais ostentavam-se os trajes dos últimos figurinos, penteados e novidades recentes em matéria de moda feminina.

---

[13] *Ibid.*, p. 221.

> As orquestras variavam pouco. Quando havia, no porto ou nas proximidades, algum *gaiola esperando água*, cuja oficialidade, como sempre acontecia, contava entre si flautistas e violonistas, promoviam-se festas a bordo ou em terra, nos barracões, motivos para animados *flirts*, rematados, geralmente, pelo nó górdio matrimonial. Afora essas ocasiões, era o gramofone o único *músico* presente. Nos bailes de barracão só a harmônica se fazia ouvir; nem de mais se precisava.
>
> Entre o escasso repertório do *sanfonista* daquele tempo, figuravam a "Caninana" e o "Miudinho". Aquela é uma frase musical, elementar e chã, que bem poderia simbolizar o infinito, pois não tem fim.
>
> [...]
>
> O "Miudinho" é mais difícil, mais movimentado. Requer mais arte, mais expressão, porém, nem por isso deixa de ser menos monótono. Seu ritmo lembra o ensaiar do vôo pelos implumes ainda, porque os dançadores, sob a cadência soluçante da música, levantam e abaixam os cotovelos. Talvez por isso é que se resolve, dentro de pouco tempo, em prolongadas síncopes e prelúdios-chapas com ressonâncias fortes de baixos, para cair invariavelmente, inexoravelmente na "Caninana".[14]

Nos três romances em que resumiria sua curta, mas interessante obra de ficcionista — *O gororoba*, *Marupiara* e *Paracoera* —, Lauro Palhano deixaria registradas, por sinal, várias outras cenas documentais do maior interesse para o levantamento da história da música popular urbana, principalmente entre grupos

---

[14] Lauro Palhano, *Marupiara*, Rio de Janeiro, Schmidt, 1936, pp. 161-2. As ilustrações com as músicas do carimbó "Meu Passarinho" e a frase única de "A Caninana", que se encontram, respectivamente, às páginas 157 e 163 do romance, serão transcritas no capítulo "A escrita musical no romance brasileiro", no 3º volume do presente livro.

humanos formados na virada da primeira década do século XX por nortistas e nordestinos na Amazônia e nas pequenas comunidades às margens do Rio São Francisco. Na parte carioca de *O gororoba*, ao enumerar os preparativos carnavalescos das vizinhas de Abigail, o romancista mostrava-as na sala de visitas costurando fantasias de ciganas, baianas e pierrôs, acrescentando a informação que explicava a preferência da gente pobre por tais trajes: "Fantasias baratas, úteis depois da Folia, com alguns retoques para os usos domésticos".[15]

Entre essas vizinhas fanáticas pelo carnaval estava a carioca Deolinda, que zombava do físico da cearense Abigail, ironizando sua paixão por Cazuza, contrariando-lhe as ponderações a favor da honestidade feminina, com a citação dos versos de uma cantiga carnavalesca do ano:

> — Então não sei, bestalhona! E começou a cantar, requebrando-se:
>
> *Ai, ai, ai!*
> *Ai, ai, ai!*
> *A mocidade que passou não volta mais!*
> *Ai, ai, ai!*
> *Ai, ai, ai!*
> *A mocidade que passou não volta mais!*[16]

Tantos argumentos de tal tipo usa Deolinda que, ao chegar o carnaval, Abigail, "esplêndida dentro de uma fantasia de cigana", estará brincando em Cascadura, figurando como "a melhor do grupo, do qual D. Mercedes, uma baiana bem boa, tiraria o segundo lugar".[17]

---

[15] Lauro Palhano, *O gororoba*, edição citada, p. 286.

[16] *Ibid.*, p. 296.

[17] *Ibid.*, p. 298.

Em *Marupiara*, além das descrições da dança do carimbó — de interesse não apenas para os estudiosos de história da música popular, mas também de folclore e de antropologia cultural e ciências sociais em geral —, o romancista baiano fornece uma prova preciosíssima da importância assumida pelos gramofones, pioneiros na divulgação da música popular, já produzida para o disco, nos pontos mais distantes do Brasil: além de constituir a *música*, na ausência de orquestra nos bailes de seringueiros do Alto Amazonas, é o gramofone que promove o primeiro contato inclusive dos indígenas com os ritmos urbanos da era do disco, no maior salto cultural até então possibilitado pelo encontro entre duas civilizações. Isso acontece quando Ponciano, voltando a Abunã, em plena selva, traz juntamente com o *aviamento* encomendado pelo tuchau Macuti (chefe da pobre nação caxarari, já em processo de extinção) um gramofone de presente: "Reinava indescritível contentamento na tribo. O disco 'Rato, Rato, Rato', cheio de rasgos de pistons, provocava uma hilaridade interminável na assistência. Tornou-se tal a curiosidade e alegria, que, dois dias depois, foi preciso a Macuti empregar a sua autoridade suprema, para regular as audições".[18]

Em seu terceiro romance, *Paracoera* (sem data, mas provavelmente de 1937), Lauro Palhano volta a documentar o impacto da penetração da música de massa, inclusive estrangeira, sobre as populações urbanas regionais. Nos cadernos de memórias do antigo aprendiz de ferreiro Romualdo, o Faísca (que, por sinal, volta a aparecer no fim do romance transformado em cantor de emboladas do rádio carioca), personagem que funciona como *alter ego* do autor, vai encontrar uma passagem de sua vida em Salvador que confirma essa influência ainda antes de 1920. Ro-

[18] Lauro Palhano, *Marupiara*, edição citada, p. 285. A importância desta informação é posta em destaque pelo autor deste livro em seu trabalho *Música popular: do gramofone ao rádio e TV* (São Paulo, Ática, 1981), em que estuda as relações entre a música popular e os meios tecnológicos de gravação e difusão de informações sonoras no Brasil.

mualdo, à porta do telheiro da rua da Vala, onde "forjava trempes, grelhas e outras *bugigangas*, por empreitada", ouve a "tagarelice das lavadeiras":

> Dorica, rechonchudo repolho roxo, rebolava-se, no coradouro cantando o *fox-trot* do Arigofe:
>
> *Nós fomos noutro dia ao candoblé*
> *Para ver o que fizeram para mim,*
> *Um pai-de-santo botou uma grande mesa:*
> *— Ué!... as coisas estão ruim!!!*
> *Comprem azeite de cheiro,*
> *Uma boneca amarela,*
> *Quatro vinténs de pipoca,*
> *Quinhentos réis de bringela,*
> *Para fazer um despacho.*
> *Um bode que seja macho*
> *(Que não seja faladô...)*
> *Orobi, Orobô...*[19]

Após alguns minutos preso ao canto da lavadeira, Romualdo volta ao trabalho na forja, já agora assobiando a melodia ouvida:

> Tomou o martelo e pôs-se a repinicá-lo na bigorna, assobiando o *Fox* enquanto planejava ir procurar Florinda para levá-lo ao *pai-de-santo*. E assim absorto, distraía-se do serviço, o *moleque* se requebrava ao som do *assovio*, puxando o fole e o ferro consumia-se inutilmente, fabricando *estrelinhas*.[20]

---

[19] Lauro Palhano, *Paracoera*, Rio de Janeiro, Schmidt, s.d., p. 38 (certamente da segunda metade da década de 1930). Em nota introdutória, o autor informa ter iniciado a narrativa em 1927 a bordo do navio-gaiola Orania. *Paracoera* é a mesma história anunciada sob o título de *Cabloca d'água* nos romances *O gororoba* e *Marupiara*, do autor.

[20] Lauro Palhano, *Paracoera*, edição citada, p. 39.

Romualdo, afinal de contas, iria revelar-se também "bom declamador, cantador de modinhas e exímio tocador de violão, viola e cavaquinho", o que o tornava "figura obrigatória nas festas do doutorando", ou seja, o colega José Braúna, alcunhado Sertanejo, "barbeiro e eterno estudante de Direito".[21]

É esse mesmo Romualdo que, em sua vida errante, resolve um dia deixar Salvador caminhando com suas sandálias "lepe-lepe de ferreiro" centenas de quilômetros pelo interior, até Juazeiro, de onde lhe seria possível continuar, a bordo dos gaiolas da *Viação* (Viação Fluvial do São Francisco), os 1.854 quilômetros necessários para chegar a Pirapora. Pelo caminho ia ouvindo cantadores como o que se dizia sucessor de Manuel do Riachão e "passava em revista os acontecimentos do dia em versos *pífios* e acompanhamento monótono",[22] e ao chegar a Juazeiro encontra "duas filarmônicas: a '28 de Setembro' do *set* e a 'Apolo' da plebe", que "serviam para manter em tensão o ânimo partidário da cidade". E o romancista, supostamente baseado nos apontamentos do andarilho Romualdo, anotava:

> A primeira, alma e arma de *meu Tonho*, representando a fidalguia, oferecia vesperais *chics*, ou ia às residências de aniversariantes e homenageados levar a harmonia do seu repertório; "Apolo", encarnação do coronel Geômetra, consubstanciava o povo, dentro do qual "não sei se deva dizer" havia também partidários da outra: conseqüência da famulagem parasitária ou ativa dos próceres e maiorais.[23]

---

[21] *Ibid.*, p. 52.

[22] *Ibid.*, p. 64.

[23] *Ibid.*, p. 73. Sobre a importância e participação das bandas de música do interior na vida política regional, ver José Ramos Tinhorão, *Música popular: os sons que vêm da rua*, edição citada.

A existência de duas bandas, uma de ricos, outra de pobres, documenta desde logo a relativa diversificação social alcançada pela cidade ao início da segunda década do século XX, o que surpreende o próprio Romualdo, recém-chegado da capital do estado exatamente pela época do carnaval:

> Surpreendeu Romualdo o Carnaval animadíssimo de Juazeiro. O *corso*, termina, como por encanto, às "Ave-Marias"!
>
> As ruas apinhadas de mascarados, de foliões esvaziam-se magicamente ao badalar dos sinos da matriz. Somente os *caboclos*, cordão exótico, andam dançando suas sensaborias nas casas conhecidas, para ganharem alguma coisa.[24]

E é em Juazeiro que Romualdo, para distrair um vigia da Viação, "depois de muito se fazer rogar para valer mais, tomou do violão e 'abriu o peito'. Cantou para o companheiro ouvir e julgar, na toada mais exdrúxula e monótona que se pode conceber":

> *Agora mesmo vou cantar uma modinha!*
> *Agora mesmo vou cantar uma modinha!*
> *Agora mesmo vou cantar uma modinha!*
> *Prá vê se alivêio ee-sá paaaxão!*
> [...][25]

O objetivo do aventureiro personagem, desiludido com a vida de trabalhador de grande cidade, no entanto, era subir o São Francisco, o que faz em seguida no navio *Flor de Maio*, onde o *chamador* (tripulante encarregado de fazer sinais para o piloto, indicando o melhor caminho pelas águas do rio) cantava "deitado sobre a tolda":

---

[24] Lauro Palhano, *Paracoera*, edição citada, p. 84.

[25] *Ibid.*, p. 123.

Ó remador da barquinha!
— Qui é lá?!...
Óia que vais inganado!...
— Por quê?!...
Essa muié qui tu leva,
— Qui é qui tem?!
É a muié dum cai nágua!...
— Mió!...[26]

Ao registrar na voz do *chamador* essa canção popular entre barqueiros do Rio São Francisco, o próprio romancista talvez não soubesse que estava documentando um exemplo de canto dialogal com mais de quatrocentos anos de tradição popular luso-brasileira, pois seus versos indicam uma clara ligação com a temática dos autos de Gil Vicente, ainda impregnados de religiosidade medieval. De fato, seguindo a trilha da mitologia grega, que concebia a passagem das almas para o inferno como a travessia de um rio (o barqueiro era Caronte, filho do Rio Érebo e da Noite, um interesseiro que deixava vagando pelas margens do Rio Estige as almas sem dinheiro para pagar a passagem), Gil Vicente armou diálogos semelhantes ao da canção ouvida por Romualdo no São Francisco, não apenas no *Auto de Mofina Mendes*, de 1534, quando Brízida Vaz se dirige aos barqueiros, mas já no *Auto da barca do inferno*, de 1516, "vem um sapateiro com seu avental, e carregado de formas, e chega ao batel infernal, e diz":

Sapateiro: Hou da barca!
Diabo: Quem vem i?
[...][27]

---

[26] *Ibid.*, p. 164.

[27] Gil Vicente, *Auto da barca do inferno*, em *Antologia do teatro de Gil Vicente*, Rio de Janeiro, Grifo/Instituto Nacional do Livro, 1971, p. 148.

É em um dos intervalos dessa longa viagem de Romualdo pelo São Francisco, durante uma festa de casamento em Santa Rosa, que a Filarmônica Vitória, de passagem pelo local, a bordo do velho gaiola *Saldanha Marinho*, anuncia o baile atacando primeiro o samba carnavalesco "O Fubá", de Romeu Silva, sucesso do carnaval de 1924 (e que Lauro Palhano cita como "Peguei no Fubá"), e, logo em seguida, a marcha "Sai da Raia", de Sinhô, do carnaval de 1922:

> Amanhecia quando o folião comandou a "Vitória":
>
> *Meu bem, não chora*
> *Arruma a trouxa*
> *Diga adeus e vá-se embora!*[28]

O romance *Paracoera* (termo que significaria em língua indígena "antigo Pará", e segundo o coronel Juvêncio Antônio da Silva Braga era o nome ideal para o Rio São Francisco) é um dos livros que deveria merecer urgente reavaliação por parte dos especialistas na história da literatura brasileira. Verdadeiro romance do Rio São Francisco e da gente ribeirinha, o livro de Lauro Palhano funde ficção e documento, compondo afinal uma das mais verdadeiras e anticonvencionais histórias da vida de um brasileiro típico das classes populares nordestinas. A um passo de ganhar permissão do riquíssimo coronel Juvêncio para casar-se com sua filha Tidinha — o que equivaleria ao fim feliz convencional, após anos e anos de vida dura e de pobreza —, o personagem Romualdo embriaga-se durante a festa que marcava exatamente a sua vitória (conseguira lançar às águas com sucesso uma enorme barca construída em condições precárias em estaleiro improvisado nas oficinas do coronel) e comete a gafe de *cair no santo* diante dos convidados. A cena, inesperada, ocorre quando, também embria-

---

[28] Lauro Palhano, *Paracoera*, edição citada, p. 250.

gado, um dos marinheiros presentes à festa resolve brincar de candomblé batendo o ritmo propiciatório do *adarrum* "num tambor dos usados na festa do Divino".[29]

Em nova atitude imprevista (por sinal muito humana e coerente com os traços gerais do caráter do personagem, mas poucas vezes usada nos romances, por constituir uma reiteração diluidora da seqüência estímulo-reação usada normalmente nas narrativas literárias), Romualdo ainda vai destruir de vez sua imagem ante os olhos do coronel, ao aproveitar seu último dia em Paracoera para uma descabida serenata a Tidinha:

> Jantaram por formalidade: mal tocaram nos alimentos. Agasalharam-se cedo mãe e filha. O coronel desceu para o escritório e ali estava ainda quando a voz de Romualdo se fez ouvir numa de suas modinhas prediletas. Era demais! Saiu, contornou a casa pelos fundos e pôde ver que Tidinha estava na varanda. O seresteiro, assentado no tronco do velho juazeiro, onde amarravam as embarcações na cheia, de violão em punho, cantava.[30]

Assim, é esse Romualdo de vida errada e sem jeito, mas sempre atribuindo ao destino (como bom filho do povo) os azares da sua trajetória social fora de seu controle, que o romancista faz o seu *alter ego* encontrar em sua volta ao Rio de Janeiro, anos depois do encontro na longínqua cidade de Pirapora: "Dois anos depois [de ter chegado ao Rio] esperava um amigo na Galeria Cruzeiro quando encontrei Romualdo", escreve o romancista. E,

---

[29] *Ibid.*, p. 297. Segundo versão do próprio autor do romance, em nota de pé de página, "*Adarrum* [no candomblé] é toque que se emprega quando a *filha* ou o gege [sic] não quer se submeter, isto é, estão duros de cair no santo".

[30] *Ibid.*, p. 302.

depois de acrescentar: "trajava a rigor, o Malandro Chic. Algodoado, cintado, bigodinho recortado, sem chapéu, tresandando felicidade, abraçou-me", faz o próprio Romualdo rematar sua história contando:

> — Seu amigo Lohman é adorável. Um dia que aconteceu ter ido eu trabalhar deitei-me sobre uma pilha de tábuas ao lado do seu escritório, sem saber que ainda ali se achava, pois era hora do almoço. Bem disposto, apesar dos pesares, garganteei uma coisa qualquer em voz alta, quando ouvi-lhe bater no tabique: — "Vai cantar nas sete profundas do Inferno ou na P.R.Q. o parta!... Peste!... Nem a essa hora se pode estar aqui sossegado!"
>
> Foi a conta! Canto emboladas, modinhas, sambas, motivos sertanejos. Não chego para as encomendas, meu caro amigo! Acertei! Por outra, você carambolou-me em cheio no Lohman, eu toquei-lhe fino e dei no rádio! Sertão é para os trouxas. Literatura econômica meu amigo! Para mim, chega! Dá para o pão, para o vinho e para Vênus!
>
> E cantou radiante de felicidade:
>
> *Cidade Maravilhosa!*
> *Cheia de encantos mil...*[31]

Enquanto Romualdo fala, passa um casal a caminho do Hotel Avenida (situado no local do atual Edifício Central, no Largo da Carioca, então o hotel preferido dos provincianos no Rio), e o antigo ferreiro baiano se perturba. E o romance termina aí, com Romualdo perguntando ao personagem que representa o escritor:

---

[31] *Ibid.*, p. 322.

— Você leu uns alfarrábios que lhe dei em Pirapora?

— Página por página.

— Tidinha é aquela que passou por aqui, pelo braço daquele cavalheiro. Não é do meu tempo.

Será feliz?...[32]

O interessante é que, além de Jorge Amado e de Lauro Palhano, três outros baianos iriam marcar presença no romance de inícios da década de 1930 com livros que, apesar de praticamente ignorados pelos historiadores da literatura, integravam-se à corrente de avaliação da realidade brasileira, através da afirmação das virtudes regionais.[33] Por coincidência, os livros eram todos de 1934 e, embora não fugindo de maneira geral "ao neo-realismo que vai dar a tônica da ficção nesse período", conforme Wilson Martins,[34] apresentavam tendências diversas: *Na Bahia, em boa terra*, do médico Inácio de Menezes, era um misto de romance romântico, memória histórica e ensaio geográfico-científico sobre as ilhas do Recôncavo baiano, mormente a Ilha dos Frades; *Meu menino*, do africanólogo Souza Carneiro, um romance ideologicamente enquadrado nos princípios do Congresso Regionalista do Recife, mas estilisticamente influenciado pelo modernismo do Sul, com suas frases curtas e suas palavras soltas, e *O alambique*, de Clóvis Amorim, uma moderna história perfeitamente enquadrada no neo-realismo de caráter socialista característico da década de 1930.

---

[32] *Ibid.*

[33] Nelson Werneck Sodré, em sua *História da literatura brasileira*, e o professor Alfredo Bosi, em sua *História concisa da literatura brasileira*, não citam qualquer desses dois romancistas baianos. Os professores Wilson Martins, no vol. VII de sua *História da inteligência brasileira*, e Afrânio Coutinho, no capítulo "Grupo baiano", preparado especialmente para o vol. II da obra *A literatura no Brasil*, mencionam apenas brevemente o romance *O alambique*, de Clóvis Amorim, sobrando quatro linhas para o registro dos livros de Lauro Palhano nesta última obra.

[34] *História da inteligência brasileira*, vol. VII (1933-1960), p. 28.

Na mistura de documentário e ficção intitulada *Na Bahia, em boa terra*, "impresso por conta do Estado" em Salvador, em 1934, Inácio de Menezes iria concluir — em meio a preleções geográficas e científicas, ilustradas inclusive com fotos — cenas e observações sobre o processo de penetração da música popular urbana captadas em uma área em que, como escrevia, ainda em 1910 "mulheres que nunca viram um piano, um veículo de transporte, um teatro, uma solenidade cívica, são muito freqüentes".[35]

O fio romântico que permeia essa verdadeira "monografia sobre o lindo arquipélago do Recôncavo baiano", como o livro aparecia aos olhos de seu apresentador, o romancista Inácio de Menezes, era o mais ingênuo possível: o médico paranaense Luís Teles de Morais, recém-formado pela Escola de Medicina do Rio de Janeiro, conhece durante visita ao pavilhão da Bahia na Exposição de 1908, na Praia Vermelha, a filha de um rico proprietário de terras da Ilha dos Frades, a bela Lúcia, e resolve comprar uma propriedade nessa ilha para aproximar-se da moça. Naturalmente consegue seu objetivo, e a história termina com os jornais de Salvador noticiando "o noivado da senhorita Lúcia V. da Silva com o Dr. Luís Teles de Morais". Se o romancista é fraco ficcionista, do memorialista e observador de costumes Inácio de Menezes não escapariam pormenores do maior interesse sobre a vida nas ilhas do Recôncavo.

Escreve o romancista com vocação de cronista, por exemplo, que os moradores da Ilha dos Frades: "No tocante aos divertimentos, somente conhecem o samba em dias festivos, dançando ao som da *viola*, do *cavaquinho* ou da *harmônica* (acordeão)"; acrescentando, então, esta observação que comprova ainda uma vez o prestígio pessoal e o velho fascínio exercido pelos músicos sobre as mulheres entre o povo: "Os que conseguem tocar um desses instrumentos, embora mediocremente, têm grande

[35] Inácio de Menezes, *Na Bahia, em boa terra*, Salvador, Tipografia da Imprensa Oficial do Estado da Bahia, 1934, p. 65.

cotação para o sexo feminino e valem mais até para os próprios companheiros".[36]

Esse estágio de simplicidade de vida — o que desde logo revelava fraca diversificação social na ilha — não impedia, porém, que na vizinha Ilha de Bom Jesus, situada na baía de Artur Neiva, ao norte da dos Frades, as novas modas musicais vindas inclusive da Europa penetrassem e fossem aceitas pelos moradores, às vezes até com maior rapidez do que em Salvador.

Inácio de Menezes, infelizmente, não se demorou no esclarecimento das possíveis razões desse fenômeno que talvez estivesse no fato (aliás por ele anotado) de existir sempre na ilha, pelo verão, pessoas "*adventícias* que procuram as praias, nessa estação cálida do ano".

A verdade é que, ao levar seu personagem Luís de Morais a visitar a ilha vizinha de Bom Jesus, anotaria o romancista:

> Nas comédias, teve ensejo de ouvir trechos de música da atualidade, cantadas com uma exatidão e uma maviosidade dignas de reparo, isso porque aquela gente assimila com extrema facilidade as melhores e mais novas canções. As produções desse gênero, ainda mal conhecidas por muita gente da Capital, tinham, como ainda hoje se verifica, imediata repercussão naquela ilha. Podiam alterar a letra, porém a melodia nunca.[37]

Era, como se vê, a reprodução localizada e regional de um fenômeno ocorrido também pelo mesmo início do século no grande centro urbano do Rio de Janeiro, quando os primeiros gêneros de música estrangeira divulgados pelos discos ganhavam letras locais, transformando-se em verdadeiras paródias logo incorporadas ao repertório popular, principalmente por ocasião do carnaval,

---

[36] *Ibid.*

[37] *Ibid.*, p. 85.

como seria exemplo, entre outros, o caso do *fox-shimy* "Titina", citado por Graça Aranha no romance *A viagem maravilhosa*.

Por sinal, como a história de *Na Bahia, em boa terra* transcorre toda em 1909, ano que marcou a estréia e o estrondoso sucesso da opereta *A viúva alegre* no Rio de Janeiro, não deixa de ser curiosa a informação do escritor, segundo a qual as músicas da peça conseguiram tornar-se populares na Ilha de Bom Jesus, antes mesmo da representação do texto:

> *A viúva alegre*, que, nos palcos do vetusto Politeama Baiano, ainda não tinha sido representada, embora constituísse, pela sua partitura e estilo, a maior atração em matéria de opereta daqueles tempos, já era, entretanto, corriqueira, na Ilha de Bom Jesus, especialmente alguns de seus trechos musicais de mais assinalado efeito. Nessa ocasião, e, por mais de uma vez, despercebido o aviso malicioso do conceito, tivera o ensejo de ouvir...
>
> *Fica doido varrido quem quer*
> *Bem a fundo estar a mulher...*[38]

Segundo o romancista, aliás, não seria "somente cantada que lhe chegou aos ouvidos a deliciosa melodia desse quinteto da viúva; teve de suportá-lo, muitas vezes, assobiado pelos garotos da terra". E isto porque, explicava ainda Inácio de Menezes, "os rapazes dali e bem assim das outras ilhas, decoram, com assombrosa facilidade, melodias de todo gênero, que lhes chegam à ouvida, para transmiti-las, iterativas e insistentemente, em assobio, à do primeiro mortal aparecido".[39]

Seria essa popularização espontânea dos trechos musicais de

---

[38] *Ibid.*

[39] *Ibid.*, pp. 85-6.

óperas e operetas em versões anônimas — fenômeno registrado também no Rio de Janeiro, inclusive em relação à própria *A viúva alegre* — que iria explicar o sucesso do aproveitamento de tantos desses temas na música de carnaval da década de 1930, quando entra em ação no Rio a primeira geração de compositores profissionais saídos da classe média, e dispostos a explorar comercialmente as possibilidades das gravações em discos e do sucesso no rádio.

Assim, os próprios versos citados por Inácio de Menezes como ouvidos em 1909 por Luís de Morais na ilha de Bom Jesus apareciam cantados no carnaval brasileiro de 1945, na marcha que, gravada pelo cantor Sílvio Caldas com o título de "Fica Doido Varrido", apresentava já agora, como autores ostensivos, os compositores profissionais do rádio carioca Eratóstenes Frasão e Benedito Lacerda.

O romancista-cronista das ilhas dos Frades e de Bom Jesus cita expressamente ainda a versão local da "deliciosa ária, que se aprende de primeira vez, cantada pela própria viúva, para gáudio de seu Danilo e de seus convivas, e que assim começa":

Lília, ó Lília, tem pena de mim...[40]

e, passando a descrever um reisado na casa de Chico Parafuso — "velho e abastado epicurista, residente na capital, que ali costumava veranear acompanhado de famosa *troupe*, composta de músicos e cantores afamados" — faz seu personagem Luís de Morais juntar-se ao grupo que prefere ouvir os seresteiros, sentados em cadeiras espalhadas pela calçada em frente à casa:

> E não perdeu na escolha, porque aí estava também a orquestra de Chico Parafuso, o Custódio do *vio-*

---

[40] *Ibid.*, p. 86. Sobre o sucesso da opereta *A viúva alegre* no Rio de Janeiro e a aceitação de suas músicas pelas camadas mais baixas do povo da cidade, ver José Ramos Tinhorão, *Música popular: os sons que vêm da rua*, edição citada.

lão, o afamado trovador Chico Sepúlveda e um grupo musical de violinos, da família Azeredo. Este pouco se demorou, porque se compunha de crianças e já passava da meia-noite.[41]

Custódio do Violão, se realmente existiu — e é provável que sim —, não terá deixado grande nome na Bahia, mas "o afamado trovador Chico Sepúlveda" está provado que foi de fato nome conhecido, pois aparece citado como modinheiro em livros como *A música no Brasil*, de Guilherme de Melo, de 1908 (que o cita entre os "trovadores dignos de todos os elogios"), *Elementos do folclore brasileiro*, de Flausino Rodrigues Vale, de 1931, e ainda *Boêmios e seresteiros do passado*, de Afonso Rui (que aponta Chico Sepúlveda como "o mais credenciado violonista de Santo Antônio d'Além do Carmo").[42]

Aliás, a julgar por uma observação de Afonso Rui, o personagem Chico Parafuso, "o abastado epicurista, residente na capital" da Bahia, bem poderia ser Frederico Rodrigues Cardoso, dado em *Boêmios e seresteiros do passado* como "cidadão de largas posses e não pequeno espírito boêmio".[43]

O fato é que, também no romance-documentário de Inácio de Menezes, o destaque especial é para Chico Sepúlveda, quando, "com assistência de todos daquela festa", começa a cantar "a velha e famosa *modinha*, que se inicia com esta quadra":

Lá, naquele gigante de pedra,
Que se diz Corcovado chamar...

---

[41] *Ibid.*, p. 87.

[42] Afonso Rui, *Boêmios e seresteiros do passado*, Salvador, Livraria Progresso, 1954, p. 24.

[43] *Ibid.* Afonso Rui dá Frederico Rodrigues Cardoso como falecido à época em que escrevia seu livro, o que significaria ter o personagem contemporâneo do romance sobrevivido até 1954.

Quero dar expansão a meu peito
Quero só minhas mágoas findar.[44]

"O Gigante de Pedra", cuja autoria o romancista demonstrava desconhecer, era do *trovador de salão* baiano José de Sousa Aragão (Guilherme de Melo assim o definia, ao lembrar que existiam "duas classes de trovadores: trovadores de rua e trovadores de salão"). Sousa Aragão era natural de Cachoeira e, apesar de trovador de salão e violinista, ficaria popularmente conhecido como o Cazuzinha, autor não apenas do clássico "O Gigante de Pedra", mas de cerca de uma centena de composições do gênero modinha, entre as quais "As Baianas", "Quero Partir" e "O Segredo da Vaga". Pois também essa "figura esguia de Cazuzinha, do violino", aparece no romance de Inácio de Menezes tocando na orquestra de Chico Parafuso. É a descrição do cantor Chico Sepúlveda na interpretação de suas modinhas, porém, a cena que confere ao romance *Na Bahia, em boa terra* seu melhor momento documental:

> Apoucado, medíocre, baixo, ninguém seria capaz de supor tivesse aquele velho uma voz tão forte, límpida, ritmada e sonora! Uma reminiscência, talvez tristonha, talvez alegre, de sua mocidade, sonho ou miragem que se há desfeito, ou se objetivou em realidade fugace, emprestava-lhe, no momento, estranhas forças, para decantá-los, concentrando, assim todos os recursos de sua arte sublime.[45]

---

[44] Inácio de Menezes, *op. cit.*, p. 88. A letra da modinha "O Gigante de Pedra" aparece sem indicação de autores no 1° volume da coleção *Lira do trovador*, de 1896 (3ª edição, página 13), com variante nos dois últimos versos dessa primeira quadra: "Quero dar expansão a meu canto/ Quero só minhas mágoas chorar".

[45] *Ibid.* As citações mantêm a pontuação do autor, que, exatamente por revelar-se exdrúxula, dá a medida exata do estilo rebuscado e algo torturado de Inácio de Menezes.

O sucesso de Chico Sepúlveda devia ser de fato incontestável, pois no próprio romance, após "muitas palmas ao menestrel, Sepúlveda, outra vez, se levanta entre palmas" para cantar de novo. Apenas, desta vez, seria "coisa mais moderna, mais tocante, talvez mais real":

A primavera é a estação florida,
Cheia de imenso e divinal fulgor;
De flores enche o coração da vida,
Enche de vida o coração da flor.
A mocidade é a estação ditosa,
Cheia de riso e divinal prazer
[...]

O Chico Sepúlveda ainda era mais admirável, nessa comovedora evocação à quadra álacre ou triste de sua juventude. Naturalmente ao evocar "a mocidade do ano" se irmanava, pela idéia, ao poeta, no mesmo acerbo tormento de recordar:

> *Ó mocidade, primavera da vida...* Sua voz tomava, então, suaves inflexões, que a placidez da noite e a majestade do plenilúnio albente sublimavam, prestando a homenagem de seu maravilhoso contingente.[46]

A interpretação de Chico Sepúlveda faz nesse momento Luís de Morais sonhar acordado, pensando na amada e "nos meios de que havia de se valer para conquistar-lhe o coração", para voltar à realidade quase com susto, quando o cantor já terminava a canção:

> Despertando de seu sonho, ainda pôde ouvir, na mesma toada, o inspirado trovador no mesmo tema:

---

[46] *Ibid.*, pp. 89-90.

Na primavera há profusão de cores,
As flores brotam dos rochedos brutos.
Depois dos frutos que hão de vir das flores
Há novas flores que hão de vir dos frutos.

E numa vibração dolente, emitindo um conceito muito exato, adaptável à inconstância de tudo que é bom e, também, do que é belo, de todas as grandezas e, bem assim, de todas as misérias, concluía:

E a mocidade não nos volta mais.[47]

Tal como nesse *Na Bahia, em boa terra*, de Inácio de Menezes, ambientado em ilhas do Recôncavo baiano, as descrições de cenas envolvendo a música popular no romance *O alambique*, de Clóvis Amorim — e cuja ação transcorre já agora no interior do Recôncavo, na área dos engenhos de açúcar —, vão confirmar a existência também aí de uma interação ainda muito grande entre a cultura rural (de caráter tradicional, profundamente enraizada) e a cultura urbana (muito recente, e ainda mal assimilada). Era o que já se podia comprovar no capítulo "Fuzarca" desse romance *O alambique*, ao descrever o escritor uma festa de *assustado* na casa do personagem Laurentino:

> O choro de uma harmônica e dão-dão de um violão chegaram aos nossos ouvidos, denunciando festa. Sanefa arrebitou o nariz, tomando o faro.
> — É ali pra cima. Vamo vê.[48]

Os personagens caminham na direção de onde vem o som, e é então que uma frase do personagem Luís Pequeno exemplifica, à maravilha, esse momento de ambivalência cultural:

---

[47] *Ibid.*, p. 90.

[48] Clóvis Amorim, *O alambique*, Rio de Janeiro, José Olympio, 1934, p. 93.

Ora, é sala-de-dança. Pensei samba.[49]

Isso queria dizer que o personagem preferia o samba rural, à base de batuque de terreiro, a céu aberto, em lugar do moderno estilo citadino de festa de sala de visitas, ao som de música da moda, que já então chegava realmente aos pontos mais distantes vinda não apenas dos grandes centros do litoral, mas também do estrangeiro, como revelava a personagem Sanefa ao contrapor-se à preferência de Luís Pequeno:

Sanefa alegrou-se:
— Samba o quê!
E endireitando o lenço vermelho do pescoço:
— Vou dançar o char... les... ton. Sou é do amor![50]

Na festa de Laurentino, na verdade, a música era tipicamente da cidade, embora os gêneros tocados ainda fossem os antigos ("As polcas rasteiras sacudiam os pares em bamboleios endiabrados"), mas um pretinho já alegrava a todos cantando quadrinhas populares devolvidas ao povo por compositores profissionais sob a forma de música de carnaval, como era o caso dos versos do "Quebra, Quebra, Gabiroba", velho tema musical reposto em circulação em 1930, gravado como marcha e levando o nome de Plínio de Brito como "autor":

Um pretinho cantava ao violão:

Quebra, quebra, guabiraba,
Quero vê quebrá
Quebra lá que eu quebro cá
Sacadura Cabrá.

---

[49] *Ibid.*, p. 93.

[50] *Ibid.*

Os "muito bem" entusiasmavam-no. Ele abria a goela:

Quebra lá que eu quebro cá
Quebra bem devagarinho.
Quebra tu e quebra ele,
Gagúú Coutinho.[51]

Ainda para comprovar a prevalência da tradição local, rural, sobre a moderna tendência revelada na frase de Sanefa — "Vou dançar o charleston. Sou é da fuzarca!" — um "gorducho que polcava" fazendo graça decide marcar uma quadrilha no velho estilo das ordens em francês estropiado:

— Avantú
Os pares se encostavam, atrapalhados.
— Anarriê.
E voltavam mais atrapalhados ainda.
— Outrêfuá.
Repetiam.
— Balancê.
Davam pequenas voltas ligeiras.
— Sangêdêdame.
As mulheres se encostavam.
— Sangêdêchévaliê.
Os cavalheiros se encostavam também.
— Outrêfuá.
Repetiam novamente.
— Promenade.
Passeavam, indo e vindo, ao longo da sala.
— Séfini pra contradanse.
E terminava uma parte.

---

[51] *Ibid.*, p. 94.

> Grossas gargalhadas estrugiam, os defeitos eram apontados.
>
> — Você errou, Chico.
>
> — E tu, Julinha?
>
> Sanefa batia nos peitos:
>
> Eu danço isso bem porque sei o françuá. Cumán lapatêvú?[52]

Isso tudo acontecia enquanto a harmônica, fanhosa, ia "enchendo-se e esvaziando-se de sons", "o violão, num 'besta-é-tu', estalava em dó maior".[53]

Dentro desse clima de intercâmbio de culturas muito vivo e dinâmico da área dos engenhos do Recôncavo baiano a música popular mais típica das cidades era encontrada, como não podia deixar de ser, nas casas grandes dos proprietários mais ricos, onde se podiam encontrar as modernas vitrolas indispensáveis à reprodução da música gravada em discos. E assim mesmo, tal como se pode comprovar na descrição da festa de casamento do personagem Dr. Vadu com Dona Alicinha, as novidades da indústria ligadas à música de massa ainda continuavam a surpreender os proprietários de terra mais afastados para o interior, como demonstrava com sua observação admirada o coronel Benevenuto, do Catulé:

> Uma vitrola, pernóstica e aborrecida, rodava cantando, sem ligar importância para os elogios que se lhe faziam:
>
> — Boa invenção! — comentava o coronel Benevenuto, do Catulé. — Fala como uma pessoa. Sem dúvida é a maió invenção que os home já fez.

---

[52] *Ibid.*, pp. 95-6.

[53] *Ibid.*, p. 95. O *besta-é-tu* é o nome pelo qual se conhece ainda hoje nos meios populares da Bahia um velho método de aprendizado de violão, cujo exercício inicial produz sons que, pela repetição, sugerem a onomatopéia *besta é tu/ besta é tu...*

[...]

A vitrola tocava uma canção qualquer.

Benevenuto, ouvido atento, deslumbrava-se:

— Formidável! Maravilhoso! Um pedaço de ferro-falá!

E, meio triste:

— Isso é um fim de mundo... É...[54]

Assim, considerando que desde Lauro Palhano até Inácio de Menezes e Clóvis Amorim o interesse do romance de ambientes baianos da década de trinta ainda permanecia ligado à vida nas áreas do São Francisco ou do Recôncavo, onde a cultura rural, tradicional, continuava a reagir fortemente às novas influências da cidade, seria o quase desconhecido romancista Souza Carneiro quem, com seu livro *Meu menino*, efetuaria em 1934 a transição para aqueles tipos de histórias que a partir do romance *Suor*, de Jorge Amado — por coincidência editado naquele mesmo ano —, tomariam a capital baiana, Salvador, como cenário exclusivo das descrições de costumes e músicas do povo, já agora sob o prisma do neo-realismo social.

Souza Carneiro, por sinal, intitulava-se neo-regionalista, e em *Meu menino*, sua primeira incursão na literatura de ficção, constava a indicação "Romance do último quarto do século XIX", pois o livro inscrevia-se em um projeto de romance cíclico que incluiria ainda os livros *Mãe Salu*, "Romance da última metade do século XIX", *Iá mulata*, e *Furundungo*, "Época — Primeiro quarto do século XX", todos incluídos em 1934 em série programada pelo editor Andersen, do Rio de Janeiro, sob o título de Biblioteca Brasileira de Tradições — no melhor espírito do Congresso Regionalista do Recife.

O romance *Meu menino*, de Souza Carneiro, tendo como epígrafe a frase do dicionarista Macedo Soares — "Já é tempo dos

---

[54] *Ibid.*, p. 154.

brasileiros escreverem como se fala no Brasil, e não como se escreve em Portugal" —, era na realidade um romance de costumes de molde tradicional, embora disfarçado pela novidade das frases curtas e o emprego de um mínimo de verbos, com a intenção evidente de substantivar a ação e reforçar a impressão visual das cenas descritas, como seria exemplo a do enterro do comendador Benevides, logo ao início do livro:

> Os convidados começaram a chegar. Sisudos. Vestidos como Cabé. Na grande exposição das roupas pretas e dos chapéus de pêlo. Procuravam a viúva. Pêsames. Condolências. Termos empolados. Esmero nos tempos dos verbos, no plural dos substantivos, na propriedade dos termos. Os *s* finais puxados na fieira. Repetiam todos o *Manual do bom tom*. Um pedantismo seboso de ilustração, de delicadezas, de sentimentos.[55]

A história de Toinha, viúva virgem do ex-caixeiro do pai (casara obrigada e jamais se entregara ao marido, por anos, mantendo-se assim fiel ao namorado de infância, o médico Martim Botelho), tinha como ambiente o bairro popular de Itapagipe, e dava pretexto ao autor — conhecido por seus trabalhos na área do folclore do negro no Brasil — para uma enumeração de casos de crendice e de hábitos comuns entre as camadas mais baixas da capital baiana.

Graças a essa preocupação anedótica de Souza Carneiro, o romance *Meu menino* registraria para a história da cultura popular urbana da Bahia uma fiel e movimentada série de quadros das festas das novenas do Bonfim dos fins do século XIX, em um tempo em que a iluminação ainda era a gás e, à noite, no largo da igreja, exibiam-se as bandas de música em desafios marciais

[55] Souza Carneiro, *Meu menino*, Rio de Janeiro, Andersen, 1934, pp. 19-20.

nos coretos: "Num, a banda dos menores de São Joaquim. Noutro, a Lira de Apolo. Desafios antes e depois da reza".[56]

Com a segurança de um memorialista de fatos de sua própria infância e juventude, Souza Carneiro lembra sucessivamente a chegada dos romeiros de pontos distantes da cidade ou do Recôncavo ao som de filarmônicas e de "bandas de barbeiros";[57] os sermões do padre Luís de França (conhecido pelo povo pelo apelido de Padre Meninico, e que "dançava até em candomblé"), e, finalmente, o samba que começava ao ritmo dos cabos de colheres e faquinhas de cortar fumo batendo nos pratos de servir vatapá e caruru. E anota, então:

> Desde essa hora a festa de rua começava. A Cidade mudava-se quase toda para Itapagipe. Ia render homenagens ao Senhor do Bonfim...
>
> As amantes dos brancos iam também:
>
> — Cinco dias de fonção.[58]

E era quando tiradores de sambas cantavam, formando rodas:

> *Toca o samba pra diente*
> *Que não se morre mais!*
> *Não se morre, não!*
> *Sem samba não hai fonção,*

---

[56] *Ibid.*, p. 88. Os desafios de bandas de música, aproveitando o pretexto das festas de igreja, foram comuns nas grandes cidades brasileiras até os primeiros anos do século XX, e muitas vezes as competições acabavam em pancadaria, como aconteceu em 1906 no Rio de Janeiro diante da Igreja de Santa Rita. Sobre essa rivalidade entre as bandas, ver José Ramos Tinhorão, *Música popular: os sons que vêm da rua*, edição citada.

[57] Sobre o papel das bandas formadas por barbeiros desde o Império até os primeiros anos da República, ver o capítulo "Música de barbeiros", em José Ramos Tinhorão, *Música popular: os sons que vêm da rua*, edição citada.

[58] A. J. de Souza Carneiro, *op. cit.*, p. 95.

Toca o samba, minha gente,
Que nós é de paz.[59]

No chamado Sábado do Bonfim, os ranchos compareciam com seus nomes de bichos — *A borboleta*; *O garrião*; *O bem-te-vi*; *O cavalo-marinho* —; "a letra dos cantos, infame. Sem nexo", cantadas ao som de instrumentos de corda, pandeiros, flautas e agogôs, com o povo acorrendo para ver principalmente o porta-estandarte (geralmente homem, como anota o romancista) que levava as insígnias, representadas por um bicho:

> Diante do portão da igreja, abaixava-se. Suspendia-se. Cambava, pra direita, pra esquerda. Houvesse espaço pros lados! Rasgava o chão com o pé direito. Agradava: — Bravos! Palmas. U'a medalha. O rancho calava-se. Descia a ladeira da Lenha. Pra casa do *pato*. De seu Piroca. De seu Manezinho. No Poço. No Bogarim. Na rua da Vitória. Na Penha.[60]

O domingo era o "dia do luxo", os fiéis indo à missa de roupa nova e os namorados tomando parte nos leilões, à noite, no adro depois das ladainhas. Até que, finalmente, vinha a esperada segunda-feira do Bonfim, o dia da festa não mais do santo dos brancos, mas do povo de Oxalá:

> Segunda-feira, viva! Dia de baiano. O baiano é filho de Oxalá. Do Senhor do Bonfim. Dia em que as mágoas não existem. Nada de etiquetas. Nada de modas.
>
> [...]
>
> — Pra Ribeira, perequetés!
>
> — Hoje até ingrês é mulato!

---

[59] *Ibid.*, p. 96.

[60] *Ibid.*, pp. 98-9.

> Itapagipe inteiro, uma família só. Todos pequenos, todos iguais. Nem senhores, nem escravos. Nem patrões, nem servidores. Nem sábios, nem analfabetos.[61]

Segundo registrava o romancista, até os filhos-família aproveitavam para misturar-se com o povo reunido no Itapagipe nesse dia, e cantavam com as carvoeiras de São Francisco:

> *Macaco me lamba*
> *Se eu vi você*
> *Cheirando a mutamba,*
> *Seu zabelê.*[62]

À noite, marcando o fim da semana das festas do Bonfim, havia bailes nas casas de famílias da classe média suburbana, com o pianista, "um moleque de croazê" fazendo-se de rogado, "fingindo má vontade", até que a dona da casa o conduzia pelo braço ao banquinho do piano:

> Rodava o mocho. Sentava-se. Um charuto apagado nos queixos. Lascava os dedos nas teclas brancas do piano:
>
> — Valsa!
>
> Baiana. Da manimolência. Dava a idéia de que se ia voar.[63]

Neste ponto, como bom observador, o romancista não deixava de registrar o toque de delicadeza que viria a constituir-se — como já se viu — numa espécie de requinte de elegância na eti-

---

[61] *Ibid.*, p. 100.

[62] *Ibid.*, p. 101. Sobre a festa da segunda-feira do Bonfim na Bahia e sua importância como centro de música popular, ver José Ramos Tinhorão, *Música popular: os sons que vêm da rua*, edição citada.

[63] *Ibid.*, p. 103.

queta dos bailes populares com predominância de negros e mestiços, e até hoje seguida pelos dançarinos de gafieiras do Rio e de São Paulo: a presença do lenço evitando a passagem do suor para a mão da dama.

> O dançarino também usava lenço. Tirava-o do bolsinho de cima do casaco. Agitava-o para a infeliz sentir o perfume estonteante. Acertava-o na palma da mão direita. Dava o braço à dama. Tomava-a depois pela cintura. Ajustavam os primeiros passos. Lá se iam fazendo quilômetros em minutos.[64]

É, porém, na descrição do entrudo — o carnaval cultivado entre o povo nos últimos vinte anos do século XIX, ainda à base das seringadas de água e das cargas de farinha de trigo —, que Souza Carneiro vai contribuir com as informações de maior interesse para o levantamento das músicas tradicionais dessa festa das cidades. E começava, desde logo, com a importante informação de que — naturalmente por pressão das novas camadas da classe média — o entrudo do povo miúdo começava naquele final de século na Bahia a ceder espaço para o moderno carnaval das *famílias*:

> Os hábitos coloniais já começavam a sofrer os efeitos da civilização. Até o meio-dia, o Entrudo. Depois, o Carnaval.
>
> Os caretas, em bandos. Fantasiados de índios mansos. De morte. De Satanás. De padre. Baixas tremendas na vida alheia. Os podres dos namoros, no olho da rua. Os segredos dos maridos, no conhecimento das mulheres. Os das mulheres, na boca do povo. Escandalosos pormenores.
>
> As mulatas saíam, *pra ver*. Máscaras de meia cara. Com os oiros. As saias de boca. Os xales ricos. Os pés

[64] *Ibid.*, p. 104.

areados. Os dedos carregados de anéis. No tom. Na esperteza dos olhos buliçosos. Juntavam-se às crioulas. Iam dar um arzinho de suas graças. Esquentavam o samba:

ê-ê
Pega no cabo
Do catimbau.
ê-ê
Não pego não
Seu Nicolau.

Na cidade, a transição. Um Carnaval de famílias. De poetas. De eruditos. De estetas. De gente abastada. Clubes ainda na infância. O dinheiro deslumbrando. Sacando o classicismo para o futuro. Nada do atual. Do antigo, tudo. De séculos antes do Cristianismo. A pompa. O esplendor. Carros mandados vir de Nice. Arautos. Esfinges. Símbolos. Deuses. Falenas. Guardas dos templos.

A cidade em delírio:

— Viva os Fantoches!

— Viva Cruz Vermelha!

Palmas. Partidos. Hinos. Marchas. O sol brilhava no ouro das vestimentas. Dos estandartes. Dos enfeites. Nas lantejoulas. Nos metais. Nos instrumentos das charangas.

À noite, fogos de bengala. Iluminavam os préstitos, mas sufocavam os entusiastas. Queimavam vestidos caros.

Martim, de braço dado com Toinha e Noca. Debica delas. Uma, Fantoches. A outra, Cruz Vermelha. Ele, não:

— Eu sou do samba![65]

---

[65] *Ibid.*, pp. 125-6.

Bem interpretado o diálogo queria dizer que as mulheres, Toinha e Noca, tinham seu interesse dirigido ao carnaval da classe média, novo estilo, com seus carros alegóricos imitados dos desfiles do Rio de Janeiro (que, por sua vez, começaram imitando os da Europa), enquanto Martim, médico dos pobres, identificava-se com o povo, preferindo a brincadeira da gente de pé no chão, ou seja, o samba.

E essa gente, segundo mostra o autor de *Meu menino*, não perdia oportunidade na Bahia de fins do século XIX para armar suas rodas de brincadeira. Mal terminado o carnaval, era a vez das comemorações do 13 de Maio, a data da libertação dos escravos, ainda tão viva na memória dos contemporâneos:

> Aleluia! Uma barulheira infernal. Repique de sinos. Salvas de fortalezas, de canhoneiras, de fragatas, de batalhões, dos menores dos arsenais. Valentões atirando pro ar. Bandas de música pelas ruas. Foguetes. Bombas. Missas. Meninos esbordoando latas, bacias velhas, o que achavam. Bandeiras nos mastros. Sinetas. Chocalhos. Campas. As mulheres assanhadas, batendo coxas, tocando pandeiros. Crioulas dançando pelas ruas, com os tabuleiros cheios de vendas, falando línguas da África. Mulatas atirando beijos às brancas. Negros do cais sambando.
>
> *Não sou mulambo,*
> *mafuá.*
> *Farinha na cuia,*
> *mafuá.*
> *Sou bom no samba,*
> *mafuá.*
> *Pra romper a lelúia,*
> *mafuá.*[66]

[66] *Ibid.*, pp. 146-7.

E Souza Carneiro explicava o sentido da palavra mafuá:

> Mafuá: — lingüiça com ovos. Pra espancar o jejum e esquecer o azeite da Semana Santa. Mafuá com farinha pra entupir a tripa e dar força à gaita do peito. O mafuá dos Botelhos, coisa boa. De quem sabe comer. Lingüiça ralada. Tempero ralado. Ovos batidos. Martim dividiu o bolo cantando o sambinha:
>
> *Deixa a gente, vatapá.*
> *A pança quer é mafuá.*[67]

Na casa dos Botelhos, aliás, além do mafuá tradicional, haveria as brincadeiras típicas das casas de família: "música de quinteto" e "solo inglês, dança da moda".[68]

Nesse ponto de seu romance, por sinal, Souza Carneiro deixa antever a riqueza da vida musical na capital baiana pelo fim do século XIX, pois, além dos sambas do povo da cidade, das novidades musicais cultivadas pela classe média, como era o caso dessa dança do solo inglês, havia ainda os ritmos e cantos dos sertanejos atraídos em levas crescentes para a capital, após a desorganização do trabalho nos latifúndios conseqüente da abolição da escravidão:

> Noca perdeu a aposta. Pagou-a ali mesmo: — cantaram e sapatearam como no sertão:
>
> *Chô marruáas, chô bezerro,*
> *Chô cem vaca da maiada,*
> *Cês vem daqueles cerro*
> *Pra caí na vaquejada.*
>
> Palmas. Bis. Máscaras abaixo daí por diante.[69]

---

[67] *Ibid.*, p. 147.

[68] *Ibid.*, p. 149.

[69] *Ibid.*, p. 148.

Seria, no fundo, essa mesma realidade que o escritor Jorge Amado viria a encontrar meio século mais tarde, nos cortiços das proximidades da ladeira do Pelourinho retratados no romance *Suor*, de 1934, já agora com a presença dos sertanejos cearenses tocados pela seca, e atraídos para o sul da Bahia pela miragem do trabalho nas plantações de cacau, esse cacau tão falado "que a tantos enriquecera".[1]

Depois de instalados provisoriamente ao relento no pátio do cortiço do K. T. Espero (pagando 30 mil-réis ao turco locador, seu Samara, que ainda julgava fazer caridade), os emigrantes que em *Suor* reviviam o drama dos sertanejos, antevisto em *Meu menino*, ainda encontravam forças para afirmar sua cultura regional naquele meio estranho, acabando por conquistar a adesão da gente da cidade — afinal tão simples e miserável quanto eles:

> Apareceram violões. Cantaram cocos da terra distante e desafios de cantadores célebres. As lavadeiras esqueceram a zanga e se aproximaram.
>
> *... e fiz tanta estrepolia*
> *que o reis mandou me chamá*
> *pra casá com sua fia.*
> *O dote qu'ele me dava:*
> *Oropa, França e Bahia...*

---

[1] Jorge Amado, *Suor*, 9ª edição, São Paulo, Martins, 1961, p. 386.

Uma moça dançava o passo miudinho do coco. Os homens batiam com as mãos. A voz do cearense continuava:

... e eu disse que não queria...

As lavadeiras se aproximavam cada vez mais. Afinal, Vitória não resistiu e caiu na dança. Uma harmônica, tocada por mãos hábeis, completou a orquestra. O homem que tocava dançava também, a harmônica se estirando e se encolhendo, a música como que acompanhando a dança do homem.

... o dote que ele me dava
Oropa, França e Bahia...

Flagelados e lavadeiras dançavam, esquecidos de tudo. De repente, a música parou para recomeçar logo:

Olha o coco das Alagoas!
Olha o coco das Alagoas!

E se requebravam o corpo dobrado em umbigadas, os olhos vivos, os dedos ágeis no violão. Esquecidos da escravidão de que vinham, sem pensar na escravidão para que marchavam:

Olha o coco das Alagoas![2]

Nesse mesmo romance *Suor* em que antecipava de certa maneira, em 1934, o futuro aproveitamento do filão de histórias urbanas de Salvador iniciado em 1966 com *Dona Flor e seus dois*

---

[2] *Ibid.*, p. 384.

maridos, e coroado em 1969 com o romance *Tenda dos milagres* (o melhor elogio já feito à instituição cultural do povo brasileiro, em oposição ao alienado e academizante saber oficial das elites), Jorge Amado não deixa ainda de captar um pequeno grande drama urbano, ligado à tendência desumanizante da evolução da tecnologia, na área da indústria do lazer: o caso do velho violinista de cinema mudo, professor Borges, desempregado ante o aparecimento do cinema falado[3]: "Tocara num reles café uns dias, mas fora substituído por um rádio. E para a família não passar fome, vendia pules de bicho".[4]

Era de fato o drama do esmagamento da personalidade de um homem que, amante da música em nível erudito, já fora obrigado a descer na hierarquia da informação musical, tocando gêneros de música de massa para sobreviver, e agora, sem emprego, se via obrigado inclusive a tirar a filha moça do conservatório "onde ela ia tão bem, no sexto ano": "Seus pés bateram no caderno de sambas. Agarrou-o com ódio e o rasgou em pedaços. Sambas... Foxes... E talvez já tivesse esquecido as suas músicas queridas [...]".[5]

A retomada das descrições do carnaval da capital baiana no romance *Dona Flor e seus dois maridos*, entretanto, é que vai situar Jorge Amado entre os bons fixadores de cenas da vida popular ligadas à produção de música popular.

Embora a história de Dona Flor transcorra toda praticamente em ambientes de classe média, a própria cena de carnaval que abre o romance, com Vadinho aderindo a um bloco de rua para cair

---

[3] Sobre o problema das relações entre a cultura popular e o crescente poder de imposição de padrões estrangeiros, no bojo das inovações da tecnologia na área das diversões, nos países subdesenvolvidos, ver José Ramos Tinhorão, *Música popular: teatro & cinema*, e, também, num estudo mais detido, *Música popular: do gramofone ao rádio e TV*, São Paulo, Ática, 1981.

[4] Jorge Amado, *op. cit.*, p. 355.

[5] *Ibid.*

morto, de repente, em meio a "floreios e umbigadas", serve para mostrar desde logo o fenômeno da existência de uma participação direta da gente das camadas médias da cidade na brincadeira do povo na Bahia:

> Vadinho, o primeiro marido de dona Flor, morreu num domingo de carnaval, pela manhã, quando, fantasiado de baiana, sambava num bloco, na maior animação, no Largo Dois de Julho, não longe de sua casa. Não pertencia ao bloco, acabara de nele misturar-se, em companhia de mais quatro amigos, todos com traje de baiana, e vinham de um bar no Cabeça onde o uísque correra farto à custa de um certo Moisés Alves, fazendeiro de cacau, rico e perdulário.[6]

O romancista não se refere à música cantada pelos componentes do bloco, mas conta que "Vadinho caiu no samba com aquele exemplar entusiasmo, característico de tudo quanto fazia, exceto trabalhar".[7]

O aproveitamento do clima carnavalesco como ponto de partida para a "esotérica e comovente história vivida por Dona Flor", como o define o próprio romancista no preâmbulo do livro, revelava em Jorge Amado o propósito de tomar o carnaval ainda uma vez pelo seu lado alegórico, mas agora em sentido órfico, semelhante ao que pouco mais de dez anos antes o poeta Vinicius de Morais usara ao aproveitar o mito grego de Orfeu para sua peça *Orfeu da Conceição*, ambientada no carnaval carioca. Porém, se em *Dona Flor e seus dois maridos* Jorge Amado reduz suas referências envolvendo música popular a essa cena de Vadinho sambando para a morte, e às eventuais citações de nomes de cantores como

---

[6] Jorge Amado, *Dona Flor e seus dois maridos*, São Paulo, Martins, 1966, p. 21.

[7] *Ibid.*, pp. 21-2.

Sílvio Caldas (a quem Vadinho é apresentado no Cassino da Urca, no Rio, durante a década de 1940, pelo compositor baiano Dorival Caymmi), e finalmente aos versos de uma rancheira de Lamartine Babo cantada no romance pelas irmãs Catunda, no Palace Hotel:

> *Vou dançar a noite inteira*
> *Rancheira...*
> *Rancheira...*[8]

já no romance *Tenda dos milagres* o sentido alegórico se inverte, e é a evocação de Pedro Arcanjo, o estudioso do povo, que obriga o romancista a informar-se objetivamente sobre a história do carnaval na Bahia, a fim de mostrar-se à altura do espírito científico do personagem que criara.

Nessa necessidade de documentação, Jorge Amado contaria com a colaboração do estudioso da vida popular baiana Waldeloir Rego, que lhe cedeu dados sobre fatos do carnaval de Salvador pesquisados em jornais de fins do século XIX e inícios do século XX, e que aproveitaria no capítulo "Onde se conta de entrudos, brigas de ruas e outras mágicas, com mulatas, negros e sueca (que em verdade era finlandesa)". Graças a isso, fica-se sabendo, por exemplo, que em 1904 os grupos de afoxés foram proibidos de sair no carnaval de Salvador sob pretexto de combate ao "crime, ao deboche e à desordem", só voltando às ruas em 1918.

Naquele ano de proibição, 1904, já agora segundo a ficção do romancista, só o intelectual do povo Pedro Arcanjo ousou desafiar a ordem policial, pondo na rua o afoxé Filhos da Bahia, que tinha por tema a "República libertária dos Palmares", e alcançava um sucesso

> [...] que não obteve sequer o Afoxé da Embaixada Africana, quando, em 1895, pela primeira vez se apre-

[8] *Ibid.*, p. 202. Os versos citados são da rancheira de Lamartine Babo "Baboseira...", por ele mesmo gravada em 1932, em disco Victor nº 33.503-B.

sentou, mostrando a corte mirífica de Oxalá. Tampouco três anos depois [ou seja, 1898], ao exibir na cidade a corte do último rei do Daomé, Sua Majestade Pretíssima Agô Li Agbô. Nem os Pândegos da África, com o soba Lagossi e seu ritual angola. Nem os Filhos da Aldeia, em 1898, afoxé de caboclo, deslumbrante novidade que arrancou aplausos e elogios. Nenhum capaz de comparar-se aos Filhos da Bahia, no ano da proibição.[9]

O afoxé, equivalente baiano e carioca dos maracatus de Pernambuco, figura nos carnavais como um desfile à parte, meio pagão, meio religioso, dadas as ligações de seus componentes — invariavelmente negros e mulatos escuros — com os terreiros de candomblé.

Essa ligação é apontada também no romance *Tenda dos milagres*, quando Jorge Amado afirma que Pedro Arcanjo, tendo revivido seu desafiador afoxé Filhos da Bahia em 1918 apenas como Troça Carnavalesca, por ter perdido a motivação do protesto, ainda concorda em participar "a pedido de mãe Aninha, da Diretoria dos Pândegos da África quando seu glorioso estandarte voltou a percorrer o Carnaval, levantado nas mãos de Bibiano Cupim, axogum do candomblé dos Gantois".[10]

O romancista, aliás, contribuindo pessoalmente neste ponto não apenas para a história dos afoxés — até hoje tão pouco estudados —, mas também para o esclarecimento do espírito de afirmação cultural negro-brasileiro-africano que os anima, mos-

---

[9] Jorge Amado, *Tenda dos milagres*, São Paulo, Martins, 1969, pp. 89-90.

[10] *Ibid.*, p. 92. A informação de Jorge Amado confere com depoimento prestado ao folclorista e antropólogo Édison Carneiro na década de 1950 pelo velho folião Hilário Remídio das Virgens, e que figura no capítulo "Afoxé da Bahia", do livro *Folguedos tradicionais*, coleção Temas Brasileiros, nº 17, Rio de Janeiro, Conquista, 1974. Segundo esclarece Édison Carneiro, Bibiano Cupim era "açougueiro e banqueiro de bicho".

tra com larga visão sociológica em seu romance *Tenda dos milagres* como esses grupamentos de descendentes de escravos chegaram a assumir o papel de elementos conscientes de oposição à cultura oficial:

> Afoxé significa encantamento, e o primeiro de todos, o inicial, fora posto em mãos de Pedro Arcanjo, por Majé Bassan, a temível: Arcanjo viera lhe comunicar a decisão e pedir bênção e conselho. Lídio Corró, José Aussá, Manuel de Praxedes, Budião, Sabina e ele, de acordo com um pessoal animado do Tororó, pretendiam organizar uma Folia Carnavalesca, a Embaixada Africana, em honra dos encantados e para exibir no entrudo a civilização de onde provinham negros e mulatos.[11]

Por fundamento da Embaixada (e fundamento, aqui, no sentido negro-religioso da palavra, significando o mistério inicial de tudo, o axé), mãe Majé Bassan "trouxe o pequeno chifre de carneiro, encastoado em prata, contendo o axé, o alicerce do mundo". E o romancista acrescenta, referindo-se à fala da ialorixá Majé Bassan, na transmissão do fundamento à nova organização:

> Este é o afoxé, disse, e sem ele ou outro igual em fundamento, nenhuma Folia ou Troça de Carnaval deve sair à rua nem atrever-se.
>
> Este é o afoxé, o encantamento — repetiu e o colocou nas mãos de Pedro Arcanjo.[12]

Está claro que, na realidade, uma personagem como Majé Bassan não teria necessidade de reiterar com tantas frases escla-

---

[11] *Ibid.*, p. 92.

[12] *Ibid.*

recedoras a significação do ato religioso por ela presidido, mas, de qualquer forma — compreendida a intenção do romancista de tornar claro o sentido do que escreve —, já se pode perceber a enorme diferença de enfoque da cultura popular negro-brasileira entre Jorge Amado e autores elitistas como José de Alencar ou Graça Aranha.

É essa compreensão da cultura do povo baiano por parte do autor de *Tenda dos milagres* que lhe permite ainda pôr em evidência o verdadeiro sentido de classe das críticas a tais organizações carnavalescas de gente das camadas mais baixas de Salvador, nada por acaso formadas principalmente por negros descendentes de escravos da época imperial:

> A Embaixada Africana, o primeiro afoxé a vir disputar a preferência e os aplausos na praça pública — enfrentando as Grandes Sociedades, a todo-poderosa Cruz Vermelha, o monumental Congresso de Vulcano, os Fantoches da Euterpe, os Inocentes em Progresso —, mestre-de-cerimônia, coreógrafo sem igual. A seu aviso, o Dançador, Valdeloir, um rapaz de Tororó, suspendia o afoxé e tirava o canto:
>
> *Afoxé loni*
> *E loni*
> *Afoxé ê loni é*
>
> O coro ia avante, na cantiga e na dança:
>
> *E loni ô imamlê é.*
>
> Tem encantamento hoje, diziam, hoje tem encantamento. A Corte de Oxalá, tema escolhido para o préstito, obteve tal sucesso que já no ano seguinte o Afoxé dos Pândegos de África juntava-se à Embaixada, fundado e dirigido por uma gente de nação angola, com

> sede em Santo Antônio Além do Carmo. Mais um ano e eram cinco a entoar o canto dos negros e mulatos, até então reduzido ao esconso das macumbas — e o samba nas ruas foi de todos.
>
> Tão do agrado de todos esse canto dos negros, esse samba-de-roda, a dança, o batuque, o sortilégio dos afoxés — que outro jeito senão proibi-los?[13]

Na verdade, segundo anotaria também o romancista, "durante os primeiros anos do novo século, a campanha de imprensa contra os afoxés cresceu violenta e sistemática a cada sucesso dos 'cordões africanos' e a cada fracasso das Grandes Sociedades Carnavalescas — com a Grécia Antiga, com Luís XV, com Catarina de Médicis —, ai-jesus dos senhores do comércio, dos doutores, dos ricos".[14]

E Jorge Amado encaixa no texto de seu romance, com oportuno espírito documental, o trecho de um artigo do *Jornal de Notícias*, de Salvador, "poderoso órgão das classes conservadoras":

> A autoridade deveria proibir esses batuques e candomblés, que, em grande quantidade, alastram as ruas nesses dias, produzindo essa enorme barulhada, sem tom nem som, como se estivéssemos na Quinta das Bestas ou no Engenho Velho, assim como essa mascarada vestida de saia e torso, entoando o abominável samba, pois que tudo isso é incompatível com o nosso estado de civilização.[15]

E o romancista podia concluir apontando com a maior exatidão o verdadeiro sentido de classe de tal tipo de raciocínio, co-

---

[13] *Ibid.*, pp. 92-3.

[14] *Ibid.*, p. 93.

[15] *Ibid.*

mum entre as camadas brancas da classe média para cima, na Bahia do início do século XX:

> Alastravam as ruas os afoxés, a corromper, a envilecer. O povo, nos requebros do samba, já não tinha olhos nem admiração para os carros alegóricos das Grandes Sociedades, para seus temas da corte da França; distante o tempo "quando o entusiasmo explodia à passagem dos clubes vitoriosos, monopolizando todas as atenções". O editorialista exigia providências radicais: "O que será o Carnaval de 1902, se a polícia não providenciar para que nossas ruas não apresentem o aspecto desses terreiros onde o fetichismo impera com o seu cortejo de ogãs e sua orquestra de ganzás e pandeiros?".[16]

Assim, quando no ano seguinte, 1903, "treze afoxés de negros e mulatos desfilaram seus cortejos portentosos ('Romperão o préstito, atroando os ares com estridentes notas de seus instrumentos, *Dois Clarins*, os quais envergarão *Lindos Costumes de Túnis* como propalam os maldizentes' — assim começava o manifesto do povo, de um dos afoxés)", os jornais só tiveram que confirmar o temor de classe implícito em suas críticas, para obter da polícia a proibição dos desfiles de afoxés a partir de 1904 na Bahia:

> A polícia finalmente agiu em defesa da civilização e da moral, da família, da ordem, do regime, da sociedade ameaçada e das Grandes Sociedades, com seus carros e graciosos préstitos de elite: proibiu os afoxés, o batuque, o samba, "a exibição de clubes de costumes africanos".[17]

---

[16] *Ibid.*

[17] *Ibid.*, p. 94.

Na verdade, como observou Édison Carneiro em seu levantamento sobre a origem dos afoxés do carnaval baiano, incluído no volume *Folguedos populares* (e aliás, o próprio manifesto do afoxé de 1903 citado por Jorge Amado o comprova, com sua referência aos clarins abrindo o cortejo), esse tipo de grupamento carnavalesco surgiu imitando as *passeatas* dos foliões brancos da classe média (e os Pândegos da África ainda em 1896 usavam carros alegóricos, como as Grandes Sociedades), para progressivamente ir adotando maiores características de cultura negro-brasileira, o que acabaria por assustar as autoridades e pessoas da elite branca a partir do início do século XX.

Essa compreensão do verdadeiro sentido sócio-cultural do carnaval — festa que, para os humildes, ao contrário de uma alegoria, é talvez a única oportunidade concreta de realização de muitas de suas aspirações sopitadas (de alegria, de fantasia, de desejo de afirmação, de superação das frustrações etc.) — permite, afinal, ao autor de *Tenda dos milagres* terminar seu romance fundindo ficção e realidade num clima de simbolismo que, pela primeira vez, não traía a verdade do espírito do carnaval. Pedro Arcanjo, talento do povo ignorado pelas elites do país subdesenvolvido (e por elas mesmas transformado em mito como resposta a informações partidas de suas matrizes culturais), pode ser afinal publicamente cantado em coro por sua gente, ao ser transformado em enredo de desfile de escola de samba:

> No carnaval de 1969, a Escola de Samba Filhos do Tororó levou às ruas o enredo "Pedro Arcanjo em Quatro Tempos", obteve grande sucesso e alguns prêmios. Ao som do samba-enredo de Valdir Lima, vitorioso sobre cinco ótimos concorrentes da ala dos compositores, a Escola desfilou pela cidade a cantar:
>
> *Escritor emocionante*
> *Realista sensacional*
> *Deslumbrou o mundo*

Oh! Pedro Arcanjo genial
Sua vida em quatro tempos
Apresentamos neste carnaval[18]

Assim, ao menos pela fantasia, todos podem por um momento dar corpo à mitologia das virtudes do povo, enfim reconhecidas, e das quais Pedro Arcanjo em todo o livro é apenas o símbolo:

> Capoeiristas, filhas-de-santo, iaôs, pastoras, orixás, o terno de Reis e o Afoxé, passistas e formosas cantam, dançam e abrem alas. Mestre Pedro Arcanjo Ojubá pede passagem:
>
> *Glória glória*
> *Glória glória.*
>
> Pedro Arcanjo Ojubá vem dançando, não é um só, é vário, numeroso, múltiplo, velho, quarentão, moço, rapazola, andarilho, dançador, boa-prosa, bom no trago, rebelde, sedicioso, grevista, arruaceiro, tocador de violão e cavaquinho, namorado, terno amante, pai-dégua, escritor, sábio, um feiticeiro.
> Todos pobres, pardos e paisanos.[19]

Trinta e cinco anos depois de estrear na literatura brasileira pela história de ambiente artificialmente carioca de *O país do carnaval*, Jorge Amado chegava desta maneira, em *Tenda dos milagres*, ao verdadeiro romance do povo da sua terra, a Bahia, ao decifrar, afinal, o verdadeiro sentido da alegoria do carnaval, antes tomado por tantos escritores (inclusive ele próprio) pelo lado enganoso de quem só conseguia enxergar a festa de fora.

---

[18] *Ibid.*, p. 372.

[19] *Ibid.*, pp. 373-4.

MARQUES REBELO E O ROMANCE DO POVO CARIOCA

No Rio de Janeiro, um escritor que conseguia identificar-se com o verdadeiro espírito das camadas populares desde seu livro de estréia, em 1935, foi o romancista Marques Rebelo. Um dos quatro vencedores do Grande Prêmio de Romance Machado de Assis, de 1934 (os outros foram Érico Veríssimo com *Música ao longe*, João Alphonsus Guimarães, com *Totônio Pacheco*, e Dionélio Machado com *Os ratos*), Marques Rebelo coloca em cena no romance *Marafa* alguns tipos cariocas que o situam desde logo na linha dos mais fiéis fixadores da vida da baixa classe média e dos subempregados do Rio de Janeiro, desde Manuel Antônio de Almeida até Lima Barreto.

Inscrito no concurso da Companhia Editora Nacional, com patrocínio da Academia Brasileira de Letras, sob o título inicial de *Romance branco* — que, na verdade, nada dizia do conteúdo —, o livro do estreante José Maria Nocaute (pseudônimo de Marques Rebelo no concurso) iria revelar a partir do nome com que viria afinal a ser editado em 1935 o seu verdadeiro clima: *Marafa*. Marafa, gíria carioca, era apócope de marafona (prostituta), palavra que por aquela altura da década de 1930 ganhava, por extensão, o sentido de "vida libertina desregrada".[1]

A história de *Marafa*, passada parte em meios de prostituição e malandragem — casas de mulheres, bares, ginásios de boxe,

---

[1] Essa seria, aliás, a definição do próprio romancista para o termo *Marafa*, ao preparar o vocabulário de termos não-dicionarizados incluído como apêndice à 2ª edição de seu romance (Rio de Janeiro, Empresa Gráfica "O Cruzeiro", 1974).

clubes carnavalescos, antros de jogo —, parte em escritórios de pequenas firmas, em casas modestas (como a do velho Rodrigues, com sua paisagem marinha pintada na parede da varanda) e em enfermarias de hospitais, permitia ao romancista estreante fazer do Rio de Janeiro e de seu povo o mais constante personagem do romance. E, de fato, ao iniciar-se a história, antes mesmo de apresentar pelo nome o personagem trovador de rua, o fabuloso malandro Teixeirinha, é como se a própria cidade cantasse pela voz anônima mostrada a soar no silêncio de fim de noite:

> A madrugada não tardava. De luzes apagadas, dentro da névoa rala, a rua das mulheres dormia finalmente. Cai, não cai, o homem bêbado vinha cantando. Apoiava-se ao companheiro, que gemia no violão, e de cabeça tombada para o lado cantava sempre. Parou na esquina e cresceu mais a voz na valsa seresteira:
>
> *Com o vestido de baile das estrelas,*
> *vem a noite dançar no teu jardim.*
> *Abre a tua janela para vê-las,*
> *que as estrelas do céu falam de mim.*
>
> A voz não é boa, mas tem o tom inconsciente e apaixonado de um apelo. Ela atendeu como a um chamado. Abriu a rótula — espiou. Fazia frio. Mais que frio, uma umidade penetrante. Ela não sentiu. Era magro o homem e mal se agüentava nas pernas:
>
> *Lua! Freira do céu! Irmã das dores!*
> *Pára em cima da casa onde ela está!*
>
> Encostado no poste, o companheiro dedilhava, chapéu cobrindo os olhos, cigarro escorrendo no canto da boca amarga. Ela saiu, chegou-se fascinada. A combinação vermelha é a única peça sobre o corpo; traz

as coxas de fora e a gaforinha eriçada. O homem bem a viu; com os olhos fechados acabava num lamento, o camarada imperturbável, acompanhando:

> *Diz que eu sou infeliz nos meus amores,*
> *e que infeliz como eu assim não há!*

Acabou. Como se o cantar fosse o seu equilíbrio, caiu. Ela amparou-o:

— Vem comigo.

O trovador dormia derramado nos ombros nus, babando. Foi levado. Caiu de borco na cama de travesseiros altos. Ela voltou. Disse um adeus ao companheiro — ele fica. O rapaz partiu sem resposta. Mal a olhara. Ia indiferente, de novo tocando pela rua sem ninguém. Ela cerrou a rótula. O violão sumia.[2]

Mal julgado — inclusive pelo próprio autor, que dizia preferir seu segundo romance, *A estrela sobe*, de 1939 —,[3] *Marafa* pode ser lido hoje como um dos mais perfeitos documentos de

---

[2] Marques Rebelo (pseudônimo literário de Edy Dias da Cruz, Rio de Janeiro, 1907-1973), *Marafa*, São Paulo, Companhia Editora Nacional, pp. 7-8.

[3] Em entrevista ao repórter Antônio Rocha, publicada no suplemento Letras e Artes, do jornal *Diário Carioca*, 07/02/1954, Marques Rebelo declarava ter escrito o romance *Marafa* "no 'stande' de propaganda, na Esplanada, em papel de embrulho", acrescentando: "[...] talvez por isso seja ruim". Embora, porém, afirmasse ter modificado o texto três vezes, "a primeira antes da primeira edição. A última agora para edição definitiva", a verdade é que, da edição original de 1935 para a "2ª edição revista em 1947", Marques Rebelo enumerou determinadas cenas para transformá-las em capítulos, acrescentando uma ou outra palavra ao texto inicial. Como para confirmar seu desinteresse, Wilson Martins cita essa pequena obra-prima de fixação realista de costumes cariocas entre os romances "psicológicos" de 1935, sem lhe dedicar qualquer comentário (*História da inteligência brasileira*, vol. VIII, p. 46).

época da vida carioca dos anos que se seguiram à Revolução de 1930, e revela grande importância para o conhecimento inclusive do tipo de gente que manipulava e consumia os principais gêneros de música de massa mais característicos do tempo — a marchinha carnavalesca e os sambas e canções "do rádio".

A canção interpretada pelo trovador de rua Teixeirinha nessa cena de abertura de *Marafa*, por exemplo, era a valsa de Orestes Barbosa e Francisco Alves intitulada "Romance", e que, gravada por este último em disco no ano de 1934, constitui de fato um grande sucesso popular não apenas daquele ano, mas dos anos seguintes.[4]

O romancista, por sinal, indicava ser muito do gosto das camadas marginalizadas do Rio de Janeiro da época esse tipo de canção romântica, muito influenciada pelas valsas européias e norte-americanas das primeiras décadas do século XX, pois quando Teixeirinha resolve mudar-se para o bordel em que funcionava sua amante Risoleta, a música solicitada era ainda do mesmo estilo das canções de Orestes Barbosa:

> — Canta o "Tormento", pedia, reclinando-se sobre a mesa bamboleante.
>
> Ele abria o peito:
>
> *Mulher, o teu olhar maltrata tanto...*
>
> Não olhava para a amásia. Camisa aberta, mostrando o peito felpudo, o pescoço fino, a corrente com os santinhos, olhava para o teto infestado de moscas. Ela é que o comia com os olhos, uns olhos enormes, pretos e vivazes.

---

[4] A valsa "Romance", de Orestes Barbosa e Francisco Alves, foi gravada por este último em 1934 no disco Victor nº 33.792-A, com acompanhamento dos violões de Rogério Guimarães e Tute.

Capa da primeira edição de *Marafa*, de Marques Rebelo, 1935.

Geni, Orlandina, Paulete, a negra Julinha de Todos, muitas vinham atraídas pelo cantor. Risoleta torcia o nariz:

— Que é que vêm cheirar aqui?[5]

Essa canção "Tormento", cantada por Teixeirinha com variante de uma palavra nesse verso inicial (o original era "Mulher, o teu *amor* maltrata tanto"), era de autoria de Francisco Matoso com versos do ator Luís Iglesias, e aparecera gravada em disco em 1932 na voz do então famoso cantor Francisco Alves — ele mesmo antigo freqüentador e seresteiro de bordéis.

O personagem Teixeirinha, em quem o romancista retrata com perfeição o mais típico representante do excedente de mão-de-obra urbana transformado em *malandro* (depois de ter sido chamado de capadócio no século XIX), "vivia de expedientes", e entre eles figurava a organização de préstitos carnavalescos para o Clube dos Furrecas, o que "entrava na sua renda". As idéias para os temas do desfile Teixeirinha as tirava espertamente de um livro do qual não sabia o título por lhe faltarem as primeiras vinte páginas, mas onde se encontravam, "com numerosas gravuras e determinadas minúcias, a guerra de Tróia, o rapto das Sabinas, a passagem das Termópilas (Teixeirinha lê Termopílas), os gansos do Capitólio, as aventuras de Teseu e cem outros acontecimentos da mesma espécie".[6] Do Clube dos Furrecas, Teixeirinha — chamado pela imprensa de "temível Teixeirinha do Estácio" — só se passa para os Amantes das Flores quando a comissão de carnaval do primeiro clube, fiscalizando as despesas, resolve interpelá-lo sobre o desvio de 50 mil-réis do orçamento.

É através desse Teixeirinha que o romancista conduz a história de *Marafa* para a descrição do carnaval carioca de 1933 — o que dava inteira atualidade ao livro, escrito realmente no correr

[5] Marques Rebelo, *op. cit.*, p. 24.

[6] *Ibid.*, p. 15.

desse ano —, iniciando-se com as cenas das brincadeiras na avenida Rio Branco, àquela época ponto de concentração dos foliões da classe média e de parte das camadas baixas dos bairros da Zona Sul do Rio de Janeiro:

> A multidão se sacode, sua, vermelha, rouca, feliz. Há o som de reco-recos. Há o berreiro dos cordões improvisados nas calçadas. Cantam no calor descomunal:
>
> *Queria te ver no inferno*
> *sem ventarola...*[7]

Os versos citados pelo romancista são a marcha do carnaval de 1933 intitulada "Boa Bola", de autoria de Lamartine Babo e Paulo Valença, e que de fato dividia o agrado junto aos foliões cariocas naquele ano com outras composições depois transformadas em clássicos do repertório da música carnavalesca, como seria o caso do samba "Fita Amarela", de Noel Rosa, também citado em *Marafa*:

> Continuavam, lá fora, os cordões. Vinha a morena na frente, solando, rodando como um parafuso sobre as chinelinhas de veludo menores que o pé. Segura esta, seu Fagundes?... — e a voz do clarinete quase sumia, numa nota aguda que não tinha fim. Era o sinal do coro:
>
> *Quando eu morrer,*
> *não quero choro, nem vela.*
> *Quero uma fita amarela,*
> *gravada com o nome dela.*

---

[7] *Ibid.*, p. 45.

> A morena suspendia a saia, entrava num grito invencível:
>
> — Todo o mundo!!!
>
> E todos sacudiam, repetindo com mais força:
>
> *Quando eu morrer*
> *não quero choro, nem vela.*
> *Quero uma fita amarela*
> *gravada com o nome dela.*
>
> Roncava a cuíca. Batia o tamborim. Os cavaquinhos destacavam-se. E ela saía rodando, rodando, suspendendo mais a saia, rodando [...][8]

O tema do samba "Fita Amarela", segundo lembra Edigar de Alencar em seu livro *O carnaval carioca através da música* (reproduzindo informações do antigo radialista e pesquisador de história da música popular Henrique Foréis Domingues, o Almirante), circulava já havia algum tempo em composições de sambistas do povo, como Rubem Barcelos, do Estácio, e fazendo parte de um repertório anônimo que incluía outros versos, a exemplo dos cantados pela multidão sempre que caía uma chuva inesperada nos dias de carnaval, conforme Marques Rebelo também registra em *Marafa*:

> Pingava grosso. Os toldos abrigaram os mais previdentes. O aguaceiro desabou, mas a folia persistiu. Ela passa! Ela passa! gritavam. Cantavam, batendo o pé para marcar o compasso — Ela passa! Ela passa! Outro grupo rompeu diante, marcando mais forte — Foi você! Foi você! Foi você que mandou chovê! O coro

---

[8] *Ibid.*, pp. 48-9. O samba "Fita Amarela", de Noel Rosa, foi gravado a 29 de dezembro de 1932 no disco Odeon nº 10.961-B pela dupla de cantores Francisco Alves e Mário Reis.

aumentou logo — Foi você! Foi você! Abafou tudo — Foi você que mandou chovê! Mas dez minutos depois a multidão, num delírio, já urrava outra moda:

São Pedro, não seja mau,
guarde esta chuva pra depois do carnaval.[9]

Nessa mesma descrição do carnaval de 1933 no Rio de Janeiro, o autor de *Marafa* iria registrar ainda dois outros motivos populares que as primeiras gerações de compositores profissionais do meio do rádio começavam a transformar em sucessos da música carnavalesca gravada em discos.

O primeiro desses estribilhos soltos, cantados anonimamente pelas ruas do Rio no carnaval, seria o "Quebra, quebra, gabiroba/ Quero ver quebrar", que já em 1930 — quatro anos antes do romance — apareceria acrescido de várias quadras levando o nome do compositor Plínio de Brito. O povo, porém, como registra Marques Rebelo, continuava a cantar apenas os dois versos do motivo conhecido, o que animaria quatorze anos depois outros compositores, Haroldo Lobo e Davi Nasser, a usarem a música desse mesmo estribilho na segunda parte da marcha "Rasguei o Meu Pierrô":[10]

O cordão de caixeiros vem pisando e machucando gente:

Quebra, quebra, gabiroba,
Quero ver quebrar.

---

[9] *Ibid.*, p. 49.

[10] A marcha "Rasguei o Meu Pierrô", do fértil compositor carnavalesco Haroldo Lobo (Rio de Janeiro, 1910-1965) e do jornalista e letrista David Nasser, foi gravada em fins de 1947 pelo cantor Francisco Alves em disco Odeon nº 12.832, obtendo sucesso no carnaval de 1948, embora não conste do recenseamento realizado por Edigar de Alencar, para seu livro O *carnaval através da música.*

Chovem protestos — "Cutrucos! Massa-bruta! Ó animais!". A criança berra. Estoura o lança-perfume.[11]

A segunda dessas criações carnavalescas de autor conhecido seria aproveitada na íntegra, quatro anos depois de publicado o romance, como primeira parte de uma marcha lançada com sucesso para o carnaval de 1938 pela dupla de compositores J. Cascata e Leonel Azevedo, sob o título de "Não Pago o Bonde".[12]

A marchinha, no entanto, era na época cantoria obrigatória dos foliões que brincavam no Rio de Janeiro durante as viagens de bonde entre os bairros e o centro da cidade, e tinha sido criada espontaneamente como provocação aos cobradores de passagens, chamados impropriamente de condutores (quem conduzia realmente o bonde, manejando a chave elétrica, era o motorneiro), e que desempenhavam sua função muito precariamente por ocasião do carnaval, entre pedidos repetidos de "faz favor! faz favor!", misturando-se aos fantasiados que pulavam, de pé, sobre os bancos ou apinhados sobre os estribos, agarrando-se aos balaústres.

Essa cantoria dos carnavalescos em trânsito é registrada pelo romancista quando, após a chuva da tarde de domingo de carnaval, D. Nieta, a filha, Sussuca, e o namorado desta, José, tomam um bonde de volta da cidade, onde a moça fizera questão de ir para pôr à prova a fidelidade do namorado:

Houve uma estiada.

— Vamos aproveitar? É tarde. Passa das duas e meia e daqui até em casa é um pedaço.

---

[11] *Ibid.*, p. 46. A música da quadra popular "Quebra, quebra, gabiroba/ Quero ver quebrar/ Quebra lá, que eu quebro cá/ Eu quero ver quebrar", recebeu os versos de David Nasser: "Esta noite eu tive um sonho/ Com você, Pierrô,/ Mas chegou o Arlequim/ E o sonho se acabou [...]".

[12] A marcha "Não Pago o Bonde" foi gravada pela cantora Odete Amaral em fins de 1937, para o carnaval de 1938, no disco Victor nº 34.256-A.

— Vamos.

Foi difícil, mas sempre conseguiram um lugar no bonde.

— O banco está molhado.

— Não faz mal.

— Faz sim. Senta aqui que é melhor.

Equilibraram-se nas costas do banco. Dona Nieta ficou separada, lá na frente, junto ao motorneiro. Os balaústres sustentavam pencas de gente. Todos cantavam:

Não paga o bonde,
Iaiá,
Não paga o bonde,
Ioiô,
Não paga o bonde,
que eu conheço o condutô!

Sussuca falou:

— Se você fosse brincar, sabe o que acontecia? Nunca mais me veria!

— Quê?!

— Isso mesmo.

José passou-lhe o braço pelas costas, apertou-a:

— Bobinha.[13]

Durante esse passeio pelo centro da cidade em festa, Sussuca testara o namorado incentivando-o a entrar na brincadeira de um grupo de foliões que cantava uma das marchas de maior sucesso naquele carnaval de 1933, a "Formosa", da dupla de compositores cariocas Nássara e Frasão:

E a chuva caía sempre. Fantasias largavam tinta. Com os pijamas encharcados, a turma de rapazes veio

---

[13] *Ibid.*, pp. 51-2.

atraída pelo chorinho incansável, que enfulemara decididamente. A roda rodava num tropel:

Foi Deus quem te fez formosa.
Formosa ô ô ô i, formosa...

— Pode entrar?

Se podia.

— Ôba!

Os intrusos eram do diabo! Pulavam como uns loucos, cantavam como uns possessos:

Porém este mundo te tornou
presunçosa, presunçosa.

— Você não quer brincar? Vai que eu fico espiando.

José olhou-a desconfiado:

— Que idéia.[14]

A precisão das indicações das músicas carnavalescas conhecidas no romance *Marafa*, levam a admitir que Marques Rebelo não teria inventado qualquer dos versos que cita como cantados pelos foliões nessas cenas de carnaval de 1933, inclusive os de difícil identificação, como os que Teixeirinha e Risoleta ouvem no largo da Lapa na madrugada do desastre do desfile do Clube dos Furrecas:

Que vergonheira! E voltaram para a praça. As escolas de samba digladiavam-se ao som morto dos tamborins.

Vejam que batucada
que até parece uma metralhadora...[15]

---

[14] *Ibid.*, p. 50.

[15] *Ibid.*, pp. 53-4.

E ainda aqueles versos cantados quando a praça se esvazia, e os "derradeiros cordões retiravam-se, lentos, mostrando na força da batida e dos remelexos uma resistência prodigiosa ao cansaço. Havia um que entoava com um grave acento de tristeza e antecipada saudade":

Adeus, meu carnaval!...
Adeus, meu carnaval![16]

Essa suposição é reforçada pelo fato de, quase vinte e cinco anos depois de publicado o romance, ter sido gravado pela veterana cantora Clementina de Jesus, dando a composição como de autor desconhecido, o samba "Tua Sina", cujos versos aparecem na história de *Marafa* cantados pela prostituta Altair ao violão, no rendevu da Clemência, no Rio Comprido, acompanhada por Beijoca ("que acumulava as funções de copeiro, camareiro e pianista" e "tocava de ouvido muito passavelmente"), enquanto Teixeirinha "pandeirava na mesa":

Altair empunhou o violão:

Mulher, é tua sina,
viver no meio vagabundo,
ó... ó...
Não sei prá que
você nasceu assim.
A tua vida
é a desgraça do mundo.[17]

---

[16] *Ibid.*, p. 54.

[17] *Ibid.*, pp. 69-70. Em suas informações no texto de contracapa do LP intitulado *Gente Antiga*, gravado em 1968 pelo trio de sobreviventes do início da comercialização do samba popular — João da Baiana, Pixinguinha e a própria Clementina de Jesus —, o produtor Hermínio Belo de Carvalho aventa a possibilidade de o samba "Tua Sina" ser de autoria do compositor

A confiança nas informações de Marques Rebelo sobre a música popular no Rio de Janeiro do tempo de *Marafa* é reforçada ainda pelo fato de o romancista ter incluído, no capítulo em que apresenta sua extraordinária criação do vendedor de modinhas Aristides Paixão, uma série de indicações cuja veracidade foi possível documentar. De fato, ao mostrar Aristides pelas casas de cômodos e botequins vendendo modinhas "de chocalho em punho, o maço do *Jornal das Modinhas* e do *Timpanas* debaixo do braço", Marques Rebelo não apenas se refere a dois jornaizinhos especializados na publicação dos versos das canções gravadas em discos e que realmente existiram — o *Jornal de Modinhas*, de Ângelo Delatre, com oficina na rua General Pedra, atrás da Central do Brasil, e *O Timpanas*, do mesmo editor, mas com oficinas na rua 21 de Abril —, mas ainda indica indiretamente números dessas publicações que realmente consultou ao escrever esse capítulo de *Marafa*:

> Quando ele canta — a voz é rachada — o povo junta mesmo. Ajunta, chega às janelas, compra. O chocalho é todo o acompanhamento. Não precisa de mais. Estaca para apregoar:
>
> — Olha a coleção completa dos últimos sambas! "Cabide de Mulambos", "Vejo Lágrimas" e "Flor do Asfalto". A duzentos réis! Trazendo a vitória do Fluminense com a música do Pagão!
>
> Pingavam os níqueis. Dá passos floreados. Solta piadas, olhando muito as mulheres.
>
> — Preparem os ouvidos: vou irradiar.
>
> O povo ri. Funciona o chocalho. Aristides abre o bico. É um samba triste:

---

dos meios populares Bernardo Mãozinha, da turma de sambistas do bairro do Estácio, hipótese desde logo reforçada por uma referência ao Morro de São Carlos nos versos cantados em seqüência a essa principal parte registrada com fidelidade por Marques Rebelo.

Fui looouco...
(Fui!)
Resolvi tomar juízo.
A idade vem chegando
e é preciso...

De noite a féria é garantida. Segunda-feira descansa a garganta pelos botequins da Cidade Nova, tirando samba nas mesas, discutindo com paixão o jogo de futebol que não assistiu, jogando o sargento nos bilhares escarrados.[18]

A leitura deste trecho do romance de Marques Rebelo esconde hoje uma série de indicações cujo entendimento não está mais no texto do livro, mas na história. De fato, para entender o que o vendedor de modinhas anunciava com seu pregão, é preciso saber não apenas que "Cabide de Mulambo", "Vejo Lágrimas" e "Flor do Asfalto" eram títulos de canções de sucesso da época, mas conhecer ainda esta particularidade: os jornais especializados na publicação de letras de música popular, sendo semanais, como era o caso do *Jornal de Modinhas*, costumavam abrir manchetes para os fatos mais importantes do fim de semana, principalmente o resultado dos grandes jogos do campeonato carioca de futebol. Ora, o número do *Jornal de Modinhas* que Aristides anunciava — e afortunadamente foi possível identificar — trazia realmente as letras de "Cabide de Mulambo" e "Flor do Asfalto" e, ainda, a notícia da vitória do Fluminense sobre o Botafogo comentada com bom humor nos versos de uma paródia assinada por Vampiro Domesticado, aproveitando não a música do *fox* "Pagan Love Song" (popularizada desde 1930 no Brasil com o título de "Canto do Amor Pagão"), e sim da música "É Meu Destino", possivelmente divulgada por outro filme norte-americano da época.[19]

---

[18] *Ibid.*, pp. 138-9.

[19] O número do *Jornal de Modinhas* é o de 07/06/1932, época em que

Quanto à música cantada por Aristides, após anunciar comicamente "Preparem os ouvidos: vou irradiar" (o que era desde logo uma referência à importância dos sons transmitidos pelo rádio), era o samba "Fui Louco", de Alcebíades Barcelos, o Bide, em parceria com Noel Rosa, gravado pelo cantor Mário Reis em dezembro de 1932.[20]

O perfil do subempregado Aristides, "parceiro para as ocasiões" do igualmente marginalizado Teixeirinha, figura no romance *Marafa* como um dos mais concisos e precisos retratos de um tipo social tipicamente brasileiro e carioca, já traçado em toda a literatura:

> Nas batalhas de conféti, vende ventarolas. No carnaval, refrescos e sanduíches. Tudo sem licença. Mora no Morro de São Carlos. Lá do alto vê o gasômetro, os depósitos de carvão, as palmeiras do Mangue, as duas retas deste e chaminés, a cidade, enorme, se estendendo entre as montanhas, grimpando pelas montanhas. O céu fica mais perto, mas ele não o vê. Vê Dulcelina, Isaura, Cacilda, todas elas. E bate o tamborim nas batucadas.[21]

Marques Rebelo devia estar realmente em meio a seu romance (a cena é do capítulo XXXIV de *Marafa*). Nesse número, além da paródia "A Vitória do Fluminense — 2x1", eram reproduzidas também as letras do fox-canção "Flor do Asfalto", de J. Tomaz, com letra de Orestes Barbosa, e do samba "Cabide de Mulambo" (e não *mulambos*, como está no romance), de autoria de João da Baiana. Quanto ao samba "Vejo Lágrimas", de Baiaco e Ventura, só teria sua letra publicada em inícios de 1933, quando foi gravado em disco Columbia nº 22.165, por Moreira da Silva.

[20] A gravação, feita por Mário Reis no dia 15 de dezembro de 1932, saiu no fim desse ano em disco Victor nº 33.645, sendo música muito cantada no carnaval de 1933.

[21] *Ibid.*, p. 139.

Era o mesmo Aristides que se mostraria indiferente à idéia da criação de uma sociedade Pró-Melhoramentos do Morro de São Carlos porque "sabe que tudo isto é conversa fiada, promessas para obter votos", e que concluía, ao pesar os prós e contras da sugestão: "E o melhor era não pensar. Era rir. Era cantar. O samba alivia, consola, faz esquecer. A batucada era a salvação. O amor fácil a finalidade desta vida pequenina, que é preciso aproveitar".[22]

Ao lado desses personagens típicos do lúmpen do Rio de Janeiro da década de 1930, ligados todos por afinidade de temperamento ou necessidade de sobrevivência às manifestações musicais da cidade, Marques Rebelo faz referência em cenas de *Marafa* a certos tipos de personagens que voltaria a focalizar com mais profundidade em seu segundo romance, *A estrela sobe*: os artistas do rádio.

Na descrição da festa de bodas de prata da Sra. Viana do Amaral, após estimular os presentes a iniciarem as danças por uma marchinha e um samba, a dona da casa interrompe a animação da sala para fazer uma senhorita recitar "estrofes de amor mal correspondido", chamando depois um cantor especialista em canções "sertanejas" sofisticadas da época, para garantir a "categoria" da reunião. E este já era um cantor do rádio:

> — Popó.
>
> Popó Marinho, que cantava no rádio, caminhou com os cabelos encaracolados como um carneirinho, para as bordas do piano. O pianista começou com trejeitos femininos. A boca pintada expeliu a estilização dum coco nortista, comprida e monótona como uma tênia. A sra. Viana do Amaral vigiava a assistência. Tinham de gostar. Era arte. E lançava piss! fortes como o vento para apagar a chama das conversinhas pelos cantos.[23]

---

[22] *Ibid.*, p. 180.

[23] *Ibid.*, p. 159.

Neste ponto do romance *Marafa*, por sinal, já se pode perceber uma inversão de perspectiva ideológica por parte dos escritores neo-realistas da nova literatura brasileira com sentido de crítica social inaugurada na década de 1930: ao tomar como ponto de partida a compreensão do papel da gente das camadas sujeitas à injustiça social em seu tempo, Marques Rebelo passa a usar da ironia em relação às pessoas da classe média emergente, necessariamente beneficiárias daquela mesma situação injusta decorrente do processo de desenvolvimento econômico à base da acumulação capitalista. Os cantores que saíam das camadas mais altas da sociedade para experiências no rádio, como Popó Marinho, com seus "cabelos encaracolados como um carneirinho", e o pianista de "trejeitos femininos" — e, de fato, cantar no rádio foi quase uma mania entre pessoas de grandes famílias na década de trinta —, são visivelmente apontados como efeminados. Preconceito este que Marques Rebelo voltaria a cultivar no romance *A estrela sobe*, ao escolher para a figura da cantora de tendências homossexuais a elegante intérprete de foxes Dulce, amiga da temperamental grã-fina Neusa.

Neste seu segundo romance, de 1939 — que, pessoalmente, o autor colocava acima de *Marafa*, do ponto de vista de valor literário —, Marques Rebelo estranhamente daria muito menos atenção à música popular, embora a história do livro seja a trajetória de uma moça simples, Lenisa, no duro caminho para o estrelato como cantora de rádio, o que desde logo explica o título *A estrela sobe*.

A história de Lenisa, transformada de filha de dona de pensão e operária de uma fábrica de balas em cantora de rádio — então em seu apogeu como veículo de comunicação e instituição dotada de quadros artísticos próprios (cantores e músicos contratados, arranjadores, maestros, compositores, locutores, animadores de programas e técnicos em geral) —, poderia ser a de muitas das estrelas da época, como a própria Carmem Miranda, citada no primeiro diálogo em que se ventila a possibilidade de a moça tentar o rádio:

> Tem seu Alberto sempre amigo, sempre de violão, sempre animando-a:
>
> — Que linda voz!
>
> — Pelo senhor eu já estava no rádio, não é, seu Alberto?
>
> — Por que não? Há muitas piores que lá estão.
>
> [...]
>
> Seu Alberto chama Lenisa de senhora, de dona:
>
> — A senhora também não acha, dona Lenisa?
>
> Lenisa acorda:
>
> — O quê?
>
> — Que não há outra como a Carmem Miranda?
>
> — Que dúvida!
>
> Dona Manuela não acha. Gosta dela sim, mas gosta mais da Araci Cortes.[24]

A escolha de Carmem Miranda e Araci Cortes para o confronto entre os dois nomes de grandes cantoras populares era perfeito, dentro dos objetivos da história de Marques Rebelo, porque, como diria seu Alberto rindo de dona Manuela, "a Araci é material da monarquia", o que valia por dizer que era do tempo em que as cantoras ainda saíam do velho teatro de revista, vindo de meados do século XIX. A época de Lenisa seria a época do rádio, onde a intérprete não mais precisava apresentar-se no palco dançando e contracenando com atores enquanto cantava, mas bastava aproximar-se do microfone para fazer-se ouvida por milhares de ouvintes possuidores de aparelhos receptores situados nos pontos mais distantes. Lenisa estava destinada, portanto, a incluir-se entre essas cantoras de novo estilo, pois, quando estréia no rádio, chama a atenção do crítico Arlindo por sua compreensão exata do papel do microfone: "— Quem te ensinou a cantar

---

[24] Marques Rebelo, *A estrela sobe*. As citações são da 3ª edição revista, vol. III, das *Obras* de Marques Rebelo, São Paulo, Martins, 1957, pp. 32-3.

assim? — Assim como? — Assim baixo, juntinho do microfone... — Ninguém. Por quê? — Porque é assim mesmo que se canta, minha filha. Você tem instinto [...]".[25]

Essa mesma Lenisa, no entanto, é inicialmente tão ingênua no que se refere às particularidades da vida artística, que vai interessar-se pelo vendedor de aparelhos de rádio Mário Alves, imaginando-o ligado às emissoras (conheceram-se em um baile dançando "um fox meloso, derretido, com grandes solos de saxofone"), o que não a impede de acabar obtendo através dele o indispensável teste na Rádio Metrópolis. E com os ensaios para essa apresentação sendo feitos em casa mesmo, ao som do violão de seu Alberto:

> Seu Alberto, jorrando alegria, atacou as cordas:
>
> — É como digo, dona Lenisa. É preciso acertar tudo direitinho para fazer bonito. A senhora já escolheu o que vai cantar? Seria bom acertar logo e ir batendo.
>
> — Já escolhi mais ou menos, seu Alberto. Para a prova, bem entendido. "Promessa de Malandro", "Não Te Dou Perdão", "Chegou a Aurora".
>
> — Só?
>
> — Ah, me esqueci. "Sou Uma Ave Noturna", também. Parece que chega.
>
> — Eu, como a senhora, preparava mais algumas. Sempre era bom. Mesmo a senhora repare que só escolheu sambas.
>
> — Truque... Não desconfiou? É o que eu canto melhor...
>
> — Protesto, dona Lenisa! Protesto! A senhora canta tudo muito bem. A senhora não acha também, dona Manuela?
>
> Dona Manuela achava que sim. Seu Alberto reforçava:

---

[25] *Ibid.*, p. 136.

— Deve cantar uma marchinha e uma valsa-canção também. Mostrar que sabe cantar tudo. Abafar os homens logo de saída![26]

Tal como os títulos das músicas que Lenisa pretendia ensaiar indicam, Marques Rebelo abandonava em *A estrela sobe* a sua preocupação documental, pois nenhum deles era de música da época, mas títulos criados pelo autor, como seriam também os versos do samba novo cantado por Nair durante o ensaio na Rádio Metrópolis, onde Lenisa finalmente começa a ensaiar:

— Tenho novidade, disse Nair.

Trazia um samba novo, ainda em manuscrito. Abriu-o na estante do piano. Julinho sorriu irônico:

— É seu também?

Ela foi a única que não percebeu a perfídia:

— É sim.

Semanalmente comparecia com sambas novos. Dava-os como seus e como tal eram anunciados no microfone, elogiados nas seções de rádio dos jornais, mas todo mundo sabia que eram de autoria de Chico Pretinho, camarada jovial e encrencado, ex-guarda-civil, ex-chofer, ex-boxer, apelidado, pela sua inconstância, de "Ex-tudo".

O pianista começou a tirar a música, devagar. Era dos únicos que tocavam por música. (O grosso tocava de ouvido, tinha o dote por genialidade — saber música pra quê?) Nair cantava baixinho, parava, voltavam atrás. Afinal acertaram. Ela aumentou o volume da voz, que não era nem muita, nem boa:

Quero te pedir perdão
pela minha ingratidão.

---

[26] *Ibid.*, pp. 67-8.

Já paguei muito bem pago,
a loucura de ter te abandonado.[27]

Este sentido de afastamento da descrição viva, de época, retira um pouco do interesse do novo romance de Marques Rebelo, embora a verdade na descrição dos ambientes permaneça. Assim, quando páginas adiante Nair volta a aparecer cantando no estúdio da Rádio Metrópolis, acompanhada pela Turma do Inferno (nome criado para lembrar, por oposição, o da orquestra Diabos do Céu, formada por Pixinguinha em 1932 para acompanhar as gravações de discos de música brasileira nos estúdios da fábrica Victor, no Rio de Janeiro), é um samba "inventado" pelo autor do romance que ela interpreta:

> Chegou depois a Turma do Inferno, que fazia os acompanhamentos. E o ensaio começou:
>
> *Quero morrer no pecado,*
> *fazendo inveja a você...*
>
> Quem canta é Nair. O cavaquinho e a clarineta funcionam com destaque. O pandeiro nas mãos de Olinto é, positivamente, qualquer coisa de diabólico. E o coro, bastante desafinado, abafa a voz de Nair:
>
> *Quero morrer no pecado,*
> *fazendo inveja a você...*[28]

Da mesma forma, são inventados por Marques Rebelo os títulos dos sambas que fazem parte do repertório inicial de Lenisa — "Promessa de Malandro", "Não Te Dou Perdão" e "Chegou a Aurora" — e também o de sua primeira interpretação de suces-

---

[27] *Ibid.*, p. 113.

[28] *Ibid.*, p. 141.

so, o samba "Acordei e Não Te Vi", de Patito Flores, que "quando ficava quebrado, tornava-se um gênio".[29]

Assim, em todo o romance *A estrela sobe*, os únicos versos de música conhecida seriam os que Lenisa vai ouvir ao ligar o rádio, já no fim do livro, ao levantar-se da cama após o aborto que quase a leva à morte:

> Cansaço, esgotamento, perturbação. Tinha a impressão que bebera. As moscas aborrecem. As horas correm, tão lentas, tão iguais, tão inúteis, tão... Ligou o rádio. A modinha entrou melancólica, saudosa, insuportável:
>
> *Saudades do passado...*
> *um sonho que viveu...*[30]

Os dois versos eram da canção "Revendo o Passado", do revistógrafo Freire Júnior, gravada pelo cantor de voz originalíssima Augusto Calheiros em 1933, e que cantava em clima realmente de melancolia:

> *Recordar é viver*
> *Diz o velho ditado.*
> *Recordar é sofrer*
> *Saudades do passado.*
> *Um sonho que viveu*
> *Em nossos corações*
> *Deixando uma cruel paixão...*[31]

---

[29] *Ibid.*, p. 193.

[30] *Ibid.*, p. 221.

[31] A gravação de "Revendo o Passado" foi feita por Augusto Calheiros (cognominado no rádio "A patativa do Norte"), em disco Odeon nº 11.021, em 1933, constituindo-se em um clássico do gênero canção das décadas de 1930-40.

De um escritor assim tão rico de conhecimentos da vida das camadas baixas e médias do seu povo, e tão inclinado às memórias da cidade em que vivia, seria de esperar que, em 1959, quando iniciou a publicação de sua trilogia *O espelho partido*, o romancista Marques Rebelo viesse ampliar os retratos parciais do Rio de Janeiro de *Marafa* e de *A estrela sobe* com um grande painel da sociedade carioca dos anos 30 e 40. Ao invés disso, no entanto, o caminho de Marques Rebelo na direção da literatura compreendida no pior sentido (mudança que ele próprio revelava ao dar seu segundo romance como superior ao primeiro, por certo bem mais fiel, mais vivo e direto como retrato de uma cidade e de uma época) transformaria os três volumes de *O espelho partido* em equívocos lamentáveis: escrito à base de apontamentos de um diário, mas com pretensões a romance *à clef*, com entrelaçamento de personagens de ficção (inclusive tirados de seus romances anteriores, como o malandro Sebas, de *Marafa*, e a cantora Neusa Amarante, de *A estrela sobe*) com figuras reais mal encobertas por nomes supostos (Pedro de Morais era Prudente de Morais, neto, Júlio Tavares era Carlos Lacerda etc.), *O espelho partido* acabou confundindo todos esses elementos para descambar em vacuidades literárias do tipo — "16 de maio — Aborrecimento, quase poesia", ou "4 de janeiro — pomba ou nuvem?".

Embora tendo voltado nos pretendidos romances de *O espelho partido* a citar principalmente as músicas de carnaval com os versos e os anos de aparecimento corretos (com exceção da marcha "Tamanho Não É Documento", de Lamartine Babo e Enéias, que é de 1939 e não de 1938, como aparece em *O trapicheiro*, à p. 343), Marques Rebelo limita-se no primeiro livro da série a uma enumeração de sucessos musicais dos carnavais cariocas a partir de 1936, sem maiores comentários: o samba "As Lágrimas Rolavam" em 1936; a marcha "Mamãe Eu Quero" em 1937; as marchas "Abre a Janela" e "Camisa Listrada" em 1938. E mesmo esse simples recenseamento ano a ano o escritor o vai abandonar — naturalmente por inútil e cansativo — já a partir do segundo romance da trilogia, o intitulado *A mudança*. Ainda assim, é curioso acompanhar em *O trapicheiro* e nesse *A mudança* a maneira pela qual Marques Rebelo continuava a evocar o rádio e os fatos ligados à música popular das décadas de 1930 e 1940 em seu entrelaçamento de lembranças pessoais e transfigurações literárias.

O aproveitamento da figura da cantora Neusa Amarante, do romance *A estrela sobe*, faz supor que o romancista inspirou-se de fato em alguma artista do rádio da década de trinta, pois na página de seu diário correspondente a 23 de fevereiro de 1936, em *O trapicheiro*, Marques Rebelo a revê no baile de carnaval realizado na enorme caravela de madeira armada na Esplanada do Castelo, no Rio de Janeiro, visivelmente embriagada pelo sucesso:

> De espaço a espaço, Neusa Amarante, de cartolinha e lornhom, lacinhos de fita preta nos pulsos, eleva-se sobre o nível das cabeças, suspensa nos ombros do atlético futebolista, eventual proprietário de suas graças e caprichos. Gravou para o carnaval e a sua marchinha faz furor.[32]

Nas anotações do diário, datadas de 31 de maio de 1938, Neusa Amarante volta a aparecer citada de maneira indireta pelo compositor Antônio Augusto, quando conta ter surpreendido a mulher em "flagrante" delito com o Olinto-do-Pandeiro, que bem poderia ser o famoso componente do conjunto Bando da Lua, Russo do Pandeiro, conhecido à época por sua fama de conquistador: "Você conhece, não? Um baixote, sarará, da Rádio Metrópolis? Vivia com a Neusa Amarante. Tanto chupou, que ela chutou!".[33]

Personagem importante dos meios do rádio carioca, Neusa Amarante, segundo o romancista, dominava uma área da música

---

[32] Marques Rebelo, *O trapicheiro*, primeiro romance da trilogia *O espelho partido*, São Paulo, Martins, 1959, p. 35.

[33] *Ibid.* p. 385.

gravada em discos ("Aliás, quem não for da panelinha da Neusa não arruma nada. É uma vergonha!"), e em 1938 chegava ao ponto de só gravar composições de quem se dispusesse a dar parceria a seu compositor preferido do momento, Zé-com-Fome (pseudônimo coincidente com o de José Gonçalves, o depois Zé da Zilda, compositor da camada popular que, ao que se saiba, jamais gozou de tal prestígio nos meios radiofônicos):

> — Se é assim, por que você não adere à turma da Neusa? Seria tão difícil?
>
> — Bem, já pensei. Até que é canja. Me dou bem com a Neusa, sou camarada do Zé-com-Fome, que é muito liga com ela. Mas tenho que dar parceria e você sabe como é parceria desses sanguessugas. A gente entra com tudo e eles pegam mais da metade.[34]

Marques Rebelo aproveita, aliás, muito do anedotário dos meios do rádio carioca de fins da década de 1930 — que ele demonstra conhecer com intimidade de freqüentador de bastidores — e, assim, revela que a conseqüência do flagrante de adultério da mulher do compositor Antônio Augusto foi o aparecimento de um novo samba em que o autor traído dizia: "Hei de viver pra ver/ teu fim/ oh! falsa mulher [...]".[35]

No romance *A mudança*, segunda parte de *O espelho partido*, Marques Rebelo volta a referir-se à voz de Neusa Amarante a cantar, através do rádio:

> *Mentira!*
> *O meu erro não foi tão grande assim...*
> *Errar é humano e só Deus sabe como és ruim!*[36]

---

[34] *Ibid.*

[35] *Ibid.*, p. 386.

[36] Marques Rebelo, *A mudança*, segundo romance da trilogia *O espelho partido*, São Paulo, Martins, 1962), p. 132.

E eis como, diante de um romancista de certa maneira perdido em meio às próprias memórias, ao misturar de forma inextricável ficção e realidade, as informações sobre os fatos da vida e da música popular do Rio de Janeiro encontradas em *O espelho partido* acabam por perder muito do seu interesse, passando a salvar-se nos romances da trilogia apenas os comentários diretos a fatos reais. E entre esses episódios objetivamente citados figuraria, em 1940, o dos ridículos ataques de intelectuais ligados ao Estado Novo à moralidade duvidosa do tema do samba "Oh! Seu Oscar", em que os compositores Wilson Batista e Ataulfo Alves contavam o drama do homem que, de volta do trabalho, recebe das mãos da vizinha o bilhete deixado pela mulher que o abandonara alegando: "Não posso mais, eu quero é viver na orgia".

Escrevia o romancista como anotação referente às observações registradas no diário de *A mudança* para o dia 10 de janeiro de 1940:

> Martinho Pacheco, com laivos de inteligência, defendeu os compositores, uma dupla famosa. Manuel Porto, da Rádio Metrópolis, concedeu entrevista em favor dos sambistas apontando a beleza do cotidiano, do trivial humano. Mas foi o povo mesmo que reptou o moralista elegendo esmagadoramente "Seu Oscar" na sua preferência. E, na verdade, é um grande samba. Mário Mora, que é autoridade inconteste, lavra a sua sentença:
>
> — É do balacobaco![37]

E, de fato, o samba "Oh! Seu Oscar" iria se revelar em 1940 não apenas um dos maiores sucessos do carnaval, entre o povo, mas seria ainda o premiado do concurso de música carnavalesca patrocinado pela prefeitura do então Distrito Federal. Na página do diário-romance *A mudança* referente a 1º de fevereiro, Mar-

[37] *Ibid.*, p. 183.

ques Rebelo registrava a irônica vitória dessa composição que desagradara ao moralismo de jornalistas ligados ao pensamento oficial, pequeno-burguês, do governo de Getúlio Vargas:

> Resultado do concurso de músicas carnavalescas: primeiro lugar — "Seu Oscar", classificação que deve ter amargurado o inquisitorial Luís Pinheiro, adepto de rifões, mas esquecido de que a voz do povo é a voz de Deus; segundo lugar — "Despedida de Mangueira" [samba de Benedito Lacerda e Aldo Cabral, gravado por Francisco Alves]; terceiro — "Dama das Camélias" [marcha de João de Barro e Alcir Pires Vermelho, gravada também por Francisco Alves], que Felicidade martela e estropia todo o santo dia.[38]

É ao focalizar esses concursos de música carnavalesca patrocinados pelo governo, dentro dos princípios do populismo interessado em angariar a simpatia da massa, que Marques Rebelo oferece algumas informações de interesse para a história da música popular brasileira nesse seu romance *A mudança*. No registro dos fatos datados de 6 de janeiro de 1939, por exemplo, escrevia:

> A chantagem prossegue. Ontem foi a Festa da Música Popular Brasileira na Exposição do Estado Novo. Cada entrada valia um voto para o concurso de músicas carnavalescas defendidas de corpo presente pelos ases da cantoria popular. Os compositores interessados nos prêmios, relativamente polpudos engodos dipianos [referência ao DIP — Departamento de Imprensa e Propaganda] trabalharam como caititus. Antônio Augusto, que tem uma marcha em parceria com Chico Pretinho, amanheceu no recinto catalisando vo-

[38] *Ibid.*, p. 197.

tação, e Martinho Pacheco não o poupou na sua crônica radiofônica de hoje, intitulada "Por trás do dial", coluna de alto prestígio, e que Manuel Porto, da Rádio Metrópolis, acha que se deveria chamar "Por trás da registradora". Neusa Amarante pôs em perigo o prestígio de Carmem Miranda com uma bem ensaiada claque capitaneada por Zé-com-Fome. Glorita Barros, que é a sua rival e espalhou na platéia a sua gritandeira compinchada, todavia como as músicas que lhe tocaram na competição momesca são pra lá de chinfrins, não chegou a ameaçar as primeiras colocações, encabeçadas pela marchinha "A Jardineira", cuja autoria tem sido pasto para dúvidas e discussões não muito éticas. Mas ninguém brilhou mais do que a novata Lenisa Maier cantando "Meu Consolo É Você" [...]"[39]

Neste ponto, além do interesse do depoimento sobre o clima em que se processavam os famosos e barulhentos concursos de música carnavalesca promovidos durante o governo Getúlio Vargas, com nítidos objetivos institucionais e políticos, vale a pena observar como realmente se efetuava o processo de interação entre realidade e ficção nessa obra *O espelho partido*, de Marques Rebelo. Assim, linhas depois de haver informado que as músicas eram "defendidas de corpo presente pelos ases da cantoria popular" — o que era verdade, pois todas as canções em concurso eram interpretadas pelos cantores que as haviam gravado em disco —, o romancista mostra como intérprete do samba "Meu Consolo É Você", de Nássara e Roberto Martins, não o grande cantor Orlando Silva, vencedor do concurso, mas a personagem Lenisa Maier. Ora, Lenisa era a personagem do livro *A estrela sobe* que, realmente, por esse tempo — tomando por base a época de ação daquele romance — estaria despontando para o sucesso junto ao público.

---

[39] *Ibid.*, pp. 21-2.

O romancista aproveita as anotações de seu diário em torno do carnaval de 1939 (que aliás aponta como desanimado, nas ruas) para alinhar uma série de recordações dos carnavais cariocas de sua infância, ao fim da primeira década do século XX, quando ainda continuavam a ser cantadas velhas músicas vindas do fim do século XIX, a exemplo do famoso "Zé Pereira", criado pelo ator Correia Vasques em 1869 com base em uma quadrilha da peça francesa *Les Pompiers de Nanterre*:

> — Você me conhece? — repetiam as vozinhas gasguitas por trás das máscaras de pano, arame, de papelão.
>
> Choros assustados, choros de lança-perfumes nos olhos, choros de conféti na garganta, e correrias, mães exibindo cupidinhos de colo, pierrozinhos de meio palmo, petizes que se estatelam no chão empurrados pelos maiores. Emanuel ficara em casa com cachumba. No bufê as gasosas borbulhavam. O prêmio para a fantasia mais rica era uma bicicleta! Quando a banda pára entra o zabumba:
>
> *Viva o zé pereira!*
> *Viva o zé-pereira!*
> *Viva a pagodeira,*
> *que a ninguém faz mal.*[40]

E ainda uma vez mergulhando nos seus "evocadores guardados", como ele mesmo chamava o mecanismo de suas lembranças, o romancista acrescenta, aproveitando para as recordações as anotações datadas de 20 de fevereiro de 1939:

---

[40] *Ibid.*, p. 51. Marques Rebelo deixa-se trair pela memória e cita errado os últimos versos de "O Zé Pereira", que são: "E viva a bebedeira/ Nos dias de carnaval".

A esguia caveira com a foice adunca fazia Emanuel, de perninhas trôpegas, se refugiar, chorando, nas compridas saias de mamãe, risonha, encorajando-o, afagando com as mãos ásperas a aflita cabecinha cacheada. O diabinho e o diabão perseguiam Madalena, que, em segurança por trás das grades do jardim, fazia fiau para eles, atirando-lhes canecas d'água e esconjuros que aprendera com Mariquinhas para todas as espécies de capetas. Havia dominós com guizos no capuz. Havia fantasias de burro, com fraque, cartola e dicionário na axila; de morcego, com asas de guarda-chuva; de velho, com cabeçorra e lornhom. Tio Gastão vinha se fantasiar de sujo, no quarto dos fundos, para passar trotes nos vizinhos e seu Políbio sempre acabava reconhecendo-o. O bumbo de 1911 sacudia o ar verânico:

Isto é bom, isto é bom,
isto é bom!
Isto é bom, muito bom,
muito bom!
Bom! Bom![41]

Eram essas memórias de testemunha infantil das folias carnavalescas do início do século XX que permitiriam ao autor de *O espelho partido* comparar os carnavais cariocas já agora com a perspectiva do homem de 50 anos, ao concluir suas anotações datadas de 24 de fevereiro de 1941 escrevendo em *A mudança*:

Se o carnaval vem desaparecendo das ruas, com mais curiosos do que mascarados, e às vezes sem nenhum dos dois, vai crescendo nos salões, onde impera

[41] *Ibid.*, pp. 51-2.

uma certa licenciosidade que tende a aumentar, como tende a aumentar uma certa brutalidade, ou talvez melhor dito, um certo estabanamento, que antes não se registrava nos ambientes fechados — é que o zé-povinho está vindo para eles.[42]

E entre as memórias mais próximas do antigo menino carioca, já agora transformado no rapaz morador em São Cristóvão — e que, segundo os apontamentos datados de 8 de agosto de 1940, conhecera na rua uma vizinha de bairro chamada Cinara —, vai figurar a descrição de um espetáculo do velho cançonetista Alfredo de Albuquerque, a que assistira com a tal namorada cantando em fins da década de 1920 nos intervalos das sessões do Cinema Central:

> Delirou com os mágicos, aplaudiu os cançonetistas, um particularmente, Alfredo Albuquerque, lépido, gordote, português, que tinha coplas contra as negras e insinuações das quais a platéia participava:
>
> *Eu vi, eu vi*
> *você bolinar Lili...*[43]

A aceitar a marchinha "Eu Vi...", de José Francisco de Freitas, como indicação para determinação da época do namoro do personagem com Cinara, a cena teria ocorrido por volta de 1926, ou pouco depois, quando Alfredo Albuquerque de fato se apresentava no Rio após vários anos de atuação em Portugal. E era o sotaque lusitano adquirido pelo cançonetista em sua longa temporada portuguesa que levava Marques Rebelo a confundir-lhe a nacionalidade, pois na verdade Alfredo Albuquerque era brasi-

---

[42] *Ibid.*, p. 396.

[43] *Ibid.*, p. 299.

leiro, tendo nascido no Rio de Janeiro em 1884 e nessa mesma cidade falecido em 1934, depois de viver e atuar também alguns anos no Pará.

O curioso é que, com a aproximação das datas dos fatos narrados ao tempo presente em que Marques Rebelo escrevia seu *O espelho partido*, o romancista como que se deixava comandar pelas lembranças, ganhando então o seu relato o tom saudosista de quem não mais domina a memória, capitulando ante elas por lhe devolverem de certa maneira o passado, por sua simples evocação. É isso por exemplo o que acontece nas anotações de 23 de novembro de 1941, quase ao fim do volume *A mudança*, quando o velho Ataliba chega trazendo um disco do cantor Francisco Alves (que estreara nas gravações em 1919 e, portanto, já constituía no início da década de 1940 um dos últimos representantes dos velhos tempos da modinha), e a voz do intérprete acorda no autor todo o período de boêmia da mocidade que lhe permitira escrever *Marafa*, quinze anos antes: "Armo a vitrola para a execução da modinha que exalta, apaixonada, num crescendo, o violão, incomparável companheiro, e me recordo, saudoso, de Tide, de Otílio, de Antônio Augusto, gingando, errantes, na madrugada".[44]

Marques Rebelo não dá o nome da música, mas a referência a Francisco Alves e ao fato de a letra da canção falar do violão como companheiro do cantor permite concluir que o disco ofertado era a canção de Francisco Alves e Horácio de Campos "A Voz do Violão", gravada originalmente em 1929 por aquele intérprete-autor, que a transformaria em prefixo do seu programa dominical na Rádio Nacional durante a década de 1940, até sua morte em 1952.[45]

O romancista (aliás, autor da frase "Há tempo de amar e

---

[44] *Ibid.*, p. 543.

[45] "A Voz do Violão" foi gravada pela primeira vez por Francisco Alves em disco Odeon nº 10.509-B, com acompanhamento pela Orquestra Rio Artistas, em 1º de outubro de 1929.

tempo de amar o que se amou", *A mudança*, p. 480) mostrava-se comovido sempre que lembrava personagens de sua época de juventude boêmia, como era o caso do cantor de modinhas a que chama de Tide, pertencente ao grupo de Otílio e de Sebas, o Sebastião, figuras que confirma terem existido na realidade, embora sob outros nomes, e cujos perfis aproveitaria no romance *Marafa* (por sinal citado em *A mudança* sob o nome de *Rua das mulheres*):

> 28 de agosto [de 1940]
>
> Tide, Otílio, Sebas.... Bactérias das camadas anaeróbias da cidade, deles era noite, a Lapa, o Mangue, a fermentação do meretrício, da malandragem e da batota. Manobravam o violão, o baralho e a navalha, amavam a vida sem temer a morte, amavam a liberdade sem temer a prisão, resguardavam a amizade, tinham os seus códigos de honra. Sebas foi consumido pela tuberculose galopante como palha pelo fogo; Otílio pegou vinte anos — degolou a prostituta que o traía e, antes, fora absolvido por ter liquidado um galego que maltratava um cachorro; Tide desapareceu dos meus caminhos tal como desapareceu Aldina, sem deixar rasto na cidade sorvedouro. Imune, deles conservo saudades e respeito, deles tracei o imperfeito retrato nas páginas mal reveladas da *Rua das mulheres* e qualquer elogio que façam àquelas cenas é incenso que vejo queimar na ara daquela perdida convivência.[46]

Marques Rebelo, aliás, faz neste ponto uma revelação: chegou a tentar aprender a tocar violão com Tide ("o derradeiro chorão, com ele morreu a flor das serenatas"), mas foi obrigado a desistir por falta absoluta de jeito:

---

[46] Marques Rebelo, *op. cit.*, p. 312.

> Tide, após ingente paciência, desistiu de me ensinar a primeira posição:
>
> — Para violão você não dá, nego! Fique nos livros mesmo...
>
> E foi o guia meticuloso da esquecida lira popular:
>
> — Você conhece esta? É um primor!
>
> E cantava todas as serestas, repetindo-as sem cansaço, emocionando-se sempre, estropiando alguns versos mais pernósticos. Adorava Catulo e João Pernambuco:
>
> — Como estes nunca haverá!
>
> E visitava Catulo na casinha suburbana, decorava a versalhada dele, explorando um falso sertanejismo, empurrava no meio das conversas pedaços do nauseabundo "Marroeiro":
>
> — Isto é que é poesia![47]

É assim que, no volume *A guerra está em nós*, de 1968, última parte da trilogia de *O espelho partido*, o antigo romancista de *Marafa* já se limita a citar o carnaval em apenas duas referências aos fatos de fevereiro de 1942 a 1944. E a palavra nostalgia encerra a primeira dessas citações, confirmando que Marques Rebelo não comandava mais a guerra interior das imagens, enquanto criador, mas deixava-se agora arrastar por lembranças e comparações desfavoráveis ao presente, fazendo de *O espelho partido* não um romance de múltiplos personagens unidos no tempo pela cronologia de um diário (o que parece ter sido a idéia original do autor), mas um livro de memórias de alguém que revia os fatos contemplando-os em um espelho voltado para o passado:

> 15 de fevereiro [de 1942]
>
> Chego à janela. O homem de barrete tricolor se acompanha de um pandeiro, fanhoso:

[47] *Ibid.*, p. 312.

Reconheço meu grande defeito,
mas não há jeito, o destino é quem quer.
Eu enlouqueço se tenho dinheiro
e tudo esqueço se vejo mulher.
Mulher e gaita quem é que não quer?

Entramos no carnaval. Refugo o livro. Assalta-me uma insólita nostalgia.[48]

O autor-personagem sai às ruas do Rio de Janeiro no dia seguinte, quando, "com tráfego normal, se arrasta chocho e policiado o carnaval de contadas máscaras e pobres fantasias", formando o cenário em que o bloco de sujos avistado na Cinelândia é "quase uma caricatura":

Vão acabar com a Praça Onze,
Não vai haver mais
Escola de Samba,
Não vai...[49]

A escolha do samba "Praça Onze", de Herivelto Martins e Grande Otelo, de letra tão pessimista quanto o lamentável aspecto da cidade, tumultuada então pelas obras de abertura da av. Presidente Vargas, é sintomática do quase desalento de viver que assaltava o escritor a esta altura do último volume de sua obra. E nem é outro o sentimento que ele confirma logo após, ao registrar a igualmente lamentosa música de tanto sucesso a partir de 1942: o samba de Ataulfo Alves e Mário Lago "Ai Que Saudades da Amélia", que ouve cantado pelos foliões do baile popular do High Life, da rua Santo Amaro, no bairro do Catete:

---

[48] Marques Rebelo, *A guerra está em nós*, terceiro romance da trilogia *O espelho partido*, São Paulo, Martins, 1968, p. 47.

[49] *Ibid.*, p. 47. O samba "Praça Onze" foi gravado no disco Columbia nº 55.319-A pelo Trio de Ouro e Castro Barbosa.

Ai, que saudade da Amélia...

Também sinto a maceração da saudade de outros carnavais e outros corpos.[50]

Assim, não é de estranhar que, em sua última referência aos carnavais cariocas em *A guerra está em nós*, Marques Rebelo só tenha para lembrar de 1944 o samba "Com Pandeiro ou Sem Pandeiro", de Pedro Caetano, ouvido nos salões daquele mesmo High Life onde o escritor devia refugiar-se pela época do fim da Segunda Guerra Mundial, após a conquista da fama de autor dos romances *Marafa* e *A estrela sobe*:

Com pandeiro ou sem pandeiro,
eu brinco!

Quem não tinha pandeiro, batia em um hipotético, genialmente fabricado de riso e ilusão, no delirante torvelinho, fazendo reviver um ritornelo do passado — tristezas não pagam dívidas!

[...]

O teto estremece com o sapatear do andar de cima, mas, se há perigo dum desabamento, ninguém o pressente e as paredes vibram como um tremor de terra. "Ninguém ensaiou..." — cantava-se num berreiro, pela milésima vez. Não, ninguém precisava ensaiar — o carnaval é uma coisa carioca que levamos decorada dentro do corpo, do berço ao túmulo.

Como dormi feliz![51]

---

[50] *Ibid.* A gravação do samba "Ai Que Saudades da Amélia" foi feita em disco Odeon nº 12.106-A pelo próprio autor da música, Ataulfo Alves, em face de todos os cantores por ele procurados terem achado a composição demasiadamente triste para o carnaval.

[51] *Ibid.*, p. 324.

As recordações pessoais de Marques Rebelo, mal disfarçadas nos livros de *O espelho partido* sob a forma do diário-romance meio ficção, meio narrativa *à clef*, permitem aproximar esse autor de um contemporâneo que, hoje completamente esquecido, estreou entretanto no romance antecipando em dois anos algumas das virtudes literárias destinadas a revelarem-se de forma mais marcada em *Marafa* e *A estrela sobe*: a visão ao mesmo tempo realista e lírica da vida carioca, o estilo simples e direto, a naturalidade do diálogo e o desenho psicológico correto dos tipos sociais. Esse romancista era Arnaldo Tabayá, e seu romance, intitulado *Badu* (de 1932, com prefácio vazio de Afrânio Peixoto, e capa desenhada pelo artista-escritor mineiro Cornélio Pena), não era apenas a história do homem casado que se apaixona por uma mulher vista na rua, mas — tal como nos livros de Marques Rebelo — um pouco também a história da própria cidade do Rio de Janeiro:

> Noite. Do alto do Morro da Conceição a cidade tem o aspecto bom de tudo o que está longe. Luzes espalhadas sem ritmo, luzes em duas fileiras compridas, retas, luzes fazendo curvas sensuais à beira do mar e de quando em quando a sombra negra de um morro borrando o desenho. No meio da escuridão da baía a Ilha de Villegaignon, com as luzes pobres do Corpo de Marinheiros Nacionais; mais além, Niterói como uma mulher preguiçosa deitada na praia.
>
> A cidade parece uma árvore de Natal.[52]

Arnaldo Tabayá, na verdade o médico Miguel Pereira da Motta, filho, que estreara em 1924 pela poesia com um livro intitulado *A mulher dos cabelos azuis*, iria se tornar grande amigo e, inclusive, parceiro literário de Marques Rebelo (assinaram jun-

[52] Arnaldo Tabayá (pseudônimo literário do médico Miguel Pereira da Motta, filho), *Badu*, Rio de Janeiro, Guanabara, 1932, p. 37.

Capa da primeira edição de *Badu*, de Arnaldo Tabayá, 1932.

tos os livros de histórias infantis *Aventuras de Barrigudinho*, 1938, e *A casa das três rolinhas*, 1939), e, a julgar pelas impressões que dele deixa o autor de *O trapicheiro* e *A mudança*, só não chegou a firmar-se entre os grandes nomes do romance da década de 1930 por absoluta falta de disciplina literária. Em novembro de 1936, segundo o diário de Marques Rebelo em *O trapicheiro*, Arnaldo Tabayá já sofria do mal que iria levá-lo à morte em abril do ano seguinte, 1937 ("12 de abril — Adonias telefonou — morrera Tabaiá, na mesa de operação", *O trapicheiro*, p. 218), e durante a visita do autor de *Marafa* prefere desviar o assunto da doença para a literatura:

> Mudou de assunto e acabou falando de literatura, expôs planos, tem sempre planos, não realiza nenhum, seu tempo é todo para flanar, segundo Adonias, é o homem que faz mais visitas no Rio, quiçá no mundo, tendo especial predileção por visitas a primas carunchosas e a militares reformados, de pendores florianistas.
>
> — Eu te conheço! Não sei como consegui acabar *Badu*. Na verdade é quase uma meia-confecção...
>
> Tabaiá esboça o riso:
>
> — É chato escrever, não é? Dá uma preguiça...
>
> Dera-me, certa noite, uma página a ler, curta, fina, sensível, mas a meio dela escrevera, a propósito de determinada dama, que "era bela e formosa".
>
> — Mas bela e formosa é a mesma coisa, Tabaiá!
>
> — Eu sei. Mas tive tanta preguiça de emendar...[53]

O único romance desse autor preguiçoso, no entanto, embora não conste sequer dos levantamentos literários mais minuciosos, como o realizado por Wilson Martins nos sete volumes de sua *História da inteligência brasileira* (onde Arnaldo Tabayá apare-

---

[53] Marques Rebelo, *O trapicheiro*, edição citada, p. 151.

ce apenas como autor dos poemas de *A mulher dos cabelos azuis* e parceiro de Marques Rebelo nos livros infantis), pode ser lido ainda hoje como um dos exemplos de estilo mais despojado e límpido da literatura brasileira. E exemplos dessa prosa de alta qualidade são oferecidos exatamente nos dois ou três pontos da história de *Badu* em que o autor focaliza pormenores de interesse para a história dos sons urbanos. Quando o personagem central sai em passeio de automóvel pelos arredores do Rio com Badu e o casal de amigos Ferrão e sua namorada Dina, e chegam a uma das praias próximas da restinga da Marambaia, onde almoçam em clima campestre, a música aparece trazida por uma vitrola portátil:

> Todos achamos a comida esplêndida. Perto de nós dois velhos e duas raparigas almoçavam também e tocavam uma vitrola portátil. Como eram sem graça! A música era de todos e Badu acompanha com o garfo na mesa de zinco o compasso dengoso do samba que se derrama pelo terreiro.
>
> Depois dançaram. Nós dançamos também.
>
> Umas galinhas mansas apanhavam as migalhas que caíam das mesas. Dina cantou e tocou. Badu imitou o Ferrão e a mim. Rimos.[54]

Na volta, contornando o fundo da baía de Guanabara, ao fim da tarde, os dois casais de namorados entram pelos subúrbios e, então, alguém dá a idéia de divertirem-se em um dos humildes parques de diversões, denominados com intenção algo depreciativa de mafuás, onde ao lado de *stands* de tiro e jogos há sempre música:

> — Vamos ao mafuá?
> — Aonde?
> — Em Madureira.
> O mafuá é o divertimento do subúrbio. Há de

[54] Arnaldo Tabayá, *op. cit.*, pp. 73-4.

> tudo: balões cativos que giram, cavalos-de-pau rodando, pequenas, quase meninas, vendendo bilhetes de sorte, ou bolas para atirar no boneco que cai para trás num desmaio.
>
> — Compra um, moço!... Compra um, moço!...
>
> No fundo sobre um palanque seis músicos fardados de verde com botões dourados tocam os sambas mais tristes dos subúrbios. Quando o vento sopra contra, só se ouve a voz estridente das garotas vendendo bilhetes no barulho difuso das conversas, quando o vento vira, lá vem o samba de palanque.[55]

E é entre tiradas no mais puro estilo machadiano ("Badu me fazia falta como um mau costume", *Badu*, p. 99) que o romancista Arnaldo Tabayá reserva um capítulo de seu livro ao canto lírico e comovido da cidade, o Rio de Janeiro do Morro da Conceição, no centro da cidade, onde mora Badu, ocupando quarto alugado em uma casa de cômodos de onde se vê a praça Mauá e os armazéns do Cais do Porto:

> — Que lindo é tudo isto, Badu!
>
> Debruçado à janela eu espero que ela se apronte e preguiçoso fico vendo.
>
> Já se vai acendendo a cidade. O céu, a terra, o mar vão-se derretendo numa longa mancha escura e no cais de um lado e do outro o rosário dourado das lâmpadas. Pelas janelas semi-abertas devassa-se a intimidade miserável daqueles casebres: meninas no espelho da parede arrumando os cabelos, rapazes sentados, outros deitados nas camas, numa conversa inútil, o português na porta cansado de vender laranjas, fumando um cigarro preguiçosamente enquanto a mulata magri-

---

[55] *Ibid.*, pp. 74-5.

nha, nervosa, passa colarinhos numa tábua forrada de panos.[56]

É nesse momento de beatitude que o personagem de *Badu* vai ouvir o samba que a voz anônima de um morador da vizinha Pedra do Sal canta na noite:

> Agora corta o silêncio um violão invisível por trás da Ladeira da Pedra do Sal. É um samba. A voz humilde de algum marinheiro em folga que vem direitinho ao coração da gente:
>
> *Na palma da tua mão*
> *dei um beijo certo dia,*
> *e vim com a boca cheirando*
> *a fulô de melancia.*
> *Arriba, arriba, siri-ganguê,*
> *cajueiro, cajuá;*
> *arriba, arriba, siri-ganguê*
> *quero 'vê' minha iáiá!*[57]

A impressão desse lirismo do povo ecoa de maneira tão funda na sensibilidade do personagem, que o autor não resiste à tentação de falar por ele do seu amor à cidade, capaz de produzir esse milagre de humanidade e de poesia popular:

> É a minha cidade, o meu Rio, mas o Rio do morro, dos sambas, do violão, dos cafés vagabundos onde pintores sem escola pintam rosas, a Torre de Belém, o Anjo da Guarda guiando duas crianças na ponte furada, Cristóvão Colombo descobrindo... o Brasil![58]

---

[56] *Ibid.*, p. 86.

[57] *Ibid.*, p. 87.

[58] *Ibid.*, p. 88.

OS ROMANCES DA BOÊMIA E DO SUBMUNDO CARIOCA

Os ambientes dos bares da boêmia, dos cafés vagabundos e das casas de mulheres da década de 1930, principalmente da Lapa e do Mangue, no Rio de Janeiro, iriam inspirar contemporaneamente não apenas cronistas como Ribeiro Couto, do livro *Memórias da cidade do vício e da graça*, de 1924, poetas como Manuel Bandeira (aliás morador da Lapa ao tempo dos poemas do livro *Libertinagem*, de 1930) e jovens escritores estreantes como Marques Rebelo, de *Marafa*, de 1934, mas outros romancistas tocados pela forte impressão humana daqueles meios carregados de pequenos grandes dramas. Entre esses novos escritores, estaria o jovem estudante Luís Martins, responsável em 1936 por um romance que, sob o título de *Lapa*, era pelo próprio autor anunciado no prefácio como "crônica trágica da prostituição carioca, da Lapa e do Mangue, onde uma humanidade condenada vive a vida mais desgraçada e mais humilde".[1]

Mais reportagem do que romance, como seria ainda o autor o primeiro a reconhecer ("Muita gente duvidará, talvez, que se trate de um romance. Digam que é reportagem"), o livro do mais tarde cronista de jornal Luís Martins (que continuava em atividade como cronista em 1981, quando a morte em acidente de automóvel encerrou sua carreira) iria constituir — a exemplo de outros romances dos meios de prostituição no Brasil — um repositório de informações inestimáveis para o levantamento de todo um setor "esquecido" da vida urbana. Através do testemunho do autor de

[1] Luís Martins, prefácio, "Nota absolutamente necessária", *Lapa*, Rio de Janeiro, Schmidt, 1936, pp. IX-X.

Lapa, fica-se sabendo, por exemplo, que a maioria das prostitutas estabelecidas em bordéis fixos sofria tanta solidão que temia dormir no escuro, o que as levava ou ao homossexualismo ou, muitas vezes, a requestar a companhia de algum cliente de fim de madrugada, fazendo surgir com isso um tipo especial de aproveitador:

> Em certo momento, falaram num sujeito que era gigolô não sei de quem.
>
> — Aquilo é um safado! — disse Rosinha. — Eu conheço bem ele. Vocês querem saber que é que ele faz pra dormir com mulher e ainda ganhar dinheiro por cima?
>
> Todos queriam saber. Até eu.
>
> — Pois é. Ele vai, assim pelas duas, três horas, pras casas onde tem rapariga sem amigo. Chega lá, a mulher quer ir dormir mas está com medo de dormir sozinha. Ele pergunta pra ela: "como é, você quer ir comigo, eu vou; mas passa dez". Ora, mulher tem mesmo é medo de dormir sozinha, vai logo.[2]

É esse conhecimento de jovem aluno de preparatórios, freqüentador dos bordéis do fim da década de 1920, que vai permitir ao romancista-repórter Luís Martins fornecer um oportuno flagrante da agonia dos cafés cantantes, então em decadência ante a concorrência dos modernos bares servidos por garçonetes e pelos cabarés de modelo europeu, onde a atração não eram mais os números variados executados sobre o humilde praticável de ma-

---

[2] *Ibid.*, p. 31. Informações de importância equivalente a essa, como fonte para o estabelecimento do quadro de convivência humana dentro do esquema de vida organizado marginalmente às estruturas oficiais "familiares", nos países capitalistas, podem ser encontradas em vários outros romances ambientados em meios de prostituição no Brasil, entre os quais *O mangue*, de Otávio Tavares, em que o autor revela a existência, no Maranhão, de uma crença seguida pelas prostitutas sem clientela, e segundo a qual entregar-se a um leproso ajuda a mudar a sorte.

deira que fazia de palco, mas orquestras como as dos cabarés Teatro-Cassino Beira-Mar, Brasil, Novo México, Danúbio Azul e Casanova, ao som das quais os representantes das novas camadas de classe média urbana se enlaçavam a prostitutas de michê mais caro, em requintados passos de tangos argentinos:

> No tempo da minha adolescência, havia uns restos de cafés cantantes na Lapa. Mulheres estrepíssimas cantando ao som de pianos agonizantes. Na Rua do Passeio, um vastíssimo bar que era uma tradição da malandragem carioca, todas as noites se enchia de uma multidão tumultuosa, com marinheiros, rapazes farristas, raparigas que faziam a vida na Rua das Marrecas. Era o célebre "Cu da Mãe".
>
> Acabaram os restos de cafés cantantes, mortos pelos bares de garçonetes. Eram vazios e tristes. Um piano, um pianista, mesas e as "artistas". Eram fechados, de forma que nada se visse do exterior. Pronto! O pianista esbordoava o piano. A "artista" vinha para o meio da sala, sorrindo, fazia força para ser graciosa, pegava a cantar um samba, digamos, ou uma valsa, ou outra coisa qualquer. Quando acabava, tinha sempre um porrista para bater palmas solitárias. A rapariga ia dali ao homem que batera palmas e pedia pra pagar um licorzinho. O piano, o pianista, as cadeiras vazias, no silêncio, emoldurando o vozeirão do homem bêbado e as gargalhadas da cançonetista [...][3]

---

[3] *Ibid.*, p. 49. Quanto aos chamados bares de garçonetes, apontados como causa da decadência das casas de chope, Luís Martins os descreve com maiores detalhes em seu livro *A terra come tudo*, ambientado no mesmo meio de vida noturna focalizado em *Lapa*, para aproveitar a publicidade provocada por este último livro. Realmente, conforme relembraria o próprio Luís Martins em seu livro *Noturno da Lapa* (Rio de Janeiro, Civilização Brasileira, 1964), o romance *Lapa*, após denúncia de subversão e atentado contra a família, foi apreendido e seu autor detido para depoimento.

Quando, no início da década de 1930, as autoridades centralizaram a prostituição no Mangue, acabando com os bordéis da Lapa, essa decadência acaba atingindo também os próprios bares e cabarés, o que leva o personagem *alter ego* do autor, de volta ao Rio após dois anos de curso de Direito em Belo Horizonte, a registrar a diferença em seu reencontro com a Lapa:

> Lapa triste. Um, dois, três cabarezinhos degenerados se estorcem, gritam, se requebram, suam, quase morrem de histerismo e a vida continua mais triste. Lapa vagabunda. Os choferes cantam sambas batendo baixinho nas portas dos automóveis. Lapa imoral. As prostitutas passeiam [...][4]

Era nesse clima de decadência que os bares noturnos servidos por garçonetes continuavam de forma apagada a tradição das antigas casas de chope em que a "orquestrazinha bem vagabunda de músicos sem celebridade afundava o barqueiro do Volga nas águas sambistas do Mangue":

> A portuguesinha comparecia num fado bem pauzinho, por sinal. Os simbolismos se gastavam pelas paredes sem ninguém aproveitar. E as garçonetes não paravam, distribuidoras, generosas de chope, vermute, uísque, sonho, tristeza, amor, esquecimento e outras interpretações [...][5]

Com a centralização das casas de prostituição baratas na zona do Mangue ("Um dia a polícia resolveu localizar o baixo meretrício no Mangue. Foi tudo pra lá. Fechou-se o 'bar Cosmopolita', fechou-se o 'Cu da Mãe'", *Lapa*, p. 51), começaram a surgir mais distante da Lapa, para os lados do Passeio Público e da

---

[4] *Ibid.*, p. 96.

[5] *Ibid.*, p. 97.

Avenida Rio Branco até o Largo da Carioca, os modernos cabarés destinados a uma nova boêmia que não mais misturava democraticamente malandros, artistas e intelectuais, mas recrutava a clientela pela capacidade econômica, cobrando preços mais altos pela ilusão do cosmopolitismo. Nessas casas de modelo europeu, onde o mestre de cerimônias falava francês, orquestras modernas tocavam predominantemente tangos e foxtrotes, o que indicava desde logo a oposição entre a realidade subdesenvolvida da cidade e as expectativas dos freqüentadores saídos das novas camadas de classe média voltada para modelos importados.

É a visão desse quadro que se desenha em outro livro neorealista de meados da década de 1930, e tal como *Lapa* de Luís Martins, ambientado nos meios de prostituição: o romance *O Mangue*, de Otávio Tavares. *O Mangue*, como o nome indica, era a contrapartida do romance *Lapa*, mas já agora valendo as suas descrições para o dia-a-dia mais cruel dos bordéis baratos da área da cidade localizada próximo do Canal do Mangue, ao norte da estação da Estrada de Ferro Central do Brasil. No entanto, embora com a maior parte da história circunscrita ao território da prostituição do Mangue (Otávio Tavares, ao contrário de Luís Martins, não identifica as ruas em que se passam as cenas, referindo-se sempre genericamente ao bairro, em frases tipo "O Mangue passara por umas duas ou três horas de agitação [...]"), as andanças do personagem Glicério o levam certo dia ao Passeio Público, vizinho à Lapa, e acaba entrando em um cabaré da nova classe média da cidade. Mesmo sem ter sido identificado pelo romancista, a indicação do local e o fato de Glicério ter descido alguns degraus até ao subsolo mostram tratar-se do cabaré do Teatro-Cassino Beira-Mar o local visitado pelo personagem. De fato, segundo lembranças de Luís Martins em seu livro *Noturno da Lapa* (Rio de Janeiro, Civilização Brasileira, 1964, p. 103), esse cabaré do Cassino Beira-Mar "no Passeio Público, pertinho da Lapa, era da mais elevada categoria; ficava no subsolo do edifício, que mais tarde foi demolido a dinamite, com explosões que mataram todos os peixes do belo aquário que existia no jardim [...]".

E é nesse cabaré de preços mais caros e mulheres mais bem-vestidas que o funcionário público Glicério, freqüentador habitual do Mangue, vai dançar um tango ao som de uma orquestra que se faz notar por seu "ecletismo musical":

> A noite andou, e ele andou também, até descer uns degraus, como se caminhasse para um subterrâneo, e dar num *cabaret*. Não se lembrava de conhecer ambiente assim. Mesas pequeninas, iluminadas e floridas; mulheres floridas também e também iluminadas [...] Uma orquestra que era um ecletismo musical: tangos lúbricos, valsas lânguidas, maxixes e fox-trots. Pares enlaçados girando num espaço limitado pelas mesas.
>
> Glicério sentou-se e pediu uma cerveja. O garçon não gostou; mas jogou a garrafa em cima da mesa. Cerveja em *cabaret* tem a cotação de parati no balcão das tavernas. Bebida de mendigo.[6]

Entra então em cena, nessa saborosa passagem documental do romance *O Mangue*, a figura singular do *cabaretier*, personagem misto de animador de auditório e mestre-de-cerimônias, que comandava a animação e a boa ordem do ambiente do cabaré:

> O *cabaretier* bateu palmas, solene, comandando a praça, e anunciou com açúcar na voz:
>
> — Um tango! tango lindo!
>
> A orquestra cumpriu a ordem. Da mesa fronteira, cercada de rosas brancas e iluminada funebremente por uma *veilleuse* roxa, que lembrava a viúva da pensão, dois olhos acesos fincavam-se no Glicério.[7]

---

[6] Otávio Tavares, *O Mangue*, Rio de Janeiro, Andersen, s.d., p. 180 (certamente de 1934 ou 1935).

[7] *Ibid.*

É para essa mulher de "boca ensagüentada de *rouge*" que Glicério acena convidando-a a dançar:

> Deu com a mão, num convite, e ela deixando a mesa roxa, saltou para o centro, num ambiente de outra cor, onde o encontrou de braços abertos. Lá foram enlaçados, adejando na volúpia do tango. Ele, nas paradas súbitas do ritmo da música, sentia-a, toda inteira, quente, dadivosa, e tinha no rosto a carícia dos cabelos dela. Depois, estendia a perna e levava-a, aderindo como o marisco ao rochedo, impelindo-lhe a coxa numa avançada gostosa, até que outro espasmo da orquestra deixava que ela tornasse, todinha, parando o ventre de encontro ao dele.
>
> Aí, ele soltou uma tirada daquelas:
>
> — Você já reparou? O tango é pornografia musical.
>
> Ela entendeu, ou teve a intuição do que queria dizer, porque se abriu muito mais, para que ele a pudesse fechar melhor ainda contra si. Uma resposta sem palavras.[8]

Quando a música termina, o *cabaretier* entra de novo em ação batendo palmas para a orquestra atacar novo número, e volta a animar a clientela com seu entusiasmo profissional — em francês:

> A música parou. O *cabaretier* bateu palmas, numa displicência protocolar, e a música andou de novo.
>
> — *Un cri d'admiration!*[9]

---

[8] *Ibid.*, pp. 181-2.

[9] *Ibid.*, p. 182. Em depoimento prestado ao autor deste livro, em 1972, o revistógrafo, letrista de música popular, poeta, caricaturista e pintor Luís Peixoto salientou a singularidade da figura dos *cabaretiers* cariocas do Rio de Janeiro da década de 1920, e recordou especialmente o francês Dumanoir,

Essa estranha sociedade marginal, tão rica de experiências humanas a ponto de inspirar romances como *Marafa*, *Lapa* e *O Mangue*, surgia, na realidade, como resultado de um processo de mudança econômico-social que envolvia as bases mesmas da sociedade brasileira desde o fim da monarquia. Com o advento da República anunciando o início da pressão das camadas urbanas no sentido da modernização das estruturas — o que equivalia a um impulso no sentido de desviar a economia do campo exclusivo da agricultura de latifúndio para o dos investimentos industriais e capitalistas —, os grandes centros passaram a experimentar a competente necessidade de reorganização de sua fisionomia urbana, a fim de abrigar os novos estratos de população gerados pela diversificação social. Os romances que descreviam os dramas vividos nos meios da prostituição, pois, nada mais faziam do que documentar a realidade de uma fase histórica de transição dialeticamente marcada por amplas e necessárias experiências sociais. E o impacto dessas transformações sobre a vida cultural, principalmente sobre as camadas populares e médias do Rio de Janeiro — onde desde o início do século XX a nova realidade político-econômica alcançava maior repercussão —, não deixaria de ficar documentado em um romance de 1934 que, historiando exatamente essas transformações, exibia o título desde logo tão exemplificativo de *O bota-abaixo*.

O romance *O bota-abaixo*, de José Vieira (Mamanguape-PB, 1880 — Rio de Janeiro, 1948), publicado em 1934 com a indicação de "Crônica de 1904", aproveitava desde o título a denominação pela qual ficou conhecida a política urbanizadora-modernizadora do prefeito Pedro Ernesto, no Rio de Janeiro, durante o governo do presidente Rodrigues Alves (1902-1908). A história muito bem urdida, aliás, é a de um grupo de amigos donos de boas posições na estrutura do Império (o visconde de Ser-

do cabaré *Chat Noir*, do Largo da Carioca (situado quase na esquina da atual av. 13 de Maio), e que costumava chamar a atenção dos clientes batendo palmas e dizendo, alto: "Mes enfants [...]".

ro Verde, o historiador barão de Miraflor e o professor Aleixo Pita), que passam a viver o difícil processo de acomodação ao regime republicano, repleto de oportunistas (como o jovem advogado e logo homem de negócios Luís Carlos), permitindo ao romancista a descrição de momentos de curiosa e contraditória convivência humana, tal como o que ocorre no dia do casamento da filha do visconde com Luís Carlos:

> Quando o *coupé* parou na Candelária, haviam reconstituído a Corte e estacavam desconsolados, na República.
>
> Com as criaturas que não saíam ainda da Monarquia e outras, que conciliavam os dois regimes, como Catim, levavam Amparo à igreja indivíduos para quem o Império se reduzia à história de um tiro disparado contra o Imperador em 89, e algumas que só enxergavam, no conflito das ambições políticas, negócios, possibilidades de ganho. Nos convidados de Luís Carlos, distinguiam-se três tipos, que consubstanciavam estas disposições da geração republicana. Antônio Emílio, contemporâneo, como Plínio, de Luís Carlos em São Paulo, já Deputado, cujos conhecimentos de história política do Brasil constavam das datas: 7 de setembro, 13 de maio, 15 de novembro — não lhe sendo preciso mais para representar a Nação, e que, no Grande Hotel, onde morava, definia a política, em camaradagem com colegas da Câmara, como sendo a *ciência das reeleições*. Os dois outros eram um rábula, João Adorno, e um acionista da Pastoril dos Estados, Abílio Carreira, sócio de uma casa de comissões estabelecida ao pé do escritório de Luís Carlos. João Adorno agenciava clientes para o advogado.[10]

---

[10] José Vieira, *O bota-abaixo*, Rio de Janeiro, Selma, 1934, pp. 29-30. Na relação de obras publicada como apêndice ao volume VII da *História da inteligência brasileira* de Wilson Martins, o romance *O bota-abaixo*, de José

A cena do casamento é passada em fins de 1902, nos primeiros meses da administração de Rodrigues Alves no governo do país e de Pereira Passos na prefeitura do Rio de Janeiro, o que aumenta de interesse a história de *O bota-abaixo*, quando se sabe que o romancista paraibano José Vieira, nascido em 1880, contava ao tempo da edição de seu romance 54 anos, o que o torna, mais do que um simples ficcionista, testemunha pessoal de fatos semelhantes aos que narrava no livro.

Assim, é a descrição do primeiro carnaval realizado na recém-aberta Avenida Central (depois Rio Branco), no Rio de Janeiro, que vai permitir compreender, através desse romance de um contemporâneo do movimentado período de transformações urbanas da administração Pereira Passos, muitas das mudanças ocorridas a partir do início do século XX na estrutura da cidade, e logo responsáveis por tantos dramas destinados a passar à literatura.

Apertado pelo casario que se espalhara desde o sopé do Morro do Castelo em direção norte, a partir da Rua Direita (hoje 12 de Março), infletindo para oeste à altura da velha Rua de Aleixo Manuel (depois e até hoje conhecida como Rua do Ouvidor), o centro do Rio de Janeiro teria nesta última rua, até o início do século XX, o seu principal eixo e seu corredor cultural. Aí funcionavam as casas de modas e perfumes e as redações dos principais jornais, e era por seu exíguo leito que passavam inclusive os carros alegóricos por ocasião do carnaval. Com a abertura da Avenida Central, após dois anos de uma política de bota-abaixo que, derrubando 641 prédios de vinte ruas, abriria a nova grande via de ligação entre dois pontos do litoral, desde a Praia do Boqueirão, ao sul, até ao ponto das barcas de Petrópolis (hoje Praça Mauá) ao norte, esse quadro urbano vindo do século XIX se transformou.

Vieira, é indicado como sem data. A data de 1934, no entanto, embora não conste realmente da folha de rosto nem do colofão, aparece na lombada do livro. E esse ano de 1934 da edição é confirmado, aliás, pela data do desenho da capa, assinada por Correia Dias (uma picareta negra destruindo velhas fachadas de casas de arquitetura colonial e imperial do Rio de Janeiro).

Embora a Rua do Ouvidor e sua transversal Gonçalves Dias continuassem sendo os locais das boas confeitarias e casas de modas, toda a movimentação da nova cidade surgida com as obras de Pereira Passos passou a fazer-se pela Avenida Central. E é com a descrição do primeiro carnaval realizado nessa recente avenida, ainda exibindo em 1905 os escombros das demolições das ruas adjacentes, que o autor do romance *O bota-abaixo* vai mostrar a explosão carnavalesca provocada pela conquista desse novo espaço urbano, responsável desde logo não apenas pela expansão das passeatas dos cordões e blocos de fantasiados, mas pelo moderno hábito dos foliões de ir "brincar na cidade", superlotando os bondes.

> Pela primeira vez, o Carnaval penetrou na Avenida. Na terça-feira gorda, Antônio Emílio [que acabava de descer de Petrópolis] afanou-se do Largo de São Francisco à Avenida, da Rua Gonçalves Dias ao Largo da Carioca, pisado pelos foliões, que revoluteavam num desvario atordoador de zabumbas, orquestras, maracás, Zé-Pereiras e cordões. Não a viu [a Amparo, mulher de Luís Carlos, que pretendia conquistar]. Às dez horas, o teatro das arruaças de Novembro fremia [referência à revolta popular contra a vacina obrigatória ocorrida em novembro de 1904 e envolvendo, inclusive, alunos da Escola Militar, que tentaram depor o Governo], ao esguichar dos lança-perfumes, em nuvens de *confeti* que luzes multicores alumiavam deslumbrantemente. Os engenheiros e empregados maiorais das obras haviam armado, para as suas famílias, na esquina da Rua do Ouvidor, em frente à construção do *Jornal do Commercio*, um caro palanque revestido de verde e amarelo. Antônio Emílio encostou-se ao palanque. Anunciado por uma banda de clarins a cavalo, soprando a marcha da *Aída*, entrava na Avenida o *Clube Fenianos*. O Rio de Janeiro costumava rememorar os mortos ilustres do ano nos préstitos carnavalescos. É

uma sorte de obituário pagão onde a efígie do finado pervaga entre fanfarras, luminárias e mulheres nuas. Logo dos clarins, avançava uma alegoria a José do Patrocínio. O busto do abolicionista negro, esculpido em gesso, segurando com o braço direito uma imagem simbólica da Imprensa, assentava num centro de prelo primitivo, preso a um entrelaçamento artístico das gazetas cariocas. Uma criança distribuía versos. Os papeluchos voavam por sobre as cabeças:

De Patrocínio foi a idéia nobre,
Que outros se uniram a formar legiões
Povo te curva e de flores cobre
O busto desse que quebrou grilhões.

A multidão batia palmas, como se o busto de Patrocínio não objetivasse, ali, um preito de saudade, e o grande homem do povo, redivivo, excitado, como ela, pela profusão das cores, pelo clarão dos fogos de bengala, pelos cantos triunfais da marcha, viesse compartilhar-lhe a bacanal. Antônio Emílio deixou passar o derradeiro carro e abriu caminho até a Rua Gonçalves Dias, onde Edmundo tinha consultório numa sala de frente. Amparo lá estava com Zezé.[11]

Após a passagem dos carros alegóricos, enquanto Antônio Emílio entra a conversar com Luís Carlos e Amparo com a amiga Zezé, aparecem os grupos de foliões vindos dos bairros próximos inaugurar o que logo se chamaria "o carnaval da Avenida":

"Um cordão de índios piruetou na esquina tangendo pandeiros de lata, cantando em Português, com batuque africano" — o que, por sinal, assusta as mulheres, segundo observa o romancista, prosseguindo:

---

[401] *Ibid.*, pp. 213-4.

> Cordões de vendedores de jornais, de garotos de cortiço, de vagabundos da Saúde, que, em novembro, atacavam a Polícia, com outros serviçais obscuros da cidade, dos que nem ao menos viram os quebra-lampiões e, de janeiro a dezembro, se libertam apenas para os folguedos de Momo, envolveram o Deputado. E, em vez de gritos, de tiros, do tropear das ferraduras na treva, toadas penosíssimas enchiam a noite fulgurante, tristeza imensa — queixa inconsciente da raça humilhada, palpitava traindo-se nas cantigas de Carnaval.[12]

O romance termina aí, ainda uma vez aproveitando o sentido alegórico e simbólico do carnaval enquanto festa capaz de traduzir "a queixa inconsciente da raça humilhada" — mas, em meio à história de *O bota-abaixo*, José Vieira não deixa de fornecer outra informação de interesse para a história da vida e da cultura urbana cariocas. Ao descrever os episódios da revolta contra a ordem de vacinação obrigatória (medida profilática determinada por recomendação de Osvaldo Cruz, que seria aproveitada politicamente pela oposição ao governo), o romancista oferece testemunho de um fato jamais registrado por qualquer historiador: quando os alunos da Escola Militar, derrotados pelas forças do governo, foram levados barra fora em navios de guerra e depois despejados "pelos portos, à toa, com a roupa do corpo, sem vintém", os que melhor puderam enfrentar a adversidade foram exatamente os alunos farristas tocadores de violão: "Os que cantavam ou tocavam violão, ganharam com isso dinheiro para voltar aos seus lares. Outros encontraram conhecidos. Alguns, famintos, mendigaram".[13]

---

[12] *Ibid.*, pp. 214-5.

[13] *Ibid.*, p. 198.

Capa da primeira edição de *Saga*, de Érico Veríssimo, 1940.

A MÚSICA POPULAR NO ROMANCE DOS GAÚCHOS

No plano nacional, as mesmas transformações econômico-políticas que, a partir do advento da República, provocaram a necessidade da mudança da fisionomia urbana do Rio de Janeiro, repercutiram de maneira semelhante em algumas das principais cidades brasileiras. A aceleração da diversificação social resultante da ampliação do quadro econômico, através de pequenos investimentos industriais e de obras públicas, provocou o adensamento das populações de algumas capitais de estados, possibilitando o crescimento da classe média e o aparecimento, afinal, de uma certa vida cultural própria. A partir de fins da década de 1920, por exemplo, começam a surgir modestas editoras regionais ao lado de uma ou outra mais antiga, até então dominando o campo editorial, o que permite o lançamento de livros de escritores locais. E é assim que em 1934, quando a Editora Nacional de São Paulo resolve promover seu concurso nacional de romance com apoio da Academia Brasileira de Letras, o resultado já colocava em igualdade de condições, ao lado de apenas um carioca — o Marques Rebelo de *Marafa* —, três escritores residentes em dois diferentes estados: o mineiro João Alphonsus do romance *Totônio Pacheco*, e os gaúchos Dionélio Machado, de *Os ratos*, e Érico Veríssimo, de *Música ao longe*.

De fato, e numa demonstração de que o predomínio absoluto do Rio de Janeiro como centro cultural começava a enfraquecer, o gaúcho autor de *Música ao longe* estava completando ao tempo do concurso dois anos de carreira como escritor nacional sem sair do Rio Grande do Sul (estreara em 1932 com *Fantoches*, contos, e em 1933 lançara o romance *Clarissa*). E, por sinal, já conseguia viver apenas de literatura, pois, apesar de constar como colaborador do jornal *Correio do Povo*, seu vínculo permanente era com a Editora Globo, de Porto Alegre, para a qual traduzia romances internacionais, secretariando ainda a *Revista do Globo*, editada pela mesma casa. E Érico Veríssimo e Dionélio Machado não eram casos isolados no Sul, pois pelo menos dois outros contemporâneos iriam obter renome nacional no romance a partir de Porto Alegre: Telmo Vergara, lançado em 1934 pela Livraria Globo com os contos de *São Paulo convalesce* (logo depois aparecendo no Rio com a novela *Figueira-velha*, editada em 1935 por Schmidt Editor), e Athos Damasceno Ferreira, vindo da poesia para o romance em 1938, ainda pela Livraria Globo, com sua excelente "novelinha de arrabalde" *Moleque*.

Todos esses escritores regionais dedicados à literatura de ambientes urbanos iriam contribuir, pois, durante as décadas de 1930 e 1940, com indicações sobre costumes locais destinadas a ampliar a contribuição do romance ao levantamento de dados para a história da música popular no Brasil.

Em seu primeiro romance, *Clarissa*, de 1933, por exemplo, o então estreante Érico Veríssimo mostra indiretamente, na história da paixão do carrancudo Amaro pela filha da dona da pensão em que mora (o que já é sintomático das mudanças sociais, pois entre os hóspedes há desde um major reformado, um judeu que estuda direito internacional privado, ao alegre estudante de preparatórios Nestor, além, é claro, da normalista Clarissa e sua tia, D. Eufrasina, dona da pensão), a importância local já assumida no início da década de 1930 pela música dos discos divulgada através do rádio, e que era produzida normalmente no Rio de Janeiro.

Assim, logo ao iniciar-se o romance, a voz do alegre e irresponsável Nestor vem do banheiro cantando o samba dos cariocas do Estácio, Osvaldo Vasques e Aurélio Gomes, "Deixa Esta Mulher Chorar", lançado para o carnaval de 1933:

Deixa esta mulher chorar
Pra pagar o que me fez...[1]

Nestor, aliás, além de aparecer cantando o mesmo samba logo após ("Soam passos na escada. Outra vez a voz de Nestor: *Pra pagar o que me fez*"), mostra-se a par do repertório da música carnavalesca produzida no Rio de Janeiro, pois, enquanto Clarissa ouve de seu quarto a voz do papagaio da pensão gritando seu nome: "Do andar superior vem uma voz molenga, sincopada, irregular":

Quem te inventou, meu pancadão,
Teve uma consagração...

que era a marcha "O Teu Cabelo Não Nega", a recriação do compositor carioca Lamartine Babo a partir da marcha pernambucana "Mulata", dos irmãos Raul e João Valença, do Recife, transformada em sucesso do carnaval de 1932:

> Clarissa escuta. É a voz de Nestor, que deve estar no banho. Vive cantando. Um vagabundo (diz o tio Couto), que nunca consegue fazer seus preparatórios.
>
> *Porque, mulata, tu não és deste planeta...*[2]

Quase ao fim do livro, com o desenrolar da história atingindo dezembro de 1933 ("Dezembro. Na pensão de D. Zina a vida

---

[1] Érico Veríssimo, *Clarissa*, 3ª edição, Porto Alegre, Globo, 1965, p. 3 (1ª edição de 1933, e a 1ª reimpressão de setembro do mesmo ano). Quase ao final da história, quando Clarissa surpreende Nestor aos beijos com D. Ondina, mulher do hóspede Barata, o rapaz desce as escadas cantando, ainda uma vez: "Deixa essa mulher chorar/ Pra pagar o que me fez" (*Ibid.*, p. 110).

[2] *Ibid.*, p. 16.

rola”), o mesmo Nestor ainda é ouvido na sua costumeira cantoria durante o banho de chuveiro, agora repetindo a marcha “Boa Bola”, ainda de Lamartine Babo, que fizera sucesso no carnaval daquele ano:

> — Ó Nestor!
>
> De dentro, uma voz grossa:
>
> — Quem foi que morreu!
>
> — Olhe! Não gaste muita água. O mês passado tive que pagar excesso [...]
>
> D. Zina se vai corredor em fora, sacudindo as banhas, arrastando as chinelas.
>
> Dentro do banheiro a cantiga recomeça:
>
> *Queria te vê na frente*
> *Duma pistola*
> *Todo frajola...*[3]

Curiosamente, o romancista citaria como música de agrado no Rio Grande do Sul, além dessas canções de sucesso, duas composições que passaram quase despercebidas no Rio de Janeiro. A primeira dessas músicas, do compositor carioca Joubert de Carvalho, praticamente ausente do carnaval de 1933 no Rio de Janeiro, iria ficar esquecida dentro do repertório do próprio autor: a marcha “Coisinha Boa, Melhor Que Há no Mundo”:

> Vem da varanda um barulho de pratos que se chocam, de talheres e copos que tilintam. Chega até as narinas de Clarissa um cheiro bom de carne assada.
>
> A voz de Nestor fica mais forte:
>
> *O amor é uma coisinha boa,*
> *Parece à toa,*
> *Mas é muito boa...*

---

[3] *Ibid.*, pp. 147-8.

Vai se sumindo aos poucos, até desaparecer.[4]

A segunda composição, o samba "Gandaia", de 1932, de autoria de Ismael Silva, gravado por seu pretenso parceiro, o cantor Francisco Alves, passou também tão em branco no carnaval daquele ano, que sua gravação no disco Odeon nº 10.906 viria a tornar-se um dos exemplares mais raros da discografia do cantor:

> Vem duma casa próxima o som abafado dum gramofone. Uma voz dengosa diz que a vida é boa:
>
> *Esquece as tristezas*
> *Meu bem,*
> *Vem pra gandaia,*
> *Gozar.*[5]

Todas essas citações de músicas populares entre a nova pequena classe média do início da década de 1930 em Porto Alegre indicam, pois, sem possibilidade de engano por parte do autor — considerada a atualidade da ação da história de *Clarissa* —, a penetração das vitrolas portáteis e do rádio, a partir da melhoria da amplificação pelo sistema de válvulas elétricas. De fato, como a indústria e importação de rádios e toca-discos, e os próprios estúdios de gravação estavam centralizados no Rio de Janeiro (após curto período de experiência das fábricas Columbia e Parlophon em São Paulo), era a música produzida em discos na capital do país, e veiculada pelas suas emissoras mais potentes, que acabava virando moda em outras cidades. E isso era facilitado, ainda, pelo fascínio natural que o Rio de Janeiro exercia principalmente sobre as novas camadas urbanas regionais, por seu caráter de grande centro ligado diretamente às novidades e estilos de vida

---

[4] *Ibid.*, p. 17.

[5] *Ibid.*, p. 143.

europeus e norte-americanos. Assim, com os novos modelos de toca-discos e de aparelhos de rádio lançados no Rio de Janeiro, as casas de música e lojas de discos de todo o país passavam a vender, também, os tipos de música produzidos naquela capital por seus compositores (já transformados em profissionais) em coerência com essa expectativa de modernidade do público em geral.

Esse paralelismo capital-províncias na aceitação das novidades da tecnologia no campo das transmissões de sons a longa distância, pelo rádio, e da gravação da música em discos elétricos, iria ficar documentado pelo próprio Érico Veríssimo, sete anos depois de *Clarissa*, em outro livro de ambiente meio europeu, meio gaúcho: o romance *Saga*, de 1940, cuja ação se inicia na Espanha, durante a guerra civil, passando na parte final para Porto Alegre, com a volta do idealista revolucionário Vasco, ex-soldado da destroçada Brigada Internacional.

O personagem Vasco reaparece no Rio Grande no momento exato em que elementos das novas camadas da cidade, sem tradição familiar local (o que, na verdade, significava desligados dos interesses da economia gaúcha, tradicionalmente agropastoril), entregavam-se a aventuras comerciais-industriais em Porto Alegre. E isso é muito bem exemplificado na indignação do velho médico benfeitor dos pobres, Dr. Seixas, ao criticar o jovem executivo Cambará, símbolo do moderno espírito de aventura nos negócios urbanos, que comanda de sua sala no Edifício Megatério:

> Seixas torna a olhar o Megatério de cima a baixo.
>
> — E você também está metido nessa engenhoca, não?
>
> Limito-me a sorrir e olhar para o velho, que enrola um cigarro.
>
> — Coisas de cinema — prossegue ele. — Arranha-céus, automóveis, gramofones, rádios, manias de grandeza [...] Olhe só aquele edifício do Cambará.
>
> Aponta para uma grande tabuleta que abrange oito janelas do décimo andar. Lê-se nela, em caracte-

res vermelhos, estas palavras: "ERCA (Empresas Reunidas Cambará)".

Seixas lambe as bordas do papel do cigarro e depois, cuspinhando, acrescenta:

— Quer abarcar o mundo com as pernas. Conheci o pai desse menino. Um índio ignorante que nem sabia andar de botinas. Agora o filho anda por aí com jeitão de grande homem de negócios. Metido em tudo quanto é bandalheira. *Trust* de cinema, negócios de terrenos, construções de casas e nem sei quantas besteiras mais. Chô égua![6]

Era no bojo dessa nova realidade sócio-econômica que se verificava não apenas o primeiro momento da invasão da música de massa imposta a partir da capital do país pelo rádio e pelo disco, mas o momento do próprio choque cultural interno entre as tendências das elites regionais, presas a padrões tradicionais, e as tendências das novas camadas de classe média, sujeitas às promessas dos modelos lançados no mercado pela indústria cultural ligada ao lazer, a partir dos grandes centros.

E também este pormenor não deixa de ser focalizado no romance *Saga*, na cena em que a personagem Fernanda, durante a conversa destinada a colocar Vasco a par da situação da família, conta como o irmão, Pedrinho, acabou trazendo para casa a família da moça simples com quem realizara um "casamento compulsório, apressado e precoce":

— Que gente! — faz D. Eudóxia. E D. Clemência sacode a cabeça devagarinho, numa solidariedade muda.

— A filha mais moça canta no rádio. Chama-se Modestina. — Fernanda segura no braço do marido, sorrindo. — Imagina você, Vasco, que o velho Braga

---

[6] Érico Veríssimo, *Saga*, 3ª edição, Porto Alegre, Globo, s.d., pp. 191-2 (1ª edição, pela mesma editora, de 1940).

> obriga o Noel a abandonar o seu Debussy, o seu Ravel ou a leitura de seus livros para ir ouvir a Modestina cantar sambas e marchinhas.[7]

Para mostrar o "rebaixamento" do gosto do velho Modesto Braga, pai de Modestina — um funcionário aposentado pela legislação revolucionária do Estado Novo, com vencimentos reduzidos —, o romancista revela que ele "telefona avidamente para as estações de rádio, pedindo que transmitam, na hora-do-ouvinte, 'O Ébrio', de Vicente Celestino".[8] E é esse personagem que, obrigando Vasco a ouvir pelo rádio o programa em que sua filha se apresenta, leva Érico Veríssimo a traçar o perfil (algo preconceituoso, por sinal) dessa nova camada flutuante de gente da classe média ainda não absorvida de todo pela estrutura extremamente simplificada da sociedade brasileira dos anos 30.

> Sento-me ao lado de Clarissa e olho a cena. Modesto, um homem baixo e encurvado, calvo e de pincenez, está junto do rádio "manobrando o aparelho", como ele mesmo diz numa tentativa de humorismo.
>
> — É na Rádio Continental que a Modestina vai cantar — explica ele com sua voz aflautada. — Mandei ela com as meninas do seu Alcíbio, porque eu e Adélia gostamos mais de ouvir de casa.[9]

Após mostrar o impaciente Braga consultando o relógio ("Faltam só dez minutos. É no programa do Xarope Bronquialívio"), Érico Veríssimo escreve, ao mesmo tempo com fidelidade e falta de compreensão em torno do que a própria cena por ele descrita apresentava de sociologicamente novo:

---

[7] *Ibid.*, p. 186.

[8] *Ibid.*, p. 227.

[9] *Ibid.*, p. 224.

Ouve-se a voz do *speaker*:

— Vamos agora apresentar aos nossos ouvintes a "Pequena Prodígio". — E, com uma ênfase pernóstica, destacando bem as sílabas: Mo-des-ti-na Bra-ga, num programa do Xarope Bronquialívio, o melhor remédio contra a tosse: Quando Romeu subiu ao balcão de sua amada numa noite de inverno e apanhou tremendo resfriado, teve suas declarações de amor interrompidas várias vezes por um acesso de tosse. E a bela Julieta lhe murmurou ao ouvido: "Meu amor, por que não tomas Bronquialívio?" — Com voz mais forte e gloriosa concluiu: — Bronquialívio, o remédio que podia merecer um poema de Shakespeare!

Ouve-se no fundo a orquestra tocar em surdina uma valsa lenta. De novo o *speaker*, em tom dialogal:

— Modestina, você não quer dizer alguma coisa aos seus ouvintes?

— Cumprimento os meus queridos fãs. Para papai e mamãe que estão me ouvindo, mando beijinhos.

Modesto Braga nos lança um olhar de orgulho e seu rosto se abre num sorriso de dentes postiços. D. Adélia sorri sonolenta por cima dos úberes. Dejanira e o sargento surgem à porta, de mãos dadas.

De novo o *speaker*:

— Diga aos nossos ouvintes, Modestina, o que é que você vai cantar.

— Vou cantar o samba "Noite de Orgia". — E num dengue: — Sapeca, maestro!

A orquestra rompe. E a voz de Modestina flui do alto-falante e se espraia na sala, amplificada, quente, pretensiosa e adulta:

Ai, ai, meu bem
Requebra
Rebola

Me quebra
Me aperta
Ai que bola!
Ai, ai, meu bem...

Modestina tem dez anos e um par de olhos graúdos e maliciosos. Usa ainda carpins [meias soquete, no Sul] e vestidinho curto, mas quem não a conhece é incapaz de imaginar que é da boca de uma criança que sai essa voz safada, erótica, que às vezes se quebra sincopada num tremor de agonia e de gozo, a insinuar espasmos e sensações lúbricas. Porque a menina canta como uma mulherzinha depravada, não porque conheça a maldade e o vício, mas porque os outros, as mulatas do morro, as estrelas do rádio que ela ouve com delícia, cantam assim, e porque papai e mamãe querem que ela seja a "Araci de Almeida dos Pampas". Modestina tem dez anos. Aos treze estará uma mulher feita. Não terá adolescência como não teve infância. As letras dos sambas canalhas aos poucos lhe tirarão a virgindade espiritual. Algum cantor de valsas depois se encarregará do resto. Mas, seja como for, o orgulho paterno estará satisfeito, o retrato da Pequena Prodígio aparecerá nos jornais e nas revistas, despertando a inveja dos outros pais nesta curiosa época de delírio shirley-templista [referência à menina atriz do cinema norte-americano Shirley Temple].

Termina o samba. Palmas no estúdio.

— Gostaram? pergunta Modesto Braga, olhando para nós.

Que remédio senão sacudir a cabeça afirmativamente?[10]

---

[10] *Ibid.*, pp. 225-7. Como se pode verificar, Érico Veríssimo continuava a cultivar a crença, em plena década de 1930, no velho princípio do po-

Dez anos após esse romance *Saga*, quando se lança com o romance *O retrato* à segunda parte da trilogia que ia constituir, sob o título geral de *O tempo e o vento*, a verdadeira saga de 200 anos de história gaúcha, desde o tempo das missões jesuíticas até ao moderno pós-Segunda Guerra Mundial, Érico Veríssimo volta a usar a música popular para configurar, com precisão, um dos primeiros momentos da influência cultural da capital do país sobre as nascentes camadas urbanas regionais, presas ao processo de imitação. Assim, quando o personagem Rodrigo, de volta a sua cidadezinha de Santa Fé, às vésperas do aparecimento do cometa Halley (o que se daria em 1910), vai procurar o antigo amigo de boêmia, o barbeiro Neco Rosa, este começa a cantarolar, enquanto o escanhoava, "o 'Talento e a Formosura', modinha que estava muito em voga, pois o famoso Mário a gravara em disco de gramofone para a Casa Edison".[11]

A informação era exata: "Talento e Formosura" fora gravada pelo cantor Mário Pinheiro quase certamente em 1907 no disco Odeon, da Casa Edison, nº 40.151, fazendo sucesso nos anos seguintes em três prensagens de discos: uma sob o título de "O Talento e a Formosura", tendo no verso a modinha "A Casa Branca", outra sob aquele título de "Talento e Formosura", com "Na Casa Branca da Serra" no verso e, finalmente, outra tendo no outro lado a mazurca "Casa Colombo".

Ao lado de Érico Veríssimo, cujas histórias movimentavam no geral personagens típicos da nova classe média urbana das décadas de 1930 e 1940 — moradores de pensões da cidade, como

---

der de dissolução moral dos versos das canções populares, e sugeria — a exemplo que fizera Teixeira de Sousa em *O filho do pescador*, em 1843, com Arlindo e Laura, e Lima Barreto em *Clara dos Anjos* (publicado de 1923 a 1924 na *Revista Souza Cruz*), com Cassi Jones e Clara dos Anjos — que também Modestina acabaria seduzida por capadócio, só que agora transformado em artista de rádio, na qualidade de cantor de valsas românticas.

[11] Érico Veríssimo, *O retrato*, 2ª parte de *O tempo e o vento*, 1º tomo, 2ª edição, Porto Alegre, Globo, 1963, p. 115 (1ª edição de 1951).

no caso de *Clarissa*; ou em prédios do centro de Porto Alegre, a exemplo de *Saga* —, seus contemporâneos Athos Damasceno Ferreira e Telmo Vergara focalizariam respectivamente em *Moleque*, de 1938, e *Estrada perdida*, de 1939, a pequena humanidade das chácaras de subúrbios distantes, onde ainda se fazia presente a influência dos negros nos costumes das casas, nas danças e nos cantos.

Na "novelinha de arrabalde" intitulada *Moleque*, por exemplo, o personagem central é o endiabrado Benedito, filho da passiva cozinheira negra Jerônima, e que funciona como uma espécie de Saci Pererê aos olhos da irascível viúva D. Rita (punida, aliás, em seu desprezo pelos negros com a humilhação de saber que o finado marido a traíra durante anos com uma mulata). Nos fundos da casa de D. Rita, no Beco dos Marmeleiros, há um cortiço ("De manhã cedo, começa o movimento, das bibocas sai gente de todas as cores, brancos, pretos, mulatos, caboclos...)[12], e é desse reduto de gente pobre, predominantemente de pele negra, que à noite se elevam os sons das danças infelizmente não descritas com pormenores no romance: "Quando anoitece — os moradores do cortiço se reúnem na frente das baiúcas e, não raro, sai bagunça. Tocam violão, tomam cachaça, dançam e acabam sempre empernando até o dia seguinte".[13]

Moradora vizinha dessa comunidade proletária da florescente capital gaúcha de fins da década de 1930, que contribui com seu trabalho mal remunerado para o crescimento da cidade, a decadente D. Rita — cuja renda advém de aluguéis e hipotecas — orgulha-se dos padrões morais de uma instituição familiar que a própria filha Pepita despreza em silêncio, na sua frustração de moça "moderna" relegada à mediocridade da vida suburbana. E

---

[12] Athos Damasceno Ferreira, *Moleque*, Porto Alegre, Globo, 1938, p. 39.

[13] *Ibid.*, p. 40.

Capa da primeira edição de *Moleque*,
de Athos Damasceno Ferreira, 1938.

após o almoço, indiferente aos discursos morais da mãe ("Família direita é esta, é a nossa... Exemplo, modelo de educação, de ordem, de recato..."), Pepita vai dormir a sesta, não sem antes pensar nas sugestões malandras bem mais excitantes do samba de Noel Rosa "O Maior Castigo Que Eu Te Dou", que ela conhece em parte impressa para piano:

> Agora, mesmo que morasse na cidade, iria serestar. O sol bate, vivo, nas lajes da área e difunde-se num bafo quente, ao redor.
>
> Ela atravessa o gabinete, entra na sala e começa a folhear um livro de músicas. São tangos, valsas, sambas.
>
> Tem um assim:
>
> *O maior castigo que eu te dou*
> *é não te bater,*
> *sei que gostas de apanhar...*
>
> Pepita lê os versos. Pepita canta os versos.
> E pergunta-se:
> — Por quê?[14]

Em *Estrada perdida*, de 1939, o primeiro romance de Telmo Vergara (pois até 1930 o autor, além de livros de contos, só publicara uma novela, *Figueira velha*, em 1935), a saga de uma família ligada à velha estrutura patriarcal gaúcha também transcorre em ambiente suburbano, e com a evolução da história representada no tempo pela figura de um velho, Peleu, que tem 70 anos

[14] *Ibid.*, p. 64. O samba "O Maior Castigo Que Eu Te Dou" foi gravado por Araci de Almeida em disco Victor nº 34.176, em 20 de abril de 1937, e o último verso dizia, na verdade: "Pois sei que tu gostas de apanhar".

ao iniciar-se a ação do romance, e ainda vive ao fim da história, em 1938.

É através desse personagem Peleu de *A estrada perdida* que se pode encontrar, documentado na ficção, um exemplo típico do importante fenômeno de migração interna, ainda tão mal estudado pelos especialistas não apenas em história, mas em sociologia e antropologia cultural: nascido em 1848 na Bahia, o negro escravo é levado para o Rio, onde trabalha como serviçal do Palácio Imperial da Quinta da Boa Vista, alcança a liberdade em 1888, entra por São Paulo e, descendo como operário na construção de estradas até Assunção, no Paraguai, retorna ao Brasil para acabar aposentado da Companhia de Força e Luz de Porto Alegre, com "duzentos mil-réis por mês".

Nessa trajetória, o escravo e depois trabalhador livre vai difundindo por onde passa exemplos da sua cultura de origem popular baiana, principalmente através de músicas que sua memória retém, como seria o caso dos versos cantados pelo povo diante do "largo enfeitado de palmeiras" da igreja do Senhor do Bonfim, quando da comemoração do fim da Guerra do Paraguai:

> O largo cheio de gente, àquele dia, em que veio a notícia de que a Guerra do Paraguai terminara, o largo cheio de gente que dançava uns com os outros, negros com brancos, pobres com ricos, pulando e cantando, na alegria doida, na dança do Quizomba.
>
> A voz fraca, a voz quase apagada, porém ainda grossa, começa no silêncio da saleta:
>
> *Ivem, ivem ó quizomba,*
> *ó querida mariposa,*
> *ó quizomba...*[15]

---

[15] Telmo Vergara, *Estrada perdida*, Rio de Janeiro, José Olympio, 1939, p. 384.

A canção lembrada pelo ex-escravo (e que o romancista aponta já como "dança do Quizomba") é, como se verifica, a tão citada composição de origem negro-brasileira "Chô Araúna", cuja sobrevivência na memória popular ainda em 1929 intrigava Mário de Andrade, que em artigo escrito para a *Revista Brasileira de Música* contava tê-la recolhido no Nordeste, inteiramente folclorizada, tal como a ouvira de sua mãe na infância.[16]

A versão gaúcha do "Chô Araúna", que Telmo Vergara deve ter ouvido realmente cantada por algum negro velho, tal a convicção com que repete seus versos em três diferentes momentos do romance, apesar de citada inicialmente como música cantada em meio à festa do Bonfim após a Guerra do Paraguai, é logo identificada pelo autor de *Estrada perdida* como música do ritual religioso de origem africana, o que constitui equívoco evidente.

De fato, logo na primeira parte do romance, intitulada "Alguns dias de 1918", Telmo Vergara faz o jovem personagem Luís provocar a memória do velho Peleu, já então com 70 anos, perguntando "Ah! Peleu! Como é que tu disse que cantaro o Quizomba lá na Bahia? Foi defronte da igreja, não foi?", ao que o negro responde:

> — Ajuntô povo que não foi brinquedo, sim, menino. Povo como nunca tinha juntado na Bahia... Tudo defronte da Igreja do Sinhô do Bonfim... A gente que tava na igreja saiu e se misturô com a gente que tava na rua. Tudo conversava com os otro, inté com os que não éro conhecido... E então começô a dança. Tudo dançô, branco com preto, rico com pobre... E tudo aquele mundo de povo cantô o canto do Quizomba...[17]

[16] Mário de Andrade, "Cândido Inácio da Silva e o lundu", em *Revista Brasileira de Música*, nº 10, de 1944.

[17] Telmo Vergara, *op. cit.*, p. 42.

O personagem Peleu, porém, embora representativo do importante fenômeno de nacionalização da música das camadas mais baixas, a partir da migração interna de portadores de cultura popular (sempre redistribuídos no espaço geográfico por interesses ligados à mobilidade das áreas de produção necessitadas de mão-de-obra), era um personagem isolado na história de *Estrada perdida*. O caminho real, à época, e realmente oposto ao trilho perdido da cultura tradicional, era representado pela menina Mariazinha, que detestava os exercícios de piano com que a família tentava enquadrar o irmão Zequinha nos modelos da cultura oficial, voltada para a erudição:

> Mariazinha não gosta. Música boa é aquela que toca no rádio da doutora e que mamãe canta, às vezes. Como é? Como é? Ah!
>
> Sacudindo o corpinho rechonchudo, pisando os joelhos no areão do muro — Mariazinha dá o compasso à música gostosa. E canta, baixinho, o sorriso gaiato nas comissuras dos lábios finos:
>
> *O dalo, quanto canta, é dia,*
> *é dia,*
> *Malia,*
> *é dia,*
> *Má...*[18]

A composição que Mariazinha ouvia no rádio e reproduzia com sua linguagem infantil era a marcha intitulada "O Cantar do Galo", de Benedito Lacerda e Darci de Oliveira, que, gravada pelo cantor Almirante em novembro de 1937, figuraria entre as músicas mais cantadas do carnaval de 1938 em todo o país:

---

[18] *Ibid.*, p. 329.

O galo quando canta é dia,
É dia, Maria,
É dia...
Mas quando canta fora de hora
É moça roubada
Que vai dando o fora...[19]

[19] "O Cantar do Galo", marcha de Benedito Lacerda e Darci de Oliveira, foi gravada por Almirante em disco Odeon de 78 rotações, nº 11.562-B, em 25/11/1937, no Rio de Janeiro.

A MÚSICA POPULAR NO ROMANCE DOS MINEIROS

Da mesma forma que no Rio Grande do Sul, também em Minas Gerais romancistas locais iriam registrar em sua ficção, a partir de inícios da década de 1930, essa realidade da uniformização de padrões culturais das nascentes camadas de classe média locais segundo os modelos ditados pelo Rio de Janeiro, principalmente na área da música popular gravada em discos e transmitida pelo rádio.

O primeiro desses escritores seria João Alphonsus, um dos quatro ganhadores do concurso nacional de literatura de 1934, e exatamente a partir do seu contemplado romance *Totônio Pacheco*.

No romance de João Alphonsus, aliás, o contato do personagem central da história com a música das cidades é muito exemplificativo porque a ida do velho fazendeiro Totônio Pacheco para Belo Horizonte correspondia, afinal, simbolicamente, à realidade da tendência à migração do campo para a cidade, dentro do processo geral de concentração urbana que iria explicar, a partir dos anos trinta, o próprio sucesso da música desprovida de características regionais que o Rio de Janeiro irradiava para as províncias, aproveitando-se da tendência no sentido da formação de um mercado interno nacional.

Levado para a casa do filho, na capital do estado, o velho Totônio ouvia pela manhã Maria Clara, que "regava ainda o jardim cantando um samba sentimental",[1] e ao ingressar com toda

[1] João Alphonsus, *Totônio Pacheco*, 3ª edição, Rio de Janeiro, INL, p. 124 (1ª edição de 1935, São Paulo, Companhia Editora Nacional).

a vitalidade de seus 70 anos na vida boêmia dos cabarés da cidade, percorre os cafés noturnos "onde os rádios musicavam sambas e malandragens".[2]

É durante suas correrias noturnas em companhia de amigos farristas e mulheres de cabaré que o velho Totônio — já neste ponto antecipando em suas maluquices a figura do também fazendeiro Ponciano de Azeredo Furtado, do futuro romance *O coronel e o lobisomem*, de José Cândido de Carvalho, de 1964 — vem a conhecer, perdida na estrada, a meio caminho da cidade, a lírica prostituta baiana Clotilde, a Coló, que tocava violão e cantava modinhas "em voz muito baixa".

Deixada à noite, em companhia de Filomena, no meio da estrada, por dois rapazes boêmios da nova alta classe média belo-horizontina — e que maldosamente lhes haviam oferecido um passeio de automóvel —, Coló anima a volta a pé lembrando passagens de sua vida de amante de um capitão de navio-gaiola do São Francisco, e conta:

> Subir o rio com o paquete carregado de sacos, de fardos, hi, menina! Às vezes quatro homens não chegavam, dois de cada lado, fincando as varas compridas pra trás pro paquete ir pra frente. Eu cantava pra eles. Às vezes dá saudade:
>
> *Vejo lágrimas e não sei se é*
> *Fingimento ou sentimento teu.*
> *Tens os olhos rasos d'água,*
> *Não sei se isso é mágoa*
> *Ou alguém que te enganou.*
> *Confessa, ó flor,*
> *Se é por alguém que te enganou*
> *Te conforma porque Jesus*

[2] *Ibid.*, p. 144.

Também se conformou.
Mas se teu pranto é falsidade,
Juro que nesta vida não terás felicidade.[3]

A canção recordada por Coló como cantada por ela no interior da Bahia era o samba dos compositores cariocas da primeira geração de criadores profissionais do disco e do rádio Ventura e Osvaldo Vasques, o Baiaco, intitulado "Vejo Lágrimas", e que correria o Brasil divulgado na voz do cantor Moreira da Silva, após sua gravação no disco Columbia nº 22.165-B, em 1933. A letra do samba, porém, visivelmente "corrigida" pelo romancista, não era exatamente como cantada pela personagem, mas bem mais espontânea em seus erros de concordância e, portanto, mais de acordo com a pouca cultura de Coló, se a letra original tivesse sido respeitada por João Alphonsus:

Vejo lágrimas
Eu não sei se é
Sentimento ou fingimento teu
Tens os olhos rasos d'água
E eu não sei se isso é mágoa
Ou alguém que te enganou
Confessa, ó flor,
Se choras por alguém que te enganou
Te conformas *que Jesus também se conformou*
Mas se o teu pranto é falsidade
Hás de chorar toda a vida
Não terás felicidade.

(Na repetição da segunda parte, aliás, o cantor entrava inesperadamente, em uma espécie de breque, cantando: "Muito mais sofreu Jesus pra nos salvar, e não chorou".)

---

[3] *Ibid.*, p. 156.

De qualquer forma, o próprio romancista se encarregava de restabelecer a verdade do tipo representado por Coló, ao fazê-la pedir capítulos adiante a Totônio Pacheco que lesse a letra de um novo samba que desejava decorar, e no qual "pistola Mausa [Mauser] rimava com 'minha causa'":

> — Coitadinho... Vou aparar suas unhas. Toma os óculos.
>
> — Pra quê?
>
> — Enquanto eu aparo, você vai lendo a letra do samba pra eu decorar. Toma a letra.
>
> — Gosto...
>
> — Gosto...
>
> — De...
>
> — De... Pode ser mais depressa.
>
> — *Gosto de ver o negro...*
>
> — *Gosto de ver o negro...*
>
> — *Brigando de pistola...* pistola... que letra ruim! Quem é que escreveu isso?
>
> — Foi um rapaz que me deu essa letra.
>
> — Que rapaz?[4]

O velho Totônio Pacheco pressente alguma traição por parte da amante (o que inclui João Alphonsus entre os romancistas que atribuem aos cantores-compositores do povo o poder de sedução) mas Coló o distrai de seus ciúmes. E quando o filho de Totônio Pacheco vem tentar tirá-lo da pensão onde vivia agora escandalosamente com a moça prostituta, defronta-se com os dois na cama:

> Num pijama claro, tinha ela o violão no regaço e dedilhava o instrumento cantando baixinho:

---

[4] *Ibid.*, p. 186.

Gosto de ver o negro
Brigando de pistola Mausa
Gosto de ver o bruto
Entrando no tintureiro
Sofrendo por minha causa.[5]

A compreensão do fenômeno da aceitação desse tipo de música de caráter "nacional", ligada ao aparecimento de novas camadas em áreas regionais necessariamente desligadas da "história" local, seria ainda melhor fixada por João Alphonsus em seu segundo romance, *Rola-Moça*, de 1938.

Com ação desenvolvida no tempo em que Belo Horizonte, até pouco antes uma pacata cidade de funcionários públicos e tuberculosos em tratamento, começava a experimentar novo surto de expansão urbana, com as linhas de bondes aprofundando os arrabaldes, o romance *Rola-Moça* deixa perceber a força do rádio e do disco sobre o gosto das camadas populares desde o terceiro capítulo. Quando o bacharel Anfrísio chega à varanda de seu belo sobrado amarelo, construído "dentro da confusão dos barracos de taipa ou adobes, entreunidos por inúmeros atalhos como caminhos de formiga", avista junto a um dos casebres fronteiros uma mulher que entra a cantar, enquanto roda a manivela de uma cisterna:

> Via-se que cantava o mais alto que podia, como num desafio à manhã excessiva. Uma voz rija de lavadeira, classificou o bacharel com exatidão. A voz se casava com a luz. A canção era uma das marchinhas do último carnaval, o que não tinha a mínima importância, porquanto as expressões valiam como veículo da música e se fundiam e confundiam ininteligivelmente

---

[5] *Ibid.*, p. 195.

> no vigor do canto. E a música afinal de contas tinha a sua substância: era simples, primária, mas racial.[6]

A história de *Rola-Moça*, ao lado do enredo paralelo da vida burguesa do bacharel Anfrísio e do drama pessoal de Clara, a moça carioca tuberculosa em tratamento em Belo Horizonte (e que ele vem a avistar, por acaso, de sua janela), chega a ser reveladora pelas indicações da existência de uma vida popular de contornos inesperados na periferia de Belo Horizonte de meados da década de 1930:

> Seu sobrado amarelo era a sentinela avançada da urbanização inexorável. Entre ele e o casarão cinzento plantado a meia encosta da serra, pululava ainda uma população anônima e prolífica. Restos de um bairro pobre, onde já haviam existido para mais de mil moradias, para mais de dez mil habitantes, vida provisória em habitações provisórias à margem da cidade, em terrenos que até então a prefeitura não cuidara de vender.[7]

Era em bairros pobres como esses que viviam, ao lado de trabalhadores braçais e empregados do comércio, malandros e macumbeiros responsáveis pelo sucesso das marchas e sambas divulgados pelo rádio, enquanto os boêmios da classe média dividiam esse mesmo interesse musical brasileiro com o dos tangos argentinos, como era o caso do próprio Anfrísio, que acalentava o filho assobiando "La Comparsita".

No romance *Rola-Moça*, a influência da música de carnaval partida do Rio de Janeiro ficava evidenciada na paródia local à marcha de André Filho "Cidade Maravilhosa", de 1935 (que

---

[6] João Alphonsus, *Rola-Moça*, Rio de Janeiro, José Olympio, 1938, p. 16.

[7] *Ibid.*, p. 18.

se tornaria oficialmente hino carioca a partir de 1960), e que Veraldo, o namorado de Clara, canta para ela durante o passeio noturno de automóvel, nas cercanias da cidade:

> Ele começou a cantar:
>
> *Cidade tuberculosa,*
> *cheia de micróbios mil.*
> *Cidade tuberculosa,*
> *Sanatório do Brasil.*
>
> Bisou a paródia em voz alta, esganiçadamente canalha, marcando o compasso com requebros negróides. A paródia belo-horizontina da marcha carnavalesca celebrando a sua cidade magnífica. Ela já não sofria a referência brutal à doença. Sentia na voz canalha um eco da festa da alegria instintiva, carnaval que recordava como coisa odiosa numa saudade pungente [...] Chegava a transpor a música para o original, aos bamboleios no salão atulhado de pares, calidez sensual de braços audazes, conhecidos e desconhecidos, irmãos na liberdade da dança, alegria gratuita, alegria pela alegria:
>
> ... *Cidade maravilhosa*
> *cheia de encantos mil.*
> *Cidade maravilhosa*
> *Coração do meu Brasil...*[8]

---

[8] *Ibid.*, pp. 214-5. A marcha "Cidade Maravilhosa", de André Filho, foi gravada pelo autor cantando em dupla com Aurora Miranda em 04/09/1934 em disco Odeon nº 11.154-A. O disco de 78 rotações foi posto à venda em novembro daquele ano e a música seria a segunda colocada no Concurso Oficial para escolher as melhores músicas de carnaval do ano, patrocinado pela Prefeitura do Rio de Janeiro em inícios de 1935.

Quanto à repercussão alcançada pelo tango argentino, igualmente divulgado pelas emissoras de rádio, quase sempre em horários especiais de "música portenha", o romancista de *Rola-Moça* o registra na história do tuberculoso Stênio, em capítulo que constrói com a força de um pequeno conto cheio de ironia e de piedade: tuberculoso, mas cheio de alegria de viver, Stênio consegue uma namorada, gorda e plena de saúde, no bairro pobre do Calafate, a boa e inocente Catarina, mas nega-se sempre a beijá-la na boca, em nome da verdade que ele é incapaz de aceitar:

> — Na boca não pode não: sou um tuberculoso...
>
> Ela ria sempre e só queria beijar na boca. Não acreditava que houvesse tuberculoso no mundo: carnuda, direta, meio infantil. Ou pelo menos que houvesse um tuberculoso tão elegante, bonito (ela repetia: bonito, bonito, bonito, entre beijos), com tal capacidade de amar e ser amado. Mas Stênio que esquivava a boca (outro qualquer deixá-la-ia beijar quanto quisesse) e cantava baixinho no ouvido dela:
>
> *Bésame mucho, pero aqui en la frente,*
> *No, no, en la boca no me beses no!*
> *Quiero que vivas aunque yo me vaya,*
> *Quiero que vivas aunque muera yo.*
> *[...]*
> *Bésame mucho, pero aqui en la frente,*
> *No, no, en la boca no me beses no!*
> *Yo tengo medo que te contagies,*
> *Quiero que vivas aunque muera yo...*[9]

Stênio dá o disco com esse tango dramático de presente para a namorada, e numa desesperada atitude sadomasoquista divulga

[9] *Ibid.*, p. 232.

o tango entre os próprios internos do sanatório, apelidando-o de "Última Internacional":

> Cantava o tango como o hino da última Internacional, imitando o cantor argentino da gravação, um camarada certamente de bons pulmões. E tossia musicadamente, como o cantor, mas exageradamente, entrelinhando:
>
> — Agora um *quint de toux rafiné!*[10]

Embora a cena possa parecer invenção macabra do romancista mineiro, o tango citado existiu mesmo, sob o título de "Cierra Esa Puerta", como prova o disco Victor nº 46.126-B, prensado no Brasil exatamente naquela metade da década de 1930. A história do tango do compositor argentino Italo Goyeche, que o cantor Juan Pulido canta entrecortado de acessos de tosse, na imitação de um tuberculoso, relata os últimos momentos de um doente que se despede da mulher, e ao sentir a aproximação da morte reage, em um último estertor, gritando com voz rouca: "No, no, no, en la boca no!".[11]

Assim — e como mostraria também o escritor Ciro dos Anjos em seu romance *O amanuense Belmiro*, de 1936 — não apenas as músicas da moda, mas a própria organização do carnaval e os costumes urbanos seguiam em Belo Horizonte os mesmos padrões adotados no Rio de Janeiro.

---

[10] *Ibid.*, p. 233.

[11] O autor deste livro possui em sua coleção um exemplar desse disco raro tanto no Brasil quanto na Argentina, e que permite retificar em alguns pontos os versos citados por João Alphonsus. No segundo verso da primeira quadra citada, o cantor Juan Pulido, em tom de desespero, repetindo três vezes, e não apenas duas, o "No, no, no, en la boca no me beses, no!". Na segunda quadra, em lugar de "bésame mucho", o certo é "bésame siempre". No penúltimo verso, por falha provável da revisão, saiu *medo*, em lugar de *miedo*.

Era isso, exatamente, o que em outro romance de autor mineiro, a "sátira romanesca" *Japecangas*, de Roldão de Almeida, o personagem Javert Dantas, de passagem por Belo Horizonte durante o carnaval, vindo do Rio de Janeiro, onde se fizera diplomata, sentiria ao misturar-se à multidão "estranho e incompreendido pela própria gente": "Belo Horizonte cosmopolitizava-se também, perdendo aquele ar acaipirado que faz o encanto nativo das outras cidades mineiras".[12]

O personagem central do romance, decidido a retomar contato com sua cidade, vai ao clube Astor assistir ao baile de carnaval da elite local, e já encontra na porta os associados disciplinadamente colocados em fila indiana, "instituição social democratizante" instituída em todo o Brasil durante o governo Vargas. De fato, o funcionário do Itamaraty, após notar que "a decoração interior do clube, a elegância e a riqueza das fantasias e o próprio encanto pessoal das mulheres, efetivamente, não davam à festa senão um sabor inexpressivo", observava ainda:

> Até a orquestra indicava um quê de estrangeirado. As músicas carnavalescas eram decalcadas, ora sob temas de autores clássicos europeus, ora sob motivos vulgares do jazbandismo americano. Só as letras das canções traíam o sabor nacional. Denunciava forte brasilidade. Sensualismo e pornografia [...][13]

É nesse clima que, em dado momento, após um "alarido atômico: Trá-á-á-á-á... tá-tá", a orquestra ataca "a marcha mais festejada dos carnavais dos últimos vinte anos":

---

[12] Roldão de Almeida, *Japecangas (Sátira romanesca)*, São Paulo, Edição do autor, 1949, pp. 17-8.

[13] *Ibid.*, p. 32.

Brasileiros e portugueses, moços e velhos, todo mundo se fraternizava, cantando e dançando o hino de glórias comuns aos dois povos:

O teu cabelo não nega, mulata,
Porque é mulata na cor.
Mas como a cor não pega mulata,
Mulata eu quero o teu amor...[14]

A marcha "O Teu Cabelo Não Nega", trabalho de Lamartine Babo sobre tema dos pernambucanos irmãos Valença, era de fato de 1937, e não contava ainda, portanto, vinte anos, como afirmava o romancista, embora continuasse a fazer sucesso ao lado de outras músicas daquele ano de 1947 focalizadas em *Japecangas*, como era o caso da marcha de João de Barro "Pirata da Perna de Pau" (gravada por Nuno Roland no disco Continental de 78 rotações nº 15.727-A), e que Roldão de Almeida não deixava de registrar, embora sem lhe citar os versos:

> A orquestra logo rompeu-se. Acabava de atacar a marcha do "Pirata da Perna de Pau". Foi um delírio. De pronto formou-se um cordão. Os foliões faziam tudo... A lascívia da marcha carnavalesca parecia exacerbar o sistema endocrinológico daquela gente. Braços levantados, goelas escancaradas, patadas no assoalho, crises histéricas e desnalgamentos de quadris.[15]

---

[14] *Ibid.*, pp. 32-3.

[15] *Ibid.*, p. 49. Apesar de descrever o carnaval de 1947 o autor faz uma observação que revela estar escrevendo já em 1948, pois páginas antes desta cena usa a expressão "— É com este que eu vou...", o que constitui uma referência evidente ao samba de Pedro Caetano "É Com Este Que Eu Vou", gravado pelo conjunto 4 Ases e um Coringa para o carnaval de 1948.

No entanto, enquanto essa descaracterização acontecia na capital, em cidades do interior mineiro a força da tradição cultural, ligada às formas da vida rural, continuava a pesar sobre o comportamento das populações urbanas, que ainda tinham no circo o seu espetáculo de variedades, o seu teatro e os seus musicais, e no hábito das serenatas a sua forma mais ativa de cultivar a música popular.

Embora editado apenas em 1946, é exatamente esse quadro complementar da vida popular mineira que aparece documentado no romance autobiográfico *Memórias sem malícia de Gudesteu Rodovalho*, em que o escritor Gilberto de Alencar (1886-1961) revivia a memória dos fatos ocorridos em cidades do interior de Minas desde a década de 1890 até o início da Segunda Guerra Mundial.

O romancista alcançara em criança, em sua pequena cidade de Palmira, depois Santos Dumont — apesar da ação do livro transcorrer na cidadezinha próxima de Carandaí —, uma das primeiras demonstrações públicas do funcionamento do fonógrafo de cilindros inventado pelo norte-americano Thomas Edison. O futuro escritor era menino de 12 anos, em 1898, quando "o dono do aparelho, um sujeito com todas as características de caixeiro-viajante", passou pela cidade exibindo o aparelho que louvava, anunciando: "É um fonógrafo, descoberta maravilhosa, verdadeiro assombro. Em cada um destes tubos está gravado um discurso, uma poesia, uma interessante modinha".[16]

Gudesteu impressionou-se com o fato de um dos "vários tubos de celulóide de cor escura" ter gravada a voz de Silva Jar-

[16] Gilberto de Alencar, *Memórias sem malícia de Gudesteu Rodovalho*, 4ª edição, Belo Horizonte, Itatiaia, 1970, p. 131 (1ª edição, Belo Horizonte, 1936). A primeira exibição de um fonógrafo de cilindros em Minas Gerais, documentada através de notícia na imprensa, foi realizada em São João del Rey, em maio de 1892, pelo próprio introdutor desses aparelhos no Brasil, o tcheco Frederico Figner, na época apontado como americano e chamado de Mr. Figner, por ter chegado ao Brasil vindo dos Estados Unidos.

dim, propagandista da República morto mais de seis anos antes durante visita à cratera do vulcão Vesúvio, na Itália (setembro de 1891), mas teve de contentar-se em ouvir uma cançoneta ou lundu intitulada "Papai Basílio", cujos versos focalizavam escândalo ocorrido em um colégio carioca:

> Os que pagavam dez tostões tomavam um par de canudos, introduziam a ponta de cada um em cada ouvido e ficavam escutando, muito sérios, de pé no gramado, enquanto o homem punha em marcha o aparelho.
>
> [...]
>
> Toquei o esfuziote até a casa, consegui de minha mãe o dinheiro e na mesma hora achei-me de novo no adro.
>
> — Vou pôr agora o "Papai Basílio", uns versos muito em voga na Corte. Quem quer ouvir os versos? São muito engraçados, com bastante pimenta, vale a pena. Quem quer ouvir?
>
> Eu, de mim, não estava querendo muito, não.
>
> Silva Jardim é que me interessava, por ser o apóstolo da República e por já estar morto. Como é que, incinerado na cratera do Vesúvio, podia ainda falar à gente, ali no adro da igreja?
>
> Perguntei ao homem a razão pela qual não punha o discurso outra vez:
>
> — Agora não. Só depois de terminar a coleção. Agora vai o "Papai Basílio".
>
> Minha curiosidade pela invenção teve mais força do que minha preferência pelo discurso.
>
> Entreguei os dez tostões e apoderei-me dos dois canudos de borracha.
>
> O homem pôs o aparelho em movimento e comecei a ouvir, vinda do interior da caixa, uma voz sumida e fanhosa, que cantava uma versalhada torpe a propósito de certo escândalo recente num colégio de

> meninas do Rio de Janeiro. Não me recordo o que mais me abalou, se o espanto pela descoberta portentosa, se o emprego que se fazia dela. Sempre tive desses espantos ingênuos.
>
> O caixeiro-viajante esteve alguns dias em Carandaí, depois pegou o trem para a estação seguinte.[17]

A lembrança do romancista neste ponto é importante não apenas pela contribuição de sua notícia sobre a penetração pioneira de músicas gravadas no Rio de Janeiro, mas pelo ar de repulsa ante o tom livre que os versos e o próprio escândalo do tema do "Papai Basílio" ainda provocava na gente interiorana. De fato, até então, como ficaria registrado nas páginas das *Memórias sem malícia de Gudesteu Rodovalho*, a música urbana que chegava a cidadezinhas recuadas como Carandaí, vinda diretamente dos grandes centros, era a dos palhaços de circos ("O funâmbulo do arame acumulava as funções de cantador de modinhas ao violão").[18]

Além dessa música ouvida nos circos, as canções urbanas mais típicas das cidades do interior — e Minas Gerais conservaria em alguns pontos essa tradição, mesmo após o advento do rádio e da televisão — eram as modinhas das serenatas.

---

[17] *Ibid.* O demonstrador do fonógrafo a que se refere o romancista pode bem ter sido o mesmo que pela época estendeu suas andanças pelo Rio Grande do Sul, e que teve sua presença em Porto Alegre registrada pelo romancista e depois pesquisador da vida e do teatro populares no Sul, Athos Damasceno Ferreira. Segundo esse escritor e pesquisador gaúcho revela em seu livro *Palco, salão e picadeiro em Porto Alegre no século XIX* (Porto Alegre, Globo, 1956, p. 276), um desses caixeiros-viajantes da nova invenção de Edison exibiu seu aparelho em 1894 no Hotel Siglo e no Recreio Alhambra, de Porto Alegre. Athos Damasceno comete, no entanto, engano ao referir-se a discos quando, na realidade, o fonógrafo mostrado seria certamente o de cilindros, descrito com tanta exatidão por Gilberto de Alencar.

[18] *Ibid.*, p. 130.

Em seu livro tão rico de informações sobre a vida interiorana mineira quanto o das já citadas *Memórias de Fulgêncio Claro* para o caso de São Paulo, Gilberto de Alencar traduz a importância real das serenatas em Minas ao reservar todo um capítulo à evocação dessas perambulações noturnas, em que despontava a figura clássica do cantor e tocador de violão:

> O amor, nos lugarejos daquele tempo [referia-se à sua juventude, nos primeiros anos do século XX], não ia jamais sem as serenatas. Ou estas é que não iam sem ele, o que não faz diferença, ou muito pouca.
>
> Nas semanas de lua cheia os violões e as flautas, das dez da noite até madrugada alta, percorriam as ruas do arraial, com longas estações à porta das namoradas.[19]

Segundo as lembranças do romancista, o líder do seu grupo de serenateiros em Carandaí "era um rapaz maduro, mais para os trinta do que para os vinte e cinco, tido já no povoado como solteirão incorrigível", e que "vivia de expedientes, de ocupações vagas e precárias, que deixavam escassos resultados".[20]

Esse tocador de violão, que todos conheciam apenas por Sinhô ("nunca lhe fiquei sabendo o nome direito. Seria Joaquim ou seria José? Talvez fosse João"), "magro e alto, rosto claro crivado de espinhas, trazia sempre o mesmo terno listrado de sarja azul, muito lustroso do uso e com remendos nos fundilhos", mas, "nas modinhas e no violão não o excedia ninguém, era mestre sem rival e sua fama estendia-se pelas terras convizinhas e até por muitas terras distantes".[21]

O repertório desse tipo de menestrel popular, conhecido no Brasil desde pelo menos o século XVIII, era constituído, segundo

---

[19] *Ibid.*, p. 137.

[20] *Ibid.*

[21] *Ibid.*, p. 138.

permite saber o romancista, por desde as modinhas clássicas da segunda metade do século XIX — como a famosa "Gondoleiro do Amor", sobre versos de Castro Alves — até as canções-reportagens baseadas em temas da atualidade, e que eram levadas ao interior pelos cantores dos circos:

> — Gudesteu, se você quiser, vamos hoje tocar para a sua namorada...
>
> É claro que eu invariavelmente queria.
>
> — Você canta o "Gondoleiro do Amor" ou "A Casa Branca da Serra"?
>
> — Canto o que você quiser. Mas o "Gondoleiro" é melhor.
>
> Dedilhava logo o violão, enquanto no adro esperávamos pelos companheiros, e punha-se a cantar em surdina uma das quadras.
>
> *Teu seio é vaga dourada*
> *Ao tíbio clarão da lua,*
> *Que ao murmúrio das volúpias*
> *Arqueja, palpita nua...*[22]

Depois do ensaio de canto, a partir dessa sétima quadra do poema escrito por Castro Alves no Recife, em 1867, o violonista e seresteiro Sinhô (que, segundo anota o romancista, "tinha a volúpia da dor" e "cultivava com desvelo a tristeza para seu uso pessoal") saía com os demais tocadores e namorados na direção das casas das amadas:

> Sob a janela de Raquel ou de Débora a serenata estacionava minutos seguidos, mas a casa permanecia fechada e silenciosa, como se fora desabitada ou como

[22] *Ibid.*

> se os habitantes não estivessem ouvindo a melopéia lamentosa do violão e da flauta, noite a dentro. Sinhô, então, tal se aquela indiferença o estimulasse, transfundia no canto toda a sua alma, procurava arrancar às cordas do violão harmonias novas, timbres por ventura ainda mais eloqüentes do que de ordinário.[23]

Quando as janelas não se abriam, o que significava uma recusa formal à homenagem amorosa, alguém lembrava a necessidade de ir adiante, "e a serenata seguia para a casa das outras amadas, onde em regra tinha melhor acolhida":

> Vinham pessoas à janela ouvir as modinhas, os donos convidavam para entrar, servia-se café com biscoitos na sala de visitas, a festa prolongava-se até tarde. As moças, meio estremunhadas ainda, saltavam logo da cama e no acanhamento e desalinho com que, ao lado das mães, apareciam a receber-nos, como que se tornavam mais interessantes e sobretudo mais românticas, trocando olhares a furto com os escolhidos.
>
> Sinhô sentava-se a um canto do sofá, cruzava as pernas, debruçava-se sobre o violão, afinava uma ou outra corda, com o ouvido colado ao instrumento.
>
> *Teu amor na treva é um astro*
> *No silêncio uma canção,*
> *É brisa nas calmarias,*
> *É abrigo no tufão.*
>
> De uma quadra para a outra, tomava fôlego, olhava para os circunstantes, sem cessar de executar o acompanhamento, marcando o compasso, ao de leve, com a ponta do pé:

---

[23] *Ibid.*, p. 139.

Por isso eu te amo, querida,
Quer no prazer, quer na dor,
Rosa, canto, sombra, estrela
Do gondoleiro do amor!

Quando terminava, palmas ressoavam pela sala e todos lhe elogiavam muito a bela voz, e a habilidade com que usava o instrumento. Que tocar e cantar assim, bem poucos![24]

Findo o número de canto, a dona da casa fazia circular uma rodada de vinho do Porto ("Não se fazia Sinhô de rogado, ia repetindo os cálices com estalidos de língua"), e depois, afinando novamente o violão, "harmonizando as notas deste com as da flauta" anunciava nova modinha:

— Agora vou cantar "A casa branca da serra".

Uma das moças não se continha, gritava lá do canto da sala, batendo palmas:

— Que bom!

As outras aplaudiam, diziam que com efeito, não havia modinha mais bonita que "A casa branca".

Alguém perguntava:

— E o "Gondoleiro"?

— Ah! o "Gondoleiro" também é muito bonito. Mas "A casa branca" está sozinha.

Sinhô cantava "A casa branca", recebia novas palmas, o chefe de família reclamava a canção da mestiça, de Gonçalves Crespo.[25]

---

[24] *Ibid.*

[25] *Ibid.*, p. 140.

A reação das moças demonstrando preferência em relação à modinha "A Casa Branca da Serra" justificava-se pelo fato de a composição de Guimarães Passos ser das mais modernas do repertório de serenatas do início do século XX, pois apesar de seus versos terem sido escritos em 1894, quando do exílio político do poeta em Buenos Aires, só viriam a ser conhecidos no Brasil após a publicação do livro *Horas mortas*, em 1901, como bem mostraria, em 1972, a poetisa paranaense Fernandina Marques, na plaquete intitulada *A verdadeira história da modinha "A Casa Branca da Serra" de Guimarães Passos* (Rio de Janeiro, Pongetti, 1972, 37 páginas).

Ao lado dessas modinhas antigas e novas, porém, os serenateiros do interior de Minas da virada do século já incluíam também àquela altura, em seu repertório, as novas canções e lundus postos em voga no Rio de Janeiro a partir do início da década de 1890 pelo palhaço de circo Eduardo das Neves, e que aproveitavam fatos do dia-a-dia, como seria o caso da Revolta da Armada, em 1893:

> Ao longe, na rua que passava pelos fundos da igreja, Sinhô ainda ia cantando, e agora era a modinha que o último circo de cavalinhos popularizara em Carandaí, alusiva à revolta da esquadra e francamente custodista [referência ao sublevado almirante Custódio José de Melo].
>
> *Javari, Tamandaré*
> *E a valente* Marajó
> *Prometeram a seus chefes*
> *Meter a cidade a pó!*
>
> Com o pensamento em Débora ou em Raquel, não queria eu saber das proezas praticadas pelos navios de Custódio José de Melo, só me lembrava da serenata perdida, da serenata que não enternecera o coração

> das minhas escolhidas, nem sequer lhes entreabrira a janela para a noite cheia de luar e de música.[26]

E, enquanto se cantavam esses números especiais, já chegando ao fim da festa, "o sanfonista, sentado numa cadeira, esperava que a modinha acabasse para tocar a última polca e a última valsa".[27]

Esse costume das serenatas à base de repertório clássico de modinhas seria documentado, aliás, por outro romancista-memorialista mineiro, o médico Oscar Negrão de Lima. Nascido em Lavras, no sudoeste de Minas, mas tendo estudado em Belo Horizonte e obtido diploma pela Faculdade de Medicina do Rio de Janeiro na década de 1920, para voltar a perambular depois como clínico por cidades do interior mineiro, Oscar Negrão de Lima relembraria em seu romance *Luz oblíqua*, de 1967, pormenores não apenas de interesse para a história da música popular, mas também para o levantamento de fatos do folclore.[28]

E é ao recordar as festas municipais realizadas pela inauguração de um novo bairro na cidade de Cachoeira da Mata, à margem do Rio Paraomar, que o autor de *Luz oblíqua* tem oportunidade de descrever a serenata dos "moços que estudam fora, nas capitais, também em Ouro Preto", e que se fazem notar "pelo uso de chapéu-coco":

> Pode-se ouvir o violão a dar um tom choroso à orquestra que sonoriza a madrugada. Serenata! Música e letra, cheias de sentimento, chamando aos balcões as Dulcinéias, despertadas em surpresa. A modinha que se canta recorda os amores infelizes de um feitor. A voz cheia é de Osvaldo de Avelar, já então poeta e trovador. Ele canta com muita alma:

---

[26] *Ibid.*, p. 141.

[27] *Ibid.*, p. 164.

[28] Oscar Negrão de Lima, *Luz oblíqua*, Rio de Janeiro, José Olympio, 1967.

Mostraram-me um dia, na roça dançando,
Mestiça formosa, de olhar azougado,
[...]
Que viva mulata! Por ela o feitor
Diziam que andava perdido de amor![29]

Não muito preocupado, porém, com a cronologia das músicas evocadas, Oscar Negrão de Lima, ao referir-se a um carnaval dos tempos de recém-formado, em Belo Horizonte de meados dos anos 20, cita a marcha "Quem Sabe, Sabe", do cantor Joel de Almeida (sob pseudônimo de Jota Sandoval) e Carvalhinho, que foi sucesso do carnaval de 1956:

> Alexandre foi dançar, embicado, com a tal morena explosiva. De princípio elegante e mesuroso, como se bailasse com uma grande dama. Mas dentro em pouco, no quente dos remelexos, perdeu o prumo, caiu no bamboleio e rebolou avantajado. Efervescendo pouco a pouco, ficou espanéfico, escancarou a boca a cantar, com os olhos fechados de gozo. Entoamento de chamar chuva: "Ai morena, deixa eu gostar de você". Dobrou a dose na terça-feira.[30]

É essa falta de atenção para o pormenor musical, aliás, que impede o romancista mineiro de fixar em seu livro *Luz oblíqua* o que seria um precioso momento da penetração do teatro musicado do Rio de Janeiro na pacata Belo Horizonte de fins da primeira década do século XX. De fato, pelo pouco que relembra, Oscar Negrão de Lima chegou a assistir à dupla de cantores e cançonetistas de café concerto carioca Os Geraldos, composta então por Geraldo Magalhães e sua terceira parceira, a portuguesa Alda

---

[29] *Ibid.*, p. 131.

[30] *Ibid.*, p. 23.

Soares (a primeira fora a espanhola Margarita, a segunda a gaúcha Nina Teixeira):

> Eliezer! Vamos esta noite ao Variedades. Temos o Geraldo e a Geralda. Que par gozado! Hem, amigo velho!
>
> [...]
>
> E iam os dois para uma mesa boa, na frente, suficientemente repimpados. Esperava-se o delicioso dueto. Eis que chega a hora. Movimento geral de atenção. Palmas. Ele, negro retinto, de fartas "anquinhas", espanador em punho, a espanejar de mentira. Ela, branca e pequenina portuguesa, que sabia rodar como uma piorra. Ele, espanejando aqui e ali, cantarolando. Ela, irrequieta, agitando-se qual mariposa estonteada pelo contraste entre luz e sombra. Na seqüência, os dois, rebolando-se
>
> *Ó Marieta! Para ser doceira*
> *Deve ser muito ligeira...*
>
> Traseiros em remelexos, aviventando exageradamente os movimentos de quem mexe um tacho de doce.
>
> Bis, bis! Palmas e mais palmas.[31]

Embora o romancista refira-se expressamente a essa cançoneta da doceira, que aproveita a sugestão da letra para o bamboleio dos quadris, enquanto remexe o doce no tacho (recurso por sinal muito usado no teatro de revista da época com intenção erótica, dentro, aliás, do espírito das cançonetas parisienses em que se inspiravam), tudo indica pela presença de Geraldo usando um espanador, ao início da descrição, que Os Geraldos cantaram

---

[31] *Ibid.*, p. 42.

nessa noite o seu famoso número de palco "A Vassourinha" ou "O Abano e a Vassoura", da autoria do português Filipe Duarte (tornada famosa no Brasil após sua divulgação como quadro da peça O *País do Vinho*, estreada no Rio de Janeiro em inícios de 1911), e que circularia pelo Brasil até a década de 1920, em nove gravações nacionais em disco, e mais a original da Odeon portuguesa, com a dupla Gustavo Leal e Maria Leal, prensada pela Columbia com o título de "Abano e a Vassoura". A música, transformada em marcha, sairia da revista para o sucesso nacional na interpretação abrasileirada de duplas como a composta por Geraldo e Alda Soares, que cantavam:

Ele: *Rica vassoura, ai quando serás minhas?*
Ela: *Tu queres de abano passar a varredor?*
Os dois: *Varre, varre, querida vassourinha,*
Abana, abana, meu abanador.

A inegável penetração das músicas saídas do teatro musicado do Rio de Janeiro, então em plena competição com as companhias estrangeiras, principalmente as portuguesas, ficaria documentada ainda no romance *Luz oblíqua* quando Oscar Negrão de Lima relembra — atribuindo suas memórias ao personagem Alexandre — os tempos de sua primeira juventude em São João do Rio Grande, e recorda o Dr. Fernando Morais na imitação de cançonetistas de teatro a cantar "esfuziante, com os beiços franzidos em leve sopro de assobio":

Ora vai tu, ora vai tu
Ora vai, vai!
Eu não quero, não posso,
Ai, Ai![32]

[32] *Ibid.*, p. 91.

O "Ora Vai Tu", tal como "A Vassourinha", era também um sucesso da música popular portuguesa trazido ao Brasil por companhias de revistas da Lisboa da primeira década do século XX.

As novas gerações de escritores mineiros surgidos a partir da década de 1930, porém, não se limitariam a focalizar em suas histórias apenas o choque entre o gosto musical tradicional pelas modinhas e os modernos gêneros divulgados primeiro pelo teatro musicado e, depois, pelo disco e pelo rádio, mas deixariam documentado, também, o impacto de um novo costume urbano ligado à música: o carnaval de rua e de salão.

O primeiro desses modernos romancistas mineiros seria o machadiano Ciro dos Anjos, que vinha oferecer com seu romance *O amanuense Belmiro*, de 1936, um dos quadros psicologicamente mais compreensivos do verdadeiro espírito do carnaval e sua significação para a gente humilde e massacrada das cidades:

> Neste carnaval de 1935 hoje começado — registra em seu diário, por exemplo, o pequeno funcionário público Belmiro, pobre ser urbano esmagado pelo contraste entre os anseios interiores e a mediocridade do meio social local — mais que nunca senti de modo tão vivo a impossibilidade de me fundir na massa, de seguir, como célula passiva, seu movimento de translação, de receber e transmitir essas forças misteriosas que nela atuam, comunicando-se de indivíduo para indivíduo e resultando, afinal, numa força uniforme, esmagadora, de onda ou ciclone.
>
> Sinto inutilmente, em mim, uma vaga nervosa que quer acudir ao apelo que a multidão dirige a cada unidade. Quero rir, chorar, cantar, dançar ou destruir, mas ensaio um gesto, e o braço cai paralítico.[33]

---

[33] Ciro dos Anjos, *O amanuense Belmiro*, 3ª edição, São Paulo, Saraiva, 1949, p. 23 (1ª edição, Belo Horizonte, Os Amigos do Livro, 1936).

Apesar de seu retraimento, o amanuense Belmiro acaba envolvido por um cordão de foliões que passa cantando pela Praça Sete ("Os sambas eram tristes e os homens pingavam suor como se viessem do fundo de uma mina"), e após causar riso ao tentar "entoar velha canção de Vila Caraíbas", do repertório de seu tempo de serenatas, chega sem saber como a um baile de salão: "Bebendo aqui, bebendo ali, acabei presa de grande excitação, correndo atrás de 'choros', de blocos e cordões. Não sei como, e envolvido em que grupo, entrei no salão de um clube, acompanhando a massa na sua liturgia pagã".[34]

Tal como seu inspirador Machado de Assis, ao descrever o baile da Ilha Fiscal em *Esaú e Jacó*, Ciro dos Anjos também estenderia por dois capítulos de seu romance a descrição do carnaval de Belo Horizonte de 1935, sem citar uma única das músicas cantadas pelos foliões, preferindo o exame das influências mágicas da festa sobre os cidadãos comuns, como o amanuense Belmiro, que se apaixona por uma moça em quem encarna a figura ideal da casta Arabela, personagem de uma história de sua infância. Da mesma forma, e ainda com igual descompromisso do mestre em face dos pormenores documentais, Ciro dos Anjos limitaria sua referência à música, no capítulo "Um baile das moças-em-flor", a estas poucas linhas, em que unia já agora cacoetes do estilo de Machado de Assis às nuances memorialísticas de Proust:

> Por um momento, experimentei uma transfiguração: senti-me em Vila Caraíbas, no bom tempo das polcas e das quadrilhas, que ainda alcancei; transporteime a uma janela, idilei ao pé de um jasmineiro. Minhas moças-em-flor de Vila Caraíbas, hoje outoniças, tinham vestidos brancos que modelavam seios morenos e castos. Cantavam ao luar velhas, inefáveis modinhas.[35]

---

[34] *Ibid.*, p. 25.

[35] *Ibid.*, p. 52.

Mais generoso do que Ciro dos Anjos de *O amanuense Belmiro* em termos de documentação musical do carnaval mineiro seria, vinte e cinco anos mais tarde, o misto de político matreiro e ficcionista ingênuo Benedito Valadares, ao situar parte da história de seu romance *A lua caiu* no carnaval de salão do Cassino da estação balneária de Poços de Caldas, nos últimos anos da década de 1930.

Curiosamente, apesar de todas as diferenças de linguagem dos dois escritores — forma contida, burilada e de enfoque psicológico em Ciro dos Anjos; descrição linear dos fatos, segundo a ordem cronológica dos acontecimentos, em estilo de redação escolar, em Benedito Valadares —, baseiam-se fundamentalmente ambos no mesmo motivo, pois o frustrado artista Jorge de *A lua caiu*, sempre embalado pelas promessas do amor, e "à cata do inacessível", corresponde exatamente ao sombrio amanuense Belmiro ("Eis que o amanuense é um esteta: ao passo que há nele um indivíduo sofrendo, um outro há que analisa e estiliza o sofrimento").[36]

Graças à sua alegre simplicidade, porém, o político-romancista Benedito Valadares não despreza a oportunidade de aumentar o interesse de sua prosa vacilante com a citação de anedotas e pormenores documentais, como no capítulo "Carmem Miranda".

Em fins da década de 30, ou seja, no período anterior à sua partida para os Estados Unidos, a cantora Carmem Miranda vivia o auge do sucesso como cantora de rádio e de palco, na qualidade de contratada de Joaquim Rolas, dono da maior rede de cassinos do Brasil, costumando apresentar-se de fato não apenas no Cassino da Urca, no Rio de Janeiro, mas nas casas de jogo daquele empresário, nas estações termais.

Pois seria ao atuar no palco do Palace Hotel de Poços de Caldas, em fevereiro de 1938, que Carmem Miranda se tornaria personagem futura do autor de *A lua caiu*, nesse capítulo XXVI:

---

[36] *Ibid.*, p. 24.

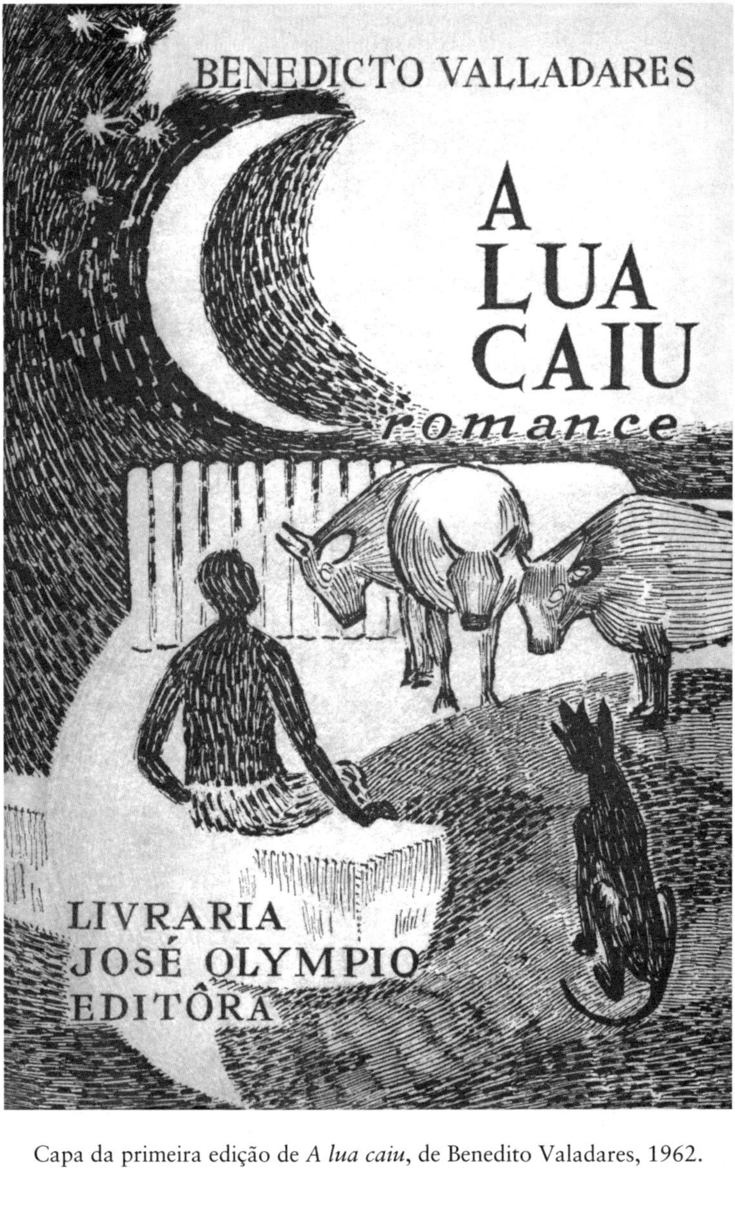

Capa da primeira edição de *A lua caiu*, de Benedito Valadares, 1962.

> Os quatro assentados numa das mesas da boate do cassino escutavam Carmem Miranda cantar. A vivacidade de sua voz modulada, e de sua mímica rara em contrastes de gestos, enlouquecia o ambiente.[37]

A figura de Carmem Miranda funcionava, no caso, apenas como pretexto para observações do tipo — "Na mesa próxima, os ricos do Rio pagavam champanha para os ricos de São Paulo" — e, assim, as referências à cantora repetem-se no capítulo que leva seu nome servindo apenas como contraponto às descrições que realmente interessam ao desenvolvimento do enredo: "Carmem Miranda continuava a cantar e todo o mundo pedia bis e ela ainda não havia costumado a garganta aos espinhos do azevinho da sorte".[38]

E é esse uso esquemático da informação, apenas para dar convencimento à cena, que explicaria a frase com que o romancista encerra o capítulo: "Carmem Miranda acabava de cantar".[39]

No capítulo de *A lua caiu* intitulado "Carnaval", entretanto, o político-romancista Benedito Valadares oferece um quadro de época bem mais vivo, ao descrever o baile de carnaval realizado na boate do cassino para um público de turistas nacionais das

---

[37] Benedito Valadares, *A lua caiu*, Rio de Janeiro, José Olympio, 1962, p. 49. O então deputado Benedito Valadares, respeitado articulador da política mineira durante o governo Getúlio Vargas, e depois dentro dos quadros do partido dos grandes proprietários rurais, o Partido Social Democrático (PSD), tinha fama de aliar a astúcia política à ausência de informação escolar. Ao publicar o romance *A lua caiu*, por exemplo, circulou no Rio de Janeiro a anedota segundo a qual Benedito Valadares teria escrito o romance *A lua saiu*, mas o revisor retirou a cedilha do título original, escrito com *ç*.

[38] *Ibid.*, p. 49.

[39] *Ibid.*, p. 50. A presença de Carmem Miranda em Poços de Caldas é registrada na cronologia da carreira da artista, organizada por Abel Cardoso Júnior para seu livro *Carmem Miranda: a cantora do Brasil*, São Paulo, Edição do Autor, 1978, p. 26.

elites dirigentes, da burguesia endinheirada e da alta classe média (ainda muito reduzida) que se permitia passar as férias nas cidades balneárias: "As bebidas e lança-perfumes desatavam os freios das paixões recalcadas. E se assistia ao paradoxo de pessoas sisudas se tornarem expansivas, e gaiatas as prudentes.[40]

Nessa prosa bem-comportada e, como se percebe, entremeada aqui e ali de silogismos de sabor acaciano, o romancista movimenta figuras oficiais como a do presidente (no caso o freqüentador de estâncias termais Getúlio Vargas, que naquele mesmo ano de 1937 se transformaria em ditador, e cujo nome, entretanto, é mineiramente omitido pelo romancista) e de ministros que aderem eventualmente à folia carnavalesca:

> Todos batiam palmas, enquanto o Ministro vibrava no meio do cordão enorme, bisando com voz flauteada:
>
> *Upa, upa, upa,*
> *Cavalinho alazão!*
> *Eh, eh, eh,*
> *Não erre o caminho não!*[41]

Os versos citados por Benedito Valadares eram os da marcha de Ari Barroso "Upa!... Upa!...", também conhecida como "Meu Trolinho" ("Lá vai o meu trolinho/ Vai rodando de mansinho/ Pela estrada além"), e que, tendo constituído sucesso do carnaval de 1940, revela-se mal escolhida pelo romancista para a cena. De fato, se Carmem Miranda, que viajaria para os Estados Unidos em maio de 1939, aparece cantando em Poços de Caldas, não haveria hipótese de a cena transcorrer no ano de "Upa!... Upa!...". Além do mais, e embora Carmem Miranda se tenha apresentado

---

[40] *Ibid.*, p. 64.

[41] *Ibid.*

em Poços de Caldas durante o carnaval de 1938, duas outras músicas de carnaval citadas no romance indicam que o autor focalizava o carnaval do ano anterior, 1937. De fato, ainda descrevendo a animação do ministro em sua brincadeira no salão durante o baile carnavalesco, Benedito Valadares escrevia:

> E o cordão crescia e o Ministro cada vez mais entusiasmado continuava até que a música mudou e todos cantaram em coro:
>
> *Có, có, có, có, có, có, ró!*
> *Có, có, có, có, có, ró!*
> *O galo tem saudade*
> *Da galinha carijó!*[42]

Ora, essa "Marchinha do Grande Galo", de Lamartine Babo e Paulo Barbosa, constituindo sucesso absoluto do carnaval de 1936, continuava a ser lembrada em 1937, ao lado de outras composições do ano, como "Mamãe Eu Quero", famosa a partir de então, que o romancista por sinal registra cantada com sotaque pelo personagem português Luís Carvalho:

> Com a retirada de Jorge, a mesa toda foi tomar parte no cordão. Animados, Dolores e Luís Carvalho dançavam, ou antes, pulavam sem parar.
>
> A sala toda cantou e Luís Carvalho acompanhou com sotaque português:
>
> *Mamãe eu queiro,*
> *Mamãe eu queiro,*
> *Mamãe eu queiro mamaire*
> *Dá chupeta, dá chupeta,*
> *Dá chupeta pro bebê não choraire!*

---

42 *Ibid.*, p. 65.

> Cansados daquela toada monótona, Luís Carvalho e Dolores saíram, cheirando lança-perfume, arrebentando serpentinas, e foram se sentar no canto da varanda.[43]

Ressalvada a omissão do artigo *a* nos dois últimos versos da composição de Vicente Paiva e Jararaca "Mamãe Eu Quero" — "dá a chupeta", e não "dá chupeta" —, a marcha de 1937 é citada de maneira correta. Por necessidade do enredo, no entanto, ao lado dessas citações cronologicamente meio arbitrárias de músicas carnavalescas, o autor de *A lua caiu* cria três versos para uma suposta música de carnaval que leva o personagem Jorge a investir contra o ministro folião, pensando tratar-se de uma ironia atirada contra ele:

> *Ó, Seu José*
> *Sua mulher é muito boa.*
> *É tão boa que faz chorar.*
>
> Com surpresa geral, não pôde terminar porque Jorge avançou contra ele, sendo interceptado pelos companheiros de mesa e pelo Dr. Magioli que o levou para o hotel.
>
> No quarto, deitado na cama, finalmente, pôde explicar. O ciúme que tudo altera, forma, cores, confunde também os sons. Ao invés de José ouvira Jorge; Dolores é que era boa e fazia chorar.[44]

Sem levar em conta a ingenuidade do pretexto encontrado para explicar a explosão de ciúme do personagem, Benedito Valadares incorre em impossibilidade de ordem prática, pois, em um

---

[43] *Ibid.*

[44] *Ibid.*

baile de carnaval de salão animado por orquestra, onde centenas de pessoas cantam em coro as músicas anunciadas geralmente pelo instrumento de sopro mais potente, que é o trombone, nenhum folião isolado — nem mesmo com a autoridade de ministro — conseguiria propor outra cantiga perdido no meio da massa, levando os músicos a acompanhá-lo.

Em sua serena ingenuidade literária, porém, o romancista mineiro leva sua história dos amores da viúva Dolores (que traíra Jorge com o português Luís Carvalho) até Moçambique, onde a volúvel senhora brasileira passa a se interessar pelo governador José Faria, que lhe lembrava o marido, e para quem toca ao piano a marcha "Cidade Maravilhosa", composta por André Filho em 1935.

> Logo que entrou na sala, o Governador deixou o piano para cumprimentá-la, perguntando se havia passado bem a noite.
>
> — Dormi admiravelmente, obrigada. O senhor ontem me traiu; é um virtuose do piano e me fez tocar, sendo eu apenas uma diletante.
>
> — Não, a senhora toca muito bem; depois do café vou ter o prazer de ouvi-la cantar uma música popular brasileira.
>
> Com a chegada de Jorge e dos outros hóspedes, foram todos para a mesa servir-se do esplêndido café com leite e chocolate, em finíssimas chávenas de Sèvres, cor de marfim.
>
> Antes de prosseguirem na viagem, Dolores cantou, acompanhando-se ao piano, "Cidade Maravilhosa", o que lhe despertou emoção.[45]

O aparecimento do tema do carnaval em romances de escritores mineiros posteriores a 1930 teria apenas um parêntese, nas cenas do baile de cassino de Poços de Caldas em *A lua caiu*, de

---

[45] *Ibid.*, p. 108.

Benedito Valadares, pois a velha sugestão da festa enquanto expressão moderna de alegoria e de um ritual de sentido mágico-religioso (tema, aliás, tão caro à moderna antropologia cultural, como o fora da etnografia do século XIX) seria de fato retomada depois de *O amanuense Belmiro*, de Ciro dos Anjos, apenas no romance *Cidade calabouço*, de Rui Mourão, em 1973.

Nesse romance surgido para delícia dos críticos estruturalistas, face às muitas interpretações que a nebulosa história construída dentro da moderna linha literária do realismo fantástico hispano-americano vinha permitir, o autor mineiro imagina uma Belo Horizonte presa de um carnaval que a transforma em cidade fora do tempo e do espaço. No clima mágico-mítico que se estabelece então, com o desencadeamento da alegoria da "massa na sua liturgia pagã" — segundo a definição de Ciro dos Anjos de trinta e sete anos antes, em *O amanuense Belmiro* —, estabelece-se em ritmo de imagens carnavalescas o ritual da redenção social dos homens, o que só pode ser conseguido, naturalmente, com a supressão da pobreza. Belo Horizonte, de fato, fôra no século XVIII, sob o nome de Curral del Rey, um local de contagem do gado trazido pelo São Francisco da Bahia para alimento das populações entregues à mineração, durante o breve sonho de riqueza colonial que viveu o tempo e a ilusão de um autêntico carnaval. Então, menos de dois séculos passados, na cidade transformada em calabouço das ilusões pequeno-burguesas (tão bem traduzidas na euforia carnavalesca), o "gado" que alimenta a mentira do desenvolvimento capitalista mineiro-brasileiro passa a ser o próprio baiano, o trabalhador retirante que, passivamente explorado, assiste à alegria dos seus exploradores nas cidades, sem delas participar. O romance de Rui Mourão pretende concluir pela redenção dos pobres baianos atirados também ao calabouço fantástico da cidade, mas não pela vitória revolucionária da sua classe, e sim pela sua absorção simbólica, através do sacrifício ritualístico por Dionísio — o personagem que encarna no romance o deus grego Dionísios (por sinal só aparecido na Grécia quando a alegre e saudável comemoração rural das vindimas se transforma, pela altura do quinto século antes de Cristo, na bebedeira decadente das cidades).

É interessante notar neste ponto como, exatamente cento e trinta anos após o surgimento do romance no Brasil com *O filho do pescador*, de Teixeira de Sousa — que abolia em 1843 a realidade da luta de classes no nascente Segundo Império em nome do paternalismo subjetivista dos românticos —, também no romance *Cidade calabouço*, de Rui Mourão, de 1973, a mesma realidade é abolida pela intervenção das novas fórmulas literárias de escapismo criadas por escritores ainda uma vez saídos da classe média, agora através da substituição do subjetivismo pessoal pelo supra-subjetivismo coletivo do realismo fantástico.

É claro que em um romance assim tão despreocupado com o mundo objetivo, o autor mineiro não oferece grandes contribuições à história da música popular, mesmo ao tomar o carnaval de Belo Horizonte como centro da sua história. Tal como no tempo do delírio romântico dos folhetins — precursores, pelo subjetivismo, do realismo fantástico modernamente criado como saída neutra para a insatisfação com a realidade político-social do capitalismo —, os fatos em *Cidade calabouço* constituem apenas referências para a fantasia. Isso explica, por exemplo, a circunstância de, no romance, o autor falar em "rufos de banda", "sustentada por bumbos ferozes pistons trombones e clarinetas soprados a plenos pulmões", relacionando-os com a aproximação de escolas de samba, quando se sabe que tais grupos só usam percussão.

Neste particular do desprezo pela realidade, aliás, o autor de *Cidade calabouço* chega a tal ponto que, mesmo quando sua projeção do carnaval real no fantástico é interrompida por uma citação de caráter documental — como no caso da transcrição do dístico clássico dos velhos blocos e cordões pedindo caminho livre ao povo —, o romancista escreve "A Escola de Samba Invencíveis da Barroca saúda o povo e pede licença", quando a frase tradicional consagrada é a conhecidíssima "saúda o povo e pede passagem".[46]

---

[46] Rui Mourão, *Cidade calabouço*, São Paulo, Quíron, 1973, p. 2.

Capa da primeira edição de *Cidade Calabouço*, de Rui Mourão, 1973.

As impropriedades, ao que tudo indica, não incomodam ao autor de *Cidade calabouço*, que leva sua tendência ao desprezo pelo real a ponto de abrir fala para um personagem que diz: "Os Invencíveis estão com onze mil figurantes e não sei quantas bandas", licença literária que só pode ser comparada com esta tirada classificável entre as pérolas que o crítico Agripino Grieco costumava pescar no absurdo da prosa de tantos autores brasileiros: "Quando a lata velha vomita o seu compasso no meio da favela, coração de todo mundo estremece".[47]

Em meio a esse carnaval descomprometido com a realidade de *Cidade calabouço*, a marcha de Nássara e Haroldo Lobo "Alá-lá-ô", do carnaval de 1941, aparece cantada por "um coro extraviado, formado em torno de uma trompa e de uma clarineta", que "atravessava divergindo da música geral da escola de samba, mas se impunha dominava implantava a sua própria atmosfera".[48]

Assim também como aparece, a certa altura, um grupo de frevo, os Modernistas do Ritmo, com "dançarinos vestidos de branco, que seguravam uma sombrinha acima da cabeça e pulavam sincopados, abaixando coletivamente ao chão e coletivamente se erguendo, num ondear alvejado infinito perfeito, acompanhando a cadência faminta da banda, que no fundo distante, rebrilhava as grandes bocas dos baixos".[49]

Tudo em clima de uma folia que, por trás da origem de irresponsabilidade do próprio nome (folia = *folie*, loucura, em francês), não deixa de traduzir a proposta ideológica de libertação individualista do autor, aliás revelada quando as escolas de samba arriam as bandeiras e o dançarino-chefe da massa declara — "Quero só ver de que cada um isoladamente será capaz". Após o quê, todos passam a cantar, em meio a uma chuva festiva de pa-

---

[47] *Ibid.*, p. 7.

[48] *Ibid.*, p. 9.

[49] *Ibid.*, p. 12.

péis picados, a marchinha "Mamãe Eu Quero", lançada para o carnaval de 1937 por Vicente Paiva e Jararaca:

> — Mamãe eu quero... Mamãe eu quero... — cantava, verdadeiramente já aos gritos, o grupo de rapazes que pulavam abraçados, ombro a ombro, empurrão contra empurrão, equilíbrio difícil mas sempre alcançado — Mamãe eu quero mamar...[50]

Essa pretensão de aproveitamento de um clima de festa para contraponto dramático, destinado a salientar de forma contundente o contraste entre a alienada euforia de uns e a tragédia de outros, em uma estrutura injusta, apareceria, certamente de maneira mais bem-sucedida, três anos depois em outro romance de autor mineiro, e aliás muito significativamente intitulado *A festa*.[51]

---

[50] *Ibid.*, p. 47. Em entrevista concedida para o Suplemento Literário do jornal *O Estado de S. Paulo*, de 06/01/1974, Rui Mourão fornece a "chave" para a compreensão da sua história, aconselhando a evitar a preocupação com a causalidade imediata, pois o que chamamos de realidade seria a aproximação de cenas isoladas, ocorridas a espaços diferentes de tempo. Ora, a decorrência ideologicamente escapista da proposição não é difícil de ser determinada: não havendo preocupação com o aqui e agora, ou com a motivação atual dos fatos, a realidade passa a constituir alguma coisa que escapa continuamente aos homens, não sendo possível intervir nos acontecimentos pela ação direta, mas apenas pela mediação de rituais mágicos. Exatamente como se dava com o pensamento mítico da Antiguidade, criado para explicar a ordem constituída da nascente dominação de classe representada por um Olimpo de dirigentes políticos sábios e ilustrados. Talvez seja isso que explique, aliás, o alvoroço da *intelligentsia* universitária ante o aparecimento do romance *Cidade calabouço*, em 1973, e que provocaria desde logo a publicação, apenas no jornal *O Estado de S. Paulo*, primeiro de grande entrevista com o autor, no Suplemento Literário, em 06/01/1974, e depois de amplo estudo de página inteira sobre o livro, assinado por Nelly Novaes Coelho, também no Suplemento Literário, em 24/02/1974, sob o título significativo de "O carnaval mítico".

[51] Ivan Ângelo, *A festa*, São Paulo, Vertente, 1976.

Capa da primeira edição de *A festa*, de Ivan Ângelo, 1976.

Neste livro de técnica inovadora (a história é contada em uma visão descontínua dos acontecimentos, aproveitando notícias da imprensa e através de perfis dos personagens, que valem às vezes como contos separados), seu autor, o jornalista-escritor Ivan Ângelo, consegue, com simplicidade, o efeito que Rui Mourão tentou em *Cidade calabouço* com tanta pretensão e tão pouco sucesso: a impressão de beco sem saída sócio-político-econômico da sociedade belo-horizontina (e brasileira) de início da década de 1970, em seu momento de insatisfação e insegurança resultante do divórcio entre Nação e Estado, inaugurado com o golpe militar de direita em 1964.

Tal como em *Cidade calabouço*, o ponto de partida da história era o contraste entre os destinos da frustrada gente da cidade (que se aliena da realidade incômoda levando vida aparentemente "normal" em seus empregos, encontros de bar e festas sociais) e a chocante realidade da chegada a Belo Horizonte de algumas centenas de migrantes nordestinos à procura de trabalho, e que são logo cercados pela polícia, na tentativa de obrigá-los a voltar no mesmo trem. Todos os acontecimentos dramáticos decorrentes desse conflito (o incêndio dos vagões por idéia de um jovem repórter, a fuga em pânico dos nordestinos, a intervenção da polícia a tiros, e o posterior inquérito pela polícia política) transcorrem enquanto o pintor, homossexual e viciado em tóxicos Roberto J. Miranda (símbolo das elites de alguma forma coniventes com o *status quo* do governo autoritário) espalha convites e prepara a festa do seu aniversário. O clima de festa e de violência coexiste durante todo o desenrolar da história, configurando no final um retrato fiel da sociedade brasileira da época da efetivação do poder político militar, desde 1964 movimentado por forças econômicas no sentido da repressão ao movimento de conscientização política das massas, iniciado durante o governo João Goulart.

Nesse excelente painel em que ficção e realidade se confundem, as referências à música popular da época aparecem às vezes de maneira indireta — como no perfil da bela colunista social Andréa ("Vinicius fez um samba para ela [...]", p. 58) —, mas, em dois momentos, o autor recorre às letras de canções para enriquecer documentalmente sua narrativa. Assim, logo ao início de *A festa*, na parte intitulada "Documentário (sertão e cidade, 1970)", o romancista transcreve, entre excertos de livros sobre a exploração do homem nordestino, a letra do baião "Asa Branca", de Luiz Gonzaga e Humberto Teixeira, de 1952, cujos versos cantam com lirismo conformado uma conseqüência dolorosa das incertezas da vida no regime de latifúndio: o imperativo do êxodo do servo da gleba, quando a seca torna seu trabalho desnecessário e impossível.

Inté mesmo a asa-branca
Bateu asas do sertão
Entonce eu disse, adeus Rosinha,
Guarda contigo meu coração.
Hoje longe muitas léguas
Nesta triste solidão
Espero a chuva cair de novo
Pra mim vortá pro meu sertão.
Quando o verde dos teus óio
Se espaiá na prantação
Eu te asseguro, não chore não, viu?
Que eu vortarei, viu, meu coração.
(Luiz Gonzaga e Humberto Teixeira, baião,
"Asa Branca", 1952)[52]

Na parte intitulada "Corrupção (triângulo nos anos 40)", em que traça o perfil de figuras da nova classe média aparecida durante a Segunda Guerra (e logo envolvida, juntamente com seus filhos, nos acontecimentos destinados a desembocar no clima de euforia e desencanto entre as elites, e de violência em relação às camadas mais baixas, na virada dos anos 70), o romancista re-

---

[52] *Ibid.*, p. 21.

corda a partida da Força Expedicionária Brasileira para a Itália em 1944. Então, enquanto o representante típico da nova classe média urbana produzida pelas "oportunidades da guerra" (e neste capítulo chamado apenas de "Pai") compra seu primeiro automóvel — "baratinha Chevrolet 41, conversível" —, "o Brasil afinal partia para a guerra com acenar de lenços brancos, V da vitória e lágrimas de mães".[53] E é aí que o romancista encaixa, sem aspas, e como texto corrido, os versos da "marcha patriótica" "Canção do Expedicionário", composta por Spartaco Rossi com versos do poeta paulista Guilherme de Almeida, e que apareceria, em 1945, gravada no disco Odeon nº 12.504-A pelo cantor Francisco Alves:

Nossa vitória final
é a glória do meu fuzil
a ração do meu bornal
a água do meu cantil.
Por mais terras que eu percorra
não permita Deus que eu morra
sem que volte para lá.[54]

Entre os modernos autores mineiros, no entanto, o que mais amplamente usaria versos de canções populares como contraponto à intenção ideológica de sua mensagem literária seria Roberto Drummond nos romances *Sangue de Coca-Cola*, de 1980, *Ontem à noite era 6ª feira*, de 1988, e *Hilda Furacão*, de 1991.

Situado em matéria da técnica romanesca entre Rui Mourão, de *Cidade calabouço*, e Ivan Ângelo, de *A festa* (tendo do primeiro a mesma "visão carnavalizada e lisérgica do Brasil" — que aliás

---

[53] *Ibid.*, p. 69. O autor do romance incorre aqui em ligeira imprecisão de informação histórica, pois a partida dos soldados da FEB para a Itália nunca pôde contar com "acenos de lenços", uma vez que era efetuada sempre durante a madrugada, sob o maior sigilo, medida de segurança que se explicava pela presença de submarinos alemães na rota do Atlântico.

[54] *Ibid.*

confessa em texto de dedicatória do livro —, e do segundo a preocupação de denúncia política ligada ao desespero revolucionário de uma geração que reagiu ao golpe militar de 1964 como quem toma Coca-Cola com LSD), o jornalista e ex-criador de gado Roberto Drummond mistura tempo e lugares em *Sangue de Coca-Cola* numa descrição em que as imagens se sucedem em clima de sonho. Assim como a realidade histórica não se objetiva em qualquer momento da narrativa (apesar das citações corajosas de nomes, inclusive na tortura de presos políticos), também as citações de versos populares não preenchem no livro de Roberto Drummond a função de garantir cor local às cenas, como na maioria dos romances. Pelo contrário, as músicas de carnaval são lembradas em *Sangue de Coca-Cola* com a intenção ideológica de denúncia de sua alienação, como da quadra inicial do samba "É Hoje", de Ataulfo Alves e Dunga, cantado no carnaval de 1955, que aparece citado nada menos de onze vezes em todo o romance, nos capítulos 4 e 5 da primeira parte; 1, 7 e 11 da segunda parte; 6 da terceira parte; 11 (duas vezes), 13 (três vezes) da quarta e última parte:

É hoje
que eu vou me acabar,
amanhã eu não sei
se eu chego até lá...

Gravado em fins de 1954 pela cantora Dalva de Oliveira, na face A do disco Odeon de 78 rotações nº 13.748, o samba de Ataulfo Alves e Dunga tinha uma segunda parte, que o romancista não cita no romance, mas que talvez servisse para mostrar que, do ponto de vista da gente das camadas mais baixas do povo, a gratuidade da filosofia existencial expressa no desejo de brincar enquanto é tempo, por não conhecer o dia de amanhã, nasce antes de tudo de uma reivindicação perfeitamente justa: depois de um ano inteiro de trabalho mal pago, é preciso mergulhar fundo na folia carnavalesca, porque o pobre nunca sabe se estará vivo no ano seguinte:

Eu levo a vida
trabalhando o ano inteiro
mas no mês de fevereiro
eu preciso me espalhar
pego o pandeiro
*vou sambar na Galeria**
quando vir rompendo o dia
eu vou pra casa descansar
(breque) *Devagar...*

Ao lado da primeira parte desse samba "É Hoje", Roberto Drummond cita outras músicas de carnaval, mas em caráter apenas incidental, como quando o personagem central, revolucionário do MR-8, vai ao Instituto Médico Legal vestido de pierrô durante o carnaval, e coloca seus documentos no bolso da calça de um cadáver não identificado (o que lhe permite passar por morto), enquanto o rádio transistor do funcionário relembra o samba "Quem Chorou Fui Eu", gravado pelo cantor Jorge Veiga em 1952 na face A do disco Continental nº 16.498:

> O funcionário da Medicina Legal o encorajou com um tapinha no ombro e ele entrou na sala dos mortos, entrou só, sentia o cheiro do formol e foi examinando os cadáveres estendidos nas padiolas brancas e manchadas de sangue. O transistor do funcionário da Medicina Legal, na outra sala, começou a tocar um samba antigo de carnaval, com Jorge Veiga:
>
> *Eu quis fazer*
> *você chorar, você sofrer*
> *um dia o nosso amor morreu*
> *quem chorou, fui eu...*

---

* Galeria Cruzeiro, então centro do carnaval de rua no Rio de Janeiro.

Ele parou na frente de um morto que estava irreconhecível, pensou: — Esse...

Olhou para a porta, Jorge Veiga cantava:

Não tive mais teu beijo,
nem o carinho seu...[55]

Ainda nessa primeira parte do romance, o capítulo 27 abre com os versos iniciais da marcha "Cara Linda", de Valdir Machado, gravada para o carnaval de 1956 na face B do disco Continental nº 17.227, pelo locutor Afrânio Rodrigues, da Rádio Nacional, relembrado pelo personagem por lhe recordar certo carnaval passado em "um clube operário vizinho à Estação da Central do Brasil, aquele clube operário onde entravas e sentias cheiro de povo". A citação, porém, feita de memória pelo romancista, não respeita os versos originais em vários pontos: onde o compositor escreveu "Será que você vai pra casa/ Ou vem de casa pra ficar na rua", o romancista registra "Será que você vem de casa/ Ou vai de casa pra enfeitar a rua"; e, onde se devia cantar "Por você eu boto um cabo na lua/ E vou a pé até o Japão", aparece no romance "Com você/ Eu vou até/ Até o Japão...".

No capítulo 5 da segunda parte a cinqüentona revolucionária, de codinome Ouriço Caixeiro, que sonha o tempo todo com Rock Hudson, lembra o carnaval de 1948, em que foi coroada Rainha do Carnaval e, de repente, "escuta um pedaço de música de carnaval":

Ô, ô, ô, ô
Lancha nova no cais apitou
E a malvada da saudade
No meu peito já chegou...[56]

---

[55] Roberto Drummond, *Sangue de Coca-Cola*, São Paulo, Ática, 1981, p. 45.

[56] *Ibid.*, p. 114.

Tratava-se da marchinha "Lancha Nova", lançada pelos compositores João de Barro e Antônio Almeida para o carnaval de 1950, o que denunciava a má memória da Rainha do Carnaval de 1948. Logo a seguir, lembrando-se do pai, morto a tiros, parece escutar outro samba de carnaval: "Trabalhar/ eu não, eu não [...]", o que é uma referência ao samba de Almeidinha "Trabalhar Eu Não", um dos maiores sucessos carnavalescos de 1946.

Já o capítulo 28, na terceira parte do romance, abre com os primeiros versos do samba "Tristeza", de autoria de Niltinho (Nilton de Sousa, que em 1963 o compusera para o bloco Foliões de Botafogo, do Rio de Janeiro), e que, em 1965, ganharia sua versão definitiva ao ser remodelado pelo veterano compositor carnavalesco Haroldo Lobo, antigo guarda-civil nascido em 1912, e que morreria naquele mesmo ano de 1965, pouco após a gravação da música, sem chegar a assistir ao seu sucesso no carnaval de 1966.

Há ainda outras referências incidentais no romance a outras músicas muito conhecidas, como o samba de Noel Rosa "Fita Amarela", de 1933 (cuja primeira quadra é cantada no capítulo 3 pelo Doutor Juliano do Banco, em Belo Horizonte, lembrando-se do pai, "um pobre diabo, que não tinha onde cair morto"), e as marchas "Alá-lá-ô", de Nássara e Haroldo Lobo, de 1941, "A Jardineira", de Benedito Lacerda e Umberto Porto, de 1939, e "Chiquita Bacana", de João de Barro e Alberto Ribeiro, de 1949, cantadas durante uma passeata imaginária em que a personagem Terê desfila sonhando de olhos abertos:

> A perua de entregar peixe desaparece como um fantasma, numa esquina atiram bombas de lança-perfume na multidão, as bombas explodem, dão vontade de cantar:
>
> *Alá-lá-ô*
> *ô, ô, ô,*
> *Mas que calor*
> *ô, ô, ô...*

> Cantam a "Jardineira", cantam "Chiquita Bacana", cantam "Máscara Negra", depois o carnaval vai cedendo aos poucos à música "Caminhando", de Geraldo Vandré, Terê ainda pensa no Brazilian Folies, em parar ali, desistir, mas molha a boca com a língua e espera o Fidel Cristo Brando que vai beijá-la como nenhum homem a beijou e matar todas as suas fomes.[57]

Em sua fantasmagoria simbólica das boas intenções revolucionárias da juventude universitária em choque com as estruturas brasileiras após 1964, Roberto Drummond registra nada menos de seis vezes os versos da canção de Geraldo Vandré "Pra Não Dizer que Não Falei de Flores", segunda colocada no III Festival Internacional da Canção, realizado em setembro de 1968 no Rio de Janeiro, e que, com o título reduzido para "Caminhando", estava destinada a transformar-se, de fato, em uma espécie de Marselhesa das passeatas de grevistas e de protesto político no Brasil (apesar de proibida pela censura de 1969 até 1980).

O repertório de música popular do romancista, aliás, parecia restringir-se basicamente aos sucessos carnavalescos, pois, em livro posterior, *Ontem à noite era 6ª feira*, de 1988, não apenas volta a recorrer a cenas de carnaval — o mistério da morte de um folião do Baile do Pierrô, no Automóvel Clube de Belo Horizonte, cujo corpo é encontrado no vizinho Parque Municipal, na manhã de Quarta-Feira de Cinzas —, como repete versos já citados em *Sangue de Coca-Cola*. Quando o pistoleiro Divino, ferido pelo irmão do personagem central, é por ele levado ao hospital quinze quilômetros distante, vai cantando em seu delírio "um antigo sucesso carnavalesco":

> *Oh, ô, ô, ô*
> *lancha nova no cais apitou...*

---

[57] *Ibid.*, p. 177.

que tinham sido exatamente os versos relembrados pela antiga Rainha do Carnaval de 1948, transformada em revolucionária da década de 1960, em *Sangue de Coca-Cola.*

Durante o Baile do Pierrô, em que ocorre o crime misterioso de *Ontem à noite era 6ª feira*, a música citada seria — como não poderia deixar de ser — a marcha "Pierrô Apaixonado", de Noel Rosa e Heitor dos Prazeres, coerência que o próprio autor iria acentuar:

> Quem esteve no Baile do Pierrô conta que nunca houve, em toda a vida de Belo Horizonte, uma festa tão animada, tão inesquecível. Às 9 da manhã de 4ª Feira de Cinzas, o Salão Dourado do Automóvel Clube regurgitava de gente e a orquestra tocava velhos sucessos de carnaval, como não podia deixar de ser, era repetido de vinte em vinte minutos:
>
> *Um pierrô apaixonado*
> *que vivia só cantando*
> *por causa de uma Colombina*
> *acabou chorando*
> *acabou chorando...*[58]

A mesma música, por sinal, ainda apareceria cantada, a plenos pulmões, no salão do Automóvel Clube, naquela manhã de Quarta-Feira de Cinzas — "a orquestra do Automóvel Clube tocava 'Um pierrô apaixonado' e os sons, e a voz tão familiar do *crooner* Gilberto Santana, invadiram o Parque Municipal [...]" —, quando o personagem Dr. Nielsen Bhering Pena, após várias voltas em seu *cooper* pelo parque, estranha a imobilidade do pierrô julgado bêbado, e descobre que está morto:

---

[58] Roberto Drummond, *Ontem à noite era 6ª feira*, Rio de Janeiro, Guanabara, 1988, p. 71.

Às 9 e 30 da manhã, o Dr. Nielsen resolveu conferir, coisa de médico, como explicaria mais tarde aos repórteres.

— Ora, doutor — disse uma bela moça adepta do Cooper e que corria como uma garça no Parque Municipal, todas as manhãs — deixa o Pierrot dormir em paz, doutor.

Quando o Dr. Nielsen aproximou-se do Pierrot nem precisou tocá-lo para saber: estava morto, morto a punhaladas.

A manchete do *Diário da Tarde*, que circulou pouco depois do meio-dia daquela 4ª Feira de Cinzas, gritava em grandes letras:

Crime do Pierrot
folião misterioso
assassinado no
Parque Municipal.[59]

Fora do gênero carnavalesco (e da citação eventual do baião "Cabeça Inchada", de Hervê Cordovil, de 1951, que o pistoleiro Nilo cantava após a execução de suas tocaias), Roberto Drummond aproveitaria ainda em seu romance duas composições mineiras tradicionais: a cantiga "Se a Perpétua Cheirasse" (melodia semelhante ao fado português, muito cantada por estudantes em Ouro Preto em suas serenatas, com versos de crítica a fatos políticos e sociais, segundo D. Angélica de Rezende em seu *Nossos avós contavam e cantavam*), e a modinha "É a Ti, Flor do Céu, Que Me Refiro".

[...] mas antes, na noite de 25 de Março, uma 2ª Feira, quando da primeira aparição do vestido vermelho, pegamos [o personagem central e seu amigo Alain

---

[59] *Ibid.*, p. 74.

Delon] um fogo histórico e homérico: às 3 da madrugada, com São Benedito fazendo fundo musical ao violão, cantamos debaixo da janela do palacete onde ainda tremulava o vestido vermelho; então, subitamente, caiu sobre nós, vindo lá do alto, um líquido morno, que, com certeza, não era perfume francês, interrompendo nosso desentoado dueto cantando uma música fora de moda e quase tão antiga quanto a paixão dos homens:

> *É a ti, flor do céu*
> *que me refiro...*[60]

Ao declarar a canção "quase tão antiga quanto a paixão dos homens", Roberto Drummond revelava desconhecer a história em torno dos versos que citava, afinal não tão antigos e devidos, por sinal, à paixão de alguém determinado: o bacharel, deputado liberal e escritor Teodomiro Alves Pereira, de Diamantina (circa 1840 — circa 1909), autor do romance *Genesco: vida acadêmica*, publicado em 1861, e reeditado em 1866 no Rio de Janeiro.

Segundo registrava o estudioso mineiro Aires da Mata Machado Filho, no capítulo "A modinha, canção brasileira" de seu livro *Dias e noites em Diamantina*, ao comentar a disputa levantada em torno da autoria da canção em programa da TV Itacolomi, de Belo Horizonte, em 1969, apesar de Montes Claros reivindicar a música para João Batista de Carvalho Drummond, juiz daquela Comarca de 1885 a 1889, todos os velhos de Diamantina (entre eles sua mãe, então com 88 anos) juravam pela tradição local serem os versos de Teodomiro e a música do maestro Modesto Antonio Ferreira. E Aires da Mata Machado Filho escrevia, ajuntando depoimento pessoal:

> Ora, eu me criei em Diamantina — e olhem que não sou de hoje — na fé tranqüila de que Teodomiro

---

[60] *Ibid.*, pp. 56-7.

Capa da primeira edição de *Ópera de sabão*, de Marcos Rey, 1980.

> Alves Pereira é o autor dos versos e o maestro Modesto Antonio Ferreira da música, ambos naturais da minha terra. Meu pai gostava muito de "É a Ti Flor dos Céus Que Me Refiro" e minha mãe, se preciso for, ainda pode cantá-la nos seus oitenta e oito anos. Todos nós conhecíamos e conhecemos, em Diamantina, a história do amor contrariado de Teodomiro, poeta e autor do romance *Genesco*, professor e político, na sua cidade, a qual foi a inspiração e o motivo da velha canção.[61]

O que Aires da Mata Machado Filho parecia não saber — e menos ainda o romancista Roberto Drummond, apesar de seu possível parentesco com o João Batista de Carvalho Drummond, também dado em Minas como possível autor da modinha citada — é que os lamentosos versos do poeta traíam uma dor maior talvez do que a causada pela paixão no comum dos homens: isto porque o autor da queixa de amor perdido era negro, estando aí, quem sabe, o motivo de sua contrariedade no amor.

Marcado pelas recordações de sua juventude na década de 1950, Roberto Drummond voltaria, três anos depois desse *Ontem à noite era 6ª feira*, a remexer o baú das lembranças belo-horizontinas, em novo romance indisfarçavelmente autobiográfico, *Hilda Furacão*, em que fundiria, em estilo de folhetim, algo da picardia do baiano Jorge Amado de *Dona Flor e seus dois maridos* com a malandragem urbana do paulista Marcos Rey da *Ópera do sabão*. Para isso — e certamente devido a isso —, o velho repertório carnavalesco carioca, incorporado à memória da massa das cidades em todo o Brasil, voltaria nesse "brinquedo lúdico" (como o própio autor definiria o seu romance *Hilda Furacão*) a

---

[61] Aires da Mata Machado Filho, *Dias e noites em Diamantina*, Belo Horizonte, Edição do Autor, 1972, p. 26. A modinha "É a Ti Flor do Céu" foi gravada em disco com indicação de autoria "Teodomiro Pereira/ Ferreira Jr.", ocupando a faixa 3, lado B, do vol. III do álbum *Eterna Lembrança*, do Grupo de Serestas João Chaves, de Montes Claros.

ilustrar as situações vividas por gente de classe média de Belo Horizonte, ainda presa a suas origens interioranas (o personagem central corresponde-se com as tias na cidadezinha de Santana dos Ferros, e o próprio frade Malthus, candidato a santo, volta a seu pequeno burgo para ajudar a instaurar a modernidade de costumes que terminaria em carnaval).

Para começar, a descrição dos interesses imobiliários aguçados, em Belo Horizonte, pela política desenvolvimentista dos "cinqüenta anos em cinco" do governo Juscelino Kubitschek, ao pôr em destaque o projeto público de mudança da zona de prostituição — que se propunha a criar uma Cidade das Camélias, em evidente homenagem à romântica prostituta Marguerite Gautier do romance *A dama das camélias*, de Alexandre Dumas Filho — já se reporta à forte presença da música de massa revelada nos próprios apelidos de algumas personagens:

> O folclore da Zona Boêmia corria por conta de Maria Tomba Homem e do travesti Cintura Fina; enorme, quase um metro e noventa, mulata, grossos e sensuais lábios, Maria Tomba Homem virava homem quando alguém cantava ou solfejava o refrão de um incômodo sucesso musical gravado por Emilinha Borba e por Luiz Gonzaga:
>
> *Paraíba masculina*
> *muié macho, sim sinhô...*[62]

---

[62] Roberto Drummond, *Hilda Furacão*, São Paulo, Siciliano, 1991, p. 36. O baião "Paraíba", de Luiz Gonzaga e Humberto Teixeira, constituiu realmente um baião dos maiores sucessos da música popular brasileira dos anos 40 até a década de 1950, época de ação do romance. Nada menos de quatro gravações atestariam essa popularidade: a do próprio autor, Luiz Gonzaga, em disco RCA-Victor nº 80.0510, gravado a 06/03/1947 e posto à venda em maio daquele ano; a de Emilinha Borba no disco Continental nº 16.187, gravado a 01/03/1950; a do conjunto Quatro Ases e Um Coringa no

Por coincidência, o maior rival da "paraíba" ou "mulher macho" Maria Tomba Homem, o travesti Cintura Fina, também devia seu apelido a outro baião de sucesso do mesmo Luiz Gonzaga e seu parceiro Zé Dantas: o "Cintura Fina", gravado em 26 de maio de 1950 para o lado B do disco RCA-Victor nº 80.0681, posto à venda em agosto daquele ano:

> Grandes, chorosos olhos castanhos, cicatrizes feitas por golpes de navalha no rosto, um sotaque cantado, lembrança do Recife, de onde veio, um outro baião de Luiz Gonzaga era o hino do travesti Cintura Fina:
>
> *Vem cá cintura fina*
> *cintura de pilão*
> *cintura de menina*
> *vem cá meu coração...*[63]

A história de *Hilda Furacão*, que é na verdade um pouco a do próprio romancista, começa em fins da década de 1950, o que faz com que seja situado em dezembro de 1959 ou inícios de 1960 o baile pré-carnavalesco Noite da Fantasia, a que o jovem personagem-autor comparece no Montanhês Dancing, de Belo Horizonte, fantasiado de pirata-da-perna-de-pau. E é a descrição desse baile que inicia, no romance, uma longa série de referências ao repertório da música de carnaval que o Rio de Janeiro transformava em "sucessos nacionais" desde a década de 1930:

> Aramel, o Belo, passou na casa da Rua Ceará para irmos juntos à Noite da Fantasia, no Montanhês Dan-

---

disco nº 80.0698 da RCA-Victor, em 10/08/1950, e, finalmente, a do conjunto Vagalumes do Luar, de 09/11/1950 no disco Continental nº 16.351, posto à venda em março de 1951.

[63] *Ibid.*, pp. 36-7.

cing; estava fantasiado de Fidel Castro, com uma barba postiça, e mordia um Havana ainda apagado; tinha trocado o Karman Ghia vermelho por um Mercedes grená, de uns 10 ou 15 anos atrás, sinal de que as coisas iam bem para o nosso don-juan de aluguel. Ao me ver de pirata, em pé na porta do Mercedes, cantarolou:

> *Eu sou*
> *o Pirata da Perna de Pau*
> *do olho de vidro*
> *da cara de mau...*[64]

Nesse baile do Montanhês Dancing, antecipador do carnaval de 1960, aliás, além dos clássicos do repertório folionesco, como o próprio "Pirata da Perna de Pau" e outros mais antigos citados — a exemplo da marcha de 1937 "O Teu Cabelo Não Nega", que abre o baile na execução da orquestra do maestro Delê, e puxada pelo *crooner* Lagoinha —, o romancista não deixa de citar músicas mais atuais, como a marcha "Vai Ver Que É", de retumbante sucesso no carnaval de 1959:

> — Vamos chegar perto — gritava Fidel Castro, arrastando Cleópatra [para saber quem era uma Carmem Miranda que desmaiara ao tomar um "porre de lança-perfume"].
>
> Mas não era Hilda Furacão; era sim o Chefe do Cerimonial do Palácio da Liberdade, conhecido por sua dubiedade sexual; tão logo Carmem Miranda foi socorrida, o Montanhês Dancing riu, porque a orquestra do

---

[64] *Ibid.*, p. 137. Os versos eram da marcha "Pirata da Perna de Pau", de João de Barro, gravada pelo cantor Nuno Roland a 03/09/1946 para o lado A do disco Continental nº 15.727, posto à venda em novembro do mesmo ano, para transformar-se desde logo em um dos maiores sucessos do repertório carnavalesco em todo o Brasil, a partir de 1947.

Delê atacou um grande sucesso do Joel de Almeida, que o *crooner* Lagoinha cantou cheio de malícia:

> *Se veste de baiana*
> *pra fingir que é mulher*
> *vai ver que é*
> *vai ver que é.*[65]

Neste ponto de *Hilda Furacão*, aliás, Roberto Drummond inclui, em sua descrição do baile pré-carnavalesco do Montanhês Dancing, uma curiosa informação: em Belo Horizonte, naquele limiar da década de 1960 (quando começava a pressão da música de massa internacional sobre o mercado musical brasileiro), a orquestra de Delê "estava lançando uma bossa nova: além de dosar bem as marchas e os sambas, para descansar os foliões tocava um bolero, permitindo que os casais tão antagônicos quanto Fidel Castro e Cleópatra, o Czar da Rússia e Marilyn Monroe dançassem de rosto colado".[66] E era isso o que acontecia quando, "ali pela 1 da manhã", a orquestra tocou o samba "Ressurreição", de Blackout (por ele mesmo gravado para o lado A do disco Copacabana nº 5.517 em janeiro de 1956) — "Amei, amei demais/ Depois fiquei na solidão,/ O nosso amor morreu/ Mas tenho fé na ressurreição" — para logo em seguida Lagoinha entrar cantando o bolero "Bésame Mucho".

Nesse baile repleto de lances folhetinescos — um fantasiado de Hamlet agride um Sheik de Agadir por ciúme de uma Cleópatra ao som do "Mamãe Eu Quero" —, Hilda Furacão ordena após cessado o tumulto: "Música maestro!", trazendo de volta a seção dedicada aos sambas, e logo iniciada com outra música não mui-

---

[65] *Ibid.*, p. 143. A marcha "Vai Ver Que É", de Carvalhinho e Paulo Gracindo, foi gravada na verdade em dupla por Joel de Almeida e Araci de Almeida a 24/10/1958, para lançamento como lado A do disco Polydor nº 287, transformando-se num dos maiores sucessos do carnaval de 1959.

[66] *Ibid.*, p. 142.

to recente: o samba "Pra Seu Governo", de Haroldo Lobo e Milton de Oliveira, que o cantor da Rádio Nacional Gilbert Milfont gravara, em 25 de setembro de 1950, para a face A do disco RCA-Victor nº 80.0729, para ser cantado no carnaval de 1951:

> Novamente à luz de cabaré, a orquestra do Delê, com o *crooner* Lagoinha no seu melhor desempenho da noite, tocou um samba inesquecível enquanto Hilda Furacão dançava sozinha:
>
> *Você não é*
> *Mais meu amor*
> *Porque vive a chorar*
> *Pra seu governo*
> *Já tenho outra em seu lugar.*[67]

Essa "bossa nova" de intercalar boleros à música de carnaval explicava-se, afinal, pelo fato de, à época da ação do romance, o movimento de músicos e compositores cariocas chamado de bossa nova estar propondo uma "virada" na linha produtiva das criações nacionais, declaradamente voltada para a assimilação de padrões estrangeiros. Embora o próprio romancista, ao lembrar sua estréia como repórter, divulgue a existência, naquele despontar de 1960, de uma marcha composta dentro da melhor tradição carnavalesca brasileira — "Estava escuro e ninguém viu/ Mas o repórter do Binômio descobriu" —, o que realmente começava a agradar à classe média de Belo Horizonte eram os sambas da nova escola carioca, ligada ao *cool-jazz* norte-americano:

> Por esse tempo, quando a Bossa Nova começava a fazer sucesso, eu tinha uma espécie de hino que me ajudava a ter esperanças de reconquistar a bela B: "Che-

[67] *Ibid.*, p. 146.

ga de Saudade", de Tom e Vinicius, que João Gilberto e Os Cariocas cantavam, em gravações diferentes:

Chega de saudade
A realidade
É que sem ela, não há paz
Não há beleza
É só tristeza
Melancolia que não sai de mim
Não sai.
Mas, se ela voltar
Que coisa linda, que coisa rara
Pois haverá milhões de abraços
E beijinhos
E carinhos
Sem ter fim
Que é pra acabar com esse negócio
De viver longe de mim.[68]

---

[68] *Ibid.*, p. 155. Na verdade o samba "Chega de Saudade", lançador da bossa nova a partir de sua interpretação pela cantora Elizete Cardoso no LP *Chega de Saudade*, gravado entre março e abril de 1958 para o selo Festa, de Irineu Garcia, teria mais três gravações além dessa, ainda naquele ano, e não apenas as duas citadas pelo romancista: a de João Gilberto no disco Odeon nº 14.360 (gravado em julho e lançado em agosto); a do conjunto Os Cariocas no disco Columbia CB nº 11.086, de outubro, e o de Marisa e Moacir Silva e seu conjunto para o lado A do disco Copacabana nº 5.984, de dezembro. E todos, aliás, ainda pelo sistema monoaural, em 78 rotações, que continuaria, até a primeira metade da década de 1960, a coexistir com a novidade do *long-playing*, tal como depois aconteceria com o disco de vinil em relação ao advento do CD. Onde, porém, a memória do autor decididamente falhou foi na reprodução dos versos do samba "Chega de Saudade", que na verdade começa pelos versos "Vai, minha tristeza/ E diz a ela/ Que sem ela não pode ser./ Diz-lhe, numa prece,/ Que ela regresse,/ Porque eu não posso mais sofrer". Mesmo na parte citada, o lapso de memória persiste em omissões e trocas de palavras: depois do verso "Mas se ela voltar", em lugar dos sete versos reproduzidos, a composição de Vinicius se estende por mais 21 versos.

Alguns capítulos adiante, quando o personagem revê sua amada, a bela B, e começa a encontrar-se com ela já como namorado, é ainda a bossa nova, com sua delicada poesia dirigida ao gosto das camadas média e alta das cidades, que lhe oferecerá um novo "hino":

> Mas, na verdade, estava começando uma guerra e nosso hino de batalha, meu e da bela B, daí em diante seria uma música de Tom e Vinicius:
>
> *Eu sei que você sabe*
> *já que a vida quis assim*
> *que nada neste mundo*
> *levará você de mim....*[69]

Tratava-se, como se verifica, do samba-canção daquela dupla de compositores "Eu Não Existo Sem Você", inicialmente gravado por Lúcio Alves e Sílvia Teles no disco Odeon nº 14.358 de 16 de julho de 1958, e logo depois por uma desconhecida Mara Costa, ainda sob o selo Odeon (disco nº 14.556), em 30 de outubro de 1958.

Apesar da evidente preocupação em documentar suas referências à música popular no romance, Roberto Drummond iria cometer em *Hilda Furacão* enganos não apenas como esse, na reprodução dos versos do samba "Chega de Saudade", mas ainda um cochilo desastroso para sua vocação de memorialista historiador. É que, ao citar a marcha carnavalesca iniciada com os versos "O pai da aviação era mineiro/ Nasceu com a mania de voar", no capítulo "Vende-se um nordestino: quem quer comprar?", ao referir-se a seus autores — tendo, talvez, o disco em mãos —, o romancista troca a indicação de selo do lado B pela do lado A. De fato, ao contrário do que escreveu — "Era época da constru-

[69] *Ibid.*, p. 202.

ção de Brasília, tema da euforia do governo Juscelino Kubitschek, que prometia fazer cinqüenta anos em cinco. Uma marcha de carnaval da época, de Klecius Caldas e Armando Cavalcanti, cantada por João Dias, dizia [...]" —, a marcha intitulada "Vou pra Goiás" era de Wilson Batista, Jorge de Castro e Antônio Nássara, e na verdade fora gravada por Nelson Gonçalves em janeiro de 1957 para o lado B do disco RCA-Victor nº 80.1714. Da dupla Klecius Caldas e Armando Cavalcanti era a marcha "Casamento É Loteria", do lado A do mesmo disco de 78 rotações.

De qualquer forma, nesse que se revelava o mais "musical" de seus romances, Roberto Drummond demonstrava sempre o cuidado de registrar — quando a memória o ajudava — a autoria das composições de música popular aproveitadas como contraponto às intenções do enredo. Quando, por exemplo, a família da bela B resolve proibir seus encontros com o jovem repórter, o novo "hino" em que os dois passariam agora a identificar-se "era uma música de Miguel Gustavo: 'E Daí?'".[70]

Quando, porém, a recordação das músicas ocorria ao romancista apenas como eco dos carnavais de sua juventude em Belo Horizonte, sem maiores informações que a memória sonora de seus versos, Roberto Drummond não hesitava em encaixá-los em *Hilda Furacão*, como simples ilustração do enredo. É o que acontece, quase ao fim do livro, no algo fantástico carnaval exorcizador da peste em Santana dos Ferros, do capítulo "Evoé, carnaval". Nesse capítulo — tão próximo, pelo clima, da abertura de *Dona Flor e seus dois maridos*, de Jorge Amado, até pelo desejo do fo-

---

[70] *Ibid.*, p. 203. Aqui o romancista acertava: "E Daí?" era o samba de Miguel Gustavo gravado inicialmente por Araci de Almeida em disco Polydor, a 08/03/1959, e, em outubro do mesmo ano, em disco Sinter nº 627, enquanto Elizeth Cardoso o gravaria no disco Copacabana nº 6.059 apenas em dezembro. O sucesso desse samba escolhido para "hino" do casal de namorados de *Hilda Furacão* pode ser comprovado, aliás, pela existência de uma quarta gravação da música, apenas instrumental, por José Menezes, no disco Sinter nº 644, realizada no início de 1960, exatamente no momento da ação do romance.

lião Zezinho do Raimundo Eusébio de "morrer fantasiado de baiana" —, Roberto Drummond vai lembrar, sucessivamente, o samba "É Hoje", de Ataulfo Alves e Dunga (gravado por Dalva de Oliveira em julho de 1954 no disco Odeon nº 13.748); a marcha "Tomara Que Chova", de Paquito e Romeu Gentil (gravada a 6 de setembro de 1950 no disco Odeon nº 13.067 pelos Vocalistas Tropicais); a marcha "General da Banda", de Blackout (gravada por ele mesmo em 21 de novembro de 1949 para a face A do disco Continental nº 16.150), e, finalmente, a marcha "Vai Ver Que É", de Carvalhinho (gravada em dupla por Joel e Araci de Almeida em 24 de outubro de 1958 no disco Polydor nº 287):

> E como era um dia de alegria — sábado de carnaval — e descobriu que não tinha morrido, que não ia morrer, que apenas todos deram a si mesmos uma punição, uma autopenitência por acreditarem na praga de Tia Ciana, o próprio Zezinho do Raimundo Eusébio cantou:
>
> *Se veste de baiana*
> *pra fingir que é mulher*
> *vai ver que é*
> *vai ver que é*[71]

Essas lembranças de antigos carnavais evocadores de sua juventude, por sinal, parecem provocar no romancista uma certa melancolia, pois quase ao fim da história de *Hilda Furacão*, ao evocar seus tempos de repórter do jornal *Última Hora* em Belo Horizonte ("Fernando Gabeira namorava debruçado na sacada da *Última Hora*: sua namorada era magra e loura e tinha pernas muito finas. Vinha encontrá-lo usando uniforme do colégio de freiras onde estudava. Quando a via chegar o fotógrafo Antônio

[71] *Ibid.*, p. 214.

Amaral cantava: 'Vestida de azul branco...'"[72]), o autor se pergunta: "Eu era mais feliz quando trabalhava na *Última Hora*. Eu era mais feliz ou o Brasil é que era mais feliz?".[73]

Em perfeita coerência com esse tom de nostalgia que vai envolvendo o romancista ao aproximar-se do fim o enredo que é um pouco de sua vida, é a versão da "Farewell Waltz", de Robert Burns (a "Valsa da Despedida", adaptada no Brasil por João de Barro e Alberto Ribeiro, que Francisco Alves gravou em 6 de fevereiro de 1941 para o lado B do disco Continental nº 15.020), que mostra a orquestra tocando na última madrugada de Hilda Furacão como prostituta da Rua Guaicurus:

> Soprou o vento, aquele vento que Hilda Furacão tão bem conhecia, porque soprava toda a madrugada, e a "Valsa do Adeus" chegou mais forte até eles:
>
> *Estando longe*
> *estando a sós*
> *ouvirei a tua voz...*[74]

Seria uma trajetória perfeita da nostalgia do autor se o romance terminasse aí, mas Roberto Drummond, coerente com a idéia de que sua personagem talvez não passasse, afinal, de "uma Cinderela de 1º de abril" — assim como toda a história do próprio país do período militar iniciado exatamente num 1º de abril —, termina fazendo Hilda Furacão esperar o amado em meio a lembranças de expectativas impossíveis, às vezes por isso mesmo transformadas em tema de música de carnaval:

---

[72] *Ibid.*, p. 226. Referência ao samba "Normalista", de Benedito Lacerda e David Nasser, gravado por Nelson Gonçalves para o lado A do disco RCA-Victor nº 80.0595.

[73] *Ibid.*, p. 225.

[74] *Ibid.*, p. 283.

E enquanto o algodão-doce dissolvia em sua boca, pensou no tempo em que havia cine grátis em Belo Horizonte, ela era adolescente e não perdia um cine grátis no Santo Antônio ou nos Funcionários, e comia algodão-doce; ao volante do Simca, comendo algodão-doce, desceu a Avenida Afonso Pena lembrando-se da vez em que o engenheiro Janot Pacheco anunciou que ia fazer chover em Belo Horizonte; a bordo de um pequeno avião ele bombardeava as nuvens com pedras de gelo e o céu escureceu, todos esperavam que chovesse, e ela, Hilda, torceu muito pelo engenheiro Janot Pacheco; algum tempo depois, o filho do velho Janot passou a ser conhecido como Janot Chuvinha e uma música, que Hilda cantou nos bailes de carnaval do Minas Tênis, dizia:

Ai, ai, Janot
a sua invenção falhou
você prometeu chover
não choveu...

Hilda Furacão, a Garota do Maiô Dourado, foi voltando no tempo e queria uma coisa na vida naquela noite de 1º de abril de 1964: ter o colo da mãe para chorar, como no tempo em que Janot Pacheco prometeu fazer chover e não choveu.

— Vai Cinderela de 1º de abril, Vai![75]

---

[75] *Ibid.*, p. 292. A marcha "Ai, Ai, Janot", de Pedro Alves, Gérson Filho e Antônio Filho foi gravada por Elizeth Cardoso no dia 12/11/1953 para o lado A do disco Todamérica TA-5380, posto à venda em dezembro daquele ano com vista ao carnaval de 1954.

O ROMANCE POPULAR DE AMBIENTES PAULISTA E CARIOCA: AFONSO SCHMIDT E GALEÃO COUTINHO

Ao lado dos escritores gaúchos e mineiros, a partir da década de 1930 preocupados em fixar a paisagem urbana de suas cidades, já agora dentro do contexto novo de busca de um romance nacional, embora com ambiente regional, surgiriam pela mesma época, em São Paulo, alguns romancistas que, a essa tendência de aproveitamento de temas citadinos locais, acrescentariam a proposta de conquista de um público mais amplo para seus livros. Os dois iniciadores dessa nova linha de ficção, que em artigo de 1961 o crítico Tristão de Athayde chamaria de "romance populista", seriam o santista de Cubatão Afonso Schmidt (1890-1964) e o mineiro-paulista Galeão Coutinho (1897-1951).

Talvez exatamente por darem "largas ao romance folhetim de caráter anedótico e popularesco" — como escrevia o mesmo crítico Tristão de Athayde, referindo-se especialmente ao segundo romancista (embora a conclusão coubesse ainda melhor ao primeiro) — tanto Afonso Schmidt quanto Galeão Coutinho ainda não mereceram, até hoje, por parte dos críticos e historiadores da literatura, a justa avaliação que suas obras exigem.[1]

---

[1] Essa citação de Tristão de Athayde a Afonso Schmidt e Galeão Coutinho foi feita no artigo intitulado "O romance social", publicado em seu rodapé "Letras e problemas universais" para o Suplemento Literário do jornal *Diário de Notícias*, do Rio de Janeiro, de 08/01/1971. Os dois escritores não figuram, porém, nas principais obras sobre literatura brasileira, limitando-se alguns autores a breves referências, como Nelson Werneck Sodré ("Galeão Coutinho compunha uma obra em que se reflete, sob traços caricaturais interessantes, a vida pequeno-burguesa com os seus dramas e as suas comédias",

Obrigado desde muito cedo a ganhar a vida trabalhando em redações, em um tempo em que — como ele mesmo anotava — "o jornalismo ainda não era profissão, como hoje; na melhor das hipóteses servia de escada para candidatos a políticos",[2] Afonso Schmidt era, de fato, não apenas leitor de folhetins de Alexandre Dumas, Murger e Julio Vallés, entre outros, como escreveu a maioria de seus romances e novelas apressadamente, para publicação em capítulos. E assim, como — inclusive ideologicamente — pretendia apenas escrever para o povo (Afonso Schmidt trabalhou no Rio com Astrojildo Pereira em 1920 no jornal *A Voz do Povo*, e em 1921 publicou um "Panfleto Comunista", intitulado *Evangelho dos livres*), o intelectual proletário seria submetido a uma natural marginalização, por parte da crítica de elite, comprometida com a "vanguarda" da Semana de Arte Moderna. Elite que não devia perdoar, por exemplo, o fato de o escritor ter participado, com Astrojildo Pereira, do Grupo Zumbi, antimodernista e voltado para "o romance como um instrumento de apostolado político". É verdade que o próprio Afonso Schmidt demonstrava consciência da precariedade das suas construções literárias ("Nós, os escritores de ganho, que nos fizemos jornalistas para alcançar um meio de vida que a literatura não nos dá, escrevemos os livros com a pressa de velhos empreiteiros"), chegando a lembrar, como exemplo de suas dificuldades, o episódio reproduzido por seu biógrafo Henrique L. Alves no livro *Perfil de Afonso Schmidt*, e em que contava:

> Certa vez, escrevi toda uma novela em papel de embrulho, numa das mesas do Correio Geral, no Rio

conforme sua *História da literatura brasileira*, p. 530), e Wilson Martins, que, aliás, em sua *História da inteligência brasileira*, limita-se a registrar os títulos de algumas obras dos dois escritores nos anos de seu lançamento, sem expender qualquer opinião crítica.

[2] *Apud* Henrique L. Alves, *Perfil de Afonso Schmidt*, São Paulo, Distribuidora Edilna, 1961, p. 33.

> de Janeiro [...] Atrás de mim, havia uma fila enorme de pretendentes ao lugar e à caneta [...] Não se conformavam que eu escrevesse uma "carta" assim tão longa.[3]

Apesar do reconhecimento das conseqüências de uma literatura produzida em tais circunstâncias (e Afonso Schmidt escreveria em 1933 nas notas à primeira edição de seu romance histórico *A marcha*: "Terminado o trabalho, sentimos uma grande tristeza, a tristeza de sabermos que, em outras condições, melhor, muito melhor, seria a obra saída de nossas mãos"), a leitura de alguns romances e novelas do santista combatente parece indicar uma certa prevenção ideológica por parte da crítica oficial em relação a um escritor assim tão declaradamente empenhado em superpor o interesse social de suas histórias a possíveis preocupações estéticas. E essa suspeita tende a confirmar-se quando se verifica que os mesmos historiadores da literatura, que omitem ou mal se referem à existência desses escritores de linha proletária (ou interessados na vida da baixa classe média, como Lauro Palhano, Afonso Schmidt e Galeão Coutinho), não deixam de referir-se invariavelmente a obras menores de outros autores, apenas por estarem ligados ao movimento culturalmente elitista de 1922.

Do ponto de vista da compreensão do fenômeno da música popular, em sua integração à vida das novas camadas urbanas, de qualquer forma, o interesse da obra de Afonso Schmidt começa com seu primeiro romance, *A marcha*, inicialmente publicado em folhetim, no suplemento em rotogravura do jornal *O Estado*

---

[3] Até a década de 1950, pelo menos, as agências de Correio do Rio de Janeiro mantinham, além de recipientes com cola e pincéis para a colagem dos selos, tinteiros de vidro sobre balcões arrimados ao longo das paredes ou no centro do recinto, de frente uns para os outros. Tais balcões serviam aos usuários para subscritar seus envelopes ou escrever cartas, de pé. As canetas eram de penas de metal, descartáveis, pois rachavam com facilidade nas mãos de pessoas pouco acostumadas à escrita, o que explicava as indefectíveis manchas de tinta azul-escura sobre os tampos dessas mesinhas-balcões de simpática e democrática destinação pública.

de S. Paulo (do nº 131, de fevereiro de 1939, ao nº 150, de janeiro de 1940), e só editado em livro em 1941.[4]

Baseado em pesquisas pessoais do romancista, que conseguiu localizar e ouvir, inclusive, contemporâneos dos acontecimentos de 1888 em Santos e São Paulo, Afonso Schmidt publica inicialmente uma série de reportagens sobre a abolição do regime de escravidão no jornal *O Estado de S. Paulo* em 1938. Daí nasceria a novela, que, "escrita aos poucos, à medida que iam aparecendo em folhetim", seria depois reescrita sob a forma de romance histórico, embora o autor fizesse questão de salientar o caráter de obra de ficção de seu trabalho: "Meu livro não aspira a ser lido como trabalho histórico; é uma novela popular, como há tantas em outras literaturas".[5]

Graças ao cuidado na informação histórica, porém, as cenas do romance *A marcha* que envolvem citações de cantigas ou a descrição de figuras ligadas à música popular (como seria o caso do ator-compositor Xisto Bahia), adquirem a importância de documentos vivos. Assim, ao referir-se ao baile na casa do Dr. Alves Nunes, em regozijo pelo término dos preparatórios do jovem Laerte, por exemplo, a exatidão de Afonso Schmidt pode ser medida pela precisão com que aplica os termos de época. Ao dizer que D. Sinhara chamava o baile em preparação de *assustado*, o romancista ressalva que ela "dizia assustado por modéstia"; e quando descreve o baile no salão do palacete da Rua Tabatinguera, em São Paulo dos últimos vinte anos do século XIX, aplica de maneira precisa o termo *marca* para designar as músicas de dança executadas pela orquestra:

> Durante o baile, Laerte andou pelos cantos a espiar os pares que rodopiavam pelo salão, ou que, en-

---

[4] Afonso Schmidt, *A marcha: romance da Abolição*, São Paulo, Anchieta, 1941.

[5] Afonso Schmidt, *A marcha*, "Notas da 1ª edição", incluídas pelo editor ao fim da 2ª edição, São Paulo, Clube do Livro, 1945, de onde se tiram as citações.

tre duas marcas, ficavam à janela, separados do salão por uma leve cortina de rendas.[6]

E, após escrever corretamente que Laerte convida a jovem Lucila para dançar dizendo "Quer me dar a honra desta contradança?" (contradança era, de fato, o termo usado genericamente para qualquer música de baile em execução, embora a contradança constituísse gênero particular de música), o romancista escreve com a desenvoltura de um escritor contemporâneo dos fatos, lembrando mesmo o melhor estilo de Joaquim Manuel de Macedo ou José de Alencar:

> Foram para o salão. A orquestra rompeu um "schottisch" daqueles bem pulados e o calouro, que esperava uma valsa, valsa em que a gente mais passeava pelo salão do que dançava, fez o que pôde para acompanhar a moça nas suas figuras.[7]

É, porém, na cena em que Laerte vem a conhecer os abolicionistas chamados em São Paulo de *caifases*, e que costumavam reunir-se na cervejaria O Corvo, do velho Schomburg, que Afonso Schmidt oferece sua mais importante contribuição aos pesquisadores da história da música popular no Brasil. Ao descrever os protestos dos abolicionistas ante a interpretação da modinha "A Mulata", de Gonçalves Crespo, por um estudante freqüentador da taberna ("Ao fundo, ouviu-se um acorde de violão. Voz esganiçada ergueu-se numa cantiga que andava de boca em boca: 'Mostraram-me um dia, na roça, dançando/ Mestiça formosa de olhar azougado [...]'. Esse canto, porém, despertou uma tempestade de protestos. O violão cessou de tocar. A voz emudeceu")[8], o romancista contribui com

---

6 *Ibid.*, p. 58.

7 *Ibid.*

8 *Ibid.*, p. 69.

uma inesperada achega à biografia do ator e compositor Xisto Bahia, que não aparece em qualquer outra notícia conhecida sobre a figura desse importante personagem da música popular.[9]

Segundo revelação do autor de *A marcha*, que deve ter recolhido a história de algum dos contemporâneos dos fatos por ele entrevistados, Xisto Bahia especializara-se em papéis de fazendeiro escravocrata, para melhor ridicularizar-lhes as posições político-ideológicas:

> Xisto Bahia era um grande ator, o humorista da abolição. Sua especialidade era vestir-se à moda dos fazendeiros, imitar-lhes a voz e as atitudes, para fazer discursos e palestras em que sobressaíam, de modo risível, os seus argumentos habituais contra os abolicionistas. Tomava parte em reuniões e festas de beneficência. No palco do São José, de sobrecasaca e chinelos, divertia loucamente o público. Suas anedotas, conceitos e frases circulavam de boca em boca; eram repetidos nas oficinas, nos escritórios, nas escolas, nos salões.[10]

É ainda vestido de rico fazendeiro, após espetáculo no teatro São José de São Paulo, que o romancista mostra Xisto Bahia

---

[9] A mais completa informação sobre Xisto Bahia figura em Afonso Rui, *Boêmios e seresteiros do passado* (Salvador, Livraria Progresso Editora, 1954), que cita, entre outras composições do ator-compositor, a modinha "Quis Debalde Varrer-te da Memória" e os lundus "Isto É Bom" (primeira música gravada em disco no Brasil, em 1902), "A Preta" ("Laranja, banana,/ Maçã, cambucá/ Eu tenho de graça/ Que a preta me dá") e o "Lundu do Pescador", com letra de Artur Azevedo, quem, aliás, considerava Xisto Bahia seu parceiro na criação da famosa comédia *Uma véspera de reis na Bahia*.

[10] Afonso Schmidt, *op. cit.*, pp. 73-4. Em sua biografia de Xisto Bahia, o pesquisador baiano Afonso Rui confirma essa vocação abolicionista do ator-autor, atribuindo-lhe a comédia *Duas páginas de um livro*, "já impressa desde 1872, no Maranhão, peça de propaganda abolicionista e tendência francamente republicana (Afonso Rui, *op. cit.*, p. 33).

entrando de surpresa na cervejaria do velho Schomburg, para uma brincadeira de fim de noite entre abolicionistas ("Quero explicar. Tenho de embarcar às 4 horas. Saí do São José a 1 hora. Fui ceiar. Agora é tarde demais para ir dormir no hotel, pois, daqui a pouco sai o trem [...]").

Afonso Schmidt descreve então Xisto Bahia (nascido na Bahia em 1841 e falecido em Caxambu em 1894) como "um homenzarrão acaboclado, de barbicha branca; estava de chapéu-de-chile, guarda-pó de palha de seda, sapatos amarelos; trazia pendurado no braço um velho guarda-chuva de seda cor de malva".[11]

É nos termos da fala atribuída a Xisto Bahia, entretanto, que o romancista põe o melhor de sua informação. A acreditar em Afonso Schmidt, Xisto Bahia já aproveitava seu personagem fazendeiro escravocrata em meados da década de 1880 para denunciar, com ar de graça, as verdadeiras razões econômicas da pressão a favor do fim do regime de trabalho escravo, muitas vezes disfarçado por parte dos senhores de terras sob a forma de autopromocional munificência e sentimento cristão. A cena mostra Xisto Bahia imitando o fazendeiro falsamente liberal, que alforria seus escravos por motivos que nada têm a ver com o ideal abolicionista:

> — Já não é negócio sustentar escravos. E sustentar por quê? Antigamente sim, a gente sustentava o preto porque não tinha quem o substituísse. Agora, não. Os libertos, os caboclos e os pobres diabos estão aí por toda a parte, à espera de que a gente lhes dê a esmola de um cabo de enxada. Essa gente se oferece para trabalhar por qualquer dez réis de mel coado. Ao mesmo tempo estão chegando os imigrantes em grandes levas [...] Façam as contas e verão que ter escravos não é negócio para fazendeiro inteligente [...][12]

---

[11] Afonso Schmidt, *op. cit.*, p. 71.

[12] *Ibid.*, p. 72.

Esse sentido de interpretação da história do ponto de vista dos explorados, que no caso do romance *A marcha* eram os escravos logo transformados em trabalhadores de salário vil, deveria estar presente também em outros romances e novelas de Afonso Schmidt. E seria essa preocupação de contar simples histórias de folhetins destinadas a conscientizar ideologicamente as camadas populares das motivações secretas de suas dificuldades o que explicaria a escolha algo preconceituosa do termo *populista*, aplicado por Tristão de Athayde à ficção do prolífico autor santista.

Afonso Schmidt, no entanto — lembrando neste caso um pouco Somerset Maugham no quadro da literatura inglesa —, revelava-se mais capaz de captar a verdade interior dos personagens e o clima exato das situações em seu estilo fluido e linear, do que muitos escritores preocupados com a sutileza das informações psicológicas ou com a carpintaria de suas construções formais.[13]

Antes de terminar esse romance da "marcha para a liberdade" dos escravos, que não pretendia a qualificação de "trabalho histórico", Afonso Schmidt aumenta, no entanto, os créditos de sua contribuição documental aos acontecimentos da Abolição ao registrar os versos da canção com que os ex-escravos de Santos comemoraram sua libertação a partir de 13 de maio de 1888, durante mais um mês:

---

[13] Essa particularidade do estabelecimento de escalas de padrão literário, que tem servido para alijar muitos bons escritores da história da literatura, apenas por sua opção de simplicidade de construção ficcional, foi posta em relevo com muita propriedade durante o 44° Congresso Mundial de Escritores de São Paulo, em 1979, por um dos prejudicados, o escritor Marcos Rey (autor do excelente romance de costumes urbanos paulistanos *Memórias de um gigolô*), que ponderou com justeza, ao referir-se ao problema da falta de feitores habituais no Brasil: "Há um pouco de culpa também, no tipo de literatura que se faz por aqui, especialmente no campo da ficção, que é sofisticada demais para um país subdesenvolvido. Mais sofisticada que a francesa. No Brasil se o escritor faz um livro de enredo, é imediatamente colocado de quarentena pela crítica. Então ele parte para uma literatura meio hermética e vanguardista que não chega ao público médio" (depoimento publicado no jornal *Shopping News*, São Pauto, 15/07/1979, p. 15).

> Tomaram [Laerte e Lucila, já casados] o bondinho "caixa de fósforos" e foram descer no Largo do Rosário. Santos trabalhava. Ouvia-se o ruído incessante dos carretões que conduziam café para o cais. No entanto, à porta de um botequim estacionavam pretos e pretas, em atitude festiva. Um deles ponteava no violão, outro cantava:
>
> *Acabou-se a escravidão!*
> *Assim é!*
> *Viva o Santos Garrafão,*
> *Olaré!*
> *A coisa seguiu com tino,*
> *Assim é!*
> *Viva o Lacerda Quintino!*
> *Olaré!*
>
> Aquela canção abolicionista não tinha fim. Vivava a todos os heróis do movimento vitorioso. Rapazes entusiastas ofereciam bebida aos negros que festejavam a liberdade.
>
> — Desde quando vocês estão nessa pândega?
>
> Riram-se a perder. Um deles respondeu:
>
> — Há mais de mês, desde 13 de Maio...[14]

A partir de 1950, coincidindo com a vitória de seu livro *Menino Filipe* no concurso nacional de romances instituído pela revista *O Cruzeiro*, o romancista do povo passou a ter suas histórias escritas para folhetins de jornais editadas quase que exclusivamente pelo Clube do Livro, de São Paulo, o que contribuiria ainda mais para a imagem de escritor popularesco de Afonso Schmidt: as edições, com capa padronizada e baixo custo, esgotavam-se praticamente dentro do sistema de vendas pelo correio a um pú-

---

[14] Afonso Schmidt, *op. cit.*, p. 197.

blico cativo de assinantes do Clube, e mais ou menos marginal ao reduzido mercado comprador de livros de literatura "oficial". A vocação do escritor para o romance de feitio popular, aliás, seria ainda reafirmada no próprio ano de 1950, quando, além de obter o Grande Prêmio de Romance da revista *O Cruzeiro* (cuja editora lançaria a primeira edição em livro, após sua publicação em folhetins semanais na revista), Afonso Schmidt teria seu novo romance *Saltimbancos* editado pelo grupo rival do Clube do Livro, ou seja, a Coleção Saraiva, da Editora Saraiva, também de São Paulo, e que se orgulhava de suas edições iniciais de 45 mil exemplares e dos nomes de alguns de seus editados — Pedro Calmon (*O rei cavaleiro*), Léo Vaz (*O professor Jeremias*), Ciro dos Anjos (*O amanuense Belmiro*), Orígenes Lessa (*O feijão e o sonho*), Galeão Coutinho (*Confidências de D. Marcolina*) e José Geraldo Vieira (*A ladeira da memória*).

Tal como em *A marcha*, no qual sua preocupação fora recordar a mobilização política pela libertação dos escravos negros, Afonso Schmidt procurava em *Saltimbancos* mostrar a luta silenciosa dos circos e dos grupos de artistas mambembes em suas andanças artísticas pelas cidades do interior.

A história é basicamente a do prestidigitador Moacir Marques, que ingressa no circo como Aladino (nome herdado de um cachorro da trupe do Circo Ross, morto dias antes de sua chegada pedindo emprego). E é desde a descrição dos preparativos para o início do espetáculo que Afonso Schmidt reafirma suas qualidades inatas de observador sensível, contribuindo desde logo para a fixação de uma cena de interesse para a história da música popular:

> O largo apresentava-se animado. A charanga tocava no tablado, sobre a porta do circo. Os arcos de iluminação a acetileno davam um ar de quermesse. As lonas já estavam erguidas. O interior iluminado. Viase, através dos panos, o desenho das arquibancadas. Aqui uma sombra, ali outra; eram os primeiros espectadores. Doces e quitutes, em caixas de folha-de-flan-

> dres, com uma lanterninha em cima, eram apregoados em altas vozes. A molecada se reunia por ali e, quando era o caso, se desparafusava em maxixes.[15]

Como não podia deixar de ser, tratando-se de um pobre circo brasileiro do início da década de 1920, o palhaço era, além de ator, comediante, músico, acrobata e um dançarino espontâneo do povo, o que o romancista deixa claro ao fazer Aladino recordar como vira o palhaço Picanço trabalhar pela primeira vez:

> Encarrilharam-se três anedotas de folhinha. O público não se cansava de ouvi-las. Aplaudiu-as. Mas, quando Picanço ia retirar-se o circo quase veio abaixo:
>
> — Chula palhaço!
>
> Ele esquivou-se, mas o público queria. Então, fez sinal ao maestro. A charanga tocou uma música desconjuntada. Picanço atirou a carapuça no chão, ergueu os braços por cima da cabeça e se pôs a dançar, nas pontas dos pés, com passinhos miúdos e rápidos, ao redor do cone vermelho. Foi um delírio.[16]

Era, como claramente se depreende pela descrição, uma coreografia derivada do lundu ("ergueu os braços para cima"), à base da dança do miudinho, com passos e quedas de corpo para apanhar talvez o barrete atirado ao chão, como acontece ainda hoje na *dança do lenço* e no próprio *miudinho*, dançados em alguns pontos do Brasil.

Além de Picanço, que pode ter sido apenas criação do ro-

---

[15] Afonso Schmidt, *Saltimbancos*, São Paulo, Saraiva, 1950, pp. 27-8. O romance foi inicialmente publicado em folhetins com o subtítulo de *Sete cartas loucas*, na revista *Fundamentos*, de São Paulo, do número 2, de julho de 1948 ao número 9, de março-abril de 1949.

[16] *Ibid.*, p. 31.

mancista, Afonso Schmidt evoca em *Saltimbancos* outra figura de artista popular: a do palhaço tocador de violão, compositor e cantor Eduardo das Neves.

> Eduardo das Neves, também funâmbulo de cor [tal como Benjamin de Oliveira, a quem o autor se referira antes], manifestava outros pendores artísticos. Era poeta, compositor, cantor. Em qualquer país da Europa teria sido "chansonier". Ele não se limitava a cantar as modinhas de Catulo da Paixão Cearense, que começou a carreira escrevendo canção popularíssima:
>
> *Junto do céu c'os passarinhos,*
> *Habito um quarto alegremente...*
>
> Também não se contentou com os lundus da "Lira do Capadócio" e do "Trovador da Malandragem". Eduardo das Neves escrevia e musicava as novidades do seu repertório. Entre estas, a "Saudade do Sertão", o "Boiadeiro", a "Francesinha" e "Santos Dumont", que toda gente conheceu, cantou e assobiou. O público do seu tempo, no entanto, não o tinha na conta de cantor. Naturalmente essa ingratidão lhe amargurou a longa vida de artista circense. Há muitos anos, num bairro qualquer do Rio de Janeiro, o palhaço fechou os olhos para a vida. Morreu velho, pobre, desiludido, como todo artista que se preza.[17]

Eduardo das Neves, nascido em São Paulo em 1874, morreu realmente pobre e no ostracismo no Rio de Janeiro em 1919, após abandonar o circo no fim da primeira década do século XX para dedicar-se exclusivamente à atividade de cantor, contratado pela

---

[17] *Ibid.*, p. 215.

fábrica de discos de Frederico Figner, a Casa Edison. Quanto à mágoa de Eduardo das Neves ante uma possível ingratidão do público, embora explicável, resultava da incompreensão de um fato novo, trazido pela criação da indústria do lazer e da qual o próprio artista fora um dos pioneiros: com o aparecimento de novas camadas de classe média, os gêneros musicais mais antigos, como as modinhas, lundus e cançonetas, foram substituídos pelas modernas marchas, sambas, tangos e foxtrotes norte-americanos, mais próximos do gosto cosmopolita dos consumidores "atualizados", o que afastava para segundo plano os intérpretes de gêneros "ultrapassados". Essa mudança está documentada, inclusive, no próprio romance *Saltimbancos*, quando Afonso Schmidt mostra a decadência do prestidigitador Aladino, anotando:

> [...] o público não se interessava mais pelo ovo que surgia do coador, pela carta de baralho que aparecia entre os espectadores, pela cartola de onde saíam serpentinas, flores de papel e até pombinhas brancas. Queria o "jazz", o "fox", o "swing", músicas que parecem cantadas por negros loucos, acompanhados por moleques munidos de tampas de panela.[18]

No romance *Saltimbancos*, o palhaço cantor Eduardo das Neves aparece em sua época de artista ainda famoso, quando fazia sucesso sua versão da valsa intitulada "Alza, Manolita", música que — tal como o próprio romancista também lembrava — voltaria surpreendentemente a fazer sucesso mais de vinte anos após a morte de seu criador, ao ser relançada em disco elétrico, em 1943, na interpretação do cantor Francisco Alves[19]:

---

[18] *Ibid.*, pp. 78-9.

[19] A valsa "Alza, Manolita", também denominada "Manolita", de autoria de Leo Daniderf, e cuja versão brasileira é atribuída a Eduardo das Ne-

> Quando encontramos cinco lugares na arquibancada, lá em cima, a primeira parte da função já estava para terminar. O público gritava:
>
> — O palhaço! O palhaço!
>
> A sineta dos bastidores deu uma pancada forte. Um "clown" veio correndo lá de dentro, com o violão debaixo do braço e fez um cumprimento circular. Então começaram os pedidos das arquibancadas:
>
> — "Adeus, Morena"!
>
> — "O Azulão"!
>
> — "Manolita"! "Manolita"! "Manolita"!...
>
> Como os pedidos de "Manolita" sobrepujassem aos demais, o "clown" botou o pinho no peito e cantou [...][20]

Segundo Afonso Schmidt — que demonstra estar descrevendo cena realmente presenciada por ele mais de trinta anos antes —, "quando o 'clown' acabou de cantar 'Manolita' foi obrigado a repeti-la três ou quatro vezes", após o quê, "tendo terminado o tempo que lhe estava atribuído, retirou-se sob uma tempestade de palmas": "Descemos da arquibancada e saímos para o largo, uma onda de espectadores, alguns dos quais assobiavam a 'Manolita'".[21]

Embora em suas referências à música popular Afonso Schmidt mostre em *Saltimbancos* um sambista de morro carioca cantando a marchinha de Custódio Mesquita "Se a Lua Contasse", gravada por Aurora Miranda e João Petra de Barros para o carnaval de 1934, o que não seria muito provável ("O morro está todo bran-

---

ves, não chegou — ao que se sabe — a ser gravada em disco pelo próprio Eduardo, falecido em 1919. Antes da gravação por Francisco Alves, ocupando as duas faces do disco de 78 rotações da Odeon, nº 12.308, houve, entretanto, um pouco antes de 1930, uma outra gravação da mesma música pelo cantor Arthur Castro (Arthur Castro Budd), em disco Ouvidor, nº 2001 — A e B, em São Paulo, da qual o autor deste livro possui um raro exemplar.

[20] Afonso Schmidt, *op. cit.*, p. 214.

[21] *Ibid.*, p. 216.

co, os copos-de-leite parecem copos-de-luar. E o sambista observa com sorriso: 'Se a lua contasse tudo o que vê de mim de você...'"), sua descrição da vida difícil do *maestro* Silva Júnior, "um boêmio muito conhecido nos meios teatrais", é cheia de verdade:

— [...] venho apresentar-lhe Zilá Pereira que talvez seja apresentada no grupo que pretendo organizar para percorrer algumas cidades do interior.

— Muito bem. Pianista?

— Não senhor, cantora.

— Que vai cantar?

— Modinhas brasileiras, antigas e modernas.

Silva Filho sentou-se no tamborete, estendeu os braços sobre o teclado e se pôs a olhar para ela, numa expectativa:

— "A casa branca da serra".

— Dê-me o tom, para o acompanhamento.

Ela estendeu o braço e tirou algumas notas.

Depois, com desembaraço, como se nunca tivesse feito outra coisa na vida, começou:

A casa branca da serra
Que eu fitava horas inteiras
Por entre esbeltas palmeiras...

Tinha voz aveludada, quente, agradável de ouvir-se. E sabia cantar. Tanto assim que, ao terminar, Silva Filho esfregou as mãos e anunciou:

— Com uma dúzia de lições, poderá cantar em qualquer parte!

— Mas eu precisarei de um "maestro" em nosso grupo. Quem desejará tomar parte na aventura?

— Eu? Acha que sirvo para isso?

— Você é ótimo. Mas os seus alunos?

— Não tenho alunos. Há três meses que não ganho para pagar este cômodo. É por isso que, quando batem, custo tanto para abrir...

Nós três rimos.[22]

O autor de *Saltimbancos*, antecipando-se neste ponto à posterior tendência do romancista Jorge Amado de misturar figuras tiradas da realidade a seus personagens de ficção, além de pôr em cena artistas como Xisto Bahia e Eduardo das Neves, iria se referir ainda, indiretamente, a personalidades menos conhecidas da música popular. Uma delas seria o maestro Henrique Escudero, líder da Banda Escudero, responsável pela gravação de mais de vinte e cinco discos na primeira e segunda décadas do século XX, e sobre quem Afonso Schmidt fornece uma curiosa informação, através de fala do personagem Silva Filho:

> — Os trilhos são como pautas. Meu amigo Escudero, que foi notável compositor, escreveu em viagem suas mais inspiradas composições. Dizia ele que neste barulho mais ou menos ritmado, há valsas, polcas e mazurcas. É só escolher e decorar [...][23]

Sempre muito bem informado sobre a vida das camadas mais baixas da cidade de São Paulo, cujas vilas e cortiços revela conhecer na intimidade, Afonso Schmidt podia citar, inclusive, o tipo de literatura preferida pelo povo até pelo menos a década de 1920. Assim, além da referência aos folhetos *Lira do trovador* e *Lira do capadócio*, atribuídos a Eduardo das Neves em *Saltimbancos*, o romancista voltaria a citar esses tipos de publicações em que se divulgavam as letras das canções em voga nos romances *Menino Filipe* e *Aventuras de Indalécio*, e neste último emprestando-lhes uma imprevista função: a de livro de exercício de leitura do humilde graxeiro e cantor de serenatas Elói:

---

[22] *Ibid.*, pp. 139-40.

[23] *Ibid.*, p. 196.

> Lá pelas tantas, os graxeiros começaram a vir do fundo do quintal, esmagados pelas dificuldades do b-á-bá. O Elói, para exercitar-se na leitura, tinha comprado um livro que mostrava aos companheiros: era o *Trovador da malandragem*. E, penetrando nos mistérios da letra de forma, deliciava-se com os lundus e modinhas que lá encontrava em profusão. Agora, a turma vai ver como é que se canta [...][24]

Para a gente simples do povo, aliás, estrofes de versos lembram invariavelmente não poesia erudita, para ser lida e apreciada silenciosamente, mas frases para serem cantadas, o que Afonso Schmidt também confirma com aguda observação, através da frase dita pelo moleque Indalécio, ao surpreender o nordestino "seu" Adolfo, o misterioso professor de primeiras letras dos operários, a escrever um poema:

> "Seu" Adolfo estava só, vergado sobre a mesa de pinho, a escrever linhas que não chegavam ao fim da pauta [...] O moleque admirou-se:
> — Ué! Que é isso "seu" Adolfo?
> — São versos.
> — Hum... Alguma modinha?[25]

Os responsáveis pela popularidade dos versos ligados às letras das canções eram os editores de uma até hoje praticamente desconhecida literatura de cordel urbano, vendida principalmente pelos engraxates de esquina, e que incluíam desde histórias como as de *Elzira, a morta virgem*, *Casamento e mortalha*, *Aventuras de João de Calais*, e manuais como o *Orador do povo* ou o *Secretário poético*, até as numerosas publicações com letras de "mo-

---

[24] Afonso Schmidt, *Aventuras de Indalécio*, São Paulo, Clube do Livro, 1951, p. 26.

[25] *Ibid.*, p. 24.

dinhas, recitativos, canções, lundus, etc.", tipo *Lira popular*, *Lira do Capadócio*, *Lira brasileira*, *Trovador brasileiro*, *Trovador de esquina*, *Trovador marítimo* etc., e entre as quais sobressaíam, naturalmente, as seletas com os versos das canções de Eduardo das Neves *Trovador da malandragem*, *Mistérios do violão*, *Lira do trovador*, e, às vezes, números especiais sugeridos pelo sucesso de determinadas canções do "popular palhaço brasileiro", como o folheto *Canção do boiadeiro*.

Afonso Schmidt entrara em contato com essa literatura popular ainda criança, no litoral sul paulista, pois, em seu autobiográfico *Menino Filipe*, de 1950, ao lembrar a aproximação da serenata do boêmio Pereira, ao som dos versos "Tenho saudades de Maura,/ Daquela Maura amorosa", anota que "a turma chegou com passos lentos, estacou diante da porta, e o Pereira cantou, até o fim, essa modinha da *Lira do capadócio*". E, em seguida, após colorida descrição da elegância suburbana do cantor, ainda escreve:

> Depois de um bom trago, para tirar o carvãozinho da garganta, Pereira sentou-se na ponta de um banco, cruzou as pernas, apoiou as mãos nas botas. Edviges pediu-lhe que cantasse alguma coisa e ele não se fez rogar. Primeiro, o "Acugelê, acubabá". Depois "A cor morena é cor de ouro, a cor morena é cor de prata [...]". A dona da casa sentiu-se atingida em cheio pela modinha do *Trovador da malandragem*.[26]

Eram folhetos como esses *Lira do capadócio* e *Trovador da malandragem* que, ao reproduzirem letras de músicas vindas às vezes do século XIX, permitiam a sobrevivência, na memória popular, de modinhas e lundus muito antigos, como Afonso Schmidt deixa claro ao descrever, em *Aventuras de Indalécio*, a festa do novo casamento de Serafim, padrasto de Indalécio, viúvo desde

---

[26] Afonso Schmidt, *Menino Filipe*, 2ª edição, São Paulo, Boa Leitura, s.d., p. 167.

a morte da mãe deste, D. Magnólia, e que resolve substituir a tão chorada defunta pela magricela Minervina:

> Serafim, num sábado de sol, levou Minervina, vestida de branco, com um ramalhete de lírios nas mãos magras, à Igreja do Brás. Naquela noite, houve mesa de doces, cerveja marca "dois martelos", da Bavária, e um garrafão de aguardente de Santa Isabel. E jogo de prendas. O Boa-Vida, que tinha voz, cantou um lundum frescalhote do poeta Lagartixa:
>
> *O caso é bom;*
> *Quero contar,*
> *Porém — chitom!*
>
> Como o aplaudissem, dispôs-se logo a cantar a noite inteira. Para isso foi buscar dois livrinhos publicados pelo Quaresma, já muito ensebados, que estavam sobre a cômoda, no quarto dos noivos. Eram a *Lira do capadócio* e o *Trovador da malandragem*.[27]

O termo frescalhote, aplicado ao lundu atribuído a Laurindo Rabelo (realmente conhecido em seu tempo por Poeta Lagartixa), é desde logo perfeito em seu sentido de composição ainda ouvida com interesse no início do século XX, apesar da idade, uma vez que seu autor morrera em 1864. A fama de poeta improvisador irreverente e boêmio garantiu, de fato, a Laurindo Rabelo uma

---

[27] Afonso Schmidt, *Aventuras de Indalécio*, p. 41. O folheto *Trovador da malandragem*, que teve numerosas reedições até 1926, era uma coletânea de letras de músicas do fim do século XIX à primeira década dos 1900. Organizado por Eduardo das Neves, "autor do Cantor de modinhas brasileiras", o folheto era editado pela Livraria Quaresma, do Rio de Janeiro. A *Lira do capadócio*, publicada e reeditada sem data, mas seguramente a partir da primeira década do século XX, era "coordenada pelo capadócio-mor Ricardo Júnior", e editada pela Livraria Magalhães, de São Paulo.

tal identificação com a psicologia e o gosto das camadas populares brasileiras do Segundo Império, que seus versos continuavam a ser publicados nas liras dos primeiros anos do século XX. Assim, tanto poderia ter sido em um desses folhetos, quanto na memória do povo, que o romancista encontrou os versos do lundu citado, e que não constam das principais fontes sobre a poesia de Laurindo Rabelo: a edição de sua obra coligida por Joaquim Norberto de Sousa e Silva em 1876, e por Antenor Nascentes em 1963. E que, aliás, não aparecem também referidos nas biografias do poeta escritas por seus contemporâneos (tal como Melo Morais Filho, que lhe reserva toda a segunda parte de seu livro *Artistas do meu tempo*, de 1904), ou mesmo nas duas mais antigas coletâneas de versos de lundus: o terceiro volume de *A cantora brasileira*, do citado Joaquim Norberto de Sousa e Silva, ou os cinco volumes do *Trovador*, de 1876, editado no Porto.

A julgar pelo acerto de outras referências a temas da música popular, no entanto, não se pode duvidar — seja lá qual tenha sido a fonte de informação do romancista — de que os versos do lundu não identificado corriam em seu tempo como de Laurindo Rabelo.

Na verdade, o romancista devia não apenas ser leitor assíduo de jornais de modinhas (como provam suas referências às edições populares do livreiro Quaresma), como também ouvinte atento da música popular transmitida pelo rádio. Assim, além de mostrar em seu romance *Mistérios de São Paulo* (indicador, desde o título, da influência dos folhetins de Eugène Sue) a lavadeira Sebastiana a cantar o ponto de macumba "Cadê Viramundo", transformado em sucesso popular em 1931 por J. B. de Carvalho (enquanto, "no *ad libitum*, batia na prancha, compassadamente, as peças ensaboadas")[28], Afonso Schmidt iria dedicar um de seus últimos romances, o intitulado *Mirita e o ladrão*, à descrição das aperturas de vida de um músico popular e sua família.

---

[28] Afonso Schmidt, *Mistérios de São Paulo*, São Paulo, Clube do Livro, 1955, p. 94. O batuque "Cadê Viramundo" foi gravado a 08/07/1931

Ambientado parte na ainda meio provinciana cidade de São Paulo do período da Primeira Guerra Mundial, parte nos subúrbios do Rio de Janeiro, *Mirita e o ladrão*, lançado em janeiro de 1960 como romance do mês do Clube do Livro, conta a sofrida e lírica história da pobreza cheia de dignidade do pianista de confeitaria e compositor amador José Maria Natividade e de sua solidária família, onde sobressai a curiosa figura da menina Mirita, capaz de disfarçar seu amor pelo misterioso personagem Dimas até o último capítulo do livro.

Autor da música "Lua Melindrosa", o "maestro" Zé Maria morre sem assistir ao sucesso de sua composição, vários anos depois de ter deixado displicentemente a parte escrita para piano sobre o balcão de um editor, o suposto amigo Varandel, da casa Lira de Orfeu. E a morte o livra da decepção de verificar que, ao surgir como sucesso nos discos de gramofone e no carnaval, sua música em parceria com o filho Zico iria aparecer não com seus nomes, mas com os de dois malandros compositores profissionais ligados aos editores musicais.

O romance começa exatamente por um quadro de época em que a música popular já surge situada em sua exata importância, dentro de um tipo novo de organização do lazer, inaugurado nas cidades a partir do aparecimento do disco e dos gramofones de corda:

---

pelo cantor-compositor que assinava a composição, J. B. de Carvalho (João Batista de Carvalho, Rio de Janeiro, 1901-79), acompanhado por seu Conjunto Tupi, em disco Victor, nº 33.459-A. Ainda em *Mistérios de São Paulo*, ao descrever a festa de aniversário da personagem Tila, após anotar que "Moacir, Jorge e mais sete colegas entraram cantando 'Parabéns a Você' [...]", o romancista acrescenta: "Vinham uniformizados: calças pretas, sapatos de verniz, 'dinner jacket'. O Bando da Lua sem tirar nem pôr [...] E a festa animou-se"(*Ibid.*, p. 110). A observação é correta, pois os componentes do conjunto vocal-instrumental Bando da Lua vestiam-se exatamente como Afonso Schmidt descreve, segundo se comprova por fotos da época. Na edição do Clube do Livro, entretanto, por lapso de revisão, saiu *bando da lua*, em minúsculas, o que deixa sem sentido a alusão do escritor ao conjunto vocal famoso na época.

> A menina estava reinando no gramofone. Este, na mesa do canto, a corneta verde voltada para o centro da sala, esmoía com voz fanhosa marchas e marchinhas. Cada peça, fosse maxixe pelo Baiano ou modinha brasileira pelo Sinhô, era indefectivelmente iniciada por esta frase: "Casa Edison — Rua do Ouvidor — Rio de Janeiro". Acabou por cansar-se daquilo, travou o aparelho e afastou num passinho de dança.[29]

Descontados alguns enganos devidos ao fato de o romancista escrever de memória, sem consulta direta aos discos da época em que situava sua história (o cantor Baiano cantava era modinhas, lundus e cançonetas, algumas destas talvez amaxixadas; Sinhô, ao que se sabe, não chegou a gravar discos cantando, mas teve suas primeiras músicas gravadas por Francisco Alves desde 1919, em *Disco Popular*), ainda assim a cena é importante para a compreensão da verdadeira revolução cultural que se processava nos costumes do tempo, entre o povo, principalmente quando se considera o próprio título desse primeiro capítulo — "Vida apertada". E, realmente, com o filho Zico, boêmio tocador de violão tuberculoso, vivendo à espera da morte em um quarto da casa na qual quase nunca havia o que comer, o "maestro" Natividade não deixava de possuir em sua sala pobre um aparelho de gramofone, exatamente como iria acontecer meio século mais tarde nas casas de famílias humildes com os aparelhos de televisão.

José Natividade enfrentava tais dificuldades para sobreviver que, quando o dono da venda lhe corta definitivamente o crédito para compra de mantimentos, reúne a família e a leva à "Confeitaria Primavera, onde, todas as noites, àquela hora, havia aperitivo e 'Danúbio Azul', esperando defender ao piano pelo menos o lanche do pessoal":

---

[29] Afonso Schmidt, *Mirita e o ladrão*, São Paulo, Clube do Livro, 1960, p. 11.

> O músico acercou-se da gaiola dourada em que reinava Seu Corimbo, o gerente, e falou-lhe em particular. Recebeu a chavinha do piano e foi para o toco. Com o lenço, espanou-lhe o verniz: levantou a tampa, folheou as músicas da estante. Depois, sentou-se no tamborete, correu os dedos pelo teclado, tirando uma onda harmoniosa, que encheu a sala, rolou para a rua e foi morrer entre as cordas móveis e iluminadas da chuva.
>
> Por fim, atacou a valsa "Meu Tesouro", que continuava em moda. Tocando, achou jeito de virar-se no tamborete e piscar significativamente para a consorte, aconselhando-a a que esperasse com paciência, pois seu Corimbo ia providenciar.[30]

Através da figura do decadente músico Natividade, por sinal, Afonso Schmidt — que talvez se lembrasse ainda uma vez do exemplo de Eduardo das Neves citado em *Saltimbancos* — traça, com rara visão sócio-cultural, um retrato do impacto causado pelas novas modas musicais surgidas nos Estados Unidos e na Europa nos primeiros quinze anos do século XX. No capítulo "Desabafos de um músico", o próprio personagem José Natividade reconhecia, relembrando durante caminhada pela cidade ao lado do amigo Brasílio Siqueira:

> — Olhe, Seu Brasílio, sou muito diferente daquilo que pareço. Agora, estou assim, desiludido, mas já cultivei um canteiro de sonhos. Há por aí uns vinte anos, depois da Proclamação da República, eu era elogiado pelos jornais do país inteiro, como compositor notável. Nos concertos no Largo do Palácio e, depois, no Jardim da Luz, minha valsa "Tabatinguera", dirigida pelo Antão, despertava tempestades de aplausos.

---

[30] *Ibid.*, p. 19.

> Mais tarde, a charanga do couraçado *Zenteno*, quando esse barco da marinha de guerra chilena esteve no Rio de Janeiro, tocou em primeira edição, no Passeio Público, a marchinha "Vamos Fugir, Beldade", de minha autoria. O Presidente da República mandou-me chamar ao Catete para cumprimentar-me, para conhecer-me. Eu tive glórias, seu Brasílio.[31]

O maestro Antão, a que se referia o magoado personagem, era o então tenente Antão Fernandes, que, como regente da banda da Força Pública de São Paulo, alcançaria realmente tal renome com as apresentações de seus músicos nas noites de quinta-feira no coreto do Jardim da Luz, e aos domingos, no Palácio do Governador, que acabou por volta de 1910 convidado por Frederico Figner a gravar uma série de discos de banda na Casa Edison. E em todos os discos aparecia no selo, como nota de destaque: "Dirigido pelo maestro Antão".[32]

Durante essa mesma caminhada ao lado de Brasílio Siqueira, o maestro Natividade recorda também sua amizade com outro músico da virada dos séculos XIX e XX, o flautista Patápio Silva (Itacoara-RJ, 1881 — Florianópolis-SC, 1907), e, de repente, o próprio quadro das lembranças o leva a localizar, com precisão, as causas de sua decadência como músico do passado:

> — O meu orgulho era delicado. Onde se viu compositor de renome tocar nas confeitarias, nos intervalos do Colombo, nos casamentos e batizados da rua Bresser? Pois eu toquei. Até que um dia mudou o gosto do público. Os salões enfeitados com bandeirolas de papel de seda enfararam-se das minhas polcas, mazurcas e

[31] *Ibid.*, p. 39.

[32] Mais pormenores sobre o maestro Antão Fernandes e o papel das bandas militares na divulgação da música popular brasileira, ver José Ramos Tinhorão, *Música popular: os sons que vêm da rua*.

> chótis. Quando ia para o piano e executava as valsas lentas de minha lavra, os moços aproveitavam o tempo a passear pela sala, conversando e rindo.
>
> Suas palavras pareciam molhadas de lágrimas.
>
> — E debicavam daquelas velharias. Acabaram por excluir-me de suas festas. Então, cheguei a este estado que o senhor está vendo.[33]

Tinha sido, aliás, por essa época do encontro com Brasílio que Natividade, fazendo esforço para acompanhar as modas musicais, havia composto em parceria com o boêmio filho Zico a marchinha "Lua Melindrosa", e cuja dificuldade em editar acabaria levando-o ao abatimento moral que lhe apressa a morte. E, ao morrer, é essa música que ainda lhe ocupa o pensamento:

> Pouco a pouco, o entendimento foi-se-lhe turvando. Como em sonho, começou a cantar baixinho a "Lua Melindrosa". Mirita, ajoelhada à cabeceira da cama, acompanhou-o no mesmo tom:
>
> *Você passeia*
> *Na velha praça;*
> *Por onde passa,*
> *Sonhos semeia;*
> *Você prateia*
> *Minha vidraça;*
> *Ó lua-cheia,*
> *Cheia de graça!*
>
> Sua voz foi-se apagando; tornou-se, apenas, um cicio, acabou por sumir de todo.[34]

---

[33] Afonso Schmidt, *op. cit.*, p. 40.

[34] *Ibid.*, p. 66.

Neste ponto, como bom escritor de folhetim de jornal, o autor intervém na história, chamando a atenção do leitor para uma circunstância que revela claramente sua intenção de resumir, em Natividade, o destino típico de tantos criadores e artistas populares sacrificados pelas mudanças sócio-culturais inauguradas com a era da arte de consumo, criada para as modernas camadas das cidades:

> Assim morreram muitos músicos populares de outrora, cujos nomes eram gritados pelo gramofone e repetidos nas reuniões familiares. Ah! naquele tempo, eles viviam a sua vida romântica e falavam a sua linguagem florida, numa cidade que ainda não tinha começado a ser grande. As serenatas desapareceram não em conseqüência de determinação policial, que as proibia no perímetro urbano, mas, principalmente, por causa do cenário grandioso que ia sendo montado por toda parte. Esse passado é de ontem, mas parece de muito antes.[35]

Ironicamente, seria essa última obra do maestro Natividade que a mulher e a filha iriam encontrar fazendo sucesso no Rio de Janeiro, quando viajam de São Paulo para rever a irmã de Mirita, Olívia, moradora na Rua Riachuelo:

> — Elas já conhecem a "Lua Melindrosa"?
>
> — Não sei, meu filho. Canta para elas ouvirem. Sabem? É a novidade. Em São Paulo, também? Aqui, todo mundo grita ou assobia essa modinha. Está virando carne-de-vaca, até aborrece!
>
> Mingo foi para o meio da sala e, acompanhando-se com o tamborim, começou:

---

[35] *Ibid.*, p. 67.

Imperatriz
Da solidão,
Minha razão
De ser feliz...

Mirita interrompeu-o:
— É o poema de Zico, a música de papai![36]

Olívia, a irmã residente havia vários anos no Rio de Janeiro, também se lembrava da música cantada pelo falecido irmão, em São Paulo, mas conformadamente admitia que a composição não fosse do pai e do irmão, lembrando a existência de outros casos de músicas sabidamente apropriadas em várias épocas por compositores profissionais do meio do rádio. E citava o exemplo da marcha de rancho de reis da Bahia transformada em sucesso de carnaval carioca, a intitulada "A Jardineira":

> Olívia, porém, esclareceu:
> — Eu lembro ter ouvido Zico cantar a primeira parte dessa modinha, na Rua Pagã, quando ele já estava muito doente. Mas deve ser como "A Camélia", que todos os anos muda de autor... A "Lua Melindrosa" apareceu há pouco, quando Zico e papai já estavam mortos. A letra é do Tabuada, a música do Badico Flores, tão populares no País inteiro. O Varandel que a lançou deve estar podre de rico![37]

---

[36] *Ibid.*, p. 113.

[37] *Ibid.* "A Camélia" a que se refere o romancista era a marcha "A Jardineira", famoso caso de apropriação de motivo popular por compositores profissionais. Ao comentar o caso de "A Jardineira", Ari Vasconcelos (conforme *Panorama da música popular na "belle époque"*, Rio de Janeiro, Edição do Autor, 1977, p. 21) cita, entre as composições cantadas no carnaval carioca de 1907 pela Sociedade Carnavalesca Rainha da Glória, a seguinte música: "'Bela pastora/ Por que tanto choras?/ Vou contar o que aconteceu/ Veja a camélia que

Impressionadas com o sucesso de "Lua Melindrosa", D. Zoé, a viúva de Natividade, e a filha Mirita (a esta altura já morando no subúrbio carioca de Madureira, onde a moça paulista "alta madrugada, acordava com a serenata do Lapinha que, cantando e acompanhando, regressava do passeio")[38] resolvem esclarecer o caso da edição indébita da música pela casa Lira de Orfeu:

> Pela Travessa, passaram rapazes a conversar e a rir. Um deles garganteou o estribilho de "Lua Melindrosa". Devia ser o Lapinha; os outros acompanharam-no em coro.
>
> — Viu, Mirita? Toda a gente diz que essa música é do Tabuada. Ah! Se o Zé Maria estivesse vivo...
>
> — Ainda há pouco D. Zulmira sorriu de modo particular quando eu lhe disse que a modinha é de papai. Amanhã escreverei ao Dimas, para que ele vá ao Varandel pedir explicações.

---

caiu do galho/ Deu dois suspiros/ E depois morreu'. O mestre de canto dessa sociedade era Antônio Castro. Seria o autor da composição revivida, anos mais tarde [no carnaval de 1939], por Benedito Lacerda e Humberto Porto?". A resposta mais provável seria não, pois da capa da parte para piano dessa marcha "A Jardineira", impressa em 1938, o baiano Humberto Porto dá sua música como arranjo sobre o tema de ranchos pastoris da Bahia, escrevendo: "'Mar Grande'... ilha de Itaparica... tempo que já vai longe... movimenta-se toda a gente para ver a saída do 'terno' mais falado da ilha... Vem o cortejo em busca da 'capelinha', lanternas de cores, estandartes armados em filas andando ritmadamente ao som da típica 'marcha de rancho', verdadeira jóia folclórica. Na frente a 'jardineira' vem triste, porque sua camélia mais querida caiu do galho, deu dois suspiros e depois morreu..." (São Paulo/Rio de Janeiro, A Melodia, Mangione, 1938-9). Ainda em 1930, aliás, em seu programa *Curiosidades Musicais*, na Rádio Nacional do Rio de Janeiro, o animador-pesquisador Almirante lembrava já ter o cordão Filhos da Primavera cantado no carnaval carioca de 1906 a mesma marcha da jardineira (*apud* Edigar de Alencar, *O carnaval carioca através da música*, vol. I, Rio de Janeiro, Livraria Freitas Bastos, 1965, p. 250). Afonso Schmidt, portanto, não exagerava ao atribuir à personagem Olívia o comentário irônico segundo o qual a "Camélia" ou "Jardineira" todo ano mudava de autor.

[38] Afonso Schmidt, *Mirita e o ladrão*, p. 118.

> — Reparou que até a Olívia está enganada? E ela ouviu o Zico cantar a "Lua Melindrosa", há dez anos, poucos antes de morrer.
>
> — Com certeza o Varandel e seus comparsas estão nos roubando contos de réis. Ele vai fazer chicana, fincapé, o diabo. Onde já se viu pagar direito a músico morto? A família do "maestro", abandonada, que morra de fome!
>
> No botequim, do outro lado da Travessa, o gramofone pôs-se a tocar a "Lua Melindrosa". Pessoas que iam caminhando pela calçada não resistiram à melodia e começaram a assobiá-la, perdendo-se na distância, entre pregões de pipoqueiros e bufos de locomotivas em manobras.[39]

É essa popularidade da música que leva Mirita a fazer suas primeiras conjecturas em torno do dinheiro que, a esta altura da segunda década do século XX, o negócio de música popular impressa e gravada em discos começa a envolver:

> — Não é só o direito das músicas impressas e cantadas; há também o das gravações, que se vendem por toda a parte. Será que o Varandel tem agência no Rio de Janeiro? Tem, certamente. Quando for à cidade, perguntarei ao Figner. Na Rua do Ouvidor, devem saber. Papai dizia que o Figner é um homem bom, honesto e trabalhador.[40]

O Figner a que se referia a personagem Mirita era nada menos do que o introdutor dos fonógrafos no Brasil, o tcheco-norte-americano Frederico Figner, também conhecido por Fred Figner,

[39] *Ibid.*, p. 126.

[40] *Ibid.*, pp. 126-7.

e que, tendo chegado a Belém vindo dos Estados Unidos pela primeira vez em 1891, voltaria em 1895 ao Brasil para ficar, estabelecendo-se no Rio de Janeiro com a famosa Casa Edison da Rua do Ouvidor. Figner era de família judaica da Boêmia, mas não seguia qualquer religião até tornar-se espírita, no Brasil, por influência do pai da cantora Bidu Saião, Pedro Saião, de quem se tornara amigo ainda no início do século XX. Esta informação foi prestada pelo próprio Frederico Figner ao repórter Francisco de Assis Barbosa, que o entrevistou em 1942 para a revista *Diretrizes*. A entrevista foi republicada no livro de Joel Silveira e Francisco de Assis Barbosa, *Os homens falam demais* (Rio de Janeiro, Companhia Editora Leitura, 1945). A referência à bondade de Frederico Figner, assim, devia-se à fama de benemerência conseguida pelo proprietário da Casa Edison após essa conversão à doutrina de Allan Kardec, quando realmente passou a trabalhar como médium e a escrever livros sobre temas espíritas "impulsionado por uma força estranha".[41]

Afinal, como a música havia sido editada em São Paulo, as herdeiras do compositor voltam para sua cidade à procura de uma testemunha da autoria, o seresteiro Guaxinim, a quem o "maestro" Natividade havia ensinado — "sem cobrar as lições" — "a Artinha e o acompanhamento floreado ao violão".[42]

E essa tentativa ficaria como a primeira de uma série de decepções, pois Guaxinim diz ter esquecido o fato alegando: "Faz tanto tempo!":

> Mãe e filha, na cama, depois de conversarem em voz baixa a respeito da atitude de Guaxinim, acharam que dele nada poderiam esperar, pois o seresteiro era dos que estavam fechados na gaveta da Lira de Orfeu.[43]

---

[41] *Os homens falam demais*, p. 23. Sobre a atividade pioneira de Frederico Figner na introdução do gramofone e fabricação de cilindros e discos no Brasil, ver José Ramos Tinhorão, *Música popular: do gramofone ao rádio e TV*.

[42] Afonso Schmidt, *Mirita e o ladrão*, p. 157.

[43] *Ibid.*, p. 160.

Sem contar com a principal testemunha da verdadeira autoria da música de Natividade em parceria com o filho Zico, D. Zoé e Mirita ainda assim procuram a casa editora A Lira de Orfeu, já agora de E. Varandel Filho, onde as espera a frustração final:

> Um moço que estava sentado atrás do *bureau-ministre* levantou a cabeça para ver de quem se tratava e, curioso, veio atendê-las. Não tinha nada que o identificasse com o seu comércio de instrumentos musicais, valsas, polcas e modinhas. Era pálido e seco, de olhos apagados e voz áspera que embalde ele procurava tornar cortês. Não ficaria mal atrás do guichê de uma casa de penhores, sopesando relógios e anéis.
>
> Enrolou as mãos amarelas e anunciou-se:
>
> — E. Varandel Filho, às suas ordens.
>
> — Eu sou a viúva e esta moça é a filha do "maestro" José Maria da Natividade, que foi amigo do seu pai...
>
> — Meu bem, em que lhes poderei ser útil?
>
> — Acho que não preciso explicar, pois meu marido é o autor da modinha "Lua Melindrosa", que os senhores publicaram com tanto êxito.
>
> — Deve ser engano, minha senhora, em todo o caso, vamos ver...
>
> Dirigiu-se ao fundo, apanhou um dossiê, bateu-o no balcão para tirar a poeira, folheou-o e veio apresentá-lo, sorrindo amavelmente:
>
> — Eu bem disse que havia engano da sua parte; a "Lua Melindrosa" foi adquirida por meu pai, há alguns anos, de dois rapazes: o Tabuada e o Badico Flores. Pagou-lhes uma ninharia, pois aquilo na realidade não vale nada. Esteve aí na prateleira, entre centenas de composições, até que o velho morreu e nós, por ignorância comercial, demos uma ediçãozinha. Pois pegou! Há três anos que não se canta nem toca outra coisa.

— Onde estão esses dois rapazes?

— Há meses, recebi um cartão deles; estavam em Paris, naturalmente se divertindo...

D. Zoé dirigiu-se a Mirita:

— Que poderemos fazer, minha filha?

— Nada... respondeu a moça, enxugando os olhos.[44]

O pormenor do cartão enviado de Paris, onde os usurpadores da música de Natividade estariam se divertindo com o dinheiro da música furtada, evidentemente, não deixa de constituir um exagero típico da técnica do folhetim — onde a emoção é sempre procurada nos contrastes mais gritantes —, mas no último capítulo Afonso Schmidt retoma o nível literário de excelente contador de histórias, que realmente era, e resume com o maior realismo a conformação dos pobres personagens vencidos pela nova máquina de corrupção ligada ao comércio na área das edições musicais e das gravações de discos:

> No domingo de Carnaval, o marido [Dimas, o antigo ladrão recuperado que, afinal, casa com Mirita], a mulher e a sogra saíram pela Avenida. Mas quase não podiam caminhar. Confetes, serpentinas, carros alegóricos e grupos de foliões, cantando as últimas marchas e marchinhas. Perto das porteiras, um rancho de moças esgoelava-se:
>
> *Você prateia*
> *Minha vidraça;*
> *Ó lua cheia,*
> *Cheia de graça!*

---

[44] *Ibid.*, pp. 162-3.

Aquilo tinha passado, contava alguns anos, mas ainda embalava o povo. D. Zoé parou, comovida:

— Coitado do Zé Maria!

E Mirita:

— Vamos depressa, mamãe, que a porteira vai fechar...[45]

Quando se estranha, pois, que um ficcionista de tais qualidades não tenha ainda seu lugar de destaque no panorama geral da literatura brasileira, no que se refere ao reconhecimento da crítica, só se pode atribuir realmente tal fato à má vontade oficial que Afonso Schmidt atraiu contra ele, ao colocar-se em seu tempo não apenas como um escritor preocupado quase somente com os pequenos dramas do povo, mas ainda às vezes contra as próprias estruturas.

E isso ficaria muito claro no romance que, publicado um ano antes de *Mirita e o ladrão*, procurava mostrar sob o título desde logo irônico de *A locomotiva* (referência ao bordão das elites paulistas, segundo o qual São Paulo era uma locomotiva puxando os carros vazios dos demais estados do Brasil) "a outra face da revolução de 1932". Essa outra face, como logo se descobriria, era a dos altos interesses dos chefões ligados à economia do café, dos aproveitadores, dos políticos carreiristas e dos ingênuos envolvidos pela propaganda das elites, veiculada através da propaganda dos grandes jornais comprometidos com a máquina do poder político-econômico estadual. Jornais como o *Cotidiano*, para o qual trabalhava o personagem central de *A locomotiva*, o consciente Tarcísio, que na atividade política como militante comunista era conhecido por Bento (e na verdade encarnava de certa maneira no romance não apenas as idéias, mas a própria figura do romancista), e a quem seria dado ouvir, na madrugada de 12 de janeiro de 1932, o pessoal da redação can-

---

[45] *Ibid.*, pp. 167-8.

tar em coro a canção "Chuá Chuá", lançada em 1926 na revista *Comidas, Meu Santo*:

> O gerente já os esperava com uma macarronada e vários frangos assados.
>
> O Robles, gerente, que só bebia água mineral e isso mesmo sem gelo, mandou abrir uma garrafa de Chianti em honra da bela companhia. O Oliveirão, um velho barbudo e de longas melenas prateadas, mas com a alma de colegial, fez as despesas dos ditos picantes e das frases de espírito. Ao alvorecer, o Maurinho, que era o benjamim da redação, se pôs a cantar:
>
> *E a água a cantar*
> *Chuá, chuá...*
>
> Seu Jesuíno não resistiu e acompanhou-o, batendo com o talher na borda do prato. Assim era a família do *Cotidiano*, ainda nas primeiras horas de 1932 [...][46]

Ao lado desse autor tão preocupado com o destino de seus personagens, vítimas da engrenagem da nova sociedade brasileira

---

[46] Afonso Schmidt, *A locomotiva: a outra face da revolução de 1932*, São Paulo, Brasiliense, 1980, p. 25. A primeira edição saiu em 1959 pelas Edições Zumbi, de São Paulo. A canção citada por Afonso Schmidt, de autoria do maestro de teatro de revistas Sá Pereira, seria gravada ainda em 1926 pelo cantor Fernando no disco Odeon, da Casa Edison, nº 122.944, com acompanhamento da Jazz Band Sul-Americana de Romeu Silva. Quatro páginas adiante, Afonso Schmidt reserva ainda outra citação indireta da música popular, ao escrever, abrindo o capítulo 9: "Num domingo, depois do almoço, Laurinda ligou o rádio e catou uma estação; o Paraguaçu entrou musicalmente pela casa a dentro. Jordalino, que estava na botica, vendendo cipó-suma para a Rufina do 14, gritou de mau humor: — Menina, desligue isso! O tempo não está para musicatas, mas para verdades duras contra o Chuchu!" (*op. cit.*, p. 29). Chuchu era o apelido depreciativo dado ao ditador Getúlio Vargas em São Paulo.

— encaminhada a partir da Primeira Guerra Mundial para a imitação do modelo de capitalismo norte-americano —, apareceria, também em São Paulo, o segundo romancista mais identificado com os problemas e a psicologia das classes baixas das grandes cidades: o mineiro Galeão Coutinho. Praticamente ignorado pelos historiadores da literatura (Afrânio Coutinho em sua *Introdução à literatura brasileira*, por exemplo, limita-se a citar-lhe o nome, ao lado de Afonso Schmidt e de alguns outros, entre os cultores do "documentário urbano-social de cunho realista",[47] e outros nem sequer lhe registram o nome), Galeão Coutinho vinha retomar de certa maneira uma linha de romance popular de sabor picaresco que, tendo seu início com as *Memórias de um sargento de milícias*, de Manuel Antônio de Almeida, e, logo a seguir, com *A família Agulha*, de Luís Guimarães Júnior, no século XIX, encontrariam seqüência em *Dois metros e cinco*, de Cardoso de Oliveira, já no início do século XX, e ainda na pintura de certos tipos de romances da década de 1930, como o Policarpo Praxedes do romance *Corja*, de João Cordeiro, de 1934, e o malandro Teixeirinha de *Marafa*, de Marques Rebelo, de 1935. Romancista desde 1937, quando estréia no gênero com *Memórias de Simão, o Caolho*, depois de se ter iniciado na década de 1920 pela poesia (*Parque antigo*) e pelo conto (*O semeador de pecados*), passando no início da década de 1930 pela experiência da novela-reportagem (*Câmbio a 3*), Galeão Coutinho estava destinado a contribuir, em 1944, com a mais carioca das histórias escritas por um não-carioca: o romance *O último dos Morungabas*.[48]

Ao contrário de Afonso Schmidt, que recrutava seus perso-

---

[47] Afrânio Coutinho, *Introdução à literatura brasileira*, 9ª edição, Rio de Janeiro, Civilização Brasileira, 1978, p. 301.

[48] Galeão Coutinho (Salisburry Galeão Coutinho, nascido em Curral del Rei-MG, em 1897 — ano em que a cidade passa a se chamar Belo Horizonte —, e morto em 1951, entre o Rio e São Paulo, em desastre de avião), *O último dos Morungabas*, São Paulo, Assunção, 1944 (edição *Standard*, em formato de livro de bolso).

Capa da primeira edição de *O último dos Morungabas*,
de Galeão Coutinho, 1944.

nagens entre a gente simples e trabalhadora das cidades, fazendo movimentar-se em seus romances operários, funcionários públicos, músicos, professores, burocratas, artistas e pequenos comerciantes de vida rotineira e limitada, Galeão Coutinho concentra o foco de seu interesse — principalmente em *O último dos Morungabas* — sobre os desempregados e subempregados das cidades, especialistas em pequenos golpes destinados a garantir a sobrevivência, sem jamais escapar à vida apertada.

O romance, ambientando no Rio de Janeiro de 1935 a 1938, começa pelo encontro do narrador, no Café São Paulo, da avenida Rio Branco, com a curiosa figura do velho negocista arruinado Rufino Gomes da Conceição, que estabelece a ponte entre o tipo aventureiro dos negócios "respeitáveis" de fins do século XIX com a democrática geração dos pequenos trapalhões citadinos da República, entre os quais estava exatamente o simpático Galdino, em quem Galeão Coutinho retrata o heróico e imaginoso virador carioca típico da década de trinta. Escrito em estilo vivo e repassado de humor irônico (e, por sinal, formalmente bem mais cuidado do que o de Afonso Schmidt), *O último dos Morungabas* registra, através das loucuras sentimentais e desventuras econômicas do incorrigível trapalhão e sonhador Galdino, o clima dos preparativos para o carnaval de 1938, em meio ao qual, aliás, vai terminar a história.

Depois de incontáveis golpes e patranhas, de parceria com um grupo de espertalhões (alguns dos quais já focalizados no romance *Morungaba*, de 1938), Galdino vê a polícia estourar sua "empresa de sorteios Reembolso Instantâneo Moderno Ltda." e, novamente sem dinheiro (o que o leva a trocar a amante cara de Copacabana por uma mulatinha do Catumbi), muda-se com a família para o subúrbio de Cascadura, passando as despesas da casa para a responsabilidade dos cunhados — a fim de poder esquecer as mágoas na boêmia:

> Vendo-se livre das obrigações domésticas, caiu na farra. Vivia pelos clubes de danças, em companhia da pequena do Catumbi, mulatinha muito pernóstica, doi-

> da pelo samba, com pretensões a fazer, um dia, concorrência a Carmem Miranda, no rádio.[48]

Atazanado pelas dívidas, depois da falência do negócio de calçados de que os cunhados eram sócios, Galdino, "sempre necessitado de dinheiro para passar as noites nas 'gafieiras' com a tal mulatinha do Catumbi", dá novo golpe frustrado e perde o emprego de corretor que o personagem narrador, Duarte, lhe conseguira. Esse complacente Duarte, que descreve na primeira pessoa as desventuras de Galdino, é, evidentemente, o próprio romancista Galeão Coutinho. E, ao tentar explicar a decadência física e a tendência à autodestruição de seu personagem — agora mergulhado no vício da bebida pelos ambientes populares dos subúrbios (Galdino antes fazia parte do lúmpen do centro da cidade, equiparando-se, pelo traje e pelo fato de possuir família, à gente da pequena classe média) —, Galeão Coutinho vai revelar seus preconceitos culturais pequeno-burgueses, apesar de toda a simpatia pelos miseráveis. O romancista, simplesmente, passa a acusar as "canções do morro" pela desestruturação psicológica que ele mesmo demonstrava, com as peripécias tragicômicas de sua história, residirem realmente nas contradições sócio-econômicas do Rio de Janeiro da época:

> Posto na rua, com um aviso nos jornais, desautorizando-o a fazer qualquer transação em nome da firma, foi então que pude observar a ação deletéria que a música exerce sobre certos temperamentos. O Galdino tornara-se um fanático do samba, das canções de morro, de todo esse lixo musical que não corrompe, decerto, a gente humilde que nele encontra o pasto habitual às suas emoções porque — ai desses infelizes! — fazem música como se fuma, como se bebe, para esque-

---

[48] *Ibid.*, p. 117.

cer as tristezas da vida. A nada aspiram, nem podem aspirar, porque estão muito lá em baixo.[49]

O curioso é que, no período seguinte, o romancista mostra claramente que Galdino se aproximara da mulata do Catumbi, do vício da bebida e dos meios de samba das camadas mais humildes dos morros e subúrbios, em conseqüência de um processo de proletarização derivado de sua decadência econômica:

> Agora, tanto moral como fisicamente, era irreconhecível. Andava gingando, trazia a barba por fazer, vestia as roupas velhas arranjadas ao acaso, pois os amigos dos bons tempos jamais lhas negaram. Muitos deles deram para evitá-lo, o que me pareceu natural. Como podiam aproximar-se de um sujeito, sujo, mal cheiroso, sempre em companhia de gente do morro, transviada nos cafés e botequins onde se reúnem os toxicômanos do pior de todos os tóxicos: os ritmos canalhas?[50]

Essa incompreensão da realidade da vida e da cultura das camadas mais baixas do Rio de Janeiro — em tudo semelhante à de Lima Barreto, vinte anos antes — leva Galeão Coutinho a reiterar seu conceito de corrupção inerente à queda social, escrevendo sobre Galdino frases como "de freqüentador de 'gafieiras' a freqüentador de 'macumbas', foi um pulo",[51] e a fazer o narrador, Duarte, interceder junto à mulher do transviado personagem dizendo:

> Por fim contei que o Galdino ia trabalhar em nosso escritório, que havíamos de fiscalizar todos os seus

---

[49] *Ibid.*, p. 118.

[50] *Ibid.*, p. 119.

[51] *Ibid.*, p. 120.

passos, que não consentiríamos que fosse para os botequins da Lapa ou da Praça Mauá, gastar o dinheiro com a gente do samba.[52]

Escritor fundamentalmente realista, porém, Galeão Coutinho como que se deixa fascinar pela irresponsabilidade do próprio personagem, e entra a descrever com simpatia humana a nova recaída de boêmia e desregramento do incorrigível Galdino Borges, agora às voltas com outra mulata trazida de Friburgo para o Rio às vésperas do carnaval. E isso lhe permite traçar excelente quadro do clima pré-carnavalesco que envolvia o Rio de Janeiro ainda em fins da década de 1930:

> Em princípios de janeiro de 1938, já se ouvia por toda a parte o ronco do carnaval. Devem ter notado que a alegria popular não explode subitamente: insinua-se em fins de dezembro, por um ou outro baile à fantasia. Depois aparecem os primeiros ensaios de cordões e escolas de samba. Vai a gente por uma rua, à noite, fatigado do corre-corre da praça, e ouve ao longe o vozear confuso de uma canção, auxiliada pelas cuícas e pandeiros. A voz da gente preta, que predomina em tais folguedos, assume às vezes uma feição quase religiosa; porque, mesmo na alegria imprimem os acentos da tristeza que lhes ficou na alma como a cor negra na pele. Em meados de janeiro, essas notas plangentes como que são abafadas pelo estridor do *jazz*, pela mistura frenética dos instrumentos bárbaros, embora aí continue o rouco e soturno gemido dos tantãs.
>
> Quem pode resistir a esse apelo obscuro aos instintos?[53]

---

[52] *Ibid.*, p. 127.

[53] *Ibid.*, p. 151.

Nesse ponto, em suas considerações sobre o sentido do carnaval como manifestação de caráter algo mítico, o romancista levanta a hipótese, não de todo desarrazoada, de que a festa viria a perder muito da sua força primitiva com o branqueamento da sociedade brasileira, principalmente no Rio de Janeiro:

> [...] porque o carnaval perderá por completo o sentido, dele restando apenas uma leve reminiscência, aqui e acolá, nas músicas debilitadas a que irá faltando o sopro originário e ardente da própria raça que as produziu, quando a gente negra, no Rio, tiver perdido inteiramente a tríplice e misteriosa hegemonia sobre a gente branca, através do sexo, da superstição e da música.[54]

Coerente com essa teoria que — sociológica e culturalmente aceitável — levava por vezes o romancista a projeções de caráter racista (as duas mulheres com que Galdino se vê "mergulhado na lama do concubinato" eram mulatas), Galeão Coutinho insiste, porém, em descrever o personagem "sem mais possibilidade de readquirir o senso moral, porquanto a música o empolgava por completo, passando a viver exclusivamente ao sabor das próprias emoções",[55] e escolhe exatamente um dia de carnaval para fazer morrer, na casinha pobre de Cascadura, o filho doente de Galdino:

> No dia seguinte, começaria o carnaval. Até àquela casinha em que uma criança periclitava entre a vida e a morte, chegavam os ruídos e roncos de cuíca, o estridor de Momo, pois já os diques da loucura tinham

---

[54] *Ibid.*

[55] *Ibid.*, p. 161. Páginas adiante, frente à impassibilidade de Galdino, quando Duarte o localiza na casa da amante e lhe comunica a morte do filho, o romancista escreveria: "A mulata havia amolecido o caráter do meu amigo; a música e o álcool fizeram o resto" (p. 187).

> rompido por toda a cidade. De vez em quando, passavam as "escolas de samba" e era preciso fechar a janela para não incomodar o doente, com os ruídos externos, embora o afligisse mais ainda o calor que aumentava.[56]

Quando finalmente o menino morre, Duarte sai ainda uma vez à procura de Galdino e, enquanto o aguarda no bar da Brahma (em 1938 ainda instalado junto ao ponto final dos bondes da Zona Sul do Rio de Janeiro, com frente para a Avenida Rio Branco), assiste à folia do carnaval:

> Negros suarentos lá iam, batendo pandeiros, tocando toda a sorte de instrumentos; era enervante. Mas, o sentimento de irritação provocado por aqueles homens tresandando a éter e suor, se transmudava em tristeza quando ouvia as pretas e mulatas entoando os sambas e canções num timbre de voz plangente. De tal sorte os meus sentidos se achavam naquele momento, excitados por tantas impressões exteriores e em conflito com os meus pensamentos de angústia, que ainda hoje não ouço alguns dos sambas e canções em voga, no carnaval daquele ano, sem "ver" de novo desfilar os cordões, sem experimentar a sensação acabrunhadora de estar ali no meio de toda aquela gente completamente alheia à desgraça que me impelia para o Largo de São Francisco, à procura do Mata-Sete.
>
> De quando em quando, havia uma espécie de hiato no desfile, porque entre o último cordão e o que deveria passar depois, se interpunha um claro, mal preenchido por alguns carnavalescos sem importância, pobres-diabos batendo numa palheta ou numa lata velha, vestidos com fantasias andrajosas, ou melhor, fanta-

---

[56] *Ibid.*, p. 194.

> siados de mendigos, de "malandros", por lhes sair mais barato, ou porque o carnaval permitisse a um sujeito poder usar, como fantasia, a própria roupa dos dias comuns.[57]

Um dos sambas em tom plangente que o personagem de *O último dos Morungabas* ouve nesse dia — e Galeão Coutinho, aliás, cita com erros no primeiro verso — não é música de sucesso do carnaval de 1938, ano em que se passa a cena descrita, mas de 1936: o tão conhecido samba de Noel Rosa e Rubens Soares "É Bom Parar" ("Por que bebes tanto assim, rapaz/ Chega, já é demais/ Se é por causa de mulher é bom parar/ Porque nenhuma delas sabe amar"), classificada em primeiro lugar no concurso de músicas carnavalescas promovido pela prefeitura do então Distrito Federal naquele ano de 1936:

> Chegava-me, então, aos ouvidos lá bem longe, no rumo da Praça Onze, o coro de vozes femininas — eram as negras, em sua maioria, que cantavam — imprimindo às letras e toadas populares, mesmo àquelas de intenção nitidamente canalha, os acentos da mais cruciante melancolia. Não me ressoavam de outro modo esta sentida advertência ao moço apaixonado e ébrio:
>
> *Por que choras assim, rapaz,*
> *Chega, já é demais...*[58]

O velório do filho de Galdino, como não podia deixar de ser, considerada a adoção da técnica dos contrastes, herdada dos folhetins românticos pelos escritores de vocação popular — mesmo os mais realistas como era o caso de Galeão Coutinho —, acontece

---

[57] *Ibid.*, pp. 203-4.

[58] *Ibid.*, p. 204.

em pleno carnaval. E a cena lembra, irresistivelmente, a do capítulo final da *História de João Crispim*, de Enéas Ferraz, quando os fantasiados desfilam diante do corpo do personagem exposto por trás do vidro da sala de reconhecimento dos mortos sem identificação do necrotério municipal:

> Nunca a vida me pareceu mais contraditória do que naquela noite que estivemos fazendo quarto ao Manuelzinho. Na pequena sala, em cima da mesa, o caixão foi disposto entre quatro pequenos candelabros; de vez em quando entravam os curiosos, muitos deles gente da vizinhança, para "espiar o anjinho", movidos por essa expectação egoísta de quem contempla a morte de outrem, para se dar a voluptuosa certeza de que ainda não lhe chegou a vez. Percebi que o carnaval, longe de diminuir, aumentava nos circunstantes, ou melhor, em alguns dos circunstantes, essa íntima necessidade de preservar-se dos mistérios do Além, da extinção total do ser, exagerando a própria alegria. Era como se estivessem todos dando a última gargalhada.
>
> Não estou fazendo imputações gratuitas. Aqueles que lá estiveram comigo, devem estar lembrados de que, durante toda a noite, ao passarem em frente da casa notando o velório, muitos foliões, moças e rapazes em sua maioria, sem pensar em profanar o ambiente mortuário, contraíam as feições, numa expressão de piedade, e iam ver o Manuelzinho. Por ali desfilaram "tirolesas", "baianas", "colombinas", "malandros", "pierrôs", "palhaços", "carlitos". Chegavam, com um tubo de lança-perfume na mão, abriam caminho até o corpo do menino, pediam informações:
>
> — De que foi que ele morreu?
>
> [...]
>
> Mas, pude verificar que, ao ganharem a rua, desandavam a pular, a gritar, redobrando de intensidade

a alegria daquela gente. Era natural reação contra a atroz certeza de que o mundo é um rápido minuto, reforçavam em si próprios a filosofia barata de que o melhor que se tem a fazer é tirar da vida tudo quanto ela nos possa dar, em matéria de gozar os prazeres materiais.[59]

O irresponsável Galdino, perdido na folia carnavalesca, só chega no dia seguinte, à hora do enterro, ainda fantasiado com sua camisa de malandro. E a descrição desse instante é um dos pontos altos do romance de Galeão Coutinho:

> Hesitante a princípio, o Galdino, que trazia um tubo de lança-perfume e uma sacola de confetes, tirou em sinal de respeito o boné branco, de pala de verniz, que lhe completava a indumentária; depois, fez novamente menção de aproximar-se. Dona Bibi tornou a intimidá-lo com o olhar autoritário. Desta vez, porém, foi inútil: o Galdino avançou para o lado do cadáver. Não se contendo, a esposa como que sentiu a cólera e o desespero referver em seu peito, e foi quase um bramido de fera acuada o que lhe saiu dos lábios:
>
> — Ponha-se lá fora, bandido!
>
> Dei um salto e fui segurar o Galdino que a esse tempo se debruçara sobre o Manuelzinho, babando, chorando, imprecando coisas desarticuladas.[60]

---

[59] *Ibid.*, pp. 217-8.

[60] *Ibid.*, pp. 223-4.

Este livro foi composto em Sabon pela Bracher & Malta, com fotolitos do Bureau 34 e impresso pela Prol Editora Gráfica em papel Alta Alvura 75 g/m² da Cia. Suzano de Papel e Celulose para a Editora 34, em agosto de 2000.

O QUE É A
BÍBLIA?

Rob Bell

O QUE É A BÍBLIA?

Como uma antiga biblioteca de poemas, cartas e histórias pode mudar sua forma de pensar e de sentir a respeito de tudo

Tradução de Prof. Luiz Inácio Tadeu Muraro

Rocco

Título original
WHAT IS THE BIBLE?
How an Ancient Library of Poems, Letters, and Stories Can
Transform the Way You Think and Feel About Everything

As citações bíblicas utilizadas neste livro, exceto quando indicado ao contrário,
foram retiradas da Almeida Revista e Atualizada (ARA).

Edição brasileira publicada mediante acordo com HarperOne,
um selo da HarperCollins Publishers.

EDITORA ROCCO LTDA.
Rua Evaristo da Veiga, 65 – 11º andar
Passeio Corporate – Torre 1
20031-040 – Rio de Janeiro – RJ
Tel.: (21) 3525-2000 – Fax: (21) 3525-2001
rocco@rocco.com.br
www.rocco.com.br

Printed in Brazil/Impresso no Brasil

Preparação de originais
ANNA CLARA GONÇALVES

CIP-BRASIL. CATALOGAÇÃO NA PUBLICAÇÃO
SINDICATO NACIONAL DOS EDITORES DE LIVROS, RJ

B387e

Bell, Rob
O que é a Bíblia? : como uma antiga biblioteca de poemas, cartas e histórias pode mudar sua forma de pensar e de sentir a respeito de tudo / Rob Bell ; tradução Luiz Inácio Tadeu Muraro. - 1. ed. - Rio de Janeiro : Rocco, 2025.

Tradução de: What is the Bible? how an ancient library of poems, letters, and stories can transform the way you think and feel about everything
ISBN 978-65-5532-588-1
ISBN 978-65-5595-387-9 (recurso eletrônico)

1. Bíblia. 2. Vida cristã. I. Muraro, Luiz Inácio Tadeu. II. Título.

25-99008.0 CDD: 220.61
CDU: 27-23

Gabriela Faray Ferreira Lopes - Bibliotecária - CRB-7/6643

... procure gostar das perguntas como elas são, como salas fechadas e livros escritos em uma língua estrangeira. Não busque respostas de imediato, as quais não podem ser dadas agora, porque você não seria capaz de vivenciá-las hoje. A questão é: viva tudo. Viva as perguntas agora. Talvez, aos poucos, sem perceber, você viva o suficiente para obter a resposta.

— Rainer Maria Rilke

Sumário

Parte 5

Notas finais

Introdução
Vinte e cinco anos nisso

Para começar, vamos falar um pouco sobre a origem deste livro.

Quando estava com cerca de vinte anos, eu preguei pela primeira vez. Fiquei fissurado. Decidi, naquele dia, que ia consagrar minha vida à arte de pregar.

Eu amava pregar.

Ainda amo.

E mais do que nunca.

Entendi, naquela ocasião, que pregação é algo que vem da Bíblia. Então, fui para o seminário e estudei grego, hebraico (as duas línguas nas quais originalmente os textos foram escritos),* história, hermenêutica, exegese e crítica formal e textual, tudo para fazer os melhores sermões.

Com o tempo, comecei a pregar semanalmente em uma igreja. E aí, um dia, um acontecimento mudou tudo.

Eu tinha acabado de pregar e fiquei por ali após o fim da reunião conversando com as pessoas. Então um homem chamado Richard caminhou na minha direção e me disse:

— Você perdeu o principal.

---

* Determinadas partes também foram escritas em aramaico. (N. da E.)

— O quê? — perguntei. — O que eu perdi?

Ele começou a despejar uma lista que parecia sem fim, de coisas que aconteceram na história da Bíblia sobre a qual eu tinha acabado de pregar. Tratava-se de contexto e insinuações, significado e detalhes, humor e tensão, e história. Quanto mais ele continuava falando, mais eu concluía que ele estava certo: eu tinha perdido o principal.

Richard disse:

— Você sabe, Jesus era judeu.

— O quê? Jesus era judeu? — falei.

Eu imagino que nesse momento você esteja se divertindo, porque isso é tão óbvio, e, sim, eu sabia que Jesus era judeu. Só que não como Richard sabia. Algo naquela fala óbvia desencadeou uma explosão dentro de mim.

Richard continuou dizendo que Jesus viveu no meio do mundo judeu do primeiro século, repleto de política, ideias econômicas, histórias comuns e piadas internas. E que quanto mais você soubesse acerca daquela época, mais Cristo e a sua mensagem ganhariam vida para você.

Richard passou a frequentar meu escritório trazendo cópias de artigos de pessoas sobre as quais eu nunca tinha ouvido falar. Ele me explicava sobre *mikvahs,* taxas de tributação, *ketubahs* e quem eram Shammai e Hillel, e por que isso era importante.

Richard me apresentou alguns de seus amigos, os quais me convidaram a comer com eles enquanto discutiam, debatiam, riam e expunham opiniões divergentes sobre a Bíblia apenas pela alegria de fazer isso. E sabiam o que estavam fazendo, eu mal conseguia acompanhar. Eles eram capazes de identificar comentários políticos perspicazes, ou poesias com versos subversivos, ou discrepâncias no texto que foram assim colocadas porque o escritor estava querendo dizer algo inteligente, só perceptível abaixo da superfície. O grupo selecionava um verso ou uma história que eu já conhecia e começava a discutir e a virar aquilo de ponta cabeça, demonstrando toda a profundidade, novidade e poder que eu não tinha percebido — isso era como uma música que eles estavam dançando.

"Isso está na Bíblia?" Eu me surpreendia continuamente fazendo essa pergunta. *Como foi que eu perdi isso?* Era alguma coisa como se a Bíblia se transformasse de preto e branco em colorida, de duas para três, ou nove dimensões.

Aos poucos, o que eu estava aprendendo passou a fazer parte das minhas pregações e, de maneira ainda mais significativa, da minha vida.

Uma vez que você viu, não pode mais deixar de ver.

E uma vez que saboreou, não vai mais poder ficar sem sentir o sabor.

Depois das minhas pregações, as pessoas começaram a vir até mim algumas vezes, visivelmente incomodadas, perguntando: "Como eu nunca tinha ouvido nada disso? Isso faz muito mais sentido, é mais assustador e interessante e provocativo e oportuno e avançado e poético e convincente e divertido..."

Com o tempo, passei a perceber que o que estava acontecendo não era somente eu estar aprendendo novas coisas *sobre* a Bíblia, mas sim eu estar lendo a Palavra de uma forma diferente. Uma forma e um jeito aos quais eu nunca tinha sido exposto, ou confrontado. Até aquele momento. E não havia mais volta.

Esse é o motivo pelo qual eu escrevi este livro. Quero ajudar você a ler a Bíblia de uma maneira melhor, porque muitas pessoas não sabem como fazê-lo. Assim, ou a deixam de lado, ou a leem de modo inadequado e acabam cometendo uma série de erros.

Algumas pessoas veem a Bíblia como um livro desatualizado sobre contos de fadas bárbaros ou primitivos que estamos trazendo para a atualidade. Dessa forma, deixam de ver todas as ideias avançadas e inspiradoras que começaram a entrar na história humana por meio dos escritores de seus livros — ideias e ideais dos quais ainda estamos aquém, ideias e ideais que estão muito à frente da nossa consciência e dos nossos hábitos.

Também há pessoas que falam como a Bíblia é importante, fundamental e inspiradora; entretanto, a recortam em pequenos pedaços, com seu arrogante literalismo e sua interpretação impositiva, pressupondo que determinada afirmação está correta e, somente se você aceitar que é exatamente isso o que ela quis dizer, você a leu bem.

Mas, no seu caso, eu desejo que você leia a Bíblia de uma maneira inteiramente nova.

Alguns pensamentos antes de você começar a leitura.

Primeiro, a Bíblia não é um livro cristão. Eu digo isso porque muitas pessoas acabam a entendendo como uma obra para um grupo de pessoas que a reivindicam e, com isso, segregam-se das demais. No entanto, a Bíblia é um livro sobre o que significa ser humano. E somos todos, antes de tudo, humanos.

Assim, se você está lendo este prefácio perguntando a si mesmo se não se trata de um daqueles livros religiosos que vão tentar fazer com que você se converta ao cristianismo e passe a ter uma linguagem privilegiada semelhante à daqueles que, por isso, já dominam o "conhecimento". **Este é um livro sobre uma "biblioteca" que lida com perdas e raiva e transcendência e preocupação e império e dinheiro e medo e estresse e alegria e dúvidas e graça e cura, e quem é que não quer conversar sobre isso tudo?**

Segundo, você não precisa nem mesmo crer em Deus para ler a Bíblia. De fato, como irá ver, os textos estão cheios de pessoas que estavam lutando, passando por dificuldades, duvidando, gritando e argumentando com esta ideia de que um Deus nem sequer existia, quem dirá um ser divino que esteja do nosso lado. Se você tem dificuldade de engolir a conversa sobre Deus, como tem ouvido por muitos anos, este livro é para você, porque essas são exatamente as coisas do tipo que os escritores da Bíblia estão tratando nos seus escritos.

Terceiro, este livro tem uma ordem própria. Nós iremos saltar de um tópico para outro, de uma história para outra e de um tema para outro, movendo-nos de poesias para história para parábola para perguntas e discussões. Eu fiz isso propositalmente.

Há um enredo, uma trajetória para este livro. Quero levá-lo para um lugar específico, mas com inúmeros vaivéns. Eu o organizei dessa forma porque é dessa forma que a Bíblia é. Sim, há um arranjo proposital para isso, mas haverá muitos momentos em que você vai se achar pensando consigo mesmo: *de onde é que veio isso?*

Eu tenho lido, relido, estudado, explorado, repensado e feito pregações sobre a Bíblia por vinte e cinco anos e a considero, mais do que nunca, atraente e interessante, misteriosa e perigosa, convincente e útil, estranha e pessoal, inspiradora, divina e agradável.

Agora, você já pode ficar tranquilo — há uma boa chance de gostar deste livro.

E poderá até se surpreender pensando:

Como foi que eu não percebi isso?

Parte 1

Alguma coisa diferente está acontecendo aqui

1

Moisés e seu vigor

No livro de Deuteronômio, lemos:

> Tinha Moisés a idade de cento e vinte anos quando morreu; não se lhe escureceram os olhos, nem se lhe abateu o vigor. (Deuteronômio 34:7)

Um versículo bem direto, certo? Moisés estava velho... então ele morreu.

O que mais ainda está para ser dito? Na verdade, muita coisa.

Leiam a última metade daquele versículo novamente: "[...] não se lhe escureceram os olhos, nem se lhe abateu o vigor."

Percebe algo diferente? Como, por exemplo, o pequeno trecho "nem se lhe abateu o vigor"?

Moisés tinha acabado de morrer, certo?

Morrer, como regra geral, é algo que acontece quando *o vigor já se abateu*. Então, por que o escritor quer que nós saibamos que, quando Moisés morreu, o seu vigor ainda *não* tinha se abatido?

Um pouco a respeito da palavra *vigor*: as Escrituras dos hebreus foram produzidas em hebraico, no qual a palavra original é *leho*.

Leho significa *vigor* ou *frescor*.

Ele morreu, mas seu *vigor* não o tinha deixado?

Quando se foi, ainda tinha o seu *frescor*.

Uma das traduções diz que "o seu olho não se obscureceu, nem a sua força natural se abateu" (BKJ); e em outra "[...] ainda enxergava bem e tinha todas as suas forças" (NVI).

A JPS Torah Commentary, por sua vez, observa que Ibn Ezra entendeu que aquele versículo significa que Moisés *não tinha ficado enrugado*.

(Por favor, diga-me se você não está sorrindo a essa altura.)

Vigor?

Força natural que não se abateu?

Ele não tinha ficado *enrugado*?

O que o escritor quer nos dizer a respeito de Moisés?

Essa frase usando a palavra *leho* está aí apenas para nos dar certeza de que estamos diante de um eufemismo para potência sexual. *Isso* é o que o historiador quer nos contar a respeito de Moisés, sobre o estado do profeta quando morreu.

Exato, amigos, o grande líder dos hebreus, o libertador que livrou da escravidão o seu povo, o herói que desafiou o Faraó, aquele que subiu o Monte Sinai para se encontrar com Deus, a imponente figura das Escrituras hebraicas, quando morreu, *ainda podia ter uma ereção*.

Só para você saber.

O que, sem dúvida, suscita uma nova questão: *por quê?*

Por que o escritor quer que o leitor saiba disso?

Para responder essa pergunta, você deve voltar muito tempo antes na história do povo hebreu até um homem chamado Abraão, Pai de Numerosas Multidões, de uma das quais Moisés fazia parte.

Aprendemos em Gênesis, o primeiro livro da Bíblia, que Abraão deixou a casa de seu pai, todos os seus parentes e iniciou uma jornada para uma nova terra. As pessoas não faziam isso naquela época, porque tinham uma visão cíclica da história, na qual tudo o que tinha acontecido ia acontecer de novo. Elas acreditavam que, se você nascesse dentro de um ciclo de eventos, morreria em algum ponto daquele mesmo ciclo que, por sua vez, se repetiria infinitamente.

Em outras palavras, *nenhuma novidade*.

O que aconteceu com seus ancestrais logo se repetiria com você e seus filhos à medida que sua família vive e revive aquele ciclo.

Mas então Abraão deixa sua terra. Ele sai do ciclo. Caminha para um futuro novo, algo que nunca havia acontecido antes. Ninguém jamais havia feito aquilo, porque ninguém havia concebido o mundo, a vida e o futuro daquela maneira.

Era algo novo na história da humanidade — não estar amarrado ao passado, não ter que repetir o que já tinha acontecido.

E só estamos começando porque, para entender o sentido dessa história sobre Abraão, será necessário voltar atrás um pouco mais do que os escritores de Gênesis contaram, e olhar para Abraão em um contexto histórico mais abrangente.

Na verdade, há uma progressão de violência que começa com um homem chamado Caim matando seu irmão Abel e depois continua a aumentar à medida que toda a humanidade gira em uma espiral em direção a conflitos e destruições cada vez maiores. No final do capítulo 11 do livro de Gênesis — antes de conhecermos Abraão —, as pessoas já estavam criando impérios para oprimir as massas, sistemas inteiros perpetuando a injustiça.

Quão pior poderia ficar?

Esta é a pergunta pairando no ar que leva o contador da história a nos apresentar Abraão, o homem que decide largar tudo e começar algo novo. Ele está indo embora de casa, deixando por completo um estilo de vida.

O narrador deseja que o leitor saiba que Abraão tem um destino a cumprir, no qual ele se torna o pai de um novo povo para inaugurar uma nova era para a humanidade — algo e alguém baseado no amor, não na violência. Como é dito a Abraão no capítulo 12, "em ti serão benditas todas as famílias da Terra". (Gênesis 12:3)

Essa foi uma ideia nova. Eles não conquistarão outros povos, e sim irão abençoá-los?

Como formar um novo tipo de pessoa que levará o mundo a uma nova direção?

Por meio de filhos.

E como você tem filhos?

Você faz sexo.

E o sexo envolve — isso mesmo — *vigor e frescor.*

Considere então que, quando o escritor diz que Moisés não estava ainda enrugado, que sua força não havia diminuído e ele tinha fertilidade e vigor, o escritor está lhe dizendo que Moisés ainda tinha participado da criação desse novo tipo de tribo que levaria o mundo numa nova direção, longe de toda aquela violência e destruição.

O mundo pode seguir para uma nova direção, ou estamos presos, condenados a repetir sempre o mesmo velho e cansado ciclo de conflitos?

Esta é a verdadeira questão da história de Abraão e Moisés.

Mesmo assim, ainda estamos apenas andando na superfície. Porque a tribo de Abraão acabou se encontrando em escravidão, submissa ao governo do Egito, do Faraó. E é aí que encontramos Moisés, que se ergue desafiando-o e acaba levando os hebreus da escravidão para o deserto lembrando-os insistentemente do seu destino como um novo povo no mundo.

Por que isso é tão importante?

Porque se você é escravizado, você tem uma pergunta ardendo dentro de você: seremos escravizados para sempre?

Ou, posto de outra forma: o Faraó é que sempre terá o poder?

Ou, posto de outra forma: de que lado estão os deuses — do nosso ou do Faraó?

Ou, posto de outra forma: as forças mais profundas da vida estão a nosso favor ou contra nós?

Ou, posto de outra forma: nós estamos aqui para sofrer, ou estamos aqui para fazer alguma outra coisa, algo maior e melhor?

Ou, posto de outra forma: opressão ou libertação será a última palavra? Quem vai vencer no final, a injustiça ou a liberdade?

Então, quando Moisés levou seu povo para fora do Egito, isso não foi apenas a libertação de uma tribo — foi a resposta a uma pergunta que as pessoas vinham fazendo há milhares de anos:

Nossas vidas estão gravadas em pedra e não podem ser mudadas, ou podemos ser libertados de tudo o que nos escraviza?

Mas essa não era apenas uma resposta para uma pergunta. Esta história sobre Moisés e o Êxodo foi também um aviso para alguém que já intimidou outra pessoa, para quem já esmagou a bota no pescoço da pessoa que dominava, para quem já usou o seu poder e sua força para desumanizar e explorar a fraqueza de outro.

Seus dias no poder estão contados porque as forças mais poderosas do universo estão do lado dos oprimidos, dos injustiçados e impotentes.

Para os hebreus, passar essa ideia libertadora e inebriante para a próxima geração foi muito, muito importante. É assim que você muda o mundo, assumindo sua própria libertação e depois passando essa liberdade e alegria para seus filhos.

E como você tem filhos?

Você faz sexo.

E como você faz sexo?

Bem, como todos sabemos, isso envolve *vigor e frescor*.

Você ainda está me acompanhando?

Viu o que acabamos de fazer?

Nós começamos com algumas palavras obscuras no trigésimo quarto capítulo do quinto livro da Bíblia sobre um homem chamado Moisés. Em seguida, mergulhamos um pouco mais abaixo da superfície e, de repente, encontramos um sutil, um tanto rude, e ao mesmo tempo bastante engraçado, sugestivo e inesperado eufemismo sexual, que apareceu no início da história e que depois voltou com outra história um pouco mais tarde e, em pouco tempo, já estávamos lidando com violência, esperança, desespero, escravidão, opressão, impérios, imaginação, consciência humana e o nascimento de novas ideias que ninguém antes tivera e você, agora, já os estava vendo e pensando sobre *eles naquela época* e, quando falamos sobre se as coisas podem ou não mudar, ou se elas estão gravadas em pedra e não há nada que você possa fazer sobre isso, aí você percebeu. *Você já se perguntou isso antes, sobre sua própria vida, né?*

Então, a coisa começou com uma afirmação sobre a potência dos órgãos genitais de Moisés; mas, uma ou duas páginas depois, estávamos conversando sobre o desespero com o qual todos nós lidamos de vez em quando, não é mesmo?

Começamos com um aspecto específico da *vida dele*, que nos conduziu a uma conversa sobre a *vida deles*, que, por sua vez, nos levou à *sua vida* e à *minha vida*, o que nos fez passar do passado ao presente e ao futuro e à *toda vida.*

Tudo isso a partir de uma afirmação na...

Bíblia.

Por que se preocupar com um livro tão estranho e velho?
Porque é um livro sobre *eles*, *antes* e *depois*, e que, de alguma forma, fala com você e comigo, *aqui* e *agora*, e pode mudar a maneira como você pensa e sente a respeito de tudo.

Mas não é na verdade uma biblioteca de livros escritos ao longo de vários anos por pessoas que não se conheciam, com agendas, opiniões e perspectivas limitadas?
Sim, claro. E é até mais estranho do que isso, como veremos.

Mas isso não promove violência e todo tipo de comportamento antiquado e desumano que deixamos para trás?
Não, e quero que você veja de onde vem essa visão e por que é tão equivocada.

Mas você tem que admitir que há muita violência na Bíblia — como a violência que você acabou de constatar agora naquela história em Êxodo — e muito disso é feito em nome de Deus, ou porque a pessoa acreditava que Deus lhe dissera para fazer aquilo.
Sem dúvida. Existem muitas dessas histórias na Bíblia, e vamos explorar várias delas, porque há mais acontecendo lá do que a maioria das pessoas imagina.

Mas parece que muitas das pessoas que mais falam sobre o quão importante, essencial e necessária é a Bíblia parecem passar por cima, encobrir e censurar as partes mais perigosas e interessantes sobre sexo, política, poder e os pobres.
Sim, é verdade! Este é um livro perigoso, subversivo, explícito, sujo, honesto, estranho, contraditório, paradoxal, implaca-

velmente cheio de esperança, que faz uma série de afirmações bastante impressionantes sobre praticamente tudo. (Você gosta dessa expressão *implacavelmente cheio de esperança?* Estou bastante interessado nisso.)

Mas, afinal, a Bíblia não é sobre Jesus e como há um caminho estreito e poucas pessoas o encontrarão e o restante irá queimar no Inferno?
Não é não. É maior, mais amplo, inclusivo, abrangente e esclarecedor do que isso, porque a história de Jesus é maior, mais ampla, inclusiva, desafiadora, perigosa e esclarecedora do que isso.

Mas não é, honestamente, muito chato?
Se você está entediado lendo a Bíblia, então você não está *lendo de fato* a Bíblia.

Bem, então como é que você lê a Bíblia?
Este livro é sobre isso. Porque é fácil ler a Bíblia e não perceber um mundo inteiro de surpresas, alegria, esperança, insinuações e implicações logo abaixo da superfície.

Este livro apresenta esse mundo.

Vamos começar, então, do começo.

2

Alguém escreveu alguma coisa

No começo,

alguém escreveu alguma coisa.

Foi assim que a Bíblia veio à existência.

Algumas pessoas escreveram algumas coisas.

Óbvio, certo?

E verdade.

E absolutamente importante que comecemos por aí.

A Bíblia não caiu do céu; foi escrita por pessoas.

Muitas das histórias da Bíblia começaram como tradições orais, transmitidas de geração em geração, até que alguém as coletasse, editasse e escrevesse, algumas vezes, séculos depois. São anos e mais anos de pessoas sentadas ao redor de fogueiras, andando por estradas quentes e empoeiradas, reunindo-se em tendas e pátios para ouvir, discutir, debater, adaptar e mudar essas histórias, poemas, cartas e relatos.

As pessoas que escreveram esses livros tinham muito material para selecionar.

Havia inúmeras histórias fluindo, quantidades enormes de relatos disponíveis, quantidades enormes de material para incluir. Ou não incluir.

No livro do Antigo Testamento de 1Reis, o autor escreve:

> Quanto aos mais atos de Salomão, a tudo quanto fez, e à sua sabedoria, porventura não estão escritos no Livro da História de Salomão? (1Reis 11:41)

Bem, sim, acho que estão — é que não temos ideia a que o autor está se referindo! É interessante a suposição, por parte do autor, de que não apenas sabemos ao que se refere, mas também de que temos acesso a esses registros. O que não é o caso.

Vemos algo semelhante no Evangelho de João:

> Na verdade, Jesus fez diante dos discípulos muitos outros sinais que não estão escritos neste livro. (João 20:30)

E então o livro termina com esta linha:

> Há, porém, ainda muitas outras coisas que Jesus fez. Se todas elas fossem relatadas uma por uma, creio eu que nem no mundo inteiro caberiam os livros que seriam escritos. (João 21:25)

É como se o escritor, apenas para finalizar, acrescentasse: "Ah, sim, deixei uma tonelada de coisas de fora."

Os autores dos livros da Bíblia, então, não estavam apenas escrevendo — eles estavam selecionando, editando, escolhendo e tomando decisões sobre qual material e seu conteúdo iria promover seus propósitos por escrito e o que não.

O escritor do Evangelho de Lucas:

> [...] igualmente a mim me pareceu bem, depois de acurada investigação de tudo desde sua origem, dar-te por escrito, excelentíssimo Teófilo, uma exposição em ordem [...]. (Lucas 1:3)

Do livro de Ester:

> Isto aconteceu nos dias de Assuero [...]. (Ester 1:1)

No final do Evangelho de João:

> Estes, porém, foram registrados para que creiais [...]. (João 20:31)

Havia pontos que esses escritores queriam fazer, coisas que desejavam que seus leitores tomassem conhecimento, ideias que queriam compartilhar, histórias que estavam interessados em contar.

O que esses escritores finalmente criaram foi uma biblioteca. A Bíblia é uma coletânea de livros escrita por cerca de quarenta autores durante aproximadamente mil e quinhentos anos em três continentes. Essa biblioteca é vasta e diversificada e cobre uma quantidade enorme de áreas. Em vários momentos, nos últimos milhares de anos, as pessoas tomaram decisões sobre quais livros deviam fazer parte dela e quais seriam deixados de fora. Alguns escreveram os livros que se tornaram a Bíblia e outros decidiram que os livros escritos se tornariam as Escrituras e, ainda, outras pessoas decidiram quais dos livros seriam ou não incluídos no compilado. Reuniões e discussões, critérios, mais reuniões e discussões ocorreram e, eventualmente, decisões seriam tomadas. Decisões sobre o que a Bíblia, de fato, devia ser.

É importante ressaltar que esses escritores — e as pessoas que decidiram incluir ou não seus escritos na Bíblia — eram pessoas reais vivendo em lugares reais no espaço-tempo. Seus propósitos, para escrever o que escreveram, foram moldados por seus tempos, lugares, contextos, psiques, histórias pessoais, economia, política, religião, tecnologia e inúmeros outros fatores.

O que isso nos diz sobre o mundo em que Abraão viveu quando ele está prestes a oferecer seu filho como sacrifício sem necessitar de instruções a respeito de como fazê-lo? Abraão se propõe a fazer isso como se fosse natural que um Deus pedisse isso, e pronto.

A história de Davi e Golias começa com a tecnologia — os filisteus tinham um novo tipo de metal que os israelitas não tinham. A história está fundamentada nesse medo primordial que surge quando seu vizinho tem armas que você não possui. Como lanças. Ou armas. Ou bombas.

O Império Romano adotou uma linha própria em sua propaganda militar que começava assim: "Não há outro nome debaixo do céu concedido à humanidade pelo qual devemos ser salvos." Então, quando o discípulo do apóstolo Paulo, Lucas, usou a frase "Não há outro nome debaixo do céu" (Atos 4:12), estava se referindo a algo que seus leitores teriam entendido.

Pessoas reais,
escrevendo em lugares reais,
em tempo real,
optando por incluir algum material,
optando por deixar de fora outro material.

E aconteceu que eles escreveram sobre amor, medo, dívida, dever, raiva, ceticismo, ódio, tecnologia, vergonha, esperança e traição — as mesmas lutas e problemas a respeito dos quais ainda falamos milhares de anos depois. É também por isso, que se torna importante não ler como se tivesse caído do céu. Porque, ao fazer isso, você irá sentir falta da solidariedade resultante da necessária percepção de que este é um livro profundamente humano.

Agora, vejamos algumas das histórias que essas pessoas reais viveram em lugares e momentos reais na história. Vamos começar com uma história sobre Jesus escrevendo no chão, porque, quando você está lendo a Bíblia, é importante lembrar **que geralmente algo mais está acontecendo**.

3

Adultério e pecadores

No Evangelho de João, há uma história sobre uma mulher que é surpreendida fazendo sexo com um homem que não é seu marido. Um grupo de líderes religiosos preocupados a levam — e não o sujeito! — até Jesus e citam a Torá (os cinco primeiros livros da Bíblia, chamados de Lei e de Livros de Moisés) argumentando que a mulher deveria ser apedrejada pelo que ela (eles, né?) fizera(m).

(Tipo-atirar-pedras-em-alguém-até-que-ele-morra apedrejado, só para ficar claro.)

O que estão fazendo é tentar prender Jesus perguntando se ela deveria ser morta DE ACORDO COM A LEI. (O que parece que deve ser lembrado EM LETRAS MAIÚSCULAS, não é?) Jesus, no entanto, não estava a fim. Ele se abaixa e escreve algo no chão. E então diz:

> [...] Aquele que dentre vós estiver sem pecado seja o primeiro que lhe atire pedra. (João 8:7)

Ele continua escrevendo no chão, os homens começam a sair até que restam apenas Jesus e a mulher. Ele lhe pergunta se alguém a condena, ouve que não, e diz que também não quer fazê-lo e que a mulher deve abandonar sua vida de pecado.

Fim da história.

E que comecem as perguntas...

O que ele estava escrevendo no chão?

E por que, seja lá o que Jesus estava escrevendo no chão e o que disse, fez com que os líderes religiosos se afastassem?

E por que os homens mais velhos foram embora primeiro?

Por que João quis incluir esses detalhes?

Essa história sobre a mulher e os líderes que querem apedrejá-la é encontrada no Evangelho de João, no início do capítulo 8. Se você voltar ao capítulo 7, saberá que era a época da Festa dos Tabernáculos.

A festividade era uma das principais do calendário hebraico (listadas no capítulo 23 de Levítico). Eram festas que ocorriam na primavera e no outono, organizadas em torno dos ciclos agrícolas de plantio e colheita. (Tais celebrações eram comuns nas sociedades agrícolas do mundo antigo — as pessoas reservavam momentos específicos para agradecer aos deuses pela abundância contínua de suas colheitas.)

As festas da primavera começavam com a Páscoa, depois
os Pães Ázimos, depois
as Primícias, depois

a Festa de Pentecostes (festa em memória do dia em
que Moisés recebeu de Deus as Tábuas da Lei).

As festas de outono começavam com
a Festa das Trombetas, depois
o Dia da Expiação e depois
a Festa dos Tabernáculos.

A Festa dos Tabernáculos, então, era a última das festas de outono e a última festa do ano antes do inverno, quando as esperadas chuvas chegavam e regavam as lavouras para que na primavera houvesse a colheita. Se isso não acontecesse, talvez houvesse fome.

Milhares de peregrinos, desde cedo, se dirigiam em multidão para Jerusalém, para os oito dias de festa, ficando em abrigos improvisados (a palavra hebraica é *sukkots*), que lhes lembravam de como Deus havia cuidado do seu povo, muitos anos antes, enquanto viajavam pelo deserto (o que é relatado no livro de Êxodo).

Você pode observar como uma história sobre como Deus cuidara deles e fornecera comida teria repercussão particular, pois eles estavam para enfrentar o inverno que se aproximava, sendo que a questão permanente era saber se as chuvas viriam e lhes trariam uma colheita na primavera. Durante os oito dias, havia sacrifícios, orações, cantos e rituais dirigidos a Deus para pedir que chovesse no inverno, de forma que eles tivessem comida na primavera. Os líderes religiosos ensinavam, durante esses dias, sobre o significado da água — água de chuva, água como provisão divina, e também a sede como metáfora do desejo espiritual. Ensino e mais ensino sobre a água. Os oito dias iam se somando até o último dia, quando o sumo sacerdote pegava uma jarra de água e uma jarra de vinho e as derramava sobre o altar enquanto a multidão cantava "Hosana! Hosana!".

"Hosana" significa "que Deus nos salve", como "Deus, por favor, traga-nos chuvas de inverno para nos salvar da seca e da fome". (Mais tarde, a palavra começou a ter conotações políticas, como "Deus, salve-nos dos romanos que invadiram nossa terra!".)

Com isso em mente, observe esta linha do sétimo capítulo:

> No último dia, o grande dia da festa, levantou-se Jesus e exclamou... (João 7:37)

Por que ele está exclamando, falando em voz alta? Porque era agora o último dia e a multidão estaria cantando alto. Jesus quer ser ouvido mesmo com todo o barulho.

E o que ele diz em alta voz?

> [...] Se alguém tem sede, venha a mim e beba. (João 7:37)

Jesus escolhe aquele momento, quando as pessoas estavam concentradas em suas necessidades físicas de água, e as convoca a pensar na sede espiritual, pela qual ele insiste que pode fazer algo. (É por isso que no início do capítulo Jesus diz aos seus irmãos para irem para o festival e fica para trás dizendo que ainda não era a sua hora. Ele quer aguardar até o último dia para fazer seu discurso, com o ritual do sacerdote derramando vinho e água, e a multidão cantando sobre a necessidade de um salvador como pano de fundo. O cenário era por si só fantástico.)

Milhares de pessoas em Jerusalém festejando, bebendo, celebrando, cantando, orando e vivendo em abrigos improvisados ao lado da colina em Jerusalém. Basicamente, um acampamento religioso. Com muito vinho envolvido.

E o que é que acontece frequentemente quando muitas pessoas bebem e acampam juntas?

Claro, elas acabam nas tendas umas das outras. E terminam nos braços umas das outras.

Você consegue imaginar como duas pessoas podem acabar na tenda errada e então se arrepender das decisões que tomaram na noite anterior? Não é uma surpresa que, na manhã seguinte, os mestres da lei e os fariseus arrastem para um julgamento no pátio do templo uma mulher que tinha sido pega com um homem que não era seu marido.

Eles a levam a Jesus porque querem deixá-lo sem saída. Literalmente, encurralá-lo desafiando-o com uma passagem da Lei dizendo: "Nossas Escrituras dizem que essa mulher deve ser apedrejada e morta. O que você diz a respeito disso?"

Jesus não se incomoda com a armadilha. Ele se abaixa e escreve no chão.

E o que escreve?

Bem, o que os fariseus e mestres da lei estiveram fazendo nos últimos dias?

Eles estavam na festa.

E o que eles tinham feito na festa?

Eles ficaram ensinando.

E o que eles tinham ensinado?

Eles tinham ensinado sobre o significado espiritual da água.

E sobre quais passagens das Escrituras hebraicas eles tinham ensinado?

Que bom que você perguntou. Uma das passagens ensinadas na Festa dos Tabernáculos é do profeta Jeremias. Essa passagem é sobre o pó, que é o que você terá se não tiver água.

> Ó, Senhor, Esperança de Israel! Todos aqueles que te deixam serão envergonhados; o nome dos que se apartam de mim será escrito no chão porque abandonam o Senhor, a fonte das águas vivas. (Jeremias 17:13)

O que diz mesmo a parte sobre os que se apartam de Deus?

O nome dos que se apartam de mim será escrito no chão...

E o que Jesus fez?

Ele se abaixa e *escreve no chão*. Jesus pega uma das passagens com as quais eles estariam familiarizados e a encena concretamente sem dizer uma palavra. Os mestres da Lei o rejeitaram; mas, em vez de dizer isso, ele se utiliza de um verso que estavam ensinando antes, e que se aplica essencialmente aos líderes religiosos que estavam ali — eles são os que se desviaram, não a mulher.

E então, o que Jesus escreve no chão?

Os nomes deles?

Você pode ler esta história de várias maneiras. Uma forma interessante é vê-la como uma lição maravilhosa sobre como devemos ser menos críticos. Você sabe o que quero dizer: não jogue pedras nas pessoas quando pisam na bola, porque todos nós erramos de vez em quando e é importante não condenar, e sim dar a elas graça e compaixão porque você quer que elas lhe deem graça e compaixão.

Ótimo.

Essa é uma maneira de interpretar.

Nós poderíamos usar mais graça em vez de arremessar pedras, com certeza.

Mas então, por que o detalhe de Jesus se curvando e escrevendo no chão?

Quem contou essa história quer que você veja que Jesus está enfrentando uma estrutura inteira de poder, que está se escondendo ali como numa trincheira. Esses líderes espirituais faziam parte de uma instituição do templo que governava os judeus, uma instituição que controlava a religião, a vida política, econômica e cultural. E que, nos dias de Jesus, havia se corrompido. É por isso que ele os confronta.

E o que acontece quando as pessoas confrontam estruturas de poder? O que acontece quando os confrontados se juntam numa conspiração após serem deslegitimados?

Muitas vezes, a pessoa acaba morta.

Esta não é apenas uma boa história sobre como devemos julgar menos — trata-se de saber resistir política e socialmente a qualquer coisa que rouba a dignidade e a honra das pessoas. É sobre a coragem e a tenacidade deste rabino de se levantar e dizer: "Você está errado." Esta é uma história sobre Jesus escrevendo no chão, mas também é uma dica do que vai acabar acontecendo. Este homem vai ser morto.

Você reparou no que acabou de acontecer? Começamos com uma história que não fazia muito sentido — Jesus se abaixando e escrevendo no solo e depois os mestres se afastando. Mas então voamos um pouco mais alto e percebemos, no contexto mais amplo, o que estava acontecendo de verdade e rapidamente tudo começou a tomar um rumo.

O que nos leva a uma pergunta:

Quem pagou as contas de Jesus?

(Você não esperava por essa pergunta, não é? Fique comigo, porque estamos caminhando juntos nessa.)

4

Quem pagou as contas de Jesus?

> *Aconteceu, depois disto, que andava Jesus de cidade em cidade e de aldeia em aldeia pregando e anunciando o Evangelho do Reino de Deus, e os doze iam com ele, e também algumas mulheres que haviam sido curadas de espíritos malignos e de enfermidades: Maria, chamada Madalena, da qual saíram sete demônios; Joana, mulher de Cuza, procurador de Herodes; Suzana e muitas outras, as quais lhe prestavam assistência com os seus bens.* (Lucas 8:1-3)

Há muito aqui, por onde começar?

Primeiro, Jesus andava em bando.

A palavra grega literal aqui é *posse*, como a gíria inglesa para gangue.

Quando Jesus foi passando de cidade em cidade, ele estava acompanhado por um grande grupo de pessoas, homens e mulheres. Os discípulos eram citados como sendo "os doze". (Você percebeu? Havia as doze tribos de Israel, e Jesus os está chamando de volta às suas raízes e à sua missão de ser um povo que abençoa o mundo, e assim ele começa rodeando-se de... doze.) E mais um grupo de mulheres...

Essas mulheres ajudaram a pagar as contas.

Quando a conta da refeição chegava à mesa para esse grande grupo, foram as mulheres que cuidaram disso. (Para constar, você pode ver como é loucura quando religiões e comunidades de fé e igrejas não permitem que as mulheres façam certas coisas como *liderar*, *ensinar*, *pregar*, serem consultadas como *anciãs* ou *presbíteras*? Esse movimento começou com as mulheres não apenas como participantes empoderadas, mas também como responsáveis pelos assuntos financeiros. Você percebe o quanto é insano quando uma instituição religiosa faz uma lista do que as mulheres podem ou não podem fazer?)

Essas mulheres tinham histórias fascinantes.

Como Maria Madalena, que já havia sido possuída por sete demônios. (Alguém estava contando.) Você consegue imaginar a perspectiva dela sobre as coisas? Você pode sentir a intenção de Lucas ao incluir uma frase como essa, não é? Ele quer que você veja como Jesus era, o que estava fazendo, o tipo de pessoa que atraiu — o tipo de pessoa para quem sua mensagem se destina.

E depois há Joana.

Ah, sim, Joana.

Quem é Joana mesmo?

Oh, sim, a esposa de Cuza.

E quem é Cuza?

O administrador geral da casa de Herodes!

Agora *isso*, sim, é uma bomba, bem no meio do texto.

Por quê?

Um pouco de história: Herodes, o Grande, foi o rei da Judeia que morreu por volta do ano 4 d.C. Ele era uma figura imponente que dominou o cenário sociopolítico por quarenta anos construindo enormes palácios, teatros e fortalezas, e matando muitas pessoas, incluindo sua esposa e alguns de seus filhos. (Foi ele quem ordenou a execução de crianças quando Jesus nasceu.) Após sua morte, Roma decidiu dividir o reino entre seus filhos. Filipe ficou com o Leste, Herodes Antipas com a Galileia e Arquelau com a Judeia, que incluía Jerusalém. O último rapidamente fez bobagens e foi substituído por um governador *romano* chamado... Pilatos. (Sim, *aquele* Pilatos.) Filipe desapareceu em pouco tempo, e Herodes Antipas ficou com a Galileia, onde Jesus cresceu.

Então, quando Jesus entrou em cena, Herodes Antipas era o governante da Galileia. E ele era um homem muito, muito rico. Dono de muitas terras e palácios, guardas, criados e uma enorme propriedade com muita gente morando nela, a maior do país.

E quem administrava a casa desse governante?

Cuza.

Então Cuza teria sido responsável por uma enorme quantidade de riqueza, o que faria dele também um homem muito rico. Tal fortuna era compartilhada com sua esposa, a qual viajava com um rabino itinerante pagando as contas.

Vamos fazer uma pausa por um momento e nos aprofundar nesse assunto: Joana fazia parte da elite. O marido é o chefe de gabinete do presidente. São banquetes luxuosos que duram horas com cantores e dançarinos. Várias propriedades espalhadas pelo território. Lá se viam as melhores roupas, a melhor arte, os melhores móveis...

Essa é uma vida que ela, como se pode observar, não acha interessante, até porque está dividindo um quarto tipo, os do Motel 6 (uma rede de motéis bastante popular nos Estados Unidos), em Caná, com Maria dos Sete Demônios. Ela está sentada na mesa de jantar com pescadores de cidades pequenas que provavelmente estão no início da juventude, com vinte e poucos anos.

Ela está conhecendo no caminho alguns leprosos que querem ser curados. Ela está ouvindo Jesus dar sermões a milhares de pessoas que vieram ouvi-lo e que estão esperando por comida de graça porque estão com muita fome.

Agora, mais um detalhe. Observe este versículo de Lucas 13:

> Naquela mesma hora, alguns fariseus vieram para dizer-lhe: Retira-te e vai-te daqui, porque Herodes quer matar-te. (Lucas 13:31)

Herodes quer te matar.

Claro que ele quer.

Herodes governa um reino.

É absolutamente essencial que seu reino permaneça o único. Mas Jesus está indo de vila em vila anunciando a chegada de *outro reino*, o Reino de Deus. Um reino que não é dominado pelos ricos que oprimem os pobres e pelos poderosos que usam suas forças armadas para manter os fracos em submissão. Algo construído mediante compaixão e não violência, amor e solidariedade com aqueles que sofrem. É um tipo totalmente diferente de reino.

Para Herodes, qualquer outro reino além do seu é uma ameaça, e então ele quer Jesus morto.

Como Jesus responde aos fariseus quando dizem que o homem mais poderoso da Judeia está tentando matá-lo?

Espere — antes de lhe contar o que Jesus diz, deixe-me dar um pouco de pano de fundo. Na cultura judaica antiga, se você falasse sobre o quão grandioso e importante um homem era, você o descrevia como um *leão*. E se um homem fosse um mentiroso, uma farsa e um impostor, você o chamaria de *raposa*.

Então, como Jesus responde quando lhe dizem que o governador o quer morto?

> Ele, porém, lhes respondeu: Ide dizer a essa raposa que, hoje e amanhã, expulso demônios e curo enfermos e, no terceiro dia, terminarei. (Lucas 13:32)

Jesus chama Herodes de raposa, o maior insulto que você poderia dizer com essa palavra naquela época.

Nota paralela: O símbolo dos romanos que governavam sobre Herodes — e praticamente todo mundo — era uma águia. E Jesus se referiu aos herodianos como raposas. Então, quando um homem vem até ele querendo se tornar seu discípulo, eis o que acontece:

> Mas Jesus lhe respondeu: As raposas têm seus covis, e as aves do céu, ninhos; mas o Filho do Homem não tem onde reclinar a cabeça. (Lucas 9:58)

O que Jesus está dizendo aqui? Que o seu movimento não é sobre o acúmulo de riqueza e posses; não se trata de luxo e conforto. Jesus quer que o homem saiba que o reinado que está anunciando não é como o dos romanos ou dos herodianos.

Agora vamos ligar todos os pontos: Herodes quer matar Jesus porque ele está proclamando outro reino que não o seu e isso faz de Jesus uma ameaça política. Mas Jesus é capaz de viajar anunciando essa mensagem subversiva de um reinado diferente do de Herodes, porque um grupo de mulheres viaja com ele e paga suas contas, incluindo uma que tinha muito dinheiro porque seu marido é o administrador da casa real que é pago por... Herodes.

Herodes, em outras palavras, acaba financiando indiretamente o movimento de resistência que está tentando exterminar.

Fascinante, não é? Essas são apenas algumas palavras em um parágrafo do oitavo capítulo de um dos relatos do Evangelho de Lucas sobre a vida de Jesus.

Essa sensação nunca vai embora quando você está lendo a Bíblia — você mergulha e descobre que existe um mundo inteiro de profundidade e intriga, insinuações e histórias logo abaixo da superfície. Sempre há algo mais acontecendo.

Agora, vamos voar muito mais perto do chão. Quero mostrar como o foco em apenas uma palavra, uma passagem, pode abrir todos os tipos de novos entendimentos e de perguntas.

5

Anakephalaiossathai

Segue-se aqui uma passagem de uma Carta aos Efésios, do Novo Testamento, escrito por um homem chamado Paulo:

> E nos revelou o mistério da sua vontade de acordo com o seu bom propósito que ele estabeleceu em Cristo, isto é, de fazer convergir em Cristo todas as coisas, celestiais ou terrenas, na dispensação da plenitude dos tempos. (Efésios 1:9–10 NVI)

Espere aí, como assim?

Fazer convergir em Cristo todas as coisas?

Todas as coisas?

Primeiro, um pouco de grego para aqueles de vocês que queiram entender melhor as coisas.

A expressão *todas as coisas* é a palavra *pas* em grego e significa em sua tradução literal... *todas as coisas*. (Eu até imagino que você pensou que seria algo mais complicado ou profundo; em vez disso, é exatamente o que parece ser.)

Um pequeno resumo: de acordo com o escritor Paulo, nesta passagem, Deus está fazendo algo mediante Cristo —

algo que envolve todas as coisas — porque traz satisfação a Deus.

Deus procura satisfação.

É exatamente com isto que tudo aqui está de acordo: a satisfação de Deus.

(A propósito, quando você ouve a palavra *Deus*, imediatamente lhe vem à mente *satisfação*? Porque esse é o processo de funcionamento dessa ideia aqui, ou seja, aquilo mesmo que Paulo está tentando comunicar. Que Deus faz o que faz por satisfação. Não é, de fato, curioso quantas vezes há uma palavra de significado importante numa frase que passa quase despercebida?)

Deus gosta disso, seja o que for.

Agora, sobre o que quer que seja.

A palavra usada para descrever o que Deus está fazendo em Cristo é traduzida aqui por:

convergir.

Em outras traduções, é

unir

ou

reunir

ou

congregar.

A palavra em grego é *anakephalaiossathai.*

Vamos fazer uma pausa por um momento para apreciar o enorme peso e volume dessa palavra. Se você usar essa palavra, não estará brincando. Este é o único lugar em que aparece na Bíblia, e com essa palavra você pode superar seus amigos em qualquer jogo que envolva palavras ou vocabulário.

> *Ana* significa "outra vez",
> *Kephale* significa "cabeça",
> então *anakephalaiossathai* é *trazer de volta as coisas unidas sob uma cabeça.*

(A palavra também foi usada no mundo antigo em matemática descrevendo o que acontece quando você soma vários números.)

Às vezes, essa palavra é traduzida por *recapitular.* Outra palavra para *recapitular* é *recontar.* Há uma história que foi contada de uma maneira e perspectiva, de certo ponto de vista; **mas, quando você a recontou ou recapitulou**, você o fez de modo um tanto diferente.

Quando você reconta uma história, **você não remove os pontos desagradáveis ou os eventos infelizes** — você os inclui. Mas, ao recontar, muitas coisas aparecem sob uma nova luz. Elas são aquilo que são e, no entanto, quando narradas novamente, assumem um novo significado, diferente peso e perspectiva.

Lembra-se de quando você foi acampar e choveu o tempo todo, você ficou encharcado, furou um pneu do carro e aqueles guaxinins carnívoros entraram e levaram sua comida embora? (Insira, aqui, uma história semelhante.) Quando você for recontar essa história, anos depois em um jantar, você talvez a conte com um sorriso nos lábios e de uma forma cheia de detalhes que se tornam engraçados até que todo mundo ao redor da mesa esteja rindo.

É uma excelente história sobre *a pior viagem de acampamento de todos os tempos.* Você estava rindo na época em que sua barraca se rasgou e encheu de água? Você estava sorrindo quando percebeu que não tinha roupas secas? Você estava gostando do passeio até aquele posto, lá na loja de conveniência?

Não.

Foi péssimo.

E, no entanto, ao recontar a história, você inclui todos esses detalhes, porque na nova narrativa as coisas se transformam.

De fato, você acentua as passagens desagradáveis. Não era um chuvisco, era uma chuva torrencial. Sua irmãzinha não ficou apenas com uma dor de estômago por causa dos bolinhos do posto de gasolina, aqueles mesmos que ela comia, sem problema, no café da manhã, no almoço e no jantar; você conta como ela acabou *vomitando a noite inteira.*

Aquilo que antes eram as piores coisas da história, na sua narrativa se transformam nas partes mais divertidas na hora em que você a reconta.

Vamos voltar, agora, àquele trecho escrito por Paulo:

Deus está recontando... tudo.

O mundo está em pedaços, quebrado; os pedaços estão espalhados por toda parte — e isso proporciona a Deus a satisfação divina de reunir novamente tudo numa união universal. Em Cristo.

Tudo o que existe?

Tudo que faz parte da história?

Tudo que a humanidade já fez?

Por que Paulo usa essa palavra *pas* intencionalmente expansiva? Por que incluir o céu e a terra?

Por que ele não colocou alguns limites nisso?

Por que ele não disse *coisas religiosas*, ou *coisas judias*... ou *coisas remidas*... ou *boas coisas que mereceriam ser citadas*?

Por que isso é tão descaradamente inclusivo?

Por que ele é tão claro e insistente em que nada seja deixado de fora desse *anakephalaiossathai(ando)* que Deus está aprontando no mundo e que tanto lhe satisfaz?

Com essas perguntas em mente, observe o que Pedro diz em Atos dos Apóstolos, capítulo 3:

> "[...] até que chegue o tempo em que Deus restaurará todas as coisas [...]." (Atos 3:21 NVI)

E o que Paulo escreve em Colossenses, capítulo 1:

> Porque foi do agrado do Pai que n'Ele toda a plenitude habitasse [...]. (Colossenses 1:19 NVI)

Aí está, a palavra "agrado".

> [...] Por meio do sangue do Filho na cruz, o Pai fez as pazes com todas as coisas [...]. (Colossenses 1:20 NVI)

Mais uma vez, a palavra *pas*.

> […] e por meio d'Ele reconciliasse consigo todas as coisas, tanto as que estão na terra quanto as que estão no céu, estabelecendo a paz pelo seu sangue derramado na cruz. (Colossenses 1:20 NVI)

E em Mateus, capítulo 19:

> Jesus lhes disse: "Digo-lhes a verdade: Por ocasião da regeneração de todas as coisas […]." (Mateus 19:28 NVI)

Recontando?
Restaurando?
Reconciliando?
Renovando?

O que é isso?
Sobre o que estão falando?
E por que todos eles usam essa expressão: todas as coisas?
Por que eles deixam isso tão propositalmente vasto e inclusivo?

Restaurando, reconciliando, renovando, *anakephalaiossathai(ando),* eles são consistentes e persistentes em suas afirmações de que o que Deus está fazendo no mundo envolve trazer de volta todas as coisas em união umas com as outras, juntas, como deveria ser.

Seu coração está partido?
Todas as coisas.

Pobreza?
Todas as coisas.

Abuso?
Todas as coisas.

Racismo?
Todas as coisas.

Relações rompidas?
Todas as coisas.

Todas as coisas.
Todas as coisas.
Todas as coisas.
Todas as coisas.
Todas as coisas.

Segundo Paulo, é nisso que Deus se satisfaz.
É isso que Deus está fazendo no mundo.
É isso que Deus está fazendo agora.

Sua história pode ser recontada?

Todas as coisas que aconteceram com você e as que você fez, nas quais você prefere nunca mais pensar, e as partes embaraçosas e dolorosas — podem ser recontadas de forma que as piores partes se tornem as partes mais profundas e provocativas?

E se isso é possível para a sua história, é também possível para a história do mundo? Não pode tudo eventualmente ser recontado de tal maneira que as piores partes — guerra, doença, opressão e outras coisas assim — sejam incluídas de alguma forma e conduzam a uma união reconciliadora de tudo?

Encontramos esse versículo em uma carta, por isso se trata de alguém escrevendo para outra pessoa. Eles estão dizendo um ao outro o que pensam e acreditam. É uma afirmação, uma declaração, algo sendo anunciado — mas você também pode ler isso como uma questão, não é? Como acabamos de fazer — formulamos uma pergunta, uma grande pergunta sobre o que acreditamos que está realmente acontecendo na história da humanidade.

E implícita na pergunta está outra pergunta: "Você acredita que isso está acontecendo?"

E nessa pergunta há outra pergunta: "Como seria viver assim?"

O que nos leva à pergunta: "Viver assim tornaria sua vida melhor?"

Interessante isto, não é? Porque se você estivesse hospedado em um hotel em Des Moines em fevereiro, pegasse uma dessas Bíblias dos Gideões da gaveta da mesinha de cabeceira, abrisse aleatoriamente no primeiro capítulo da Carta aos Efésios e lesse a expressão sobre "fazer convergir em Cristo todas as coisas", você provavelmente, como eu também faria, pularia direto mais para a frente imaginando o que o escritor iria escrever adiante, com a esperança de que a próxima parte fosse mais compreensível.

Mas, nesse ponto, você desacelera sua leitura e descobre que existe uma palavra enorme logo abaixo da superfície no idioma original e que é encontrada uma só vez na Bíblia, uma que também é usada na matemática, e que, na verdade, são duas palavras anexadas uma à outra e contêm esse significado sutil, que sugere não eliminar fatos desagradáveis e infelizes e, sim, de alguma forma, incluí-los e recontá-los porque assim, de repente, as coisas tomam um novo caminho e um sentido mais profundo e provocativo.

Uma das razões pelas quais eu lhe apresento e esclareço essa palavra é porque, às vezes, as pessoas descartam a Bíblia como algo, bem, velho. Desatualizado. Não tão interessante ou nem sequer inteligente.

Mas não temos uma palavra equivalente. O que você faz se está traduzindo a Bíblia do grego para a língua do seu país e o seu idioma simplesmente não tem uma tradução capaz de capturar a amplitude e a profundidade do conceito daquela palavra no original? O que você faz? Como você a traduz, afinal? Que decisões você toma?

Existe lá o mundo do autor,
e então existe o mundo do tradutor,
e então existe o nosso mundo,
e em todos esses mundos algumas palavras são comuns
e outras não, e alguns conceitos são familiares e alguns são totalmente novos.

A simples intenção de traduzir a Bíblia para um idioma específico exige a tomada de milhares de decisões sobre quais palavras você irá usar.

Você vê como... e eu estou procurando a palavra certa aqui... quão *vivas* são essas passagens? Elas fazem exigências, dão sugestões e inspiram possibilidades e, neste caso, tudo isso pode ser percebido e desencadeado por meio dessa longa e grandiosa palavra.

6

A importância da altitude

Quando você lê a Bíblia:

Você pode ler um versículo e estudar as palavras uma a uma.

Você pode refletir sobre uma frase.

Você pode procurar informações que estão numa sequência de vários versículos juntos.

Você estuda um parágrafo ou um capítulo.

Ou você pode voar mais alto, contemplando um livro inteiro.

Eis o que eu quero dizer com altitude: você pode ler a Bíblia em diferentes níveis, desde o exame minucioso de uma única palavra até a visão de 3 mil metros de altura de um livro inteiro ou mesmo de toda essa biblioteca. E quando voa mais alto, você, muitas vezes, vê coisas que perdeu quando estava voando mais baixo.

Como no livro Atos dos Apóstolos.

Como Atos começa? Com Jesus dizendo a seus seguidores que eles receberiam o poder de levar sua mensagem até os confins da Terra, começando com Jerusalém e depois na Judeia e Samaria. (Grave isso; voltaremos a este assunto.) Jesus, que é judeu, conversando com seus seguidores também judeus, dizendo que eles irão deixar sua terra e acabar nos mais distantes cantos da Terra.

(A propósito, no capítulo 8, o que é que ficamos sabendo? Que eles ainda estão em Jerusalém! E isso é interessante, não é? Jesus diz que eles vão deixar o local onde vivem e ir para longe de casa espalhando sua mensagem; mas, sete capítulos depois, ainda estão no mundo ao qual estavam acostumados. Lemos, então, que uma grande perseguição começou e que eles se dispersaram para — esperem por isso — Judeia e Samaria. Foi necessário um tempo de sofrimento e perseguição para que saíssem da terra deles.)

Agora, avance de vez para o final do livro dos Atos dos Apóstolos. Paulo está em *Roma* que, para um judeu do primeiro século, era verdadeiramente um lugar nos confins da Terra. Ele alugou uma casa e está acolhendo todos os que vêm vê-lo contando-lhes sobre o Reino de Deus.

Existe um arco, uma trajetória, um movimento para o livro Atos que você só vê se voar alto lendo o livro como uma narrativa contínua. O que você percebe aí é que essa mensagem de Jesus não pode ser reduzida a nenhum grupo, etnia, localização geográfica ou religião. A mensagem do Reino de Deus (foi sobre isso que Paulo mais falou) não pode ser contida em uma caixinha.

Move-se de Jerusalém para Roma,
do conhecido para o desconhecido,
do particular para o universal,
do local para o global,
de um grupo de pessoas para todas as pessoas.

Começa com um grupo específico de pessoas de um povo específico, mas se espalha até chegar aos confins da Terra.

É uma realidade em expansão, rompendo todas as barreiras ao redor. Espalhando-se e crescendo para além de quaisquer fronteiras. A própria natureza do amor redentor de Deus, e a reconciliação de todas as coisas, não pode acontecer e ser eficaz senão percorrendo seu caminho até os confins da Terra.

Podemos falar também sobre o livro de Rute.

Uma mulher chamada Rute, cujo marido já tinha falecido, vai para uma nova terra e faz uma proposta sexual explícita a um homem chamado Boaz. (A mãe de seu falecido marido a pede para ir até o homem à noite e *descobrir os pés dele*. O que mais você acha que isso significa?) Boaz então faz dela sua esposa, e eles têm um filho. (Este é o livro de Rute resumido em duas frases.)

Esta história parece ser, numa primeira leitura, sobre uma família obscura com uma sogra bastante rude. Até você ler os dois últimos versículos e ficar sabendo que o bebê que Rute tem com Boaz se chama Obede e o seu filho se chama Jessé, que é o pai do rei Davi.

Por que isso é tão importante?

Porque a pessoa central das Escrituras hebraicas é um homem chamado Abraão e seu povo que andava vagueando, sofrendo e brigando com Deus. Então, ele é chamado para ser pai de um novo povo, que deve mostrar ao mundo o amor redentor de Deus. (Observe como demos uma volta e retornamos a essa ideia.) Imediatamente, apenas um capítulo depois de nós o termos conhecido, Abraão e seu sobrinho Ló se separam. Os dois acabaram ficando tão ricos que literalmente não tinha mais espaço em seus territórios para todos os rebanhos e não havia como contratar mais mão de obra. Muita coisa em pouco espaço. As riquezas de Abraão levaram à seguinte conclusão: "Vamos nos separar. Se você for para a esquerda, eu irei para a direita."

Se fosse para dar origem a um novo povo, as coisas estariam se tornando trágicas, porque estamos apenas em um único capítulo dessa nova história (Gênesis 13) e esse novo povo estava se dividindo novamente.

Ló segue um caminho,
Abraão outro caminho.

Até o livro de Rute.

Rute é de Moabe, e os moabitas eram descendentes de Ló. Então, quando Rute retorna a Israel, essa história obscura sobre sua família se torna uma história sobre a descendência de Ló e a de Abraão sendo reunidas. Rute voltar para casa e se casar com Boaz é sobre Ló voltar para casa. É sobre curar a família. Trata-se de reunir o que foi separado anos antes.

(Na linguagem hebraica, a mesma palavra é usada quando Ló se separa e quando Rute ao enviuvar não abandona a sogra, Noemi. O narrador quer tornar claro que esta história é a respeito de algo muito maior.)

É por isso que aquela história termina com um pouco de genealogia: a família é reunida e curada bem a tempo de o rei Davi nascer. Então, desde Gênesis 13 até o livro de Rute, as coisas não vão bem até que são acertadas.

E depois há o livro de Êxodo.

Como isso começa? Com os hebreus escravizados em uma terra dominada pelo Faraó, com seu Deus em lugar nenhum para ser visto por eles. Com Deus *ausente.*

E como isso termina? Com esses escravizados libertos e vivendo no deserto com Deus habitando no Tabernáculo e "[...] perante os olhos de toda a casa de Israel, em todas as suas jornadas". (Êxodo 40:38)

> A história começa na escuridão, mas termina na luz;
> começa na escravidão, mas termina na liberdade;
> começa com a ausência de Deus, mas termina com a presença de Deus;
> começa com Deus fora de vista e termina com Deus à vista.

E, enquanto estamos nisso, o que dizer sobre a Carta aos Efésios?

O apóstolo Paulo escreve uma carta para seus amigos na cidade de Éfeso e, nos três primeiros capítulos, não lhes dá nenhuma instrução. Paulo simplesmente lhes diz quem são. Diz que são abençoados, adotados, redimidos, perdoados, incluídos, marcados, selados, vivos e ressuscitados, anunciando quem são, o que Deus fez por eles e como o Espírito Santo habita no meio deles.

Paulo continua dizendo quem são e o que foi feito por eles.

E então, no quarto capítulo, o apóstolo começa a dizer como gostaria que vivessem, na prática, essa nova realidade em cada dia de suas vidas.

Primeiro, Paulo diz quem eles são.

Depois, Paulo lhes diz o que fazer.

Por quê?

Porque a mensagem de Jesus é antes de tudo um anúncio de quem você é.

É sobre a sua identidade, sobre a nova palavra que foi dita sobre você, o amor que sempre existiu para com você.

Se começar com instruções e comandos, as pessoas podem se enganar ao pensar que Deus nos ama por causa do que fazemos ou por quão religiosos, morais ou bons somos.

Isso não tem nada a ver com a fé. O evangelho é o anúncio de quem Deus insiste que você é. Você é um filho de Deus não por causa da sua grandeza, mas porque Deus tem todo tipo de filhos e você é um deles.

E se você continuar dizendo quem eles são e qual sua verdadeira identidade, há uma boa chance de descobrirem o que devem fazer.

Mais uma vez, você voa mais alto e vê aquela pequena mudança do final do terceiro capítulo para o início do quarto capítulo, e abre toda a carta, revelando todo tipo de insight.

E, continuando, o que dizer sobre o Evangelho de Mateus?

Jesus nasceu e foi levado para o Egito, não foi assim? Então ele volta para Israel, é batizado e depois passa quarenta dias no deserto, certo?

Espere — os israelitas estavam no Egito, não é? E então eles foram levados, atravessando as águas do mar rumo ao deserto, onde passaram quarenta anos.

E Mateus está escrevendo para um público judeu. Como ele começa? Conectando Jesus com a história de seu povo. Jesus está **recontando** a história de Israel.

E há também toda a história da Bíblia.

Como a Bíblia começa?

No livro de Gênesis com pessoas em paz em um jardim com um rio e uma árvore.

E como a Bíblia termina?

Nos capítulos 21 e 22 do livro do Apocalipse, com pessoas em paz (sem lágrimas), rios e uma árvore (que é para a cura das nações) em uma cidade.

Quando você tem, num lugar, muitos jardins juntos, o que você tem? Uma cidade.

Se a Bíblia fosse um filme,
a cena inicial, envolvendo uma árvore,
e a cena final, também envolvendo uma árvore,
seriam muito, muito parecidas.
Vivemos entre as árvores.

É por isso que a Bíblia não é um livro sobre ir para o Céu.
É aqui que a ação acontece.
É aqui que a vida acontece.
É uma coleção de livros sobre a cura, restauração, reconciliação e renovação deste mundo.
Nosso lar.
O único lar que sempre tivemos.
Então, quando você estiver lendo a Bíblia, pergunte-se: há alguma coisa que não estou percebendo, pois é preciso voar mais alto?

Quando você a lê, está interagindo com coisas muito antes na história, você está diante de referências a coisas que aconteceram em outros lugares na Bíblia, costumes, culturas, gestos, palavras, geografia — você a está lendo à luz de todas essas outras coisas que estão acontecendo em volta dela. E, com o tempo, um pouco como acontece quando se está lendo Shakespeare, você começa a reconhecer padrões e ideias, que surgem e fazem você chegar muito mais depressa *a tudo o que está acontecendo aqui e agora.*

Outras vezes, você percebe rapidamente que está perdendo alguma coisa e, então, descobre o que estava procurando. De vez em quando, detalhes importantes são deixados de lado unicamente porque, para o público ouvinte, lá nas origens tais informações não eram necessárias. Mais ou menos como se você me dissesse que "Phoebe estava nos levando para um bazar".

Consigo imaginar um carro e um motorista parando para pôr gasolina no tanque e encontrando um lugar para estacionar. Há uma tonelada de imagens e associações que tenho com essa frase e que você não precisa explicar.

Mas se você me dissesse que "Phoebe gritava para todos os lados erguendo o copo de todos os *dófagos* lá".

Eu não teria pista alguma para entender o que você estava dizendo. Eu precisaria de algumas explicações.

É isso que acontece na Bíblia com bastante frequência — o escritor está se referindo a algo com o que os primeiros leitores, na época, deveriam estar familiarizados, como a tal história sobre os fogareiros fumegantes.

7

Fogareiros fumegantes

Vamos imaginar que você esteja tentando vender sua caminhonete Volvo azul-claro de 1984, e um dia o telefone toca. É um homem chamado Roy, que diz ter visto seu carro em um site e agora estava querendo vê-lo pessoalmente. Você fica feliz com isso, porque está mesmo querendo vender o automóvel há bastante tempo para poder comprar um daqueles famosos PT Cruisers bege.

Você agenda um horário, Roy aparece, dá uma olhada no seu carro e pergunta se pode dirigi-lo. Você entrega as chaves e, quando o homem se acomoda no volante, você aproveita para perguntar onde está o carro dele, porque naquele momento percebe que Roy poderia simplesmente desaparecer com o seu carro. Ele diz que o carro dele está estacionado na esquina. Isso lhe pareceu uma boa resposta. Roy segue com o carro e você se senta na varanda da frente com uma revista para esperar por ele.

E você o espera.

E espera.

Meia hora depois, o homem ainda não voltou.

Você se consola, então, pensando que Roy é um cara legal. Depois de uma hora, porém, você fica desconfiado e vai até a esquina para ver se o carro dele está por lá. Enquanto caminha, você nota que não tem a menor ideia do tipo de carro que você está procurando porque se esqueceu de perguntar e, então, volta para a varanda.

Você espera um pouco mais, dá uma volta no quarteirão; mas, duas horas depois, acaba se convencendo de que Roy roubou seu carro.

Então, o que você faz?

Você chama a polícia.

Por quê?

Porque é isso que se faz quando parece que seu veículo foi roubado.

Vamos fazer uma pausa bem aí: *você chama a polícia.*

Pense em como é normal, natural e perfeitamente razoável essa reação, e, no entanto, quão totalmente surpreendente ela é. Você liga para um número de telefone e um policial aparece fazendo perguntas. Você preenche um formulário e, em seguida, eles entram em contato com outras pessoas que transmitem certos detalhes e, em instantes, uma enorme rede de especialistas com tecnologia e habilidade impressionantes está procurando seu carro.

Acabam o encontrando. No Círculo K, numa distância de mais ou menos 5 km da sua casa. Segundo o policial, eles se depararam com o Roy quando saía de uma loja com um saco de carvão e alguns produtos que pareciam ser destinados a um churrasco.

Agora, aqui vem a parte mais curiosa. Quando eles perguntaram ao Roy sobre o motivo de ele estar dirigindo *o seu carro*, o homem disse que você lhe tinha dado as chaves.

Esta foi a resposta dele: "Imaginei que estava tudo certo porque aquele homem muito gentil me deu as chaves do seu carro."

Quando os policiais lhe contam isso, você fica atordoado. Como assim?

"Mas ele não me entregou o dinheiro para pagar o carro!", você responde.

Quando os policiais explicaram para o Roy que é preciso dar a uma pessoa certa quantia em dinheiro antes de ir embora com o carro dela, ele respondeu: "Eu nunca ouvi falar disso. Mas é uma boa ideia."

Você acha essa história um tanto estranha, não é verdade?

Você acha essa história bem esquisita e inexplicável, mas isso porque tem um senso profundamente arraigado de como os negócios funcionam: você concorda com os termos, cada um fornece o que se comprometeu a fornecer (dinheiro, carro etc.), e, se você não conseguir cumprir a sua parte, haverá consequências legais.

É por isso que existem os contratos, e é por isso que preenchemos formulários, e é por isso que, quando você compra coisas com seu cartão de crédito, assume responsabilidades que são registradas a respeito de suas compras — e você está, assim, concordando em sustentar até o fim a transação que foi feita.

Isso vale para a compra de casas, comércio de cavalos, ou para compra de um saco de salgadinhos no caminho de casa, ou quando vai para o jogo semanal de futebol com seus amigos.

Duas partes concordam com um acordo: eu lhe darei 26 dólares por ano — você me entregará doze edições da revista Horse & Hound.

Todo esse processo existe, sobrevive e funciona quase sempre de maneira bastante consistente, porque é sustentado por um sistema de aplicação da lei e da justiça que pune as pessoas que não cumprem o combinado até o fim do acordo. Inclusive, se não pagar pelo seu pacote de salgadinhos, a loja poderá mandar a polícia atrás de você.

Agora, uma pergunta: quatro mil anos atrás na história da humanidade, para quem você ligava quando alguém não cumpria um acordo?

O que leva a outra pergunta: antes que houvesse esses processos rigorosos e complicados de aplicação da lei, títulos de seguros, certificados, propriedade de automóveis, transferências bancárias e cheques, endereços e números de telefones de postos policiais — antes que houvesse estruturas competentes criadas para manter a justiça, como as pessoas confiavam umas nas outras para manter um acordo até o fim dos seus compromissos?

O que leva a outra pergunta: como os negócios eram realizados se não havia ninguém para quem ligar ou recorrer?

Obviamente, andei simplificando as coisas em vários pontos até aqui, mas há uma resposta: *aliança.*

No mundo antigo, quando você faz um acordo com uma pessoa, você faz uma aliança com ela, um juramento de que vai fazer a sua parte.

Primeiro, você pega alguns animais, como uma vaca, um carneiro, uma cabra ou uma pomba.

Segundo, você os corta ao meio.

Sim, ao meio.

Terceiro, você coloca as metades com um espaço entre elas, formando então um corredor.

Quarto, cada um fica em uma extremidade de um corredor feito no meio de metades de animais e cada um declara o que fará para que se conclua e se mantenha o que está sendo pactuado.

(Você: *fornecerei uma caminhonete Volvo azul-claro de 1984 que faz um barulho estranho quando está a mais de 100 quilômetros por hora.*

Roy: *pagarei 2.713 dólares pelo privilégio de possuir um veículo tão imponente.*)

Por que tudo isso?

Por causa do que vem depois.

Em quinto lugar, você caminha entre as metades dos animais enquanto diz algo como: "***Posso me tornar como esses animais se falhar em manter minha parte do pacto até o fim da minha aliança.***"

Você vê o poder de uma aliança como essa?

Você vê o significado desse tipo de ritual?

(Vamos abstrair, por enquanto, a violência contra os animais.)

Você entende o cerne da questão?

Nas culturas de antigamente, os sistemas de justiça e sua aplicação eram mais primitivos e, em alguns casos, inexistentes, sua palavra era o que formava seu vínculo. Rituais como esses eram a expressão do compromisso mútuo, do vínculo, da segurança entre as pessoas, a maneira como confiavam umas nas outras, a forma pela qual se asseguravam juntas umas às outras numa sociedade.

Posso me tornar como esses animais se falhar em manter minha parte do pacto até o fim da minha aliança.

A propósito, é daí que vem a expressão *to cut a deal* da língua inglesa: cortar, finalizar, fechar um negócio.

Tudo isso nos leva a Gênesis 15, onde vemos Deus fazendo grandes promessas a Abraão sobre o povo que virá de seus lombos (mais tarde trataremos a respeito de lombos com mais detalhes), que será uma nova nação. Abraão está tendo sérias dificuldades em acreditar que Deus quer mesmo usá-lo para fazer algo assim no mundo, especialmente por causa desta observação que ele faz:

> "Senhor Deus, que me haverás de dar se continuo sem filhos e o herdeiro da minha casa é o damasceno Eliézer?" (Gênesis 15:2)

(Há uma tonelada de humor aqui: Deus diz a um homem que ele será o pai de uma nação, e esse homem permanece sem filhos por muito, muito tempo. Já começa estranho.)

Deus então leva Abraão para fora, mostra-lhe as estrelas e diz:

> "Será assim a tua posteridade." (Gênesis 15:5)

Em outras palavras, você terá muitos filhos. Confie em mim. Abraão faz isso. Tanto que o próximo versículo diz:

> Ele creu no Senhor, e isso lhe foi imputado para justiça. (Gênesis 15:6)

Fique comigo aqui, porque é agora que as coisas começam a decolar: no mundo antigo, acreditava-se que os deuses estavam distantes, separados, petulantes, esperando que você lhes oferecesse sacrifícios para apaziguar sua ira e torná-los benevolentes. Assim eram imaginados. Faça o que for preciso para manter sobre você o favor deles. Ofereça o que for necessário, sacrifique o que for preciso, faça o possível para aplacar a ira dos deuses.

Mas estamos agora numa história que é sobre um Deus que gasta muito tempo insistindo que tem planos para fazer algo *por Abraão.*

A história está totalmente de cabeça para baixo. É algo tão novo e original, que não temos realmente como classificar quão inédito esse tipo de pensamento teria sido para aquele tempo.

Um Deus que quer fazer *o bem* por uma pessoa? O quê?

E Abraão acredita nisso. Ele confia. Isso é revolucionário, e voltaremos a isso logo mais. Mas primeiro vamos avançar um pouco nessa narrativa:

Deus lhe diz, então, que dará a Abraão uma grande porção de terra, e ele pergunta:

> "Senhor Deus, como saberei que hei de possuí-la?" (Gênesis 15:8)

Deus responde:

> "Toma-me uma novilha, uma cabra e um cordeiro, cada qual de três anos, uma rola e um pombinho." (Gênesis 15:9)

Você sabe o que vai acontecer, não é? Mesmo porque o próximo verso já diz:

> Ele, tomando todos estes animais, partiu-os pelo meio e lhes pôs em ordem as metades, umas defronte das outras; e não partiu as aves. (Gênesis 15:10)

Por que Deus não precisa dizer a Abraão o que fazer com os animais?

Porque Abraão já sabe o que fazer. Ele e Deus estão fazendo um pacto, estão fechando um acordo, e Abraão faz o que as pessoas em seu tempo costumavam fazer em situações como essa.

Deus então diz a Abraão diversas coisas que vão acontecer ao seu povo, e o seguinte acontece:

> E sucedeu que, posto o sol, houve densas trevas; e eis um fogareiro fumegante e uma tocha de fogo que passou entre aqueles pedaços. (Gênesis 15:17)

Deus reafirma, então, suas promessas a Abraão e assim termina essa parte da história.

Espere aí, como é que é? Esse é o fim dessa história?

Sim. Um fogareiro fumegante passa entre as metades dos animais.

Então, que negócio é este do fogareiro fumegante?

Ele é um sinal da presença de Deus.

Então Deus passa por entre os animais sozinho? Sim.

Mas se Deus e Abraão estão fazendo uma aliança, por que Abraão também não passa pelos animais? Não é assim que se fechava um acordo — ambas as partes concordam em fazer cada um a sua parte?

Você está certo, foi assim que funcionou. Mas nessa história, Deus foi o único que passou. A história começa com algo familiar que as pessoas faziam naquela época — mas depois toma um rumo inesperado.

Mas, então, qual é o sentido de tudo isso?

Na história, Deus se compromete a garantir os dois lados do acordo. Mesmo que Abraão não faça sua parte, Ele será fiel.

Há algo maior acontecendo aqui?

Sim. Abraão está sendo convidado a confiar em Deus, a acreditar que Ele é bom e tem seus melhores interesses em mente e será fiel a ele, mesmo que Abraão possa vir a estragar tudo.

Essa resposta dá a impressão de estar sendo um tanto superficial sobre o que, de fato, estaria acontecendo aqui.

E dá mesmo. Esta é uma história sobre um ser humano tendo um relacionamento com um Deus vivo. Essa foi uma ideia totalmente nova na história da humanidade.

Mas não é apenas um relacionamento...

Exatamente. É uma história sobre um tipo particular de relacionamento com um tipo particular de Deus, alguém que é bom, gentil e generoso. Alguém em quem se pode confiar. Um Deus que continua insistindo, dizendo "Confie em mim, eu sei o que estou prometendo".

Mas o Deus do Antigo Testamento não é irascível e severo?

Há imagens de um Deus realmente violento e terrível. Iremos tratar sobre isso em breve. Agora a história é sobre confiança, amor, graça e esperança.

A história de Abraão e o fogareiro fumegante é sobre um novo entendimento de Deus, um no qual Abraão está aprendendo a confiar cada vez mais e mais.

Esta história é sobre uma evolução no pensamento humano sobre o divino.

Não se trata apenas de fechar um acordo. Trata-se de uma compreensão crescente do que significa ser humano.

É fácil se distrair com o corte dos animais em suas metades — ou simplesmente esquecer-se disso, porque também a imagem do fogareiro fumegante não é algo com que estamos familiarizados — e deixarmos escapar quanto essa história representa para darmos um grande salto à frente...

8

A espada envolta em gordura

E depois há Eúde, que era canhoto.

A história de Eúde, um homem canhoto e sua mão esquerda, está em Juízes, um livro que lembra bastante *Game of Thrones* e *House of Cards*.

Em outras palavras, é um livro realmente violento envolvendo lutas pelo poder, assassinatos e questões sobre quem governará e quem será assassinado. E onde fica Deus no meio disso?

De acordo com o narrador, o povo de Abraão, os israelitas,

> Então, fizeram os filhos de Israel o que era mau perante o Senhor [...]. (Juízes 2:11)

e por causa disso, o rei Eglom, rei da nação vizinha Moabe, se torna o governante.

(Em paralelo, note como o escritor usa, aqui, "Senhor" para Deus. Esse é o nome que foi dado a Moisés quando ele perguntou qual é o nome do Todo-Poderoso. É usado repetidamente para se referir àquele que libertou o povo hebreu da escravidão e o levou a uma vida totalmente nova. Muitas e muitas vezes eles foram alertados para nunca esquecer a bondade, a graça, o amor e a generosidade que lhes foram concedidos. Mas acabam se esquecendo. Perderam a conexão com suas raízes. Eles, como o escritor quer que saibamos, *fizeram o mal.*)

(Outra observação: veja como política, poder, fé e religião estão emaranhados como numa gigante bola de pelos. Eles fazem o mal [que o escritor não menciona qual] e imediatamente há consequências *políticas*.)

Isso acontece nos próximos dezoito anos até que "[...] os filhos de Israel clamaram ao Senhor, e o Senhor lhes suscitou um libertador". (Juízes 3:15)

Espere — eles *clamaram*?

Foi assim que a história do livro de Êxodo começou. Com os israelitas em escravidão no Egito gritando por socorro. E Deus ouviu o *clamor* deles. E quando Caim matou Abel, o sangue de Abel *clamou* desde a terra. E Deus ouviu. E quando Jesus está caminhando por uma vila e as pessoas estão gritando por socorro e seus discípulos lhe dizem para ignorá-las, ele não as ignora, ele para e as escuta.

O *clamor* é um dos principais temas da Bíblia. Pessoas clamando, pedindo socorro diante da sua miséria e dor. Voltaremos a isso mais tarde; mas, por enquanto, o que é realmente importante é ver que o narrador da história está conectando a opressão dos israelitas sob o rei Eglom com a escravidão de seus ancestrais no Egito. E Deus, de acordo com a história, sempre ouve o clamor dos oprimidos.

O que nos leva de volta a Eúde, a quem Deus chama para libertar os israelitas de seu opressor, o rei Eglom. A primeira coisa que nos dizem sobre Eúde é que ele é canhoto. Isso era incomum, porque então, como agora, a maioria das pessoas era destra. Ele é enviado para prestar homenagem ao rei, e, para isso, faz uma espada e a amarra na coxa direita.

Eúde dá o presente,
vai embora,
e depois retorna
dizendo ao rei que tem uma mensagem secreta para ele.
Eglom diz aos que estavam presente que os deixem a sós,
Eúde se aproxima do rei e

> [...] estendeu a sua mão esquerda, tirou a espada de sobre sua coxa direita, e lhe cravou no ventre de tal maneira que entrou até o cabo após a lâmina, e a gordura encerrou a lâmina (porque não tirou a espada do ventre) [...]. (Juízes 3:21–22)

(Isso está na Bíblia. Palavra por palavra.)

Eúde então trava as portas atrás dele e vai embora. Passa-se algum tempo e os servos pensam que o rei deve ter aproveitado para se aliviar de suas necessidades e, então, finalmente destrancam as portas para encontrar “seu senhor estendido morto em terra”. (Juízes 3:25)

Eúde foge,
toca uma trombeta,
anuncia que eles conseguiram a vitória ao massacrarem dez mil moabitas, e então Moabe fica sujeita a Israel pelos próximos oitenta anos.
Fim da história.
Ou é o que parece.

Vamos voltar ao primeiro detalhe narrado sobre Eúde: que ele é canhoto. Há três menções a pessoas canhotas na Bíblia, e todas elas são da tribo de Benjamim.

É algo engraçado, porque o nome Benjamim significa "filho da minha mão direita".

Pois bem, Eúde é canhoto, e nos dizem que ele amarrou a espada na coxa direita.

Por que isso é interessante?

Porque o rei Eglom teria guarda-costas que garantiam que ninguém trouxesse armas na presença do rei. Eles teriam revistado as pessoas em busca de armas examinando a coxa esquerda, porque as pessoas destras é que mantinham suas espadas ali. Não teriam nem pensado em procurar qualquer coisa na coxa direita, porque as pessoas não eram canhotas.

Exceto Eúde.

É essa sua particularidade que lhe permite enfiar disfarçadamente a espada para matar o rei e libertar seu povo.

Então, o que você vai faz com uma história como essa?

É tão violenta.

Todo o livro de Juízes é assim.
É sangue e caos por toda parte.
Até a última linha dessa história —

> e a terra sossegou por oitenta anos. (Juízes 3:30)

... é comprometida pelo fato de que apenas um rei e dez mil moabitas foram assassinados para trazer *essa paz — se é que isso pode ser chamado de paz.*

Portanto, é uma história sobre Eúde, o herói inteligente e astuto que liberta seu povo da violência. Mas ele faz isso com mais violência.

O que é fascinante, porque como o capítulo seguinte começa?

> Porém os filhos de Israel tornaram a fazer o que era mau aos olhos do Senhor depois de falecer Eúde. (Juízes 4:1)

E então voltamos a outro ciclo em que os israelitas são brutalmente oprimidos por outro rei estrangeiro por vinte anos até que voltam a clamar e você sabe o que acontece quando clamam, certo?

Eles são libertados. De novo.

E o ciclo continua se repetindo.

Você quase consegue sentir algum desânimo do escritor nas entrelinhas, não é? É como se o contador dessas histórias estivesse narrando em forma de crônica toda essa violência e esse perdão, deixando claro como isto não está funcionando.

Nada realmente melhora.

E, no entanto, logo abaixo da superfície, está a insistência de que Deus permanece cuidando dessas pessoas. Salvando-as, ouvindo seu clamor sendo muito, muito paciente com elas.

O que nos leva de volta à história de Eúde. Quando você lê a Bíblia, uma das coisas em que você está prestando atenção são os grandes padrões, as coisas que se repetem. Isso porque, por vezes, o ponto mais importante a ser revelado não está na história, mas onde ela acontece, aquilo que está em seu entorno e o grande padrão do qual essa história faz parte.

Existe um ponto importante no livro de Juízes que você só pode entender se o ler como um todo.

Sim, é sobre um libertador canhoto e um rei gordo, mas também é sobre um povo que se desviou do caminho. É sobre o fracasso da violência como meio para resolver algo.

A última coisa que o escritor está fazendo é apoiando ou encorajando a violência — pelo contrário, ele deseja que vejamos como a violência é inútil.

Por isso, quando você está lendo a Bíblia, está sempre precisando fazer perguntas. Você irá fazer perguntas sobre os detalhes de uma passagem específica e, em seguida, perguntas sobre questões maiores ao redor do texto. O que vem antes daquilo? O que vem depois? Existe algum fato, alguma frase ou ideia que já tenha visto antes?

Às vezes, o significado está na própria história;
outras vezes, o significado é encontrado em como a história se situa entre as demais;
e, às vezes, é a perspectiva geral que está sendo o ponto principal daquela história.

Agora, vamos partir dessa ideia de padrões para uma progressão que fica logo abaixo da superfície em uma série de ensinamentos de Jesus.

9

A coisa com pérolas e porcos

> Não deem o que é sagrado aos cães, nem atirem suas pérolas aos porcos [...]. (Mateus 7:6 NVI)

Jesus disse isso.

Essas palavras fazem parte de um texto bem mais amplo no início do Evangelho de Mateus, chamado Sermão da Montanha. É importante entender que isso não é uma coleção aleatória de trechos interessantes e expressões importantes — eles estão, de fato, organizados numa ordem bem específica e há uma progressão que vai se revelar quando você os lê por inteiro.

Na parte anterior a essa passagem, Jesus ensina a confiar a Deus todas as preocupações e tensões de sua vida. Ele insiste que o Pai sabe do que precisamos antes mesmo de o pedirmos. Isto nos leva a uma vida calma, centrada, não reativa, na qual acreditamos que, por mais caóticas ou incertas que as circunstâncias sejam, tudo ficará bem. Jesus está nos ensinando a ter uma mente apaziguada, a silenciar as vozes que podem encher nossas cabeças.

Por que isso é bom para o nosso sucesso? Porque é fácil gastar — ou mais precisamente, desperdiçar — uma quantidade enorme de tempo e energia em coisas que não podemos controlar.

A preocupação é mortal no que diz respeito à prosperidade porque é um defeito não estar totalmente presente. Preocupar-se com alguma coisa significa que você *está lá*, não *aqui* — preso como alguém que está ruminando sobre o futuro sem tirar proveito algum do presente. Jesus nos ensina a estarmos inteiramente presentes neste momento sem perder nada exatamente aqui e exatamente agora.

Essas palavras são de uma sabedoria concreta, prática e brilhante sobre como viver no mundo com mais alegria. E é fundamental, para viver esse tipo de vida, atender à insistência de Jesus de que se pode confiar em Deus. O sexto capítulo termina com o seguinte versículo:

> Portanto, não se preocupem com o amanhã [...] Basta a cada dia o seu mal. (Mateus 6:34 NVI)

E o sétimo capítulo começa assim: "Não julguem [...]." (Mateus 7:1 NVI)

Como passamos da *preocupação* ao *julgamento*?

Porque *preocupar-se* diz respeito a você,
e *julgar* é sobre os outros, não é mesmo?

Sim. Exatamente. E esse é o ponto.

Observe a progressão: de "não julguem", Jesus passa a falar sobre ter uma trave em seus olhos enquanto tenta remover um cisco dos olhos de outra pessoa. Ele continua até que:

> "Não deem o que é sagrado aos cães, nem atirem suas pérolas aos porcos; caso contrário, estes as pisarão e aqueles, voltando-se contra vocês, os despedaçarão." (Mateus 7:6)

O quê? Como é que passamos da preocupação para o julgamento, aos ciscos e às vigas de madeira, aos cães e aos porcos?

Ótima pergunta.

Agora uma resposta.

Para prosperar, precisamos primeiro nos comprometer com o cuidado amoroso de Deus. O que sempre significa ter lhe entregado nossas preocupações, ansiedades, dramas e estresse.

É assim que se começa.

Você confia inteiramente em Deus.

Você muda sua mente.

Você se rende.

Depois, há um segundo passo: você confia *os outros* a Deus.

Confiamos os outros a Deus porque, se não o fizermos, inevitavelmente continuaremos a lidar com nossa ansiedade, preocupação e medo tentando manipular as pessoas.

E como fazemos isso?

Por vezes, tentamos controlar os outros mediante atitudes e ações negativas, como julgá-los, condená-los e criticar o que fazem. Nós os afastamos de nós. Falamos mal deles. Nós os constrangemos a fazer as coisas do nosso jeito.

Você já viu o que acontece quando os pais ficam ansiosos com relação aos seus filhos e, por isso, passam a repreendê-los e a incomodá-los sobre qualquer coisa que aconteça debaixo do sol?

Quando sua vida interior está uma bagunça, quando você está atormentado por preocupações, culpa e ansiedade, você procura desesperadamente alguma distração, algo que possa afastar seus pensamentos da dor e do caos que está dentro de você. E isso costuma se manifestar em atos de julgamento, constrangimento e condenação.

As pessoas com uma grande necessidade de controlar os outros geralmente o fazem como uma forma de lidar com a falta de domínio que estão experimentando dentro de si.

(É por isso que uma das primeiras coisas que você aprende para corrigir isso é que você não deve controlar pessoas, lugares ou coisas.)

Às vezes, e aqui está uma reviravolta inesperada, as pessoas tentam controlar os outros não por meio de comportamentos negativos, e sim mediante coisas boas. Como dar presentes e fazer elogios excessivos — tudo como tentativa de obter controle.

Você já recebeu alguma coisa e, em vez de ficar cheio de gratidão, teve uma sensação constrangedora de que o presente não vinha de uma generosidade sincera e pura, e sim de uma pessoa que estava querendo alguma coisa de você?

Era como se fosse um presente, mas havia uma intenção por trás daquilo?

Vamos adiante: já aconteceu de alguém oferecer algo que parecia ser bom para você e, no entanto, gerou um sentimento horrível de raiva e ressentimento? Foi confuso, não é? Porque aparentava ser alguma coisa boa e, no entanto, a reação foi contrária.

Pais, sogros, cônjuges, figuras de autoridade — várias pessoas têm esse tipo de comportamento o tempo todo. As pessoas oferecem coisas boas, mas com segundas intenções ocultas, algo que não é bom, e você deseja rejeitar tudo aquilo ou arrebentar o presente (e elas) em pedaços.

É por isso que Jesus fala sobre dar aos cães algo sagrado e aos porcos algo valioso como pérolas. Ele está acrescentando outra grande lição ao que já ensinou. Está nos alertando para ter muito cuidado com o modo como nos relacionamos com os outros, porque, se não confiamos totalmente os outros aos cuidados amorosos de Deus, podemos estar lhes oferecendo coisas boas pelas razões erradas. Podemos estar forçando-os a fazer o que não querem, ou a aceitar aquilo que não estão prontos para receber, e eles podem se sentir pressionados ou manipulados. E quando as pessoas se sentem assim, geralmente se revoltam e atacam.

(Talvez seja por isso que tantas pessoas que frequentam escolas religiosas não querem saber de religião? Foi imposto para elas com tanta insistência e tanta pressão que fizeram desaparecer tudo o que havia de bom naquela experiência.)

Jesus nos ensina a sermos muito rigorosos ao examinar nossos corações, nossos motivos e nossa razão para fazer o que estamos fazendo. Se não estivermos rendidos e não entregarmos os que estão à nossa volta aos cuidados amorosos de Deus, de maneira inevitável estaremos tentando controlar pessoas e acontecimentos que estão, fundamentalmente, fora de nosso controle.

(Isso é ainda mais verdadeiro nas famílias em que há modos definidos para as coisas serem feitas. Se alguém sai da linha, muitas vezes é julgado e condenado de maneira intensa. E se continuar no mau caminho, o que acontece a seguir? Em geral, o sistema descobre que essa resposta não está funcionando e, então, a atitude muda para dar presentes e elogios, para a *conquista*. Tudo isso é um claro e visível fracasso em entregar sua confiança nas outras pessoas a Deus, não permitindo então que elas se desenvolvam e se tornem quem efetivamente devem ser.)

Pense nas pessoas que mais o influenciaram, aquelas de quem você mais gostaria de estar por perto, aquelas que têm a paz que você anseia. Eu imagino que elas tenham um modo de ser sereno, uma calma e tranquilidade que advêm do fato de estarem sempre em paz consigo mesmas. E daí resulta uma postura muito especial em relação aos outros: elas te amam e dão o que é bom para você, mas de uma forma que não lhe parece pesada nem pegajosa. Sem segundas intenções. Não estão tentando controlá-lo, envergonhá-lo, ou fazer com que você faça alguma coisa, porque renunciaram a qualquer interesse sobre você e são o tipo de pessoas que poderiam socorrê-lo antes de quaisquer outras. A diferença, claro, está no fato de que, quando você confia as outras pessoas a Deus, você pode ajudá-las de verdade porque não necessita delas, não está carregando nenhum pensamento ou tensão não resolvida nem precisa controlar ninguém por causa disso — você se doa livremente, sem nada que o mantenha aprisionado.

Essa é uma expressão, até certo ponto, incomum sobre porcos e cães, mas que é fácil de ler e pensar: *Quê?*

Isso nos leva de volta à progressão.

Quando você está lendo a Bíblia e chega a essa pergunta, suponha que a resposta vai sair de um trecho anterior. O escritor está criando caso por algum motivo. Confie que existe um motivo e que as reviravoltas são intencionais.

(Como quando o apóstolo Paulo, em Romanos, conecta o sofrimento com a esperança. Ele faz algo muito perspicaz quando diz que a esperança é algo que nasce dentro de você — não é um pensamento ou ideia fugaz, é um estado, um modo de ser — e que só é possível surgir quando você permite que o sofrimento pelo qual você está passando opere em você e o transforme de forma muito especial.)

Se isso soa estranho ou chocante, provavelmente é porque o escritor está tentando tirar você do seu modo comum de pensar.

Pegue o que você acabou de ler,
e depois coloque isso ao lado do que vem depois.
Como eles se relacionam?
Por que o escritor colocou
esta ideia
depois
daquela ideia?

Por que essas duas imagens estranhas e inesperadas são colocadas lado a lado? (Como em 1Coríntios, quando Paulo mantém contrastes de força e fraqueza, ou no livro de Provérbios, ser simples é o oposto de ser prudente, ou nos Evangelhos, quando histórias sobre párias e fracassados são colocadas ao lado de histórias sobre líderes e governantes.)

Aonde uma coisa te leva,
e então por que a outra coisa vem depois dela?
Por que o escritor quis colocá-las nessa ordem?

E sempre tenha em mente que:
o mais surpreendente, estranho e inesperado
é provavelmente intencional.

É isso que é tão importante em grande parte da Bíblia. É sobre a disrupção que ocorre quando você é posto para fora do seu modo de pensar e ver.

É o momento de mudança e amadurecimento, quando você percebe que o modo como está vivendo, pensando, ou tratando as pessoas não está funcionando. É você que está lançando pérolas aos porcos, e isso é um absurdo. E você precisa parar.

Já avançamos bastante e cobrimos uma parte do terreno até agora.

Vamos fazer uma pausa para uma pequena revisão.

Começamos com a direta e avançada verdade de que **a Bíblia foi escrita por pessoas reais que viviam em um momento real**.

Bastante óbvio.

Então passamos a ver que, constantemente, **há algo acontecendo logo abaixo da superfície**.

Então você lê com atenção.

Você presta atenção aos trechos estranhos.

Você dá importância aos detalhes.

Você voa perto da superfície e, às vezes, voa bem mais alto.

Em algumas ocasiões, apenas uma única palavra desbloqueia algo incrível — em outras, a surpresa maior ocorre quando você lê de uma altitude muito maior.

Você nunca para de fazer perguntas:

Por que isto aqui?

A que isto se refere?

Por que Lucas menciona que as mulheres pagaram as contas de Jesus?

Quem eram aquelas mulheres?

Como esse livro começa?

Como termina?

Por que o livro de Rute encerra com uma breve genealogia do rei Davi?

Você continua perguntando, procurando alguma coisa, pesquisando, questionando, acreditando que há algo mais acontecendo ali.

10

Virando a gema

Pedras e pecadores
e
palavras gregas enormes
e
a espada submersa na gordura
e
pérolas e porcos,
e nós estamos apenas começando.

Na tradição rabínica, eles dizem que as Escrituras têm setenta faces. Então, quando as lê, vai fazendo girar como se faz com uma gema, deixando que essa pedra preciosa faça a luz refratar, mostrando suas múltiplas facetas sob novas e inesperadas formas.

O rabino Lawrence Kushner escreveu um livro chamado *Deus esteve aqui e eu não sabia*, no qual cada capítulo apresenta uma interpretação diferente *da mesma passagem na Bíblia.*

Você continua virando a gema
vendo algo novo em cada vez.

É o que estamos fazendo neste livro —
estamos virando a gema.

Nós lemos,
e nos permitimos ser lidos.

Mergulhamos na história *deles*
descobrindo, no processo, a *nossa* história.

Eu ouvi pessoas que me disseram que leem a Bíblia literalmente. Como se essa fosse a melhor maneira de entender a Bíblia.

Não é.
Nós a lemos literariamente.
Nós a lemos de acordo com o tipo de literatura que ela é.
É assim que você a honra.
É assim que você a respeita.
É assim que você aprende a partir dela.
É assim que você usufrui dela.

Se é um poema, então você a lê como um poema.
Se é uma carta, você a lê como uma carta.
Se é uma história na qual alguns detalhes parecem exagerados ou extremos —
como quando Sansão mata exatamente mil filisteus, ou a jumenta de Balaão começa a falar com ele, ou Elias é levado ao céu diante de seus olhos —,
há uma boa chance de o escritor estar exagerando um tanto e você não precisa se prender a esses detalhes.
Você lê,

e faz perguntas sobre o que leu,

e estuda, e analisa e faz reflexões, e sorri, e argumenta, e especula sobre o assunto e discute.

Outras vezes, as pessoas querem saber a resposta sobre uma passagem na Bíblia. Como se houvesse uma leitura certa e uma errada de cada versículo. É claro que existem muitas maneiras de deixar escapar o verdadeiro sentido de uma questão e realmente ler de maneira errada. Mas dizer que existe uma forma tal que é a única certa pode limitar, desnecessariamente, a sua leitura.

Existem muitas formas de ler a Bíblia.

De fato, o que é certo sob o ponto de vista estritamente racional nem sempre é a melhor forma de pensar sobre a Bíblia.

Que tal dançar?

Você dança com alguma ideia.

E para dançar, você tem que ouvir a música que lhe é própria.

E então, você irá se mover de acordo com aquela canção.

Meu amigo Kent estava fazendo um trabalho de pós-graduação em Jerusalém com um rabino que um dia deu à classe uma tarefa para ser feita em casa: ler a história de Abraão oferecendo seu filho Isaque (que é chamado de Akedah, ou a Amarração Sacrificial de Isaac) e depois pensar e escrever tantas perguntas quanto fosse possível sobre aquela história.

Eles voltaram para a sala de aula e o rabino pediu aos alunos que as compartilhassem. Cada um tinha escrito algumas. Depois de lerem determinado número, o rabino se manifestou declarando que estava estranhando que tivessem tão poucas perguntas. Afinal, não tinham lido a história? Como é que poderiam ter lido e terem tão poucos questionamentos?

Você dança com a Bíblia,
mas você também a interroga.
Você investiga, pergunta e cutuca por todos os lados.
Você deixa que o incomode.

Nós a lemos, e nos permitimos ser lidos,
e então viramos a gema,
de novo
e de novo
e de novo,
vendo alguma coisa nova
e outra vez e novamente mais uma vez...

11

Larry no aeroporto

Imagine que você está sentado na área de chegada dos passageiros no aeroporto, esperando seu tio Willy e a tia Frieda que estão vindo de Sarasota, quando percebe que um homem e uma mulher se aproximam e se abraçam. Você não dá atenção aos dois porque isso acontece o tempo todo quando os passageiros aparecem na área de desembarque do aeroporto. As pessoas chegam e são recebidas por suas famílias, amigos e amigas, e levam suas bagagens e vão para o estacionamento.

Você não sabe quem é esse homem, ou essa mulher, de onde vem um deles, quem está visitando quem, o que aconteceu, ou está acontecendo. São apenas duas pessoas se abraçando em um aeroporto.

Agora imagine o que acontece quando você sabe algo sobre eles.

Imagine que você saiba que esse homem e essa mulher são, na verdade, irmãos, e ela esteve trabalhando em um hospital em Malawi nos últimos três anos e os dois acabaram de descobrir que o pai foi diagnosticado com câncer no cérebro, e só tem alguns dias para viver, então a mulher voou para casa e há muita coisa que precisa dizer para ele. Agora, o irmão a buscou no aeroporto e eles seguirão direto para o hospital, onde a família estará reunida pela primeira vez em anos. Eles vão se despedir do patriarca e os dois sabem que, depois daquilo, tudo será muito diferente na vida deles.

Ou digamos que são marido e mulher, e ela teve o sonho de ser escultora, fazendo exposições e vendendo seu trabalho em galerias; mas, depois que entrou na faculdade, ela teve filhos e ele também foi estudar, então ela precisou arrumar um emprego para ajudar no orçamento doméstico. E então os dois acabaram trabalhando demais, tentando criar bem os filhos, pagar as mensalidades escolares e a hipoteca da casa. Agora, o filho mais velho precisa de aparelho dentário, a casa precisa de um telhado novo e o sonho dela morreu. Só que, no seu quadragésimo quarto aniversário, a mulher acordou com um sentimento profundo de desespero, como se a vida tivesse tomado decisões por ela que a deixaram com a convicção de que não tinha sido fiel ao que deveria de fato ter sido. Após compartilhar isso com o marido, ele teve a ideia de começar um emprego à noite e nos fins de semana em uma loja de artigos esportivos de propriedade de um amigo, para que, assim, ela pudesse reduzir sua carga horária e, então, liberar um espaço no porão convertê-lo em um estúdio no qual pudesse esculpir novamente. E agora, depois de três anos, a mulher está regressando de uma viagem a Nova York, onde vendeu suas duas primeiras obras e assinou um contrato com uma galeria. Tudo isso aconteceu porque trabalharam juntos com um mesmo propósito e estão exaustos de tanto esforço, mas estão vivos e mais entusiasmados do que nunca. Havia um senso de sacrifício compartilhado, como se tivessem permanecido unidos para fazer isso acontecer, e há muita, muita alegria entre eles, e o marido está feliz por várias razões, e entre elas está o fato de que não precisará mais responder a perguntas sobre equipamentos de golfe.

Agora, mudando tudo, imagine que esse homem e essa mulher sempre foram amigos, se conhecem há quinze anos, frequentaram a mesma faculdade e namoraram colegas um do outro durante muito tempo, mas há cinco anos se mudaram para diferentes regiões do país. E então, inesperadamente, um ano atrás, começaram a escrever cartas um para o outro, cartas manuscritas em papel, e por meio delas um amor genuíno começou a crescer. Os dois tinham sido malsucedidos em relacionamentos anteriores — ela chegou a ser pedida em casamento, mas o noivo cancelou tudo duas semanas antes da cerimônia; e o homem descobriu que sua ex-namorada estava saindo com o colega de apartamento dele há dois anos – e, então, ambos decidiram que não se veriam mais e só se escreveriam por um ano e se, no final do ano, ainda estivessem escrevendo um para o outro, então iriam se encontrar pessoalmente. Isso aconteceu, as cartas os uniram de maneira extraordinária à medida que o amor deles crescia e crescia, à medida que compartilhavam cada vez mais suas vidas um com o outro. E agora o ano acabou, e a mulher veio visitá-lo. E ele tem um anel de diamante no bolso, algo que ela ainda não sabe.

Agora, vamos voltar.

Você está lá no meio daquelas pessoas que estão chegando — só que agora você conhece todas essas histórias, antecedentes e contexto, e então vê a mulher andando pelo corredor na direção do homem.

A cena se torna instantaneamente eletrizante para você, certo?

Você vê o que está acontecendo com olhos diferentes.
Você está totalmente envolvido,
cheio de expectativa.

Por quê? Porque agora você está por dentro. Antes, você estava distanciado do que era mais profundo e alheio às histórias dessas pessoas. Mas agora você vê, conhece e sente várias coisas que não sentiu antes. Sua percepção mudou, isto é claro, *tudo* na sua perspectiva.

Agora, digamos que seu amigo Larry esteja com você, mas ele esteve no banheiro esse tempo todo. Larry aparece no momento em que a mulher se aproxima do homem e começa a falar sobre como não consegue se entender com aqueles secadores de mãos novos sob os quais você coloca a mão e depois espera o ar secá-las. Ele comenta que são muito barulhentos e por isso não os usa. Larry acha que são pouco eficazes e que não justificam a eletricidade que consomem e que sempre acaba limpando as mãos molhadas nas calças, o que até faz parecer que ele acabou de sofrer um acidente. Larry pergunta: "Afinal o que há de errado com toalhas de papel?!" Aí você pede, por favor, que ele pare de falar porque você está observando atentamente dois estranhos se encontrarem e se abraçarem. Você não pode tirar os olhos deles, está fixado na cena à sua frente e percebe que está se esforçando muito para não deixar rolar uma lágrima.

Larry o observa um tanto espantado.

Ele pensa que você é um cara meio *stalker* que fica de olho na vida dos outros e diz: "Eu não entendo. Uma mulher sai de um avião e abraça o homem que a espera — acontece centenas de vezes por dia. Afinal, é onde as pessoas chegam de viagem e se encontram com as pessoas que as esperam. É isso que se faz aqui. Será que estou perdendo alguma coisa?"

Você tem uma resposta para Larry, não tem?

Você o olha nos olhos e diz ________________

(A propósito, o que você disse? Você o atualizou? Você contou a história sobre as cartas, o anel ou a galeria ou a — você conta pra ele, não é? Você não o deixa ali à toa, deixa?)

É uma história estranha, não é?

Qual é a questão? *Há algo mais acontecendo lá*. E, como vimos na primeira parte deste livro, quanto mais você sabe sobre o que está acontecendo, mais a Bíblia começa a se abrir, a se manifestar de maneiras inesperadas.

Agora, precisamos ir ainda mais longe, porque não se trata apenas que há alguma coisa mais acontecendo logo abaixo da superfície, trata-se da **própria natureza dessa coisa**.

Para entender o que é isso, vamos começar com uma história da qual você provavelmente já ouviu falar, aquela sobre Noé e o dilúvio.

Parte 2

A natureza de “alguma coisa”

12

Dilúvio

No mundo antigo, as pessoas costumavam contar histórias sobre inundações. Os sumérios, os africanos, os babilônios — todos falavam sobre enchentes, sobre a água e seu poder fatal de destruir pequenas cidades, grandes cidades, civilizações e pessoas, histórias que eram bastante comuns naquela época.

Havia histórias de pessoas construindo barcos para sobreviver a essas inundações.

Acreditava-se que toda a água que vinha para destruir a humanidade era um julgamento divino por todas as múltiplas maneiras pelas quais as pessoas tinham feito desordens e bagunçado o mundo. Os deuses estão zangados e uma inundação era a maneira que eles usavam para limpar o cenário todo e recomeçar.

Então, quando chegamos a uma história sobre uma inundação no livro de Gênesis, capítulo 7, não se trata de alguma coisa tão incomum.

> Durou o dilúvio quarenta dias sobre a terra [...]. (Gênesis 7:17)

O dilúvio em Gênesis — aquele em que Noé constrói uma arca e sua família e os animais aguardam a tempestade no barco — é como as outras histórias de inundação, porque esse Deus está como os outros deuses: farto da depravação da humanidade, desencadeando então a sua ira divina na forma de um dilúvio.

Só que esta passagem inclui algo diferente. Termina com a insistência divina em afirmar *que isso nunca mais acontecerá.*

Deus faz surgir um arco-íris e então faz uma aliança com Noé.

Uma *o quê*?

Uma aliança. Como vimos anteriormente, uma aliança é um acordo, um juramento, um vínculo relacional entre dois seres.

Não era assim que as outras histórias de enchentes terminavam. Naquelas histórias, os deuses estão com raiva e todo mundo morre e, assim, os seres divinos ficam satisfeitos. Ponto final.

Mas esse Deus é diferente. Ele se compromete a viver com as pessoas de um novo modo, uma nova maneira pela qual a vida é preservada e respeitada.

Então, por que essa história em especial foi contada?

Por que essa história tinha importância?

Por que permaneceu desde aqueles tempos?

Várias razões.

Antes de tudo, imagine que você não tenha uma imagem do espaço exterior da Terra, nenhum boletim meteorológico, nenhuma imagem do Google, não existam aviões — imagine que você nunca tenha ido a mais de alguns quilômetros do lugar onde nasceu. E agora, vem uma inundação repentina — água e mais água, incontrolável, com grandes ondas, em turbilhão e aterradora — surgindo do nada e invadindo onde você está, lavando e levando embora a casa, as colheitas, os animais e todos os membros da família.

Imagine, então, o que isso faria em sua cabeça, com a sua psique.

Você reagiria do mesmo modo que fazemos sempre que sofremos: procuraria encontrar as causas disso tudo. E no mundo antigo, geralmente era consenso que as forças que provocam isso vinham dos deuses. Um castigo sobre os seres humanos e suas traições, suas formas de vida depravadas que faziam com que os deuses decidissem desencadear sua ira.

Foi assim que as pessoas viram como era o mundo.

Foi assim que as pessoas explicaram as inundações.

Mas essa história,
a de Noé no livro de Gênesis,
é diferente.

Começa como as outras,
com o julgamento divino e um dilúvio,
mas há uma reviravolta no final.

Nem todo mundo morre como nas outras histórias de enchentes.

Uma família é salva.

E então uma promessa é feita.

A história segue em uma direção diferente. Uma direção muito diferente, uma que envolve arco-íris, juramentos, pactos e aliança.

Não era assim que as pessoas pensavam e falavam a respeito dos deuses. Eles estavam irritados — é assim que as pessoas os imaginavam.

Esta história é sobre um Deus que quer se *identificar*,
um Deus que quer *salvar*,
um Deus que quer viver *em aliança*.

Esta história é sobre uma nova visão de Deus.
Não é um Deus que quer acabar com as pessoas,
mas um que quer viver um relacionamento.
Sim, esta é uma história primitiva.
Claro que é.
É uma história muito, muito antiga.

Ela reflete como as pessoas viram o mundo e explicaram o que acontecia em volta delas.

Mas diminuir a força dessa narrativa como sendo antiga e primitiva é deixar de perceber que, na época em que ela foi contada pela primeira vez, foi uma alucinante nova concepção de um Deus muito, muito melhor, mais gentil e pacífico, cuja intenção para com a humanidade não é a violência, e sim a paz e o amor.

Estamos diante de algo primitivo, mas que é também muito, muito progressivo.

Mais um pensamento, agora sobre unicórnios.

(Que frase louca, não?)

Você talvez tenha ouvido pessoas falarem sobre histórias da Bíblia, como essa, com um olhar descrente, tipo "Você consegue aceitar que as pessoas ainda acreditem nessas coisas?".

Grande parte disso se deve à forma como essas histórias foram contadas, muitas vezes por pessoas religiosas bem-intencionadas tentando provar sua veracidade, afirmando, por exemplo, que realmente entraram numa arca dois animais por vez.

"Sim, o barco era grande o suficiente" ou "É claro que Deus tinha providenciado um plano para onde colocar o cocô de elefante".

Esse tipo de coisa acaba sendo ruim. Esse literalismo pomposo, em seu esforço para tentar que se leve a história exageradamente a sério em seus mínimos detalhes, muitas vezes faz com que se acabe perdendo o verdadeiro sentido. O dilúvio contado em Gênesis foi um grande salto à frente na consciência e na compreensão humana, avanço muito importante em como as pessoas imaginavam o divino, um passo em direção a um entendimento menos violento e mais relacional da divindade.

Começa como as outras histórias de inundação,
mas depois se torna algo diferente.
Algo novo.
Algo melhor.

Talvez eu saiba o que você está pensando. Coisas como
A história do dilúvio é uma história progressiva?

Ela é uma história sobre uma nova e esclarecida visão do divino?

Mas inúmeras pessoas acabaram mortas!

Que progresso é esse?

Grandes perguntas.

Chegaremos a essas questões.

Primeiro, porém, vamos ver algumas outras histórias muito conhecidas da Bíblia e, em seguida, vamos conectá-las umas às outras.

13

O peixe

A seguir, uma história sobre um peixe. Isto é, um homem chamado Jonas sendo engolido por um peixe. (A palavra *baleia* não está em lugar algum na história original.)

Para termos um pano de fundo, aqui estão algumas linhas do livro de 2Reis:

> Então, veio Pul, rei da **Assíria, invadiu** o país [...]. (2Reis 15:19 NVI)
>
> [...] veio Tiglate-Pileser, rei da **Assíria**, [...] e **deportou** o povo para a Assíria. (2Reis 15:29 NVI)
>
> Porque o rei da **Assíria** passou por toda a terra, subiu a Samaria e a **sitiou** por três anos. (2Reis 17:5)

Invadiu.

Deportou.

Sitiou.

Invadir é o que acontece quando você prepara um exército e então marcha para outro país, assumindo então o controle usando força, poder e violência.

Deportar é o que acontece quando você aprisiona os habitantes de um país, tira-os à força de suas casas e empregos, cidades e terras, e depois os leva para longe.

Sitiar é o que acontece quando você circunda uma cidade com seu exército e, ao fazê-lo, a isola de suas fontes de comida e de água de tal maneira que a maioria das pessoas acaba passando fome, sofrendo e morrendo, e eventualmente se rende.

Os assírios, em outras palavras, eram malvados. Grosseiros, brutais, violentos e opressivos. Eles iam fazendo com que a vida se tornasse miserável para os israelitas ano após ano.

Foi nessa época que surgiu uma história sobre um homem chamado Jonas, um israelita. E, de acordo com essa história, o Deus de Jonas lhe ordena que leve uma mensagem "à grande cidade de Nínive". (Jonas 1:2)

E Nínive ficava na... Assíria.

Assíria? Nosso pior inimigo? Aqueles odiáveis infiéis que fizeram da vida para o nosso povo um inferno de novo e de novo? O Senhor quer que eu vá para o meio daquelas bestas e faça alguma coisa de bom por eles? Está falando sério?

Jonas não quer saber de nada disso, e vai em direção ao porto mais próximo, chega lá, entra em um navio e segue na direção oposta.

E faz isso muito apavorado.

Você talvez fizesse o mesmo e correria para um barco que o levasse para bem longe.

Com frequência, essa história é contada de tal maneira que a desobediência de Jonas se torna a questão mais relevante mais ou menos assim: "Viu o que acontece quando você não faz o que Deus diz para você fazer?"

Como é que você imagina que o primeiro público diante dessa história reagiria quando Jonas prefere não ir a Nínive? Aquela audiência era de pessoas que odiavam os assírios. É claro que ninguém queria ir a Nínive. Pode-se pensar que, então, estariam até mesmo incentivando Jonas?

Aí, ele entra no barco e chega uma tempestade, e começa uma discussão entre a tripulação sobre qual era a causa da tempestade e eles acabam concluindo que ele era o problema; jogam-no ao mar e ele é engolido por um peixe. Jonas fica orando na barriga do animal e o peixe o joga para fora.

Então Jonas vai a Nínive e os ninivitas são receptivos à sua mensagem, e a história termina com Jonas tão deprimido que ele quer se matar porque a folha da planta que o protegia do sol foi comida por uma lagarta durante a noite.

Uma planta.

Não tem como inventar isso.

Há muita coisa aqui, por onde vamos começar? Em breve chegaremos à questão *engolido-por-um-peixe*, mas primeiro vamos dar atenção à própria estranheza dessa história.

Você poderia presumir que uma história contada pelos israelitas sobre os assírios se manteria apenas na categoria do bem e do mal, do certo e do errado, do justo e do perverso.

Mas o israelita, nessa história, aquele que supostamente segue a Deus, sai correndo na direção oposta. A palavra usada é *fugir*. Jonas *foge*. Ele então acaba em um barco cheio de marinheiros "pagãos/hereges" que *oram*.

E enquanto estão orando para que a tempestade pare, Jonas não ora. Ele *dorme*.

Os marinheiros passaram a fazer todo tipo de perguntas para entender por que essa tempestade tinha vindo sobre eles, mas o que estavam fazendo era uma dissimulação para descobrir e determinar que o problema era Jonas, coisa que ele sabia o tempo todo.

E então, quando Jonas finalmente chega a Nínive depois de ter repetidamente resistido a Deus, aqueles assírios perversos, maus e terríveis acabam se abrindo à Mensagem, realmente receptivos — tão abertos que o rei ordena que as pessoas sejam cobertas com panos de saco, ou, como em outras versões, saco de estopa, que era o que a pessoa usava para clamar a Deus quando estava ciente de seus pecados, quando suplicava a misericórdia de Deus.

O rei ordena que todos se arrependam e usem pano de saco — incluindo os animais!

(Animais se arrependendo? O quê...? Um detalhe bastante surreal, para dizer o mínimo. Uma das muitas pistas de que o autor está interessado numa questão maior e tem em mente uma questão *menos literal e mais significativa* — uma mensagem que abordaremos em breve.)

(Outra observação sobre isso: quando você ler a Bíblia, envolva-se com as partes estranhas. Animais usando pano de saco são estranhos. Tome nota dos trechos esquisitos porque eles geralmente estão ali por algum motivo.)

No mundo moderno, estamos familiarizados com estruturas que consideram as coisas em termos dualísticos: existem pessoas boas e pessoas más; há a coisa certa a fazer; há a coisa errada a não fazer; há pessoas que têm sempre esses conceitos juntos, e as que não têm. Existem vencedores e perdedores.

Mas nesta história as categorias são todas embaralhadas. O israelita, supostamente justo, é desafiador e preguiçoso, e, em geral, cheio de picuinhas. Enquanto os pagãos, supostamente, maus e hereges fervorosos são receptivos e abertos à mensagem de Deus para eles.

E então, ao final, depois que Jonas teve uma mudança de sentimentos e viu essa enorme e milagrosa mudança no coração dos ninivitas bem diante de seus olhos, ele ficou tão incomodado com isso que quer morrer.

Jonas diz a Deus:

> [...] Sabia que és Deus misericordioso e compassivo, lento para se irar e cheio de amor. Estás pronto a voltar atrás e não trazer calamidade. (Jonas 4:2 NVI)

Depois, ele acrescenta:

> Agora tira minha vida, Senhor! Para mim é melhor morrer que viver desse modo. (Jonas 4:3)

Que coisa esquisita, não é?

Uma história em que nenhum dos personagens fez o que se esperava que fizessem.

O que faz surgir questões como essas:

Por que motivo essa história sobreviveu durante tantos séculos?

Por que as pessoas acharam essa narrativa importante e que vale a pena ser contada e preservada?

Essa história nos diz alguma coisa sobre como elas entendem quem elas são e quem é Deus?

São várias as respostas.

Note desde já que essa história é sobre um homem, mas também é sobre uma nação. Jonas não quer ir a Nínive porque os assírios haviam sido terríveis com os israelitas. A história faz a pergunta: *Jonas pode perdoar os assírios?*

Aliás, a pergunta realmente é: *Israel pode perdoar os assírios?*

No fim, Jonas está com muita raiva,
com raiva porque Deus acabou sendo tão gentil com eles.

Claro que Jonas está com raiva.

Quando você não perdoa as pessoas que o ofenderam e, em seguida, algo de bom, muito bom mesmo, lhes acontece — quando são abençoadas, recebem misericórdia, ou experimentam a graça de Deus —, isto é irritante.

O que leva a um grande tema da Bíblia: de acordo com as histórias que foram acontecendo bem antes que Jonas entrasse naquele barco, Israel teve um chamado e a missão, desde o início de sua história (Gênesis 12 para ser mais preciso — consegue ver como continuamos voltando a Abraão?), de ser uma luz, mostrar ao mundo o amor redentor de Deus.

Um chamado ao qual não atenderam e missão que não cumpriram.

Há uma pergunta, então, que se esconde na história de Jonas:

Você pode perdoar seus piores inimigos e passar a ser um canal pelo qual o amor redentor de Deus possa fluir até eles?

Você segue em frente, ou o passado é que decide o futuro?
Nossas feridas estão conosco para sempre ou podemos curá-las e sermos libertados delas?

Esta é a pergunta a ser feita a Jonas
porque
essa é *a pergunta* para Israel.

É por isso que o livro de Jonas não termina com uma conclusão ou um julgamento pelo que ele fez, ou detalhes sobre o que Jonas faz depois.

O livro termina com uma pergunta que Deus tem para Jonas: "Acaso não devo ter compaixão dessa grande cidade?" (Jonas 4:11)

É uma pergunta sobre o principal papel do israelita nessa história, mas em um nível muito superior e mais significativo: é uma pergunta que o autor está fazendo à sua audiência, uma que podemos supor que teria muitas, muitas razões pessoais para responder:

Não.

Agora, vamos para a parte da história onde está escrito: *engolido-por-um-peixe.*

Jonas é engolido por um peixe. Jonas então ora lá dentro do animal e, três dias depois, "Falou, pois, o Senhor ao peixe, e este vomitou Jonas na terra". (Jonas 2:10)

Isso está no segundo capítulo de Jonas.

Por causa disso, alguns reagem imediatamente diante de uma narração como essa, de um homem sendo engolido por um peixe e depois vivendo para fazer e falar uma porção de coisas, e perguntam: *Sério? Já não vivemos a nossa cota com esse tipo de pensamento mágico/mítico? Ainda não superamos esses contos de fadas? Não são exatamente essas as afirmações que afastaram tantas pessoas da Bíblia — sem nem falar em Deus, fé, Jesus e tudo mais?*

Outros têm uma resposta muito diferente: *Se a Bíblia diz que um homem foi engolido por um peixe, então um homem foi engolido por um peixe! Se você nega que essa história tenha acontecido como o autor diz que aconteceu, como vai ser com todas as outras histórias? Se você nega essa, não está praticamente selecionando as histórias e escolhendo em quais deseja acreditar?*

E o que eu acho disso? **Eu acho que não importa o que você acredita sobre um homem ser engolido por um peixe.**

Se você não acredita que isso aconteceu literalmente, tudo bem. Ao longo dos anos, muitas pessoas leram essa história como uma parábola sobre perdão. Para elas, muitos aspectos de natureza surreal da história são apenas grandes recursos narrativos auxiliando o autor na expressão de argumentos muito mais abrangentes e mais importantes a serem percebidos sobre os israelitas, os assírios e o chamado de Deus para que você seja luz para todos, em especial para seus inimigos.

Muito bem. É isso.

Só tem um problema. Alguns recusam a parte *engolido-por-um-peixe* não do ponto de vista literário, mas com base em que *essas coisas simplesmente não acontecem.*

O que levanta várias questões: quais são os critérios para negar alguma coisa? Acreditamos apenas naquilo que pode ser comprovado em um laboratório? Só cremos se tivermos evidências empíricas? Acreditamos ou não em algo que aconteceu contanto que... quando é que acreditamos que coisas desse tipo acontecem ou não? (Essa foi uma pergunta constrangedora. E intencional.) Podemos considerar verdadeiro apenas aquilo que faz sentido para nós? Não estamos dispostos a aceitar tudo o que não podemos explicar?

Se rejeitarmos todos os elementos inexplicáveis de todas as histórias, porque decidimos que essas coisas simplesmente não são possíveis, corremos o risco de reduzir o mundo apenas àquilo que podemos compreender. E o que há de divertido nisso?

Depois, há outros ainda que dizem: "Claro que ele foi engolido por um peixe, foi o que a história diz que aconteceu!"

Bem.

Só tem um problema.

É possível afirmar o fato literal de um homem ser engolido por um peixe, tornando esse o cerne da história, de tal maneira que você passe a defender que tenha sido assim, acredite nisso, discuta sobre isso e gaste sua energia na defesa do caso do peixe e perca o que há de importante na história. O que devemos perceber é o que o escritor tenta nos ensinar, que faz com que possamos permitir que o amor redentor de Deus flua através de nós com tanto poder e graça que nos tornemos capazes de amar e abençoar até mesmo os nossos piores inimigos. Argumentar sobre como aconteceu literalmente pode ser, talvez, uma forma fácil de evitar enfrentar as pessoas às quais você precisa perdoar em sua vida.

Para as pessoas que ouviram essa história pela primeira vez, ela deve ter tido um efeito provocador e perturbador. E os assírios? Eles eram para os israelitas como uma enorme e terrível ferida aberta. *Que Deus abençoe* os assírios?

Essa história é extremamente subversiva e perturbadora porque ela insiste em que: **o seu inimigo pode ser mais aberto à graça e ao amor do que você.**

É por isso que o livro termina, não com uma conclusão, mas com uma pergunta. Uma pergunta que Deus tem para Jonas — é a mesma pergunta que Ele tem para Israel: "Acaso não devo ter compaixão dessa grande cidade?" (Jonas 4:11)

Essa história exige o que se chama consciência não dualista. Muitos veem o mundo em termos bipolarizados, que significam que existem pessoas boas e más, pecadores e santos, nós e eles — um mundo no qual os seres humanos permanecem inalteravelmente fiéis a rótulos e categorias que lhes impomos.

Mas essa história contraria isso tudo. Ela destrói nossos preconceitos e rótulos com a forte declaração de que Deus está do lado de todos oferecendo graça e compaixão a todos — especialmente àqueles que nós insistimos, de maneira enfática, em decidir que não estão do lado d'Ele.

Ao longo dos anos, as pessoas religiosas têm se acostumado facilmente em se definir como *nós* e em separar aqueles que não fazem parte do grupo *delas*. Mas nessa história, o cara que se vê como *nós* está furioso com o quão amigos íntimos *Deus* e *eles* se tornaram. Está tão furioso que prefere morrer a viver nessa tensão.

O que nos leva de volta ao peixe: é fácil que o debate sobre o assunto do peixe nos distraia das tensões internas criadas por essa história que têm, realmente, capacidade e potencial para nos confrontar e romper com nosso modo de ser com um tipo de amor que pode nos transformar de verdade em pessoas mais maduras e corajosas, pessoas que amam até seus inimigos. (Lembre-se de Jesus aqui.)

Agora, podemos avançar. É possível que essa teimosia em defender os "fatos" literais da história acabe escondendo a mensagem que pode atingir o seu íntimo e chocar seu coração e, no processo, poderá até estar impedindo os outros de se envolverem com a Bíblia.

Você pode discutir persistentemente sobre peixes pensando que está defendendo a verdade, ou apontando a natureza ridícula e obsoleta do milagre do *homem-dentro-do-peixe*, e somente acabar percebendo que todos na discussão encontraram nisso uma maneira que lhes é conveniente para evitar o que é real, o que é pessoal, questões convincentes que essa história revela sobre o que realmente se esconde no fundo de nossos corações.

Você notou o que fizemos?

Lemos essa história tendo em mente as pessoas que a ouviram pela primeira vez e que nos conduziram a ultrapassar as narrativas e os argumentos ridículos sobre peixes para chegar a alguma coisa muito mais profunda e pessoal que nos toca fortemente e nos faz compreender como é importante perdoar e amar nossos inimigos.

Agora, outra história, desta vez sobre Abraão sendo incentivado a sacrificar seu filho, e então vamos tentar chegar à grande ideia que liga o dilúvio, o peixe e Isaque.

14

O filho

> Acrescentou Deus: "Toma teu filho, teu único filho, Isaque, a quem amas, e vai-te à terra de Moriá; oferece-o ali em holocausto sobre um dos montes, que eu te mostrarei." (Gênesis 22:2)

Que tipo de Deus pediria a um homem que sacrificasse seu filho?

Essa é a pergunta sobre Gênesis 22, não é?

E para chegar à resposta, primeiro precisamos dedicar algum tempo à história da religião. Depois, observaremos alguns detalhes e responderemos à pergunta.

A história da religião em poucas linhas: os humanos primitivos chegaram à conclusão de que sua sobrevivência como espécie dependia de coisas como comida e água. E para o alimento crescer, era necessário sol e água na proporção adequada. Com muita água as coisas desaparecem (são levadas pela enxurrada), com pouca água as plantas morrem. Ervas e plantas murcham e também morrem. Essas observações básicas levaram as pessoas à conclusão de que eram dependentes de *forças invisíveis, que não podiam controlar,* para sobreviver (o que foi um salto monumental na época). A crença (e eu uso essa palavra de propósito!) surgiu a partir de que essas forças podem colaborar com você ou não.

Suas plantações crescem ou não, você pode ter filhos ou não, seus animais permanecem saudáveis ou não. E como você se mantém aliado a tal poder?

Na próxima vez que tiver uma colheita, pegue uma parte dessa colheita e a ofereça em um altar como sinal de sua gratidão. Porque você precisa das forças (deuses, deusas, seres divinos) do seu lado. Agora imagine o que acontecia quando as pessoas ofereciam um sacrifício, mas depois não chovia, ou o sol não brilhava, ou seus animais ainda permaneciam doentes, ou eram incapazes de ter filhos — obviamente a conclusão a que chegavam é que não estavam oferecendo *o suficiente.* E então passavam a oferecer mais. E mais. Porque a religião fez surgir dentro dela, desde seus primórdios, algo chamado *ansiedade.* Você nunca sabe como está sua relação com os deuses. Eles estão com raiva, estão exigindo; e, se você não lhes agradar, será punido por meio de calamidades.

E se as coisas corressem bem? E se chover exatamente a quantidade certa e a luz do sol aparecer na quantidade certa; e se parecer que os deuses ficaram satisfeitos com você? Bem, então, você precisaria agradecer-lhes. Como você saberia, porém, se tinha demonstrado o quanto estava grato? Como você iria saber se tinha lhes oferecido *o suficiente*?

Se as coisas corressem bem, você nunca saberia se tinha sido grato o suficiente e oferecido o suficiente, e se as coisas não corressem bem, claramente você não teria feito... o suficiente.

Ansiedade sempre, de qualquer maneira. (É assim que o livro de Levítico é revolucionário — mais adiante retornaremos a isso.)

Agora, me acompanhe, fique comigo porque é aqui que as coisas ficam esquisitas, difíceis de engolir. Se as coisas correram bem ou não, a resposta foi: *sacrifique mais. Dê mais. Ofereça mais.* Porque você nunca ficou sabendo como estava com os deuses. E assim você ofereceria parte de sua colheita. E então ofereceria uma cabra. Talvez um cordeiro. Talvez uma vaca. Talvez algumas vacas. Talvez alguns pássaros.

A própria natureza da religião primitiva é que tudo levava a aumentar o preço de suas relações com os deuses porque, na sua ansiedade de agradá-los, você continuava a oferecer cada vez *mais*. E qual a coisa mais valiosa que você poderia oferecer aos deuses para mostrar a eles quanto você levava a sério merecer o favor deles? Uma criança. Claro. Você pode ver como o sacrifício de crianças se esconde pelas bordas do Antigo Testamento? É para onde a religião levou. Para o fim da linha, quando você ofereceria o que era mais valioso para você.

Agora, vamos para a história de Abraão.

Quando Deus diz a Abraão para oferecer seu filho, ele não fica chocado.

Levantou-se, pois, Abraão de madrugada e, tendo preparado o seu jumento [...]. (Gênesis 22:3)

O homem vai direto ao assunto. Ele não discute, não protesta, não se nega a ir adiante. Abraão não pede nenhuma outra instrução. Ele sabe claramente o que fazer, e o faz.

Claro. Foi assim que o ancião subestimou o que havia de mais importante no mundo. Os deuses estavam exigindo dele o que era mais valioso. E se não desse, pagaria o preço. Era assim que as pessoas viam as coisas naquela época.

Então, Abraão parte e chega ao local no terceiro dia.

Por três dias, ele e o filho viajam, e Isaque está ótimo, como alguém que não sabe de nada nem quer saber.

Quando chegaram ao monte, o que Abraão disse aos servos? (Qual é? Você sabe a resposta.) (Na verdade, eu também não saberia se não tivesse lido.)

Ele lhes diz:

> [...] Esperai aqui com o jumento; eu e o rapaz iremos até lá e, havendo adorado, voltaremos para junto de vós. (Gênesis 22:5)

O que é isso...? Abraão vai oferecer seu filho, não é? É disso que trata a história, correto? Deus disse a Abraão para oferecer seu filho e ele o faz, ou pelo menos prova que o faria, isso é o mais importante até aqui, não é assim?

No entanto, o que Abraão diz aos servos é que ele vai oferecer seu filho *e depois voltar com ele*. (Todas as luzes do painel estão piscando agora! Há algo mais nesta história. Logo abaixo da superfície. A narrativa está se subvertendo, implorando para que você veja algo muito mais significativo acontecendo.)

Ao subirem a montanha, Isaque pergunta a Abraão de onde virá a oferta do sacrifício — isso é bem mórbido, você não acha? Muitas pessoas que leram essa história entenderam que ele está para morrer *porque seu pai ama muitíssimo a Deus.* (Por favor, diga-me que você acha isso totalmente repulsivo. Lembro-me de um conhecido pregador me dizendo que, quando seu filho era adolescente, levou-o a uma pequena montanha e leu essa história para ele, e então disse-lhe que sempre amaria a Deus mais do que o amava. Ele me contou a história como se fosse uma coisa admirável que tinha feito para ensinar seu filho sobre devoção. Eu fiquei com muita vontade de vomitar.) Mas nós vimos, acima, Abraão dizer outra coisa. Portanto, não concordamos com isso.

Resposta de Abraão? *Deus... proverá.*

Inteligente. É uma resposta sem resposta. Abraão está vendo a jogada de outra forma. Ou seja lá como você está pensando.

E então ele se prepara para oferecer seu filho, mas não faz isso porque Deus o impede e, pelo contrário, *Deus oferece* um carneiro. Fim da história.

Parece que é o fim da história, no entanto não é.

Um anjo aparece e diz que Abraão será abençoado e que por meio da descendência dele todos os povos da Terra serão abençoados.

Agora, podemos voltar à nossa pergunta original: que tipo de deus pediria a um homem que sacrificasse seu filho? Uma resposta: não esse.

Os outros deuses podem exigir seu primogênito, mas não esse Deus.

Enfim, se Deus não quer que Abraão ofereça seu filho, por que esse teatro todo?

As respostas são muitas:

Primeiro, a parte dramática é o ápice. Abraão sabe o que fazer quando lhe pedem para oferecer seu filho, porque é sempre isso que a religião colocava na cabeça das pessoas. Então, a princípio esse Deus parece ser como todos os outros deuses. A história é como as outras sobre divindades exigindo atos de plena devoção e obediência. Deuses que nunca estão satisfeitos. O primeiro público, a primeira audiência dessa história já tinha ouvido muito isso antes, seria algo muito familiar.

Mas aqui ela não é assim. A história repentinamente dá uma guinada chocante do nada. Esse Deus elimina o que era familiar nessa história quando Ele interrompe o sacrifício. Imagine ouvintes ansiosos e já ofegantes. O quê? O que é isso? Esse Deus *parou* o sacrifício? Os deuses não fazem isso!

Segundo, Deus nesta história é o *provedor*. Adoração e sacrifício são o que *você* estava fazendo *para os deuses. Esta* história é sobre *esse Deus oferecendo algo para Abraão*. Um Deus que faz a oferta? Um Deus que provê?

Essa era uma ideia nova na época. Surpreendente. Inovadora. Uma história sobre um Deus que não exige nada; mas, pelo contrário, dá e abençoa.

Terceiro, a Abraão é informado que Deus está apenas começando, e que irá abençoá-lo com tanto amor e favor que, por meio dele, todos na Terra serão abençoados. Esse Deus não está bravo, exigente ou pronto a irar-se, esse Deus tem intenções de abençoar a todos. **Não somente as pessoas que amam, obedecem e oferecem sacrifícios. Esse Deus pretende abençoar todas as pessoas em todos os lugares.**

E o que é exigido de Abraão? Confiança. Fé. Crença. Nenhum sacrifício é necessário, apenas a crença de que tudo pode ser confiado a esse Deus.

Você consegue ver quantas novas ideias existem nesta história? Você pode perceber por que as pessoas sentiram a necessidade de passar essa história adiante? Você pode ver por que ela perdura século após século?

Agora, já podemos explorar a natureza do que acontece logo abaixo da superfície nessas três últimas histórias.

15

Ele não tinha ideia do que eu estava falando

O dilúvio,
o peixe
e o filho.

Essas são três das histórias mais famosas da Bíblia. E são frequentemente as histórias que as pessoas apontam quando insistem em que a Bíblia é um livro primitivo, totalmente fora de conexão com o mundo moderno.

Um dilúvio em que Deus ordena a destruição de todos na Terra, exceto uma família?

Um homem sendo engolido por um peixe e vivendo para contar a história?

Um Deus que ordena que alguém mate o próprio filho?

Louco.

Bárbaro.

Destrutivo.

Contos de fadas.

Desatualizado.

E a lista continua.

Mas agora nós as lemos **tendo em mente como era o mundo naquela época**. E o que vimos foi que em cada uma dessas histórias havia algo novo acontecendo. Algo um pouco melhor. Algo que impulsionava as pessoas.

Um entendimento de Deus não baseado em *destruição*, e sim em *relacionamento*.

Perdoando seus inimigos de tal forma que a violência não se mantenha circulando por toda parte.

Um ser divino que quer abençoar. E se mostrando a nosso favor. Um ser divino que provê.

Todas essas ideias foram um grande salto adiante para aquela época.

Progresso.

Iluminação.

Esperança.

A elevação e o enobrecimento da consciência.

Quando você lê a Bíblia em seu contexto, você chega à conclusão de que ela é uma biblioteca de livros radicalmente progressivos impulsionando a humanidade em direção a um futuro melhor.

O ponto central da história de Abraão e Isaque não é que você deva sacrificar seu filho, mas que você pode deixar para trás qualquer ideia de um deus que exija que você sacrifique seu filho.

Você consegue perceber o quanto isso é significativo?

Há vários anos tive uma entrevista com um pastor famoso, muito caprichoso no modo de se vestir (por favor, diga-me que você está rindo da descrição), que tem um grande número de seguidores, e me escreveu uma carta porque estava preocupado com meu trabalho. (Aprendi que *estar preocupado* é como as pessoas se expressam quando estão realmente incomodadas.)

Começamos a conversar e ele começou a fazer perguntas e logo percebi que, quando eu dizia algo bom a respeito de Deus tal como eu o entendia, o pastor replicava, em contrapartida, com um ideal violento e horrível sobre Deus.

Por exemplo, eu poderia dizer: "Jesus falou sobre a renovação de todas as coisas, e acho fascinante que Ele não tenha falado a respeito apenas de algumas coisas, sobre cristãos ou sobre religiosos, mas sim sobre todas as coisas."

Quanto a isso, o homem apontava o contrário: "Mas Deus pode decidir mandar todo mundo para o Inferno para torturá-los para sempre", e aí ele citava um versículo da Bíblia a respeito.

Em resposta, eu dizia algo assim: "Não é interessante que, quando o apóstolo Paulo escreveu sobre Jesus morrendo na cruz, ele disse que tudo faz parte da reconciliação de todas as coisas?"

E a resposta era: "Mas Deus disse a eles para matar todas as mulheres e crianças daquela vila no Livro dos Juízes e, às vezes, Deus ordena que você faça coisas difíceis que não se consegue compreender."

Diante de tudo o que eu dizia, ele retrucava com um verso, ou uma história da Bíblia sobre como Deus pode ser cruel e punitivo, incluindo sua contínua insistência na ideia de que Deus pode tomar a decisão de enviar todos para o Inferno para queimar para sempre, porque é isso que toda a humanidade merece. Mas perguntei, então, se Deus é assim, capaz de decidir tudo sobre os seres humanos, Ele também poderia decidir não mandar as pessoas queimar no Inferno? Se Deus é tão arbitrário, podendo fazer isso ou aquilo, como insistia, por que sempre tem que ser um Deus *terrivelmente* aleatório? Deus não poderia escolher qualquer um dos lados em tudo o que é arbitrário? Por que Deus não é aleatoriamente *bom*? Não é esse o Deus de quem Jesus falou? Que dá o mesmo salário àquele que trabalhou menos horas e ao que trabalhou mais horas e convida perdedores para as festas? (Na verdade, isso é o que caracteriza Jesus! De novo e de novo, esse é o ponto sobre Jesus!)

A tudo isso esse pastor, inevitavelmente, iria se opor com algo do tipo que tentaria fazer que não se pudesse confiar nesse tipo de história porque etc. e então citaria algo brutal do Antigo Testamento.

Se você está refletindo sobre isso, *parece-lhe que tudo foi uma conversa bem constrangedora,* e foi mesmo.

Ficamos nessa por um tempo até que me dei conta do que estava acontecendo conosco, e disse: "Eu não leio a Bíblia como uma linha reta. Eu não vejo todas as passagens da Bíblia sentadas igualmente, lado a lado, para que você possa escolher uma delas e depois combatê-la com a outra e ir e voltar sem parar, orientado sem cessar pela bárbara, violenta e aleatória natureza da vida — e de Deus. Eu a leio procurando saber o que a história está querendo dizer e o que está acontecendo nela. Qual nova perspectiva está surgindo ali?

Que nova ideia está sendo apresentada? O que está sendo enfatizado? As histórias da Bíblia — e a própria Bíblia — têm um arco, uma trajetória, um movimento e um *momentum*, como todas as grandes histórias têm. Existem partes anteriores e posteriores da história. A narrativa sempre tem um objetivo."

Ele disse que não tinha a mínima ideia a respeito do que eu estava falando.

Ai.

Então, vamos revisar: **a Bíblia foi escrita por pessoas.**

As pessoas escreviam as coisas num longo decorrer de tempo.

Essas coisas todas que escreveram, algumas das quais começaram como tradição oral, gradualmente foram formando a biblioteca que hoje sabemos ser a Bíblia. Alguns livros foram deixados de fora, há escritos que foram editados, elementos foram adicionados, decisões foram tomadas sobre a quais livros algumas passagens pertenciam e, naturalmente, a coleção de livros que conhecemos como sendo a Bíblia passou a ser A Bíblia.

As coisas que as pessoas escreviam refletiram o mundo de seu tempo e seu contexto. As histórias que contaram, e as explicações que deram sobre como e por que as coisas aconteceram, foram filtradas pelas concepções e formas de entender o mundo em que viviam.

Por isso, quando você lê a Bíblia, **você a lê como uma história que se desenrola num tempo e num contexto. Você não apaga a percepção dos detalhes anteriores e não faz de conta que não estão lá; eles refletem como as pessoas**

entendiam as coisas naquele tempo e lugar. Você lê as histórias à luz de para onde elas estão indo. Os dados anteriores refletem como as pessoas entendiam as coisas naquele momento da História, mas as narrativas sempre têm continuidade.

A Bíblia é fruto da história da humanidade, pois reflete o mundo desagradável, imperfeito e frustrante de onde essas histórias surgiram. E bem ali, no meio dessas histórias, muitas vezes você vê as perspectivas de crescimento, de amadurecimento e desenvolvimento.

Agora, vamos falar a respeito da violência em algumas dessas histórias.

16

Toda aquela violência

> Ora, disse o Senhor a Abrão: Sai da tua terra, [...]. Partiu, pois, Abrão [...]. (Gênesis 12:1,4)

No antigo Oriente Próximo, seu povo era sua família, sua linhagem de sangue, sua casa, sua identidade — era tudo. E todo mundo pertencia a um povo.

Você é alguém que trabalhou para o bem-estar do seu povo, assim como todos os outros nela. Você acumulou posses, travou batalhas, fez alianças, tudo em nome da sobrevivência comum. E se fez algo inaceitável, vergonhoso, isso repercutiu muito mal entre os seus.

De acordo com a história de Gênesis 12, Deus chama um homem de nome Abrão para ser o pai — o líder — de uma nova nação. (Voltamos a isso, não é?)

Abrão recebeu a promessa de que por meio dele seriam benditas todas as famílias da Terra (Gênesis 12:3).

Os povos naquela época existiam para seu próprio bem-estar e autopreservação. (Você vê alguma coisa irônica nessa última frase, não? Do tipo: nada mudou em alguns milhares de anos.) Mas esse povo, essa nação, que Abrão lideraria, seria bem diferente. (Uma ideia muito à frente de seu tempo.) Ela existiria para abençoar todas as outras.

Essa foi uma ideia nova, a marca distintiva do futuro.

À medida que os descendentes de Abrão crescessem, eles levariam consigo um senso de chamado, de que eram diferentes, e que tinham um papel especial a desempenhar no mundo.

Os povos tinham deuses e deusas, forças que seguiam e adoravam, nos quais acreditavam que os protegiam e os guiavam. Quando você entrava em guerra contra outros povos — geralmente para tomar o território ou ter acesso aos recursos ou riquezas —, era você que estava lutando com eles e também o seu deus estava enfrentando o deus deles.

(É isso que está acontecendo na história de Davi e Golias.) E quando você vencia, você os aniquilava e tomava todas as coisas que eram do outro povo. Por quê? Porque se você deixasse alguns homens vivos e depois eles se unissem — quem sabe o filho do rei, que você matou, não poderia vir a ser o líder daquele povo, e eles viessem, então, a se vingar? Você não poderia arriscar. Ou então, você matava os homens e levava as mulheres como sua propriedade, assim como também os animais e o que mais lhe interessasse. Tudo o que você carregasse era chamado de despojos de guerra. Havia regras sobre como isso funcionava, porque os povos o faziam dessa maneira há muito tempo.

Brutal? Sim.

Violento? Sim.

Primitivo? Sim.

Bárbaro? Sim.

Sua identidade como povo não era apenas sobre a sua linhagem e a de seus deuses, mas também sobre a sua segurança. O mundo era extremamente perigoso e, sem a proteção de um povo, você poderia facilmente ser submetido ou, pior, escravizado por outro. Não era como escolher um partido político, ou uma afiliação religiosa em nosso mundo; naquele mundo e na época, sua sobrevivência estava constantemente ameaçada. Quando você leu as histórias do Antigo Testamento sobre juntar certa quantidade de homens de luta e um grande número de espadas, cavalos ou camelos, ou fazer uma aliança com o rei, isso não era uma simples estratégia interessante e divertida. Era questão de vida ou morte. Matar ou morrer.

E não importava quantas batalhas você tinha lutado e vencido, você sempre estava envolvido em alguma guerra com algum inimigo, esmagando-o e destruindo todo o seu povo, ou matando alguns e levando o resto de volta para ser submetido aos conquistadores. (É por isso que a hospitalidade era tão importante — quando estranhos se aproximavam, você os tratava cordialmente para se certificar de que todos seriam bem tratados porque o menor desprezo, ou falta de hospitalidade, poderia desencadear quem sabe qual tipo de conflito e violência intertribal. Algo assim acontece na história sobre Sodoma e Gomorra...)

Imagine o que seria se um povo ao lado descobrisse ou tornasse possível o uso de uma nova tecnologia, como ferro ou bronze. Seria aterrorizante saber que, se houvesse uma batalha, você estaria desarmado. Toda a sua vida estaria em risco.

(Essa é a tensão entre os filisteus e os israelitas durante a história de Davi e Golias.)

É num mundo assim, e neste momento, que lemos a história de um homem chamado por Deus para ser o pai de uma nova nação, um novo povo, um que existiria não apenas para a autopreservação, mas também para um propósito muito mais profundo — para abençoar todos os outros povos.

Esta é a história do povo de Abraão, também chamado de Israel.

Você percebe o quanto essa ideia foi inovadora e radical?

Consegue entender que essa ideia é algo que exige muito tempo para ser assimilada? (E compreende por que Jesus insistiu em lembrar seu povo sobre esse chamado?)

Você imagina como deve ter sido difícil dar esse salto dentro de uma cultura na qual a filiação e a preservação de um povo eram os mais altos valores?

Consegue admitir que, não importa o que lhe dissessem sobre quem você é e qual é o seu chamado, você ainda assim teria um filtro, uma lente, uma maneira condicionada de ver o mundo?

À luz disso,

você se surpreende quando alguém na Bíblia vence uma batalha e depois dá o crédito a seus deuses?

Era o que as pessoas faziam na época.

Você se surpreende que exterminassem mulheres e crianças depois de uma vitória e falassem que seus deuses lhes mandaram fazer isso?

Era o que as pessoas faziam na época.

Você se surpreende quando vencem e depois não deixam ninguém escapar e matam todos à espada e dizem que fizeram isso com o poder de seus deuses?

Era o que as pessoas faziam na época.

É algo que te assusta quando Ló diz:

"Não as violem, façam sexo com minhas filhas"?

Era o que as pessoas faziam naquelas situações.

Surpreende você que a visão que as pessoas tinham de seus deuses fosse bastante semelhante à visão que os povos vizinhos tinham dos seus próprios deuses?

Era assim que, na época, as pessoas viam o mundo.

Você pensa que essas histórias são violentas, repulsivas e bárbaras

porque são mesmo.

Se você não as achou chocantes, horríveis e estarrecedoras, há algo de errado com você. E as pessoas que contam essas histórias e comentam "Bem, é assim mesmo que Deus é" são pessoas que têm uma visão muito, muito deturpada e infundada a respeito de Deus.

A violência não é o que mais surpreende; o que é mesmo uma surpresa é que, no meio de tudo isso, há ideias novas sobre servir, abençoar e *não violência.*

Eis o que eu quero dizer:

Você acha primitivo e bárbaro cuidar de viúvas, órfãos e refugiados?

Esse é um mandamento no livro de Deuteronômio.

Você acha cruel e violento deixar uma parte do seu campo sem colher os frutos daquela terra para que os pobres possam comer alguma coisa?

Esse é um mandamento no livro de Levítico.

Você acha que as pessoas deveriam ser libertadas da escravidão?

Essa é a história do livro de Êxodo.

Você acha que é bom amar o próximo?

Isso é ordenado no livro de Levítico.

O que você encontra na Bíblia são histórias que repercutem com exatidão o contexto dominante de uma época e, no entanto, mesmo entre essas histórias violentas, às vezes até nas próprias histórias violentas, é possível achar ideias radicalmente novas sobre liberdade, igualdade, justiça, compaixão e amor.

Novas ideias estão lado a lado com ideias antigas. A violência cruel está lá, bem ao lado de novas concepções de paz e de justiça. (Mais ou menos como é agora.)

Mais uma verdade sobre toda essa violência na Bíblia: **deixá-lo chocado, e até mesmo revoltado, diante da violência nessas histórias pode ter sido a intenção do escritor ao contá-las.**

Então voltamos a esse tema: alguém em algum lugar decidiu editar e organizar essas histórias em particular de uma forma especial. Havia, então, algo que queriam dizer sobre o que incluíram e o que deixaram de fora.

As Escrituras hebraicas (também chamadas de Antigo Testamento) foram compiladas pela primeira vez na Babilônia. Por que isso é significativo? Porque Jerusalém foi conquistada nos anos 500 (a.C.) pelos babilônios — a superpotência militar daqueles dias — e vários cidadãos de Jerusalém foram forçados ao exílio na Babilônia. Encontraram-se a quilômetros de casa em uma terra estrangeira cercada por pessoas que não falavam sua língua nem pensavam como eles, nem professavam a mesma fé.

Viram-se na posição de vítimas de uma violência terrível, e são eles que editam juntos uma série de textos que incluem... horrível violência.

Qual é então a principal intenção deles?

Mostrar que essas histórias que contêm violência sem sentido acusam e apontam como, de fato, a violência é sem sentido!

É como se os editores que compilaram essas histórias estivessem tão horrorizados com toda essa agressividade quanto nós.

Essas histórias acabam sendo uma crítica ao ciclo que se repete sempre que alguém vai para a batalha pensando que Deus está do seu lado.

Tudo isso nos leva a outra dimensão de algo mais que está aqui: algo que está envolvendo

o *antes* e o *agora*.

17

Fazer o que com os nossos o quês?

(Alternativamente intitulado de "Vai com tudo, meu parceiro")

> Tinha Abraão noventa e nove anos de idade quando foi circuncidado na carne do seu prepúcio. (Gênesis 17:24)

Circuncisão? É isso mesmo? Sim. Há algo que acontece na narrativa de Gênesis 17 sobre Deus e Abraão que nos ensina como crescer e evoluir como seres humanos, algo que tem um alto significado para cada um de nós hoje, em especial ao ler a Bíblia.

Um pouco sobre a circuncisão: já observamos várias vezes que as primeiras partes da Bíblia tratam da formação e da identidade de um novo povo, um liderado por Abraão, com o chamado de mostrar ao mundo o amor redentor de Deus.

E como você cria um povo?

Existem várias maneiras, sendo que a mais óbvia é essa: ter filhos.

E como você tem filhos?

Você faz sexo.

E como isso funciona?

Excelente pergunta, porque o mundo antigo tinha um conhecimento extremamente limitado da biologia comparado ao que temos hoje. Eles não sabiam o que sabemos sobre concepção, zigotos, esperma e óvulos, e tudo mais — o que notaram é que uma mulher não engravidava sem ter estado com um homem. Eles concluíram então que o homem deve ser aquele que tem a força da vida/semente/o armamento mágico dentro de si e que, quando o dá à mulher, é aí que a vida começa. E para fazê-lo, algo tem que passar através do seu... você já me entendeu, não é?

> [...] todo macho entre vós será circuncidado [...] será isso por sinal de aliança entre mim e vós. (Gênesis 17:10–11)

A circuncisão foi como essas pessoas (ok, homens) demonstraram seu compromisso com aquele novo povo e de ajudá-lo a se desenvolver e construí-lo. Um cara, sem nenhuma droga ou analgésico, teria sua pele cortada no ponto mais potente/e mais sensível do seu corpo como uma forma de declarar: "Eu estou dentro. Eu acredito. Eu confio. Quero fazer minha parte nessa coisa nova que Deus está fazendo."

Imagine Abraão, com noventa e nove anos, mordendo uma toalha enquanto seu vizinho Jeff pega uma pedra e fazia o serviço... (Bem diferente de como se usassem uma faca de metal afiada e Ibuprofeno ou algo do gênero.)

(E se você estiver se perguntando por que os homens se submeteriam a todo esse sofrimento, lembre-se de que os ritos de iniciação geralmente envolvem algum tipo de dor, seja numa confraria, numa equipe esportiva, ou mesmo no caso de um estagiário de um escritório de advocacia começando por trabalhar cem horas por semana.)

À medida que a história avança, vemos a circuncisão se tornando mais do que uma pequena cirurgia sobre aquele local do homem (ha-há!), mas uma maneira de dividir o mundo, com algumas pessoas sendo circuncidadas e outras — *de outras crenças, pagãos, você sabe, todo mundo que não fosse eles* — que passaram a ser chamadas de incircuncisas. (Lembre-se do menino pastor de ovelhas Davi andando para a frente sem parar e perguntando aos homens pelos quais passava: "Quem é, pois, esse incircunciso filisteu [...]?" (1Samuel 17:26)

A circuncisão era o sinal de identidade, uma marca de que você se comprometia em fazer parte de um novo povo.

Agora, avance vários anos até o Novo Testamento. O apóstolo Paulo — um membro desse povo — está viajando pelo mundo antigo contando às pessoas sobre Jesus. E há um grupo de israelitas que o acompanham dizendo às pessoas que, se você deseja seguir a Jesus, precisa ser circuncidado. Faz parte do acordo, dizem eles — *tem sido o sinal desde o início.*

Imagine um grupo de gregos ou romanos que nunca ouviu falar de Abraão, nunca leu a Torá, nunca assumiu o compromisso de ser parte de um novo povo para o mundo.

Mas eles são compelidos pela mensagem de Jesus sobre uma nova humanidade. E agora acabaram de saber que, se o seguirem, precisarão fazer uma pequena cirurgia. Eles ficam perplexos dizendo: **"Você quer que façamos o que com os nossos o quês?"**

A questão é muito simples. E, no entanto, surgem aí algumas das principais razões pelas quais muitos ficam constrangidos e paralisados ao ler a Bíblia.

Primeiro, quando Deus diz a Abraão que ele será pai pela primeira vez e tornar-se-á o líder de uma nação inteira aos noventa e nove anos.

Abraão riu disso.

Deus faz as pessoas rirem na Bíblia (Quando você ouve a palavra *Deus*, essa é uma das primeiras coisas que vem à sua mente? *Risadas?*)

Os povos precisam de iniciações, ritos, rituais, formas de determinar quem é sério e quem não é, quem está dentro e quem não está, quem quer fazer parte da coisa e quem não faz.

E esses homens de um povo errante há milhares de anos conseguiram isso por meio da circuncisão. Era um sinal, uma marca, uma demonstração tangível de sua identidade.

Até que não fosse mais.

Quando os primeiros seguidores estavam espalhando a mensagem de Jesus, essa marca se tornou uma importante fonte de conflito com alguns dizendo que você precisava ser circuncidado para seguir Jesus e outros, como Paulo, dizendo que não.

Essa discussão está no cerne da Carta aos Gálatas, no Novo Testamento, quando o apóstolo Paulo abre um discurso épico sobre como se circuncidar para seguir Jesus *não faz parte do evangelho de forma alguma*, e que aqueles que pregam um evangelho com essa crença são amaldiçoados, e qualquer um que acredite neles é *enfeitiçado* e *escravizado* — é o que ele escreve de mais forte sobre essas pessoas pró-circuncisão.

> Tomara até se mutilassem os que vos incitam à rebeldia. (Gálatas 5:12)

A palavra grega que dá o sentido de "castrado" é *apokopto*. Literalmente significa *cortar fora*.

Eu gostaria que eles cortassem o deles fora.

Então, como é que a circuncisão, que foi central na história desde o início, se tornou um problema mais tarde?

Como algo que foi considerado bom — e ordenado por Deus no início dessa história — se tornou algo que Paulo chama de escravização?

Primeiro, Paulo não tem problemas com a circuncisão. É importante ressaltar isso. Ele tem um problema com o modo como está sendo usada. É uma coisa boa sendo usada de maneira ruim.

Segundo, se você pegar dois pequenos trechos de lugares diferentes da Bíblia e os puser lado a lado, eles poderão parecer dizer coisas muito diferentes *porque estão mesmo dizendo coisas muito diferentes.*

Você verá isso frequentemente nas críticas feitas à Bíblia. As pessoas citam um versículo de um lugar e referem-se a uma narrativa que está em outro lugar e depois mencionam uma passagem de um tempo anterior, ou uma ideia de muito mais tarde, e usam tudo isso como evidências do quão primitivo ou contraditório é o que estão lendo.

Você precisará ler de outra maneira.

Você terá que perguntar onde é que você está na história. Você deverá ler não como se fosse uma linha plana, do jeito que lhe parece mais fácil e que você pode escolher, mas sempre como um reflexo de como as pessoas viam as coisas em lugares diferentes da história.

Eu recebo com frequência perguntas sobre a Bíblia que começam assim:

Por que Deus simplesmente não…

seguida por algo assim,

… envia todos para o Céu para que não precisem sofrer?

ou

… extinguiu o sistema de sacrifício porque era inútil?

ou

… não colocou a árvore no jardim?

ou

… inventou alguma maneira de consertar as coisas sem que Jesus precisasse morrer?

Por trás desse tipo de pergunta está a crença de que a Bíblia registra uma versão dos eventos que poderiam facilmente ter sido alterados se Deus tivesse decidido agir de algum outro modo.

Mas não é isso que temos na Bíblia. O que temos são poemas, cartas e histórias escritas por pessoas reais que viveram em lugares reais e em momentos reais.

Quando Paulo fala sobre a circunscrição, ele a explica como algo significativo naquele momento, algo que serviu a seu propósito, que apontava para o que estava por vir.

Não estava errado; foi como era *na época*.

E *na época* não é *agora*.

Assim, quando as pessoas seguem o *na época* e tentam fazer daquilo o *agora*, estão deixando de lado o que é essencial, trabalhando contra uma orientação fundamental para entender esta biblioteca que chamamos de Bíblia.

(Existem muitas coisas que eram verdadeiras na época e que são verdadeiras agora? Sem dúvida.)

E essa biblioteca é sobre o Deus que se encontra conosco em qualquer lugar em que estivermos e nos convida a confiar e acreditar que ainda há muito mais. Que nós ainda estamos no início. Que estamos apenas começando.

Afinal, por que simplesmente não ignoramos aquilo que aconteceu no início?

A razão pela qual os fatos e narrativas anteriores são tão interessantes é que eles mostram como é o crescimento e o movimento. Grande parte do poder de ler histórias predecessoras é que, quando você identifica o movimento, ele pode ajudá-lo a identificá-lo em sua vida e no mundo agora.

Quando eu estava começando como pastor, muitas vezes ouvia as pessoas dizerem:

Precisamos voltar a fazer como faziam na igreja primitiva.

A ideia por trás dessa afirmação é que existe um estado, cultura ou maneira ideal de fazer coisas que, se você pudesse voltar para lá, estaria tudo resolvido.

Mas, lendo a Bíblia, você aprende que não se trata de tentar ser algo que não é — trata-se de aprender a ver o movimento e as possibilidades em meio ao mundo ou lugar no qual você se encontra. Não estamos vivendo no primeiro século ou no antigo Oriente Próximo — estamos aqui, agora. Neste momento. Neste mundo.

E não precisamos substituir uma cultura por outra; precisamos abrir nossos olhos para o convite divino que nos é feito aqui e agora neste contexto.

A seguir, mais algumas histórias sobre Jesus antes de chegarmos à pergunta: *Como é que Jesus leu a Bíblia?*

18

Uma salva de palmas para Sidon!

Em Gênesis 9, um homem chamado Noé planta uma vinha (*depois* de ter dado uma volta de barco), fica bêbado e acaba deitando-se nu. O filho dele Cam o vê assim e vai logo dizer para seus irmãos, os quais vão, então, cobri-lo. Mas aí as coisas ficam feias. Noé acorda, percebe o que aconteceu e amaldiçoa a família de Cam, começando com o filho Canaã.

No mundo antigo, maldição era algo terrível. Especialmente quando era lançada pelo próprio pai. Amaldiçoar era muito mais do que somente proferir palavras — dizia respeito a não ter o favor, a bênção, e a legitimação, neste caso, por seu pai. Ser amaldiçoado sempre era devastador — permanecia em você, o assombrava, pairava sobre sua vida como uma nuvem escura.

Assim, o filho de Cam, Canaã, foi amaldiçoado, o que significava que os filhos de Canaã foram amaldiçoados, começando pelo mais velho, Sidon.

Sidon, ao que parece, teve vários filhos, tantos que se tornou pai de uma nação inteira, uma que é mencionada repetidas vezes na Bíblia.

Em Juízes 10, os sidônios conquistam e passam a oprimir os israelitas.

(É interessante notar como isso começa com um pai amaldiçoando seu filho, mas a ferida é tão intensa que, algumas gerações depois, a nação de Sidon irá oprimir a nação de Canaã. As feridas desse tipo permanecem sempre e se espalham, não é isso que acontece?)

(Também é interessante observar como quando a ferida de um pai não é tratada e, eventualmente, curada, isso irá afetar inevitavelmente mais do que apenas a pessoa que foi originalmente machucada. Por que essas duas nações estão em guerra? Porque um pai amaldiçoou um filho.)

(E enquanto estamos tratando disso, convém lembrar que também por isso a Bíblia continua a ter tanta ressonância: você viu recentemente algum filme em que o personagem principal tenha problemas não resolvidos com seu pai? Claro que sim, provavelmente até mais do que um. Ainda estamos contando as mesmas histórias, ainda lidando com a mesma dor. Em milhares de anos, as coisas mudaram — mas não tanto.)

Mais sobre os sidônios:

O rei Salomão se casa com várias mulheres sidônias, que o levam a adorar a deusa Astarote. (1Reis)

Várias gerações depois de Salomão, o rei israelita Acabe se casa com a princesa sidônia Jezabel, que acaba sendo problemática. (1 e 2Reis)

O profeta Isaías prediz coisas terríveis para os sidônios dizendo-lhes que se escondam, se calem, fiquem envergonhados, e que eles não encontrarão descanso por causa de todo o mal que fizeram. (Isaías 23)

O profeta Jeremias fala sobre o dia futuro, quando não haveria socorro para Sidon. (Jeremias 25, 47)

E Ezequiel, que nunca perde a chance de julgar esses vizinhos, profetiza falando sobre os sidônios descendo à cova e morrendo incircuncisos, cobertos de vergonha. (Ezequiel 27, 28, 32)

Os sidônios, como você deve estar observando, são os bandidos na história. São os proverbiais maus vizinhos, o império do mal, os opressores que moram ao lado.

O que nos leva aos dias de Jesus.

Gerações de animosidade contra os sidônios haviam gerado e acumulado no primeiro século uma forte aversão a esse povo, a ponto de muitos da tribo de Judá não ousarem ir à nação, passar por lá ou mesmo conversar com alguém de Sidon. Esse preconceito remonta à história de Noé e, como sabemos em nosso mundo, quando o fanatismo e o ódio têm o tempo de gerações para se aprofundar e piorar, eles podem se tornar muito, muito arraigados.

Então, qual era a crença comum entre os da tribo de Judá: somos os fiéis, os escolhidos, os que Deus ama.

Nós estamos dentro; inimigos como os sidônios estão fora.

Nós estamos do lado de Deus; eles não estão.

Só que, então, no Evangelho de Marcos, capítulo 7, Jesus vai para Sidon.

Como assim?

E, em Mateus 15, Jesus tem conversas com os sidônios, ocasiões nas quais se impressiona com a fé que têm.

O quê?

No Evangelho de Lucas, as pessoas de Sidon vêm e o encontram, *e ele as cura.*

E lá, no Evangelho de Mateus, quando Jesus está passando pelas cidades de Israel, e o povo de sua própria tribo o está rejeitando e se recusando a levar em conta e dar uma resposta positiva aos seus milagres, Ele anuncia que *haverá menos rigor para Sidon no dia do juízo do que para eles.*

Por que isso é interessante?

No mundo de Jesus, acreditava-se que os sidônios eram amaldiçoados, a maldição repousava sobre eles desde todo o tempo, de volta à narrativa sobre Noé, muitas gerações antes.

Jesus não poderia se importar menos.

Ele simplesmente deixa de lado a história da tribo de Judá com a tribo de Sidon. Ele vem sarar a ferida, literalmente curando pessoas daquela nação.

E então, para ir além, ele insiste em dizer que esses odiados inimigos sidônios estão, na realidade, em melhor posição com Deus do que as pessoas que se imaginam privilegiadas com o favor do Pai.

De acordo com Jesus,

é melhor ser um sidônio do que uma pessoa religiosa que acha que os sidônios são amaldiçoados.

Então, o que aprendemos com os sidônios?

Há uma coisa interessante que Jesus diz depois do trecho que fala sobre o dia do julgamento. Ele dá graças a Deus porque "ocultaste estas coisas aos sábios e instruídos e as revelaste aos pequeninos". (Mateus 11:25)

Em uma cultura altamente religiosa como aquela em que Jesus vivia, as pessoas mantinham suas opiniões, convicções e lealdades com os punhos cerrados. (Uhhhh, tipo como agora!) Histórias sobre quem tinha o favor de Deus, quem era amaldiçoado e quem não era, tinham um tremendo poder.

Mas, de acordo com Jesus, Deus está interessado em outra coisa. Quão aberto seu coração está para o que o Espírito Santo está fazendo agora, neste momento? O quão receptivo é seu coração a uma nova palavra sobre a graça? Você está com fome de aprender, de crescer, de ser transformado? Você quer ver as coisas de um novo modo?

Porque se esse é o seu desejo, não importa de que lugar você é, ou onde você está.

Devemos matar nossos inimigos?

Não, Jesus disse para amar os inimigos.

Devemos julgar quem tem o Seu favor ou não?

Sempre que as pessoas o faziam, Jesus agia rápida e decisivamente para incluir quem parecia não ter.

E a maldição que foi tão importante para a tribo de Judá por tantos e tantos anos?

Ele os convida a deixar isso para trás.

Jesus faz isso com frequência desafiando-os a pensar sobre as coisas de uma nova perspectiva. Como na história do bom samaritano.

19

Aquele cujo nome você não consegue nem sequer proferir

ou
A razão pela qual as pessoas não entendem o principal objetivo da história do bom samaritano

Todos conhecem a história do bom samaritano, certo? É sobre a importância de ajudar aqueles que estão com problemas.

Sim, você *poderia* pensar assim. E isso pode ser útil. Mas você estaria deixando escapar o objetivo dessa história.

Aqui está o motivo: Jesus a conta (em Lucas 10) em resposta a uma pergunta. E quanto mais você entender a pergunta, mais claro poderá ver o quanto essa história é brilhante e provocativa.

A pergunta foi feita por um advogado que queria saber: "O que devo fazer para herdar a vida eterna?"

Algumas verdades sobre a pergunta que esse advogado fez:

Primeiramente, trata-se de um especialista em Escrituras. Isso é o que os advogados eram no primeiro século. Então ele está fazendo uma pergunta, mas já tem uma opinião. Foi o que os especialistas em Escrituras fizeram no primeiro século: discutiram sobre suas opiniões.

Este homem não é uma peça qualquer no jogo; é um membro da elite de longa data do poder religioso instituído. O que é importante notar aqui é que, independentemente do que Jesus venha a dizer, o advogado já tem algo para dizer em seguida.

Segundo, quando questiona sobre a vida eterna, ele não está perguntando sobre a vida após a morte. O que acontece quando você morre não era algo sobre o qual as pessoas falassem muito, e com certeza não era algo sobre o que Jesus falava. O foco no mundo do primeiro século era esta vida, este tempo, aqui e agora, nesta Terra. *Não vida após a morte, mas vida antes da morte*. Então, quando você tivesse a chance de interagir com um rabino ou professor espiritual, essa seria sempre uma das primeiras perguntas que você faria: *Como eu faço para ter vida mais longa/vida melhor/vida mais plena neste momento?*

Vida eterna era a expressão que as pessoas usavam para descrever uma qualidade de vida como é a vida divina, especificamente do tipo que é resultado da harmonia, paz e conexão com Deus.

Jesus, é claro, responde como um bom rabino judeu perguntando ao homem o que a Torá ensina. Ele responde dessa forma porque no mundo judaico do primeiro século acreditava-se que a resposta para uma vida melhor, mais plena e vibrante era ser como na Torá (esses são os cinco primeiros livros das Escrituras hebraicas — Gênesis, Êxodo etc.). E como ela ensina a viver?

O advogado não fica surpreso com o questionamento de Jesus dado como resposta à sua pergunta.

Vamos fazer uma pequena pausa aqui e observar que Jesus responde àquele homem com uma pergunta. Isso, mais uma vez, não era nada incomum para aqueles dias. Ele recebeu muitas perguntas, foi questionado muitas vezes nos Evangelhos e responde quase sempre com... outra pergunta.

O advogado não está surpreso com a resposta de Jesus porque a vida dependia mesmo do que se dizia na Torá, então aquilo é bem o que esperava que Jesus respondesse. O advogado cita, então, Deuteronômio e Levítico, nos quais está escrito que amar Deus e amar seu próximo são as coisas mais importantes que você pode fazer — e é como você entra nesse tipo de vida chamada *vida eterna*.

Jesus então lhe diz: *É isso aí.*

Bem, não desse jeito, mas bem perto disso. Jesus comenta: *você respondeu corretamente... Faça isso e você viverá.*

E esse é o fim da conversa, não é?

O que mais há aqui que se possa dizer?

O homem faz uma pergunta, Jesus faz uma pergunta sobre a pergunta, ele responde à pergunta sobre sua própria pergunta, e Jesus diz que a resposta está certa. Papo encerrado.

Só que não.

(A propósito, ainda não chegamos lá ao que diz respeito ao bom samaritano e você já pode perceber que vem coisa aí, não é?)

Outro parêntesis apenas para uma pequena ilustração:

(Quando as pessoas dizem que a Bíblia é chata, estão dizendo isso dela porque, de fato, não a leram. Porque se você a lê de verdade, entra nas histórias com profundidade e no pano de fundo, no contexto e nas sugestões e hipérboles. Se tem uma coisa que você não fica é entediado!)

Aquela conversa não tinha mesmo terminado, porque o texto diz:

> Ele, porém, querendo justificar-se, perguntou a Jesus: Quem é o meu próximo? (Lucas 10:29)

Ohhhhhhhhhh. Interessante... **o cara tinha uma intenção o tempo todo!**

É uma seriedade aparente, parece ser uma espécie de pegadinha. Toda a pergunta, a resposta e o ame-seu-próximo blá-blá-blá foram uma armação. O advogado tem um problema com Jesus, discorda d'Ele, e seu questionamento era um caminho para chegar até um conflito. Algo a ver com quem é seu próximo. É como se dissesse: "Sim, sim, sim, podemos fazer o que está na Torá todos os dias e concordar que amar o próximo é a forma de obter a vida eterna, mas nós dois sabemos que você, Jesus, e eu não concordamos com quem é o próximo."

Nesse momento, Jesus começa a contar a história do bom samaritano.

Um homem estava saindo de Jerusalém para Jericó e foi espancado e deixado abandonado à beira da estrada. Um sacerdote aparece e passa do outro lado...

Vamos parar aqui.

Isso é engraçado.

A estrada entre essas cidades era uma trilha estreita com poucos metros de largura. Com uma parede de pedra de um lado e uma ribanceira do outro. **Jesus quis dar um toque de humor aqui porque, praticamente, não havia o outro lado.**

Então um levita (um descendente de Levi que ocupava uma posição importante nos templos) aparece e faz a mesma coisa.

Um terceiro cara aparece. Vamos notar que a coisa lógica que Jesus poderia fazer era com que essa terceira pessoa fosse um... advogado. Então, Jesus poderia ter tornado clara para o advogado a resposta de que seu próximo era alguém que você passa ao lado e percebe que está tendo dificuldades.

É assim que muitas pessoas contam essa história.

Mas, assim, poderia ficar de fora o que é mais importante.

Não temos aqui simplesmente um advogado que passa por ali, é um — acredite se quiser! — *samaritano*. E os professores da lei, e os advogados-especialistas-nas-Escrituras *odiavam* os samaritanos. Este é o último tipo de gente que o advogado esperava que entrasse naquela história. O povo samaritano eram os malvados que castigavam até as crianças e os filhotinhos naquele tempo. Esse ódio remontava a gerações, e era muito, muito profundo. Mas na história que Jesus conta, o samaritano *socorre* o homem que foi vítima dos ladrões.

Essa narrativa teria sido impossível para aquele advogado ouvir como sendo verdade. Um *bom* samaritano? Hoje em dia, quando as pessoas usam a expressão "bom samaritano", ela é dita sem preconceito, ironia ou *descrença*. Não é um paradoxo *agora*. Mas foi *na época*. Um bom samaritano era impossível.

Isso não existia. Jesus termina a história em que um samaritano é o herói e pergunta ao advogado:

> Qual destes três te parece ter sido o próximo do homem que caiu nas mãos dos salteadores? (Lucas 10:36)

Bum! Você vê como Jesus é brilhante, esperto e transformador? A coisa toda começou com o advogado fazendo uma pergunta pesada a Jesus, não foi? Então, o que Ele faz? Jesus conta uma história que parece vagar sem destino, e aí um personagem chocante entra na história e acaba sendo o herói, e então Jesus *vira o jogo*, e pergunta para o advogado: "Quem era o próximo?"

A resposta é *o samaritano*, certo?

E como é o que o advogado responde?

> Respondeu-lhe o intérprete da Lei: O que usou de misericórdia para com ele. (Lucas 10:37)

Dá para perceber o que acontece? O advogado nem consegue dizer a palavra *samaritano*. Essa é a profundidade de seu ódio. Ele não chega a pronunciar aquela palavra.

Você já reparou como as pessoas costumam se referir à pessoa com quem já foram casadas como *ex*? Quão raro é você ouvi-las dizer o nome da pessoa. Nomes nos conectam. Nomes nos unem. Nomes criam intimidade. É constrangedor esquecer o nome de alguém que conhecemos, não é?

Mas aquele advogado nem podia responder à pergunta de Jesus dizendo o nome do povo ao qual a pessoa pertence. Ele simplesmente responde *o que*...

Esse é o seu próximo.

É para quem você é chamado a amar.

É aí que a vida eterna é encontrada.

Ao mostrar bondade para quem você odeia, para aquele que você despreza, aquele que você desejava que não existisse, aquele cujo nome você nem consegue dizer.

Por outro lado, obviamente, há gente que evitamos. Algumas pessoas com quem estabelecemos alguns limites. Existem indivíduos tão subversivos, perigosos e ofensivos, gente que causou tanto estrago que precisamos manter distância. Mesmo assim, nós os amamos à distância. Isso tudo faz parte de ser saudável. No entanto, perdoamos para que o ódio e a amargura não nos comam vivos.

Você entende por que comecei falando sobre o objetivo da história? Você pode falar sobre a assistência nas estradas, o que é bom e talvez até útil, mas Jesus está nos chamando para algo muito maior e mais elevado, transcendente e mais profundo. Ele está chamando o homem para amar como Deus ama. O que significa amar todo mundo. Mesmo aqueles que você mais odeia. Mesmo aqueles que são os mais difíceis de amar. Mesmo aqueles pelos quais você sente tanta aversão que não consegue nem sequer dizer o nome deles.

20

Tudo sobre Melquisedeque e por que você ama esse relato e sabe que é verdadeiro

Podemos voltar para Abraão — como, aliás, já o fizemos outras vezes, não é?

Após a batalha contra o rei Quedorlaomer, Abraão está viajando pelo vale do rei quando conhece o rei Melquisedeque de Salém, que traz pão e vinho e o abençoa.

Qual é o interesse que temos nisso? Porque Melquisedeque é descrito como *sacerdote de Deus Altíssimo*.

O que é isso?

A história começa com Abraão. Tudo está desmoronando, a violência entre dois filhos se transformou em violência no mundo inteiro que não está se entendendo, as pessoas estão tentando construir uma torre até os céus para se tornarem deuses — ficaram tão fora de controle que Gênesis 12 começa com algo totalmente novo sendo feito, uma nova nação sendo gerada por meio desse homem em particular, Abraão. Um novo tipo de povo para que toda a criação fosse conduzida em uma nova direção.

Essa é a história que encontramos na Bíblia.

Mas então, no caminho de volta da batalha, Abraão encontra um homem que é sacerdote de Deus Altíssimo. E este homem o *abençoa*.

Não é *Abraão* que deveria estar oferecendo a bênção?

E aí, Abraão *lhe dá um décimo de tudo o que tem*.

Por que Abraão oferece a *Melquisedeque* um dízimo?

Se esta é uma história sobre a coisa nova que Deus está fazendo, como é que aparece alguém que já pertence a essa coisa nova, tanto que ele realmente abençoa Abraão? E então, por que Abraão lhe dá um décimo dos despojos da guerra?

É assim que você trata um *deus*. Você lhe oferece dízimos e ofertas.

E para aprofundar o mistério, não temos nenhum conhecimento anterior sobre Melquisedeque além de que ele é o rei da justiça. (Isso é o que o nome dele significa.) Geralmente, reis são reis de *alguma coisa*. Uma área, uma porção de terra, um grupo de pessoas, uma nação etc. Mas esse é o rei da *justiça*.

E então ele se vai.

Ele entra na história e depois sai.

Abraão segue em frente, Melquisedeque vai para quem sabe lá onde, e não ouvimos falar dele de novo. O autor dessa narrativa não parece ter nenhuma preocupação em fornecer-nos mais informações. O sacerdote aparece, abençoa e oferece pão e vinho, e então a história segue outro rumo.

Até os Salmos. E a Carta aos Hebreus.

Nós chegaremos lá em breve.

Antes vamos voltar à questão do que é chamado de *particularidade*. Porque para várias pessoas, o problema com a Bíblia é o que elas julgam ser sua pouca abrangência, sua estreiteza. Parece que ela é sobre *esse único grupo* de pessoas e *não sobre todas as pessoas*. Parece ser *dividida* demais e não *universal* o suficiente.

Por que aquele povo?

Por que aquele grupo de pessoas em particular?

E todas as outras pessoas, povos, religiões e perspectivas? A Bíblia não é muito restrita em sua insistência de que Deus opera por meio deste único povo, dos descendentes que vêm deste único homem, Abraão?

Ótimas perguntas. Você deveria estar fazendo essas perguntas. Se você lê as Escrituras e não sente vontade de fazer tais perguntas, provavelmente você não está lendo a Bíblia.

É por isso mesmo que a história de Melquisedeque é tão convincente.

Dentro da própria Bíblia, e especialmente aqui nessas páginas, temos um exemplo claro de alguém que conhece Deus caminhando com Deus, abençoando pessoas em nome de Deus sem ter nenhuma conexão com a história particular de Abraão.

Você percebe por que essa história de Melquisedeque é tão significativa, não é?

As críticas à Bíblia muitas vezes são feitas por pessoas que a consideram limitadora da presença divina, inviabilizando então a hipótese de que pessoas de fora de uma história em particular possam ter também elas uma conexão genuína com o divino. Mas se você ler pra valer a Bíblia, descobrirá que não é essa a história que ela conta.

Melquisedeque é um personagem profundamente misterioso, acessível e acolhedor que aparece em cena abençoando Abraão (que, na verdade, naquele momento ainda era chamado Abrão) em nome de Deus.

E como é que ele abençoa, além da oração que faz por Abraão?

Oferecendo pão e vinho. E isso parece criar um notável antecedente ao que Jesus haveria de fazer.

Melquisedeque é mencionado uma vez nos Salmos e depois a única outra vez que ele aparece na Bíblia é na Carta aos Hebreus, quando o escritor está tentando explicar como Jesus pode ser visto como um sacerdote, não, porém, do tipo de sacerdote que as pessoas categorizavam. E como o escritor faz para conseguir que isso seja bem entendido?

Comparando Jesus com *Melquisedeque.*

Diz-se que Jesus é sacerdote
na ordem de Melquisedeque,
um sacerdote
de Deus Altíssimo
que é um sacerdote
não com base numa sucessão dependente de seus ancestrais, e sim com base no poder que tem origem numa vida indestrutível.

Interessante, não é? Quando o escritor tenta procurar uma maneira de explicar como Deus trabalha criando novas maneiras sobre as estruturas já existentes, a imagem à qual recorre é a de... Melquisedeque.

Agora, o que é que tudo isso sobre Melquisedeque tem a ver conosco aqui em nosso tempo, no mundo moderno?

Não se surpreenda ao encontrar pessoas que não têm ainda a sua formação religiosa (e mesma bagagem) e ainda assim claramente têm uma conexão genuína com o divino. Isso é normal, saudável e *bíblico*.

Não seja pego de surpresa quando pessoas aparecerem vindas de qualquer sistema, instituição, religião, perspectiva ou doutrina, cosmovisão, ou cultura de fora daquela na qual você foi criado, e elas tiverem algo profundo e bom para oferecer a você. Isso é o que acontece muitas vezes no decorrer da história, não é assim?

Não deixe que críticas infundadas da Bíblia o desviem da leitura das histórias. São histórias radicais, inovadoras, sinceras, expansivas e extraordinárias sobre o Deus que é maior, absolutamente mais abrangente e acima de qualquer povo. Essas histórias são contadas a partir da perspectiva de pessoas reais que viveram num espaço e num tempo determinados e costumam refletir as perspectivas limitadas desses tempos e lugares. E o mesmo acontece com as histórias que estamos contando agora. É tudo em um *continuum*, uma trajetória; e, se você tiver em mente que são histórias humanas antes de qualquer outra coisa, você se libertará dos limites de ver apenas nossa humanidade comum e poderá encontrar o divino aparentemente oculto, mas presente em todos os ossos, carne, espírito e sangue.

Jesus disse que seu *Pai está continuamente em seu trabalho*. Essa é uma excelente premissa para atendermos em todo o decurso de nossa vida. *O divino está sempre trabalhando*. Portanto, quando alguém que você não reconhece, que vem de fora da sua religião, família ou povo aparece com pão e vinho e talvez até uma bênção, pode ser o próprio Deus Altíssimo oferecendo a você o que você precisa, abençoando-o e lembrando quem você é, e por que você está aqui.

Agora, vamos fazer uma pausa e refletir sobre três capítulos anteriores, porque neles há algo acontecendo entre Jesus e a natureza daquilo que está acontecendo aqui, logo abaixo da superfície, quando você está lendo a Bíblia.

Na história, Jesus estava interagindo com sua tradição e como eles interpretaram a história de Noé e Sidon, e dizendo simplesmente: "Eu não vejo dessa maneira."

Então, na história do bom samaritano, Jesus e o advogado estavam discutindo exatamente como é que é isso de amar seu próximo, uma ordem do livro de Levítico, que é realmente uma questão de: "Quem é meu próximo?"

E rapidamente descobrimos que Jesus e o advogado tinham respostas muito diferentes para essa pergunta.

Nos dois casos, vemos Jesus fazendo algo com a Bíblia.

Comentando, corrigindo a visão das pessoas. E então, o que está escrito sobre Melquisedeque é uma narrativa do Novo Testamento que usa a história desse Sacerdote do Deus Altíssimo para explicar quem é Jesus e o que ele está fazendo no mundo.

Tudo isso pode nos levar à pergunta:

Como Jesus leu a Bíblia?

21

Então, como Jesus leu a Bíblia?

De que modo Jesus leu a Bíblia?

Três palavras que usaremos para explorar esta questão:
interpretação,
encarnação
e
convite.

Primeiro, então, *interpretação.*
Nos dias de Jesus, ninguém tinha uma Bíblia.
Isso foi há cerca de 1.500 anos antes da invenção da imprensa, e as pessoas não possuíam livros nem Bíblias, porque os livros realmente não existiam.

O que as pessoas leram...
e somente determinadas pessoas...
eram papiros ou pergaminhos,
e os pergaminhos eram raros.

Em um vilarejo como o que Jesus teria vivido, provavelmente haveria apenas alguns poucos pergaminhos sagrados, e esses seriam mantidos na sinagoga local em um gabinete chamado arca. Havia pergaminhos dos escritos dos profetas (Isaías, Jeremias etc.); os escritos de sabedoria (como o livro de Jó); os livros de história (a vida do rei Davi etc.); e, então, a Torá. (Torá é o nome dos cinco primeiros livros da Bíblia: Gênesis, Êxodo, Levítico, Números e Deuteronômio.)

Torá significa *caminho* ou *ensino* ou *lei* ou *instruções* — e tudo no mundo judaico de Jesus do primeiro século era centrado em torno da Torá.

No dia do sábado, você ia à sinagoga da sua aldeia e o *hazzan* (o líder do culto) pegava o rolo da Torá da arca e exibia-o em meio à congregação convidando todos a dançar em homenagem à Torá.

O pergaminho seria aberto e alguém leria a parte da Torá daquele dia — que fora organizada anos antes — junto com as leituras dos profetas, e então haveria comentários e discussões sobre seu significado e como viver de acordo com ela.

E todo mundo participava disso.
Presumia-se que você tinha uma opinião,
e imaginava-se que você teria perguntas.
É claro que você tinha perguntas —
perguntas eram um sinal vivo de participação,
um sinal de que isso importava para você,
um sinal de que você estava envolvido com aquele texto.

Pense nas imagens que vêm à mente quando você ouve a palavra *Bíblia*. Para muitos, seu primeiro pensamento é de alguém com a cabeça baixa lendo um livro encadernado com páginas. Uma obra da qual aquela pessoa tinha provavelmente um exemplar próprio. Outras vezes pode ser que a imagem que vem à mente é a de alguém atrás de um púlpito em um culto numa igreja ou na televisão na qual alguém está lendo a Bíblia e, em seguida, repetindo a seu modo o que ela diz, ou o que você deve fazer a respeito daquele texto.

Compare isso com a Bíblia no mundo de Jesus, que foi um pergaminho, um rolo que você viu e ouviu alguém lendo

no centro da sala,
no meio do vilarejo.

E então todos discutiam aquilo.
Vocês destacavam as palavras,
faziam literalmente um círculo ao redor delas,
e, então, interagiam com elas.
Juntos.

Era uma experiência comunitária.

Imagine toda aquela energia circulando e envolvendo o cômodo;
imagine todas aquelas opiniões que surgiam ali;
imagine pessoas verdadeiramente sábias dizendo coisas interessantes e profundas;
imagine aquele tio maluco divagando e falando sem parar coisas sem sentido.

E então você voltaria na próxima semana e faria tudo de novo.

A Torá deu origem à discussão. Com ela *começou* a existir a discussão.

Para muitos no mundo de hoje, a Bíblia encerra, fecha o debate, a discussão, quase como uma conclusão final. Alguém se levanta e lê algo da Bíblia e diante do povo reunido lhe diz o que aquilo significa, e que aquilo é algo correto, e como é que deve ser interpretado, e então o culto acaba e todos vão embora.

Mas no primeiro século,
a Torá, os profetas e os escritos da sabedoria é que davam início à discussão.
Vocês liam, juntos.
E aí, interpretavam.
Vocês interagiam com isso.
Viravam a gema.

E isto não era apenas um exercício intelectual.
Era sobre a vida.
Como você vive?
O que você faz?
Como você age?
Como você trata as pessoas?
Como você se comporta?

Pense o que quiser,
deixe sua mente divagar,

mas o como você age —
isso é o que importa.

Quando as pessoas vão até Jesus e lhe fazem perguntas sobre afirmações do Novo Testamento, na maioria das vezes elas fazem perguntas sobre a Torá, e como ela deve ser interpretada.

É por isso que, quase toda vez que lhe fazem uma pergunta, ele responde com uma pergunta:

Como é que você lê isso?

ou

O que você acha que isso quer dizer?

ou

Como é que você interpreta isso?

Algumas pessoas interpretaram isso de uma maneira, e outras pessoas interpretaram de outra maneira.

O papel do rabino evoluiu ao longo dos anos à medida que surgiram rabinos carismáticos que fizeram todo tipo de interpretações convincentes da Torá, e que seriam transmitidas por gerações sucessivas.

Tudo para viver a vida da forma mais plena.

Há um comentário antigo sobre a Torá como sendo ela o quadro inspirador de todo o universo. Para a tribo de Judá, à qual Jesus pertencia, a Bíblia não era apenas um texto religioso bom e útil — revelava também as realidades mais profundas do universo.

Há outro comentário sobre como quando Deus deu a Torá, o que se ouviu não foi o som de um pássaro cantando, e sim como se setenta línguas de fogo surgissem por todo o mundo para que todos pudessem ouvi-la. Eles acreditavam que Deus lhes deu a Torá no Monte Sinai, na natureza selvagem, em uma cerimônia de casamento entre o divino e o humano.

Eles viram a Torá, então, como uma expressão de amor.
Como a união suprema entre o Céu e a Terra,
entre o divino e o humano.

A tribo de Judá entendeu esses livros como únicos para eles, escritos por seu povo,
e ainda assim mundiais e universais —
as palavras divinas para todos em todos os lugares, para toda a criação.

E isso tinha que ser interpretado.
Você lia. Seu povo lia.
E então você tomava decisões sobre como viver aquilo.

Você tomava decisões sobre o que significa amar seu próximo.
Você tomava decisões sobre como honrar e respeitar a vida.
Você tomava decisões exatas sobre como guardar um dia santo.
Você tomava decisões sobre como cuidar melhor dos pobres.
E assim por diante.

Você vivia com a suposição de que sempre havia algo novo para aprender, sempre algo novo para discutir, sempre algo novo para falar a respeito…

porque a vida sempre trará eventos e circunstâncias que exigirão que você pergunte:

Qual é a melhor coisa a se fazer agora?

A partir da *interpretação*,
passemos à
encarnação.

No Evangelho de Mateus, uma grande multidão se reúne e Jesus lhe diz que ele não veio para abolir a Lei ou os profetas, mas para cumpri-los.

Abolir e *cumprir* eram maneiras comuns de falar sobre a Torá nos dias de Jesus. Quando as pessoas discutem a Bíblia e tentam descobrir como é vivê-la, se alguém sugerir uma interpretação absurda ou equivocada, ele seria alertado: "Você está abolindo a Torá!"

Ou, como poderíamos dizer:
você não entendeu o cerne da questão,
ou
você não considerou o contexto
ou
não é nada disso.

Mas se você entendeu,
se houve algum acordo de que
sim,

é isso que isso significa,
é assim que se deve viver,
então você diria:
você viveu a Torá!
Porque este era o objetivo —
dominar as palavras e trazê-las à vida.

À sua vida.

Esse é o movimento da Bíblia:
da
palavra
à
carne.

É isso que queremos dizer com a palavra *encarnação.*
No final das contas, não é uma questão sobre as palavras —
trata-se da coisa poderosa e misteriosa que acontece quando elas são postas em ação no mundo real por pessoas reais.
Então, quando Jesus vem e diz que veio cumprir a Torá,
ele está anunciando que veio para fazer com que ela fale.
Para mostrar o que ela quer dizer naquele espaço e tempo.
Fazer com que ela encarne, assuma um corpo.
E tenha pernas.
Isso era familiar — as pessoas entenderiam facilmente uma linguagem renovadora e correspondente à realidade — e também ousado e radical que precisava ser dito.

De acordo com Mateus, Jesus passa uma série de ensinamentos que já têm um padrão antes aceito por eles, um padrão sobre o qual ele diz:

Você já ouviu o que foi dito...

Mas lhe digo que...

Esta era a maneira de Jesus falar:

Você já ouviu pessoas interpretarem a Torá dessa maneira,
mas eu estou aqui para lhe dizer que
ela deve ser entendida DESTA FORMA...

E então Ele apresenta novas interpretações.

O que nos remete de volta a você e a mim, aqui e agora, lendo a Bíblia.

Uma das perguntas mais motivadoras e interessantes que você faz sobre um tópico, ou um tema, ou uma ideia na Bíblia é: "O que Jesus disse sobre isso?"

Por exemplo, a violência.

Jesus foi para sua morte numa cruz sem nenhum gesto de reação de violência.

É assim que ele lê essas passagens. Jesus veio não para manter circulando no mundo a violência, mas para acabar com ela.

E os livros mais violentos, como Juízes? Ele nunca os cita ou os menciona.

E aquelas passagens que fazem divisão entre um grupo e outro grupo?

Sempre que havia um grupo que foi rejeitado ou marginalizado, Jesus intencionalmente se move na direção deles. Mulheres, samaritanos, leprosos — Ele, consciente e intencionalmente, desfaz qualquer coisa que lhe tenha sido dita contra eles.

E aquelas passagens em que algumas pessoas são consideradas limpas e outras impuras?

Ele abraça, toca e abençoa as pessoas que são chamadas impuras. Jesus não segue as interpretações dominantes do seu tempo.

E todas aquelas passagens nas Escrituras hebraicas que dizem que um grupo específico de pessoas seria julgado rigidamente por Deus?

Jesus menciona intencionalmente vários desses grupos, como os sidônios, e diz que eles estão melhores do que outras pessoas religiosas que se consideram merecedoras do favor de Deus e julgam que os sidônios estão fora.

Agora, vamos mais longe. Porque Jesus não estava apenas fazendo novas interpretações: Ele estava também revelando que algo novo estava acontecendo na vida de seu povo e no mundo, e que isso estava acontecendo *por meio d'Ele.*

No Evangelho de Lucas, há uma história sobre Jesus voltando à sua cidade natal para pregar um sermão. Ele vai à sinagoga, onde é convidado a ler a passagem daquele dia — soa familiar, não? —, que é do profeta Isaías.

É uma passagem sobre *a libertação dos cativos*
e os cegos enxergando
e as boas novas sendo pregadas aos pobres.

O profeta Isaías diz muitas coisas sobre o novo dia que haveria de vir, em que uma nova era seria introduzida no mundo por um novo tipo de líder.

Jesus termina de ler a passagem e depois diz:
Hoje, essa Escritura, que foi lida, está sendo cumprida,
o que é outra maneira de dizer:
Este trecho é sobre mim e sobre o que eu estou fazendo.

Ele não diz que Isaías, a Torá ou a Lei são irrelevantes.
Jesus diz que elas tinham se tornado carne e sangue
n'Ele.

Você pode ver por que eles o levam para fora do vilarejo e tentam matá-lo?
Essas são reivindicações radicais,
ousadas demais para um rabino fazer.

As pessoas costumam falar de Jesus, o professor mestre,
Jesus, o modelo promovedor da justiça social,
Jesus, o místico profundo com grandes inspirações sobre o infinito —
mas repetidas vezes Ele insiste que está fazendo algo muito mais significativo e elementar do que tudo isso; afirma que algo novo está acontecendo no mundo
— e está acontecendo por meio d'Ele.

Algo novo que envolve a união do Céu e da Terra,
o divino e o humano *no mesmo lugar* —
as pessoas descreveram isso de muitas maneiras diferentes.
Um dos primeiros seguidores de Jesus, um homem chamado João, começou seu Evangelho com esta grande afirmação:

A Palavra tornou-se carne e sangue, e veio viver perto de nós. (João 1:14 A Mensagem)

Você pode ver as questões profundas que isso levantou?
Perguntas como esta:
O divino e o humano podem existir no mesmo lugar?

Esta não é apenas uma pergunta sobre Ele naquele momento —
esta é uma pergunta sobre nós agora.

A Encarnação levanta questões sobre a própria natureza do que significa ser um ser humano.
Somos apenas relações especiais de células e sinapses, sangue e ossos?
Ou há algo de divino,
algo infinito,
algo eterno
residindo em cada um de nós?

Somos apenas pó,
ou também somos espírito?

Você vê por que encarnação é uma ideia tão convincente, misteriosa e poderosa?
Jesus disse que veio para colocar carne e sangue na Torá,
Ele faz novas interpretações,
e então nos convida a participar na discussão.

Interpretação,
encarnação,
agora, finalmente, um pouco sobre
convite.

Jesus diz a seus discípulos, em determinado momento, que tudo o que eles *ligarem será ligado e o que eles desligarem será desligado.*

Ele está falando do quê?

Ligar e desligar era, no primeiro século, uma maneira de falar sobre interpretação. Jesus diz a seus seguidores que é a vez deles de tomar decisões sobre o que está escrito na Bíblia.

É como se Ele dissesse:
Você me viu fazer isso.
Agora é sua vez.

Descubra o significado de colocar carne e sangue em algo.
Em seu lugar,
em seu tempo,
em seu mundo,
descubra.

Ele diz, a certa altura, que se pode comparar a alguém que continua acumulando novos tesouros.

Como em:
Você está apenas andando na superfície.

Aqui há muito mais.
Você está apenas no início.

Ele até diz em outro momento,
Você fará coisas maiores que essas.
Continue envolvido,
continue discutindo,
continue debatendo,
continue interpretando,
continue dançando junto dela —
nunca pare de virar a gema.

E então, para tudo o mais do Novo Testamento, vemos o quê?
Seus primeiros seguidores ligam e desligam,
discutem e debatem,
lutam e descobrem como a vida divina se manifesta onde quer que se encontrem.

Agora, vejamos o que acontece quando um dos primeiros seguidores de Jesus — um homem chamado Pedro — percebe que precisa praticar um pouco de ligar e desligar.

22

O fator graaaaaande lençol

No livro Atos dos Apóstolos, há uma história sobre um homem chamado Pedro que entrou em transe.

Como acontece com todo mundo. Normal.

Mas este não é um transe doméstico de tipo comum. Nesse transe, Pedro vê o céu se abrir e um lençol descer à terra, e no interior desse lençol estão vários tipos de animais — o narrador nos informa que são animais de quatro patas, répteis e pássaros. Pedro ouve uma voz dizer a ele:

> Levanta-te, Pedro! Mata e come. (Atos 10:13)

Pedro protesta com alguma coisa mais ou menos assim: "Mas eu compro alimentos numa loja de produtos naturais. Eu faço um suco de couve todas as manhãs. Eu até sempre peço frutas e legumes orgânicos."

Pedro diz o seguinte:

> De modo nenhum, Senhor! Porque jamais comi coisa alguma comum e imunda. (Atos 10:14)

Ao que a voz responde:

> Ao que Deus purificou não consideres comum. (Atos 10:15)

Isso aconteceu três vezes. O lençol é levantado de volta, e Pedro fica tentando entender o que aconteceu.

(A propósito, a palavra usada aqui para *transe* no grego original é a palavra *ekstasis,* da qual temos em português, adotada no século XX: *êxtase.*)

Um pouco mais sobre Pedro: ele foi criado em uma vila de pescadores chamada Cafarnaum. Seu povo estava profundamente comprometido em seguir a Torá, que incluía os trechos onde era ordenado evitar a impureza. Eles entendiam que Deus era santo e puro, e organizaram suas vidas refletindo tal pureza. Essas leis de pureza incluíam alimentos e *pessoas*. Da mesma maneira que você não tocaria em um animal morto, eles também não tocariam em qualquer coisa considerada impura. O compromisso em permanecer limpo era tão profundo que nem entravam na casa de alguém que consideravam impuro, o que, aliás, significava alguém que não era judeu. O que significava, basicamente, *o resto do mundo*.

Agora, de volta à viagem de Pedro em seu êxtase.

Assim que o transe termina, há uma batida na porta e alguns romanos — maximamente *impuros* — perguntam se ele os acompanhará até a casa de seu líder. Pedro concorda em segui-los e, quando chega lá, fala que é contra a lei do seu povo entrar na casa deles e depois diz:

Mas Deus me mostrou que não devo chamar ninguém de impuro ou imundo.

Deus me mostrou?

Deus fez o quê?

Como?

Como Deus mostrou a Pedro essa nova verdade?

Através de uma ruptura.

Pedro tinha uma estrutura mental, um paradigma, uma maneira de ver o mundo enraizada em sua compreensão de quem Deus é e o que significa seguir a Deus. E algo central nesse entendimento era a convicção de que algumas pessoas são limpas e outras são impuras. Você pode ir visitar algumas casas; outras, não.

Mas aí ele passa por uma experiência que não se encaixa nessa estrutura. E qual é a sua primeira reação a essa experiência?

Certamente não, Senhor! Eu nunca comi nada impuro.

Ele resiste a esse novo entendimento.

E qual é a base de sua resistência?

Suas convicções religiosas!

No transe, ele escuta que deve comer o que lhe é apresentado, e Pedro argumenta sobre o motivo para não fazê-lo, e seu ideal é baseado em sua devoção ao próprio Deus. Ele resiste a Deus em nome de... Deus.

É possível resistir ao próprio crescimento, mudança e expansão da consciência que Deus deseja para você apelando para as suas convicções religiosas.

Agora, um pouco sobre a natureza do crescimento. Novos estágios de crescimento, maturidade e consciência trazem consigo maior

liberdade,
inclusão
e
complexidade.

Antes, ele não podia comer de tudo — agora é livre para comer de tudo.

Antes, ele tinha um sistema de categorizar quem é limpo e quem não é, mas agora todos estão incluídos como limpos.

Antes, as coisas eram bastante simples: toda a humanidade pode ser dividida em limpa e não limpa. Mas agora as pessoas que ele pensava anteriormente que eram impuras... não são.

Liberdade,
inclusão,
complexidade.

Agora, um pouco sobre ruptura. As rupturas frequentemente são o catalisador do nosso crescimento. Você viaja, gosta, conhece novas pessoas de outras tribos, lê coisas novas, escuta novas perspectivas, analisa dados ou pesquisas que nunca tinha visto — e descobre que suas formas anteriores de categorizar, rotular e acreditar não eram adequadas.

Você tem uma escolha nesse momento: ou ignora, nega ou minimiza sua experiência, ou supera a dor real de ter que deixar para trás esse modo de enxergar as coisas.

Na maioria das vezes, é incrivelmente animador e libertador, mas também pode ter uma dimensão traumática, como se tivessem puxando o seu tapete. Como se o terreno estável por onde você estava andando agora parecesse estar tremendo.

E ainda assim você não pode voltar.

Depois de provar, você não pode desfazer o sabor.

Depois de ver, você não pode mais deixar de ver o que viu.

Imagine Pedro entrando na casa daquele romano pela primeira vez. Tudo em sua educação lhe dizia que colocaria em risco seu alinhamento com Deus ao fazê-lo, e então ele *viu* algo novo.

E uma vez que você viu, não pode mais deixar de ver o que viu.

Minha esperança é que isso traga um tremendo incentivo à medida que você cresce, muda e vê coisas novas.

Talvez você tenha aprendido uma maneira de ver o mundo (e ler a Bíblia!) que não funciona mais para você, e ainda assim a maneira anterior de entender continua exercendo um poder estranho sobre você. Talvez sejam as pessoas que lhe ensinaram, ou educaram a pensar assim, ou disseram que essa era a única maneira de ver as coisas e, se você rejeitasse essa compreensão, iria sofrer.

Ou talvez você tenha navegado num mundo calmo, legal e racional, de evidências e dados em que as únicas coisas que podiam ser confiáveis eram os fatos. Você se entende como alguém lógico e racional que não gosta de contos de fadas. Mas a verdade é que você teve experiências que não se encaixam em nenhuma dessas suas categorias agradáveis, sofisticadas e modernas. Você pode até usar alguma vez a expressão: isso é *divino* — mas não na frente de certos amigos, diante de familiares ou seus colegas.

A respeito ou em respeito a de onde você vem, não negue a possibilidade de rupturas.

Não entre em pânico quando a sala girar porque você viu algo real e formidável, bonito, gracioso, bom e esperançoso que não cabe em nenhuma de suas caixinhas mentais.

Está bem. Você não é o primeiro. É assim que funciona. É assim que nós crescemos.

Não lute contra isso.

Aproveite o êxtase.

Não é apenas a ruptura — é sua expansão.

É o fator graaaaaande lençol.

Agora, vamos passar de possíveis rupturas para todas as coisas.

23

Todas as coisas são suas

[...] porque tudo é vosso: seja
Paulo,
seja Apolo,
seja Cefas,
seja o mundo,
seja a vida,
seja a morte,
sejam as coisas presentes,
sejam as futuras,
tudo é vosso,
(1Coríntios 3:21–22)

O terceiro capítulo da primeira Carta de Paulo aos Coríntios é uma das minhas passagens prediletas na Bíblia. Começa com o apóstolo Paulo escrevendo para seus amigos em Corinto e dizendo que eles estão sendo idiotas. (Palavra minha, não dele.) *Como crianças*, diz ele.

Paulo fala que lhes deu leite porque ainda não estavam prontos para alimentos sólidos — eles eram muito imaturos.

Por que ele escreve isso?

Porque eles estavam discutindo sobre quem eram os seus favoritos.

Um pouco de contexto: Paulo e seus amigos tinham viajado falando às pessoas a respeito de Jesus e parando em cidades como Corinto. Com o tempo, as pessoas naquele lugar começaram a ter seus favoritos, algumas preferindo os ensinamentos de Paulo e outras, os ensinamentos de Apolo, e outras gostando mais dos ensinamentos de ainda outro, Cefas.

O gosto por seu pregador favorito em particular tornou-se tão intenso, que houve *brigas e ciúmes* entre eles. Algo que deixa Paulo exasperado. Gosto muito da forma como ele colocou essa questão:

> Quando existem ciumeiras e brigas entre vocês, será que isso não prova que vocês são pessoas deste mundo e fazem o que todos fazem? (1Coríntios 3:3 NTLH)

A resposta óbvia é: *Dãaaa, claro — nós somos seres humanos*!

Mas ele está querendo lembrar algo muito mais importante: Paulo os está convocando para superar os modos mesquinhos de sempre, que costumam causar divisões entre nós. *Naquela época*, as pessoas costumavam transformar seus líderes em celebridades, criando lealdade a este ou àquele e, então, usar argumentos que demonstrassem que fulano, de quem mais gostavam, era o melhor.

Muuuuuuuito diferente do que acontece hoje. (Pisquei o olho!)

Até agora, direto ao assunto, certo?

Esse pessoal em Corinto tinha recebido muita coisa boa dos que foram à cidade para ajudá-los a entender melhor o caminho de Jesus, e transformaram isso em uma fonte de divisão, briga e inveja.

Mas Paulo está apenas começando a tratar desse assunto.

Então ele pergunta:

> Afinal de contas, quem é Apolo? Quem é Paulo? [...]. (1Coríntios 3:5)

(Por favor, diga-me se isso não é um pouco engraçado. Ele está escrevendo sobre ele mesmo, certo? E pergunta: *Quem é Paulo*? Ele está falando sobre si mesmo na terceira pessoa. Como alguns atletas e artistas populares fazem.)

A resposta dele?

Apenas servos.

E então ele adiciona,

> Eu plantei, Apolo regou, mas Deus é quem fazia crescer [...]. (1Coríntios 3:6)

Há muita coisa importante acontecendo aqui, mas principalmente ele está conduzindo todos a deixarem para trás suas diferenças e suas contendas, mostrando-lhes como o divino usa um grande número de pessoas diferentes para fazer uma grande quantidade de coisas diferentes que nos ajudam a crescer e amadurecer.

Ele se dedica então, longamente, a falar sobre a *graça que Deus me deu* e o fundamento de tudo que está em Cristo e como eles são o *templo de Deus.*

(A propósito, quando alguém fala sobre seu corpo ser um templo, os *vocês* no Novo Testamento estão *no plural.* Paulo está escrevendo para um grupo de pessoas, um corpo de crentes. Então, quando ele diz *você é um templo de Deus,* ele está lembrando a um grupo de pessoas de que, em conjunto, elas são um templo. Esta foi, com certeza, uma ideia extraordinariamente nova e poderosa naquela época em que os templos dos deuses e deusas eram gigantes, monumentais, magníficas maravilhas do mundo. Paulo fala a um grupo discordante, cheio de defeitos e imperfeições que *eles* são onde o divino habita — *o quê*? Incrível!)

E justamente quando você passa a se envolver com os *tolos* e os *sábios* do mundo, ele solta essa:

> Portanto, ninguém se glorie em homens [...]. (1Coríntios 3:21)

E você percebe que tudo isso foi uma exposição brilhante do problema inicial, ou seja, a discussão mesquinha sobre quem era o professor favorito. Na verdade, Paulo está partindo para o topo de um épico crescendo, que começa com: "Todas as coisas são de vocês..."

Nós poderíamos parar por aí. Isso já é muito bom. *Todas as coisas são suas.*

Mas Paulo diz: "Seja Paulo, Apolo ou Pedro." (Cefas, mencionado anteriormente, é outro nome para Pedro, aquele que entrou em transe com o lençol cheio de animais impuros--agora-limpos.)

Deu para entender. Muito claro. Ele está mostrando como Deus usa pessoas diferentes para ensiná-los e, em vez de escolher um favorito e depois não ouvir os outros que não são seus preferidos, Paulo diz a eles para reivindicar para si tudo o que lhes é dado. Todos aqueles pregadores lhes pertencem. Eles devem aproveitar o bem e a verdade de quem quer que seja. É um presente de Deus para ajudá-los a crescer.

Por que você se afastaria de mais verdades?

Ótima pergunta. Algo muito importante o que ele está fazendo, certo?

Mesmo assim ele continua. Ele não terminou. Porque depois da parte "seja Paulo, Apolo ou Cefas", ele acrescenta:

ou o mundo.

O mundo? O mundo é seu? É assim que a frase diz:

> [...] porque tudo é vosso: seja Paulo, seja Apolo, seja Cefas, seja o mundo [...]. (1Coríntios 3:21–22)

Você percebe o que ele está querendo que aconteça aqui? Ele começa com ciúme e rivalidade mesquinhas, e bate nos ombros deles e diz: "Vocês estão jogando fora muitas coisas boas! Todos esses pregadores são dádivas de Deus para ajudá-los a crescer; portanto, não se afastem do que eles têm para lhes dar e parem de estar escolhendo favoritos e somente ouvindo o que vocês preferem. Assim vocês saem perdendo — vocês não recebem tudo o que pode ser bom para vocês! Reivindique tudo. É tudo para vocês, qualquer que seja a verdade que eles ajudem vocês a entender lhes pertence. Vocês precisam ver as coisas de uma perspectiva mais ampla!"

E aí, enquanto diz isso, ele expande as coisas para incluir o mundo inteiro.

O mundo é de vocês, repetido em outras palavras.

O que ele quer dizer, afinal?

Onde quer que você encontre a verdade, não apenas com pregadores como eles, Pedro e Apolo, mas também mediante quem quer que seja que o ajude a crescer, e tudo o que mantém sua mente e seu coração abertos para o que Deus está fazendo no mundo, independentemente das maneiras, pessoas ou circunstâncias que Deus usar para ensinar a você a verdade — dê atenção, reivindique, possua. É tudo seu.

Mas ele não terminou.

Paulo acrescenta:

ou também a vida
ou a morte.

A vida ou a morte — reivindique isso também? A vida e a morte são nossas?

Sim.

E ainda adiciona:

ou o presente
ou o futuro.

Ele começa com os pregadores e depois amplia para incluir o mundo. E logo expande a questão para acrescentar o estar vivo ou morto, e vai mais distante para agregar tudo o que é e tudo o que será.

E ainda não terminou, porque completa afirmando:
tudo é de vocês, e vocês são de Cristo, e Cristo, de Deus.

E com isso termina o terceiro capítulo.

Minha esperança é que, a esta altura, você tenha a sensação de que está se deleitando neste versículo como algo muito real e muito profundo e, talvez, determinando uma mudança de vida. Pode parecer um pouco fora dos limites de onde se pode chegar, então vamos encarnar o que estamos lendo.

Primeiro, quando as pessoas menosprezam a Bíblia por falta de profundidade ou de uma cuidadosa dedicação, provavelmente não a leram. Não importa o quão inteligente, educado ou estudado alguém seja, mesmo quando é capaz de fazer grandes comentários sobre as Escrituras sem, no entanto, nada ter a dizer para o mundo moderno sobre o que significa ser um ser humano, isso é absurdo e ingênuo. Essa passagem bíblica em 1Coríntios é, ao contrário, uma escalada em camadas, eloquente, altamente articulada e sábia sobre o quanto se pode aprender, saber, como pensar e interagir com o mundo.

Segundo, por vezes ouvimos as pessoas usarem a expressão *verdade de Deus*. Essa expressão é problemática. É melhor evitá-la. Por quê? Afinal, de qual outro tipo de verdade estamos falando? Se realmente é uma verdade, então é de Deus. Ciência, arte, política, história, psicologia, biologia — tudo o que for verdade é verdade de Deus. (Uma lembrança aqui para Tomás de Aquino, assim como para Arthur Holmes.) Dizer que algo é a *verdade de Deus* implica que há alguma outra verdade que aparentemente não pertence a Ele.

Isso é tolo e inútil. Se algo é verdade, essa alguma coisa tem uma única fonte: Deus.

Terceiro, então, onde quer que você encontre a verdade, quem quer que a esteja dizendo, diga, sempre que você estiver diante dela, reafirme-a e a reivindique para si, porque ela é sua. Isso nos leva de volta para Corinto. Paulo ouve que seus amigos estão escolhendo um lado ou outro, discutindo uns com os outros sobre quem é o melhor pregador, recusando-se a se envolver com outros que não os seus favoritos. Ele usa essa situação para convencê-los a absorver a verdade onde quer que a encontrem não somente por meio desses diferentes pregadores, mas em qualquer outro lugar no mundo.

(É por isso que, quando as pessoas debatem fé *versus* ciência, elas mostram que não entenderam o que é, de fato, importante. A fé é sobre abraçar a verdade onde quer que você a encontre, e isso, obviamente, inclui a ciência.)

Paulo está tentando libertá-los. Ele quer que se tornem pessoas que abraçam a verdade onde quer que a encontrem.

Quarto, essa liberdade funciona nos dois sentidos. Somos livres para afirmar a verdade onde quer que a encontremos, e também somos livres para negar o que precisa ser negado. Se está errado, é injusto ou distorcido, podemos considerar isso injusto ou falso, ou qualquer coisa assim. Isso inclui também posições religiosas e, claro, coisas que acontecem até mesmo em igrejas sob o nome de Jesus.

Algumas coisas rotuladas como *cristãs* não são verdadeiras e algumas coisas que não são rotuladas *cristãs* são verdadeiras. Alguns ateus dizem muitas coisas que são verdadeiras, e alguns cristãos são mentirosos.

E, agora, em quinto — mais um voo antes de aterrissar este avião —, Paulo coloca Cristo na raiz de todas as coisas. Paulo quer que seus leitores vejam que Cristo é maior do que qualquer professor, qualquer conjunto de pensamentos, o mundo ou a vida ou a morte ou o presente ou o futuro ou qualquer outra coisa que você possa imaginar. Ele quer que seus amigos em Corinto desfrutem da verdade onde quer que a encontrem para celebrar e recebê-la como um presente que vem da fonte de todas as coisas: Deus.

E por que isso é extremamente importante no mundo em que nos encontramos? Porque a religião deu às pessoas muitas definições e rótulos que são simplesmente inúteis. Sua experiência com Cristo estará sempre muito acima de todos os padrões, das caixinhas que você criou, e isso inclui a religião. Paulo nos convida para estarmos atentos e interessados na realidade, com olhos bem abertos, afirmando o que deve ser afirmado, negando o que deve ser negado, sempre com raízes cada vez mais profundas e fundamentadas no Cristo, que está continuamente insistindo que todas as coisas são nossas.

Num verão, fui a uma apresentação de dança da Parsons Dance Company. A empresa foi fundada por David Parsons, um dos melhores coreógrafos contemporâneos do mundo e, de fato, o desempenho foi impressionante.

No final do show, havia um número solo. Todas as luzes foram apagadas, exceto um refletor branco, que iluminou um dançarino de pé, sozinho no fundo do palco. A música começou a tocar, e ele começou a se movimentar, e então algo chocante aconteceu — ele começou a voar.

Não de verdade.

Mas era assim que *parecia.*

O que fizeram foi apagar a luz do palco e acender uma luz estroboscópica que pulsava muito mais lentamente do que se consegue enxergar normalmente. Com o estroboscópio *desligado*, o dançarino corria na escuridão e pulava de tal forma como se estivesse no ar exatamente no momento em que a luz *pulsava*, e depois, quando se apagava, ele estava no solo e corria; depois pulava de novo quando a luz pulsava novamente, e assim fez várias vezes. Dessa forma, do ponto de vista da plateia, você somente o via quando a luz estava acesa e o artista estava no ar aparecendo e reaparecendo em lugares diferentes no palco todo.

O efeito foi de arrasar.

As pessoas começaram a se agitar visivelmente em suas poltronas ofegando de maneira audível e, em seguida, aplaudindo e aplaudindo, mas não muito, porque era tão fascinante que você mal tinha tempo para fazer qualquer outra coisa além de apenas olhar para aquilo. Você sabia que havia uma explicação — o *timing* do estroboscópio não era difícil de entender —, mas a surpresa e o impacto sobre as pessoas eram muito grandes. Os olhos estavam vendo alguma coisa que você não podia acreditar, seu cérebro estava brigando para descobrir exatamente o que você estava presenciando. O *timing* dos movimentos, o gênio da coreografia e a altura dos saltos combinaram-se para produzir uma experiência surpreendente. Tão simples, e ao mesmo tempo tão difícil e tão brilhante.

Estou falando sobre aquela apresentação porque, enquanto escrevo isso, estou bem ciente de quão longe minhas palavras ficam de conseguir lhe proporcionar a experiência que tive naquela ocasião. Só posso dizer isso, compartilhar, tentar explicar, fazendo o melhor para usar a linguagem para expressar a minha experiência.

O que nos reconduz à Bíblia.

Pense nessa frase que Paulo usa no final do terceiro capítulo de 1Coríntios: *todas as coisas são suas*. É tão grande, é quase grande demais, certo? É tão expansiva e enorme e inclusiva e afirmativa e dinâmica e alegre e acolhedora e inspiradora e edificante e ousada e audaciosa — especialmente porque ele está fazendo isso de propósito.

Seus amigos em Corinto se mostraram mesquinhos, divididos e *pequenos*, presos nos mesmos velhos e ridículos debates sobre de quem gostam mais, e quem é melhor e de que lado eles estão, quem estão seguindo e quem é que está mais certo. Paulo faz tudo o que pode para afastá-los de sua pequenez começando, de propósito, com as divisões entre eles e convocando-os para celebrar a verdade com qualquer pregador que aparecesse — e continua: vida e morte e o mundo e o presente e o futuro — e até parece estar tentando ultrapassar todas as barreiras com quantas coisas lhes *pertencem*.

Aponto isso porque muitas discussões que as pessoas têm sobre a Bíblia são incrivelmente chatas. Irrelevantes. Prejudiciais. Pequenas.

Essa é a hora e o lugar certos para se fazer perguntas, mas os escritores da Bíblia escreveram essas coisas querendo que os outros experimentassem o que eles haviam experimentado.

Pense nesse trecho que Paulo escreveu em Romanos 8:

> Porque eu estou bem certo de que nem a morte, nem a vida, nem os anjos, nem os principados, nem as coisas do presente, nem do porvir, nem os poderes, nem a altura, nem a profundidade, nem qualquer outra criatura poderão separar-nos do amor de Deus, que está em Cristo Jesus, nosso Senhor. (Romanos 8:38–39)

O que significa nunca ser separado do amor?

É assim que você vive todos os dias?

Em todo pensamento, você é lembrado constantemente de que o amor é a base do seu ser?

Paulo escreve isso porque, em sua experiência, nada — e este é um homem que foi espancado, naufragou e sofreu inúmeras tentativas de ataques em sua vida e foi traído e afrontado —, nada poderia convencê-lo de que o amor não é a mais profunda realidade do universo.

Este é um homem que experimentou o pior que os seres humanos podem fazer um ao outro, e sua resposta não foi negar, ou dizer que não era assim tão ruim ou degradante, ou fingir que não houve momentos em que desejava até mesmo morrer. Sua resposta foi afirmar, repetidamente, que existe um amor do qual não podemos ser separados.

É sobre isso que as pessoas falam nos estudos bíblicos? Por qual outro motivo você leria os livros dessa biblioteca? Você lê este livro porque quer mais *disso*, não é verdade? **Você deseja experimentar tal amor, graça e alegria: deseja mergulhar**

no íntimo do seu ser e deseja ver o mundo e, mais particularmente, a sua vida como um reflexo desse amor, certo?

Ou esta linha de Paulo em Efésios 3:

> Por esta causa, me ponho de joelhos diante do Pai, de quem toma o nome toda família, tanto no Céu como sobre a Terra, para que, segundo a riqueza da sua glória, vos conceda que sejais fortalecidos com poder mediante o seu Espírito no homem interior; e, assim, habite Cristo no vosso coração pela fé, estando vós arraigados e alicerçados em amor, a fim de poderdes compreender, com todos os santos, qual é a largura, e o comprimento, e a altura, e a profundidade e conhecer o amor de Cristo, que excede todo entendimento, para que sejais tomados de toda a plenitude de Deus. (Efésios 3:14–19)

Eu amo essa parte sobre o *quão amplo, longo, alto e profundo é o amor de Cristo.*

Maravilhoso, não é?

Paulo escreve porque quer que seus leitores sejam *enraizados* e *fundados no amor*, pessoas que são inabaláveis e corajosas e têm sua base na realidade desse amor.

Em Efésios 1:18, Paulo escreve:

Tendo iluminados os olhos do vosso entendimento.

Quando as pessoas perguntam sobre o que trata a Bíblia, você responde: *é sobre nos tornarmos mais iluminados*?

Porque é assim que Paulo define isso.

Tente o seguinte: repita a expressão *Todas as coisas são suas* como uma fórmula, algo parecido com um mantra,

ao longo de todo o dia. Escreva na parede ou na sua mão. Quando você passa diante de algo belo, inspirador, que entusiasma você, que fica arraigado no seu coração, diga isso para si mesmo. Deixe que se formem sulcos em suas vias neurais. Deixe ser a música que você está sempre ouvindo. Deixe que isso fique gravado em seu coração. Deixe que abra sua mente. Deixe-a ver o que você pode ter perdido até agora.

Paulo escreve porque sua experiência do Cristo ressuscitado o abriu totalmente. Tornou-o maior e mais amplo, mais acolhedor, cheio de alegria, corajoso e cheio de admiração e reverência.

Você pode ver o mundo dessa maneira.

Você tem essa escolha. Você tem essa opção. Você tem essa oportunidade. Você está convidado para isso. À medida que avança no seu dia e enfrenta os aborrecimentos e as queixas habituais, preste atenção ao que isso está fazendo com você. Lembre-se de que *todas as coisas são suas*. Imagine-se *enraizado, fundado e solidificado no amor*. Quando você se encontrar com pessoas de origens e perspectivas de vida muito diferentes, seja o primeiro a celebrar o que houver de bom, verdadeiro e belo em seu meio independentemente de onde vem, ou quem o diz, ou como aquilo chegou até você.

Todas as coisas são suas.

Muitas pessoas, há milhares de anos, tiveram experiências com o divino que as deixaram sem palavras. Momentos em que a luz estroboscópica apareceu e o dançarino pareceu voar, e os que estavam vendo ficaram se remexendo na poltrona de queixos caídos e ofegantes.

Então como é que esse movimento está se realizando nas páginas da Bíblia? Debaixo, acima e dentro de tudo, como uma fonte elétrica à qual todas as coisas estão conectadas. Paulo chama isso de Cristo.

Você vê pessoas indo adiante, deixando coisas para trás, descobrindo novas realidades e alguma coisa que ressoa aí dentro porque é isso que está acontecendo com você. Lê esses livros e lhe vem à lembrança a sua conexão humana compartilhada com todo mundo e em todos os lugares.

A história avança e as pessoas são transformadas. Como Paulo diz, *os olhos do entendimento podem ser iluminados.*

É por isso que a Bíblia tem um poder tão duradouro. Essas histórias insistem, de mil maneiras diferentes, que não precisamos fixar isto ou aquilo, que o amanhã não precisa ser uma repetição de hoje, que não precisamos ser escravizados pelo medo ou pelo desespero — que podemos mudar, nos mover, sermos curados e podemos deixar para trás tudo o que precisa ser deixado para trás para que possamos avistar e viver um futuro melhor.

24

O humano e o divino

Como você já entendeu,

a Bíblia foi escrita por pessoas.

Sei que disse isso várias vezes ao longo deste livro, mas fiz isso de propósito.

Eu ficava repetindo essa verdade, de que a Bíblia foi escrita por seres humanos, porque, quando você começa por aí e entende a humanidade presente nessa biblioteca, justamente aí você pode encontrar o divino.

E quando você fizer isso, terá chegado lá de forma honesta.

Por exemplo, a ressurreição.

Há quatro relatos da vida de Jesus: Mateus, Marcos, Lucas e João. Cada um deles fala de Jesus sendo traído por um de seus amigos, tendo uma refeição final com seus amigos, sendo crucificado pelos romanos e, depois, ressuscitado dentre os mortos.

Se você ler esses relatos evangélicos da ressurreição de Jesus, algumas coisas imediatamente chamarão a atenção.

Marcos relata que, no primeiro dia da semana, Maria Madalena, Maria, mãe de Tiago, e Salomé foram ao túmulo de Jesus, enquanto

Mateus diz que foram Maria Madalena e a outra Maria foram ao túmulo.

(Você imagina como é duro numa história aparecer como *a outra Maria*?

Ah, você sabe — foi *a outra Maria*.)

De acordo com o Evangelho de João, era apenas Maria Madá; mas, quando ela chega ao túmulo, um sujeito pergunta por que ela está chorando e quem está procurando, e a mulher pensa que é o jardineiro e quer saber se foi ele quem levou o corpo e onde ele colocou —

Porque eu vou pegá-lo

(ela diz isso com a força de uma mulher que não está brincando).

Então, o possível-gentil-jardineiro diz seu nome, e ela percebe que é Jesus.

Ele está vivo?

Lucas nos diz que esse mesmo senhor andou com dois dos discípulos de Jerusalém até Emaús (distante pouco mais de 11 quilômetros) conversando o tempo todo, e não o reconhecem até que se sentam para uma refeição e ele parte o pão e então percebem que é Jesus.

Ele está vivo?

(Interessante que as pessoas que estavam mais próximas de Jesus e passaram anos com ele *não o reconhecem* após a ressurreição. Hmmm. Da próxima vez que você ouvir alguém insistindo que foi uma ressurreição real e literal, certifique-se de acrescentar "corporal", que deve remeter ao fato de que Ele não se parecia mais como era antes.)

Um Evangelho menciona que houve um terremoto...
que os outros deixam de fora...
João fala de dois anjos de branco sentados onde o corpo de Jesus esteve;
Lucas diz que eram dois homens num branco reluzente;
Marcos diz que era um jovem vestido com uma túnica branca *sentado no lado direito* da tumba,
e Mateus diz que era um anjo do Senhor que retirou a pedra da frente

e depois sentou-se nela.
Como você mesmo faria.
Quando rola uma pedra.
E abre uma tumba.

Se você ler os relatos consecutivamente, haverá muita agitação, emoção e confusão geral. Deixando de lado a questão de saber se um homem realmente ressuscitou dentre os mortos (a simples poesia é tão fantasticamente boa), os quatro relatos de Jesus ressuscitando contam vários detalhes confusos que tornam essa narrativa bastante desarticulada, para dizer o mínimo.

Existem várias respostas para essas diferenças:

Alguns as ignoram. Eles simplesmente repetem que esta é a Palavra de Deus, que você deve acreditar com fé sem questionar a verdade etc.

Outros consideram essas diferenças uma prova clara e tangível de sua suscetibilidade a diferentes percepções. Você percebe? Tudo parece mito, fábula, fantasia etc. cuja origem remonta às histórias do dia.

Eu acho as duas perspectivas chatas.

Antes de explicar, no entanto, algumas considerações sobre propaganda.

Para resumir, esta é a pior propaganda. De todos os tempos. Se você está tentando iniciar uma religião, essa é uma péssima maneira de fazê-lo. Como você vai despertar a confiança dos fiéis se não consegue nem mesmo relatar os detalhes de maneira coerente?

Sem mencionar as mulheres, que mencionaremos mesmo assim porque todos os escritores dos Evangelhos se referem às mulheres. Nesses relatos, todos os escritores afirmam que foram as mulheres que primeiro viram (diga comigo agora o que elas viram): "Ele está vivo!"

No primeiro século, as mulheres não eram muito respeitadas como são hoje. Por exemplo, a palavra delas não significava quase nada no tribunal. Por que motivo, em uma cultura que tinha tão pouca consideração pelo testemunho de mulheres, você contaria uma história que depende, em grande parte, do testemunho de mulheres?

Além disso, Mateus escreve que Jesus encontrou o pessoal d'Ele em uma montanha na Galileia, "e, quando o viram, o adoraram; mas alguns duvidaram". (Mateus 28:17)

O quê...? Eles *duvidaram*?

Por que Mateus incluiria isso?

Se o objetivo de seu livro é que Jesus é o Messias, o Rei, o tão esperado Salvador do Mundo, pelo qual todos estão aguardando, por qual motivo você, ao chegar no ponto mais alto da história iria incluir uma linha sobre alguns dos seus seguidores estarem tendo dúvidas? Isso não estraga esse momento que é o máximo de um crescendo? Isso não prejudica tudo o que você está dizendo na sua história?

Dito isto, tenho uma pergunta para você: se algo extraordinário tivesse acontecido, como seria lembrado?

O que nos leva a outra pergunta: se alguém ressuscitasse dos mortos, como essa história seria contada? De uma maneira calma, estruturada e formal, ou um tanto casual, que provocaria exclamações e mais sinais de espanto, ou deixaria as pessoas atordoadas com a força eletrizante desta experiência tão inesperada e extraordinária, que você não sabe nem como explicar?

O que leva a outra pergunta: é, por acaso, natural ao ser humano considerar isso tudo como alguma coisa que deva ser descartada ou, pelo contrário, são sinais de que é um registro autêntico de algo que aconteceu?

O que leva a outra pergunta: quando Mateus nos diz que alguns dos seguidores de Jesus duvidaram, isso prejudica a história, ou é exatamente um tipo de honestidade que reflete como as pessoas realmente são?

Se cada um dos escritores dos Evangelhos inclui a parte sobre o testemunho das mulheres, por que arriscar dizer isso? Que coisa estranha de se acrescentar sabendo que poderia desacreditar a história deles, *a não ser que, de fato, as mulheres realmente fossem as primeiras testemunhas*.

Quão mente aberta você é?

O que é possível?

Há uma nova criação surgindo dentro desta história?

Aconteceu alguma coisa que muda tudo?

A tumba está vazia?

O que acontece se você realmente vive tendo em mente que isso é verdade?

O que essa história faz ao seu coração?

Para alguns, a Bíblia é apenas uma coleção de livros antigos. Livros escritos por pessoas e nada mais. Para outros, a Bíblia é uma coleção de livros, mas também é mais do que isso. São livros, mas são mais do que apenas livros.

Por que os quatro relatos da ressurreição nos Evangelhos diferem em detalhes básicos?

Por que não existem denúncias claras de poligamia? Ou de escravidão?

Por que Paulo diz no Novo Testamento que é ele quem está falando, *não o Senhor*?

Quando as pessoas afirmam com grande insistência que essa é a Palavra de Deus ao mesmo tempo em que negligenciam a humanidade desses livros, podem, sem querer, estar roubando esses escritos do seu poder sagrado.

Tudo isso por estar começando no lugar errado.

Quando você começa com o que é humano. Quando faz essas perguntas, então você entra, direciona suas energias para entender o motivo pelo qual *essas* pessoas escreveram *esses* livros.

Porque qualquer coisa divina que você encontrar nesses livros, você encontra o divino *por meio* do humano e *no* humano, não ao redor dele.

Parte 3

Aonde “algumas coisas” nos levam

E então, como é que se faz para ler a Bíblia desse jeito?

Essa é a questão, certo?

Porque uma coisa é desfrutar as narrativas que já foram apresentadas neste livro e constatar a atração, o chamado, o interesse e a motivação, o Espírito Santo movimentando as coisas na Bíblia, levantando questões profundas e conduzindo-nos a um mais amplo e melhor futuro.

Outra coisa é ver as mesmas coisas acontecendo no mundo de hoje ao seu redor.

Isso nos faz repetir a pergunta: então, como fazer isso?

Para tornar mais fácil conseguir isso,

vamos examinar alguns exemplos...

um a respeito da tecnologia,

um sobre o Apocalipse,

um sobre a arte da subversão e,

depois, vamos falar sobre os Estados Unidos.

25

Babel

Em Gênesis 11, lemos a história da Torre de Babel. As pessoas decidem que vão construir uma torre capaz de chegar ao céu.

Porque isso poderá criar um nome para nós mesmos; caso contrário, seremos espalhados sobre toda a superfície da Terra.

Mas Deus vem, examina o que eles estão fazendo e conclui que, se eles puderem fazer isso, *nada que eles resolvam planejar fazer será impossível para eles*, e, então, decide:

> Vinde, desçamos e confundamos ali a sua linguagem para que um não entenda a linguagem de outro. (Gênesis 11:7)

Fim da história.

Algumas perguntas:

Primeiro, quem construiu Babel?

Se voltarmos um capítulo para trás, lemos:

> Cuxe gerou a Ninrode, o qual começou a ser poderoso na terra. Foi valente caçador diante do Senhor; [...] O princípio do seu reino foi Babel, Ereque, Acade e Calné na terra de Sinar. (Gênesis 10:8–10)

O que mais sabemos sobre Ninrode?
(Além de ser o mesmo nome de um dos melhores álbuns do Green Day? Não consegui resistir a essa.) O nome Ninrode vem da raiz hebraica para *rebelde*. Muito interessante!

Por que isso importa?
Porque, quando você começa a história sobre a Torre de Babel, o que sabemos é que está sendo construída por um guerreiro muito, muito violento e poderoso que está construindo muitas outras cidades e que seu nome está associado à ideia de rebelião. Isso se chama *construção de um império*. É o que acontece quando alguém, ou um grupo de pessoas, usa poderio militar e domínio econômico para destruir qualquer coisa — e qualquer um — que esteja no seu caminho.

Existem outros detalhes que podemos ter esquecido quando lemos outras vezes essa história?
Sim. Exatamente o que disseram um ao outro sobre *como* estavam construindo a torre?

O texto diz:

> E disseram uns aos outros: "Vinde, façamos tijolos e queimemo-los bem." Os tijolos serviram-lhes de pedra, e o betume, de argamassa. (Gênesis 11:3)

Esses detalhes são muito significativos. Eles usaram tijolo em vez de pedra. Você já tentou fazer uma construção bem alta com pedras? É quase impossível. Por quê? Porque as pedras são arredondadas e bastante lisas, com formas e tamanhos diferentes, e são difíceis de empilhar umas sobre as outras. Um problemão.

Mas esta é uma narrativa na qual as pessoas trabalham com tijolos. *Alguém inventou o tijolo.* Você pode fazer tijolos do mesmo tamanho, da mesma forma — você pode fabricar tijolos com especificações exatas para o que você está tentando construir. Como, por exemplo, uma torre.

Se você estivesse acostumado a construir coisas somente com pedras e depois pudesse começar a usar tijolos, que perguntas você faria?

Provavelmente algo parecido com isso: "Esses tijolos são incríveis! Eles possibilitam todo tipo de construção que não era possível. Quão grandes podem ser as construções com esses tijolos?"

Mas, nessa história, não são apenas tijolos que eles estão usando para construir. Eles também estão empregando uma argamassa. A argamassa é como cimento ajudando a unir os tijolos.

Qual é outro nome que se pode dar a esses detalhes sobre o tijolo e a argamassa que eles estavam usando?

Tecnologia! Esta é uma história que trata, entre outras coisas, de tecnologia. Alguém inventou algo novo — o tijolo e a argamassa — que permitia às pessoas fazer coisas e realizar obras que não tinham sido capazes de empreender antes.

E o que *isso* tem a ver com Ninrode?

Esta é uma história sobre o que acontece quando um poderoso guerreiro, que está construindo um império, põe as mãos numa nova tecnologia e começa a usá-la para se apresentar como um deus capaz de esmagar todos e tudo que estiver em seu caminho.

E o que isso nos diz sobre o mundo em que o narrador dessa história estava vivendo?

Que isso era um fenômeno novo. As pessoas estavam se espalhando, se diferenciando, se estabelecendo em novos lugares, e algumas estavam ganhando cada vez mais poder e influência, e isso também estava afetando todo mundo.

(Quando você ouve alguém dizer que as empresas e os bancos de Wall Street ficaram poderosos demais, você está ouvindo ecos do mesmo sentimento milhares de anos depois.)

A história reflete uma crescente consciência e preocupação de que existe um bem maior para a humanidade do que os fortes dominando os fracos, os poderosos esmagando os impotentes, os orgulhosos se elevando a um status divino. Imagine-se construindo pequenos muros de pedra durante toda a sua vida e então dar uma chegada em Babel e ver ali pessoas trabalhando em uma torre de tijolos.

Pode ter sido inspirador, mas não podemos deixar de pensar que também pode ter sido *aterrador.* Se alguém pode fazer *isso*, que outras coisas será capaz de fazer? Ou, para piorar, *o que é que eles não podem fazer?*

(Imagine que outros países tivessem bombas nucleares, e o seu país não. E imagine como seria não ter bombas atômicas, mas saber que um desses países que detinham bombas nucleares realmente as havia usado na história recente e as tinha lançado sobre cidades reais nas quais as pessoas viviam. Aterrorizante.)

O que é que essa história nos diz sobre o que significa ser um ser humano?

Temos um tremendo poder e habilidade como seres humanos. Podemos inventar coisas, construir coisas, sonhar e depois realizá-las. É algo maravilhoso e deve ser comemorado e apreciado. (Pode repetir comigo agora: HD tela plana, pimenta chipotle, pranchas de surfe Almond. Todas as coisas feitas pela Apple. Guitarras Rickenbacker. Eu poderia dizer mais. E você também.)

Por outro lado, também temos a tremenda capacidade de usar nossas energias, poder e habilidades para conseguir aumentar cada vez mais nossos interesses e propósitos mediante a cobiça, a ganância e a construção de um império à custa das pessoas ao nosso redor, tornando então nosso mundo cada vez menos um lugar de paz e cada vez mais difícil de todos poderem prosperar.

E o que isso nos diz que devemos fazer hoje, em nossos dias? Para muitas pessoas, a Bíblia é um livro de muito tempo atrás e que explica como o mundo terminará no futuro quando as pessoas deixarem este mundo para ir para outro lugar.

Entende-se que é um livro sobre
uma época — o passado
ou
uma época — o futuro,
mas muitas pessoas nunca o leram como um livro sobre o *agora*.

Esta história sobre a Torre de Babel tem o poder de continuar por séculos por sempre trazer à lembrança que nós estamos construindo o mundo. Estamos criando algo. Estamos fazendo alguma coisa com nossas mentes, energia, dinheiro e tecnologia. E nos lembra também do que estamos fazendo com combustíveis fósseis e bombas nucleares, com fontes de água sendo envenenadas e fábricas que enchem o ar de fumaça, e tantas coisas mais que estão ameaçando o futuro do planeta. Ler essa história como algo ultrapassado é não se dar conta de que se trata de uma narrativa poderosa e necessária para nós aqui e agora.

É uma história, mas também é um aviso.

Temos essa tremenda capacidade de inventar, inovar e criar, e esse é um poder que pode ser usado para o bem — cuidar um do outro e do mundo. E também pode ser usado de maneira destrutiva para oprimir e desumanizar os outros.

Essa história antiga está realmente acontecendo agora... o que nos lembra que convém que se fale sobre o apocalipse.

26

Dois ou três tipos de apocalipse

Vamos falar sobre o fim do mundo por um minuto. Para muitas pessoas, a mensagem da Bíblia é que o mundo terminará em algum momento no futuro e é realmente importante que você esteja do lado certo quando o apocalipse chegar.

Mas existem dois ou três tipos de apocalipse.

No primeiro tipo de apocalipse, o mundo como conhecemos termina subitamente por causa de algo catastrófico e inesperado.

Existem versões desse medo *vindas da natureza*, nas quais um meteoro atinge a Terra, ou uma doença se espalha sem controle, ou um terremoto faz com que os oceanos inundem os continentes até que a humanidade não exista mais. Existem também versões *divinas*, nas quais Deus se cansa tanto dos humanos bagunçando as coisas que Ele finalmente diz "Basta!", então mostra o que seria o certo para os que erraram, realiza o julgamento final e, por fim, faz uma grande limpeza.

Essa forma de entender o apocalipse explora um medo humano muito específico: isto é, que, vindo do nada, amanhã algo possa acontecer que acabe com a vida como nós a conhecemos.

O choque e o terror inesperados dessa possibilidade geraram inúmeras revistas em quadrinhos, romances e, sem dúvida, filmes. Você conhece alguns, como aquele em que Bruce Willis aparece no último minuto para salvar o dia. Ou Will Smith.

Na versão religiosa, você costuma ouvir que, quando isso acontece, um grupo vai para um lugar muito bom, e o resto da humanidade é mandado para um lugar bem ruim. (As pessoas que contam esta versão da história estão sempre no grupo dos bons, por mera coincidência.) Portanto, seu dever é o de levar o maior número possível de pessoas para dentro da sua cabana/clube/religião/grupo para que, quando esse dia chegar, todos possam escapar e ir para o lugar bom.

Mais uma observação sobre esse tipo de apocalipse: **nesta versão, o fim do mundo/últimos dias/fim dos tempos geralmente é visto como algo que está fora do nosso controle.** Não podemos controlar o tempo, as datas. Somos participantes passivos, incapazes de controlar o *quando*, apenas esperando escapar do pior.

Agora, um segundo tipo de apocalipse.

O segundo tipo de apocalipse é o tipo de fim do mundo que nós mesmos provocamos. Isso acontece porque nós, humanos, fizemos uma baderna na Terra com o consumo de combustíveis fósseis, bombas nucleares, acumulação de carbono e grandes quantidades de produtos químicos despejados em oceanos, rios e lagos. Os icebergs vão derretendo e as fontes de água ficam contaminadas, a vida selvagem é dizimada e a floresta tropical destruída — **essa forma de apocalipse é, no entanto, do tipo que podemos controlar.** Isso acaba acontecendo porque não levamos em conta, com a devida seriedade, a responsabilidade nos concedida por Deus de sermos os mordomos da Sua criação. Isso acontece porque ignoramos as evidências, rimos das pessoas que nos avisaram e nos recusamos a empreender as difíceis, porém necessárias, mudanças para viver no mundo de forma mais sustentável.

A boa notícia sobre esse tipo de apocalipse, e isso está claro, é que podemos mudar nossos caminhos, reformar nossos hábitos, aprovar novas leis, adotar novas tecnologias, viver de forma mais sustentável, poluir menos — e a lista continua.

(É importante observar que, no poema de Gênesis que inicia a Bíblia, a relação das pessoas com o solo — com o *meio ambiente* — é de extrema importância. Por quê? Porque nossa própria sobrevivência depende disso.)

Meu ponto de vista a respeito desses dois tipos de apocalipses?

Algumas pessoas têm uma tremenda preocupação com o apocalipse que *não podemos* controlar, e não têm preocupação suficiente com aquele que *podemos* controlar.

Em vez de especular sobre o fim dos tempos, escrever romances terríveis sobre pessoas sendo deixadas para trás e pregar sermões ridículos conectando o Irã ao livro de Daniel, é bem melhor que concordemos em não nos preocupar com o que não podemos controlar, e nos tornarmos capazes de ter como objetivo agir de forma eficiente sobre o que podemos controlar — amando nosso próximo, tornando-nos pessoas de caráter íntegro, cuidando melhor do meio ambiente. E se toda essa ansiedade, medo e preocupação com o apocalipse (que já vendeu uma tonelada de ingressos de cinema) fossem, de fato, canalizados para mudanças reais?

A história que lemos na Bíblia é sobre este mundo, nosso lar. Jesus não falou sobre um Deus que quer queimar este lugar e nos levar para outro; Ele falou sobre a renovação deste lugar, o único lar que tivemos. A valorização de árvores, mares, rochas, ar, solo, sangue, suor, pele e toda a materialidade, diversidade e criatividade que sabemos serem essenciais para nossa vida neste mundo são centrais para a história da Bíblia. Jesus falou sobre um tempo vindouro em que Deus reconciliaria e redimiria, e as coisas voltariam ao seu lugar. Ele nos convida a antecipar esse dia fazendo nossa parte para trazer o Céu à Terra aqui, agora, hoje.

O que nos leva a um terceiro tipo de apocalipse.

A palavra *apocalipse* significa *descobrir* ou *revelar* ou *expor*. **Um verdadeiro apocalipse diz respeito a que as coisas sejam reveladas pelo que elas realmente são.**

Como em 2Pedro no Novo Testamento, na qual ele escreve que "a Terra, e tudo o que nela há, será desnudada". (2Pedro 3:10)

No grego, a palavra usada é *heurisko* — significa encontrar, aprender ou descobrir. (É daí que nos vem a palavra *eureka!*, que parece precisar de um ponto de exclamação, não é?)

Quando os escritores da Bíblia escreveram assim, que algo é exposto, foi uma antecipação de que tudo seria corrigido, restaurado. Era uma forma de dizer esperançosa, dinâmica e alegremente com a expectativa de que ainda haveria um futuro melhor para o mundo.

E assim, toda vez que, desde já, você agir nesse sentido, estará antecipando sua participação nesse futuro *agora*.

Assim é que, quando Pedro escreve:

> Visto que tudo será assim desfeito, que tipo de pessoas é necessário que vocês sejam? Vivam de maneira santa e piedosa esperando o dia de Deus e apressando a sua vinda [...]. (2Pedro 3:11–12)

Este é um verso verdadeiramente apocalíptico.

O quê?

Apressar a sua chegada?

Nós podemos afetar o futuro.

Podemos participar da criação de um novo mundo.

Nós.

Agora mesmo.

Um verdadeiro apocalipse não é algo a ser temido, é algo a ser comemorado. E convém entrar nesse projeto desde já. Agora.

27

O livro do Apocalipse, é claro!

A mulatto
An albino
A mosquito
My libido
Yeah!!
— **Kurt Cobain**

Agora, vamos pegar um livro apocalíptico na Bíblia, o livro do Apocalipse, e vamos fazer a pergunta: o que é que este livro tem para nos dizer agora?

Vamos, portanto, conversar um pouco sobre o livro do Apocalipse.

Primeiro, trata-se de uma carta.

Foi escrito pelo apóstolo João à sua congregação.

Seu povo está enfrentando muitos desafios, e João escreve para eles a fim de encorajá-los a que permaneçam fortes e continuem a ir em frente.

Sua carta é sobre pessoas reais recebendo ajuda real em meio a tempos difíceis.

Segundo, esse povo estava cercado de uma grande propaganda proclamando o imperador romano como um deus na Terra. Do mercado à arena, das estátuas às moedas, em todos os lugares por onde passavam eram confrontados com proclamações de quão grande, poderoso e bom era o imperador.

Um imperador, Domiciano, tinha um coro que o seguia em todos os lugares que ele ia cantando:

Você é digno, nosso Senhor e Deus,
de receber glória, honra e poder.

Quando César realizava jogos olímpicos na arena, ele começava a se dirigir aos líderes das várias províncias dizendo a eles o que achava que estavam fazendo bem e o que precisavam mudar; caso contrário, teria que lidar com eles de modo severo.

Assim era a vida no império.

O Império Romano tinha conquistado o mundo marchando sobre cada novo território e exigindo que as pessoas confessassem que César é o Senhor.

Se você se submetia, então se tornava cidadão do Império Romano.

Se você não se submetia, se não queria se tornar cidadão, ou não queria acreditar que César era o Senhor, você estaria sendo subjugado de qualquer maneira. E aqueles que resistiam eram frequentemente pendurados em cruzes para mostrar a todos o que acontece quando você resiste ao império.

Para essa conquista do mundo, era fundamental difundir a crença de que a vitória militar significa paz.

Havia até uma forma constante de propaganda do império que trazia a importante mensagem: "César é o filho de Deus enviado ao mundo para promover um reino universal de paz e prosperidade."

Você percebe qual era o problema então, certo?

Só haverá paz somente se você está empunhando a espada; para todos aqueles que foram conquistados por esta devastadora máquina de guerra — e estão pendurados nas cruzes —, não existe paz.

Era terrível.

Era opressivo.

Era mau.

Terceiro, é importante compreender que o povo de João tinha uma visão diferente do mundo, porque eles acreditavam que Jesus era o Senhor. Eles faziam parte de um movimento — um movimento de resistência — enraizado na convicção de que o mundo não pode se tornar melhor pela violência militar, e sim pela compaixão e pelo amor devotado e sacrificial.

Eles viam Jesus como o oposto de César.

É melhor morrer numa cruz, sob as mãos do império, do que perpetuar o ciclo interminável de violência como faziam os romanos.

Imagine que você é um fazendeiro produtor de verduras e faz parte desse novo movimento de Jesus anti-império, e leva o seu carregamento de verduras ao mercado; mas, antes que permitam que você venda seus produtos, você é obrigado a oferecer incenso a César.

O que você faria?

César afirmava ser Deus, e, no pensamento judaico, qualquer um que afirmasse ser um deus era como uma besta infernal e, por isso, oferecer incenso a César seria imprimir em si mesmo a marca da besta.

Você ofereceria o incenso?

Porque se não fizer isso, como vai conseguir vender suas verduras e obter o dinheiro necessário para sustentar sua família?

Esses eram alguns dos dilemas que as pessoas das igrejas da Ásia Menor enfrentavam como seguidoras de Jesus no tempo em que estavam vivendo debaixo das botas dos romanos.

Isso nos leva de volta à carta que ele escreve para seu povo.

João é também um poeta.

E nesta carta, o Bem e o Mal estão em conflito.

De acordo com João, havia ali um mal real no mundo, e esse mal se opunha à integridade da vida humana. Esse é um mal que não é uma fantasia, ideia ou conceito abstrato; ele é real e atormenta as pessoas de muitas formas. João usa, então, várias imagens para retratar esse mal como uma realidade assombrosa, destrutiva e insidiosa que é.

João usa uma série de desenhos, imagens violentas e diversos cenários em sua carta porque é assim que a vida é.

Imagine-se deitado em uma cama de hospital se recuperando da quimioterapia, procurando prever quantos dias de vida ainda lhe restam, e um capelão entra, sorri e lhe diz que a vida é como uma caixa de chocolates. Isso não serve para nada, é fútil e inútil, certo? Com o pouco de força que ainda tem, você pega o capelão pelo colarinho e diz em um rosnado baixinho: "Chega desses malditos chocolates!" Ou algo assim.

Por quê? Porque quando as pessoas estão falando, ou vivendo situações de doenças como o câncer, elas pensam em *brigar*, *lutar* e *aguentar a vida toda.*

Se você está vivendo em um país no momento em que grupos militares estão devastando um povo, incendiando casas e violentando os desamparados, **você precisa é de encorajamento — mas deve ser um encorajamento que supere em intensidade o próprio mal que você está enfrentando**, certo?

Agora, aqui vem o que há de extremamente brilhante no livro do Apocalipse. João começa sua carta com Jesus lhe pedindo que se dirija aos líderes das várias igrejas existentes na região. Jesus lhes fala sobre o que estão fazendo bem e, depois, o que precisam melhorar.

Soa familiar?

Era assim que César dava início aos jogos na arena!

João então descreve o trono de Deus onde os anjos estão cantando...

Espere, o que vem aqui...

Você é digno, nosso Senhor e Deus,
de receber glória, honra e poder.

Soa familiar?

Era isso que o coro de César cantava sobre ele.

O que João está fazendo?

Ele está reavivando o teatro, a propaganda, os *slogans* e a pompa do império e subvertendo tudo.

É como se ele estivesse dizendo ao seu povo:

Não caia na mentira.

Não se deixe seduzir pelo poder do império.

Existe um caminho melhor.

O que é o Apocalipse? Sátira.

Sátira política, arriscada, profunda e afiada.

Mas não é apenas sátira.

Ele conta, então, como viu o trono de Deus e havia um cordeiro que havia sido imolado — lembre-se, os romanos mataram muita gente —, tudo isso para dizer basicamente: "Eu vi quem está no comando do mundo... e não é César!"

Esta é a força impressionante dessa carta.

João lembra ao povo que o poder dominante, militar e opressivo, como o do império, é temporário e passageiro. Ele não poderá durar.

João usa essas imagens porque acredita que, em Jesus, Deus lidou de forma definitiva com o Mal.

Ele lhes descreve uma realidade muito além das circunstâncias cotidianas, uma realidade enraizada no amor de Deus por toda a criação. João lhes escreve sobre a vida que eles têm em Cristo, mesmo que a vida presente, física e terrena possa ter um fim inesperado. Ele quer que seu povo encontre conforto e paz no meio do tumulto que os rodeia, e acredita que esse conforto e essa paz são encontrados em Jesus, em quem se pode confiar.

Lembro-me da primeira vez que ouvi "Smells Like Teen Spirit", do Nirvana. Eu estava no meu último ano de faculdade, morava em uma casa com meus amigos e Steve Huber me disse que queria tocar uma música dessa banda nova chamada Nirvana. Entramos no quarto dele, ele colocou a fita cassete (!) e, quando o primeiro refrão começou, nos entreolhamos e dissemos: "Isso é incrível. Eu nunca ouvi nada assim antes. É tão legítimo e honesto, é inquietante."

Lembra-se do *hair metal*? Essa era a música no rádio da época — Poison, Ratt, Warrant, Whitesnake, Bon Jovi —, música brilhante de homens com cabelos longos e permanentes. E então veio Kurt Cobain de Seattle em *um cardigã*! E ele está um tanto curvado, meio que murmurando as palavras, quase como se estivesse uivando desde a profundidade de seu ser.

Aquilo era parecido com ser atropelado por um trem de carga.

E era real.

Você sentia nos ossos. Toda aquela angústia e tensão, insatisfação e confusão, tudo ali numa só música. E essas eram as letras:

Um mulato
Um albino
Um mosquito
Minha libido
Yeah!

Imagine se eu perguntar o que as palavras significam literalmente? Albino? Mosquito?

Você diria que o significado literal não é o importante, é poesia e é uma série de fragmentos que são mais *sentidos* do que *analisados*, certo?

Você me diria que o poder dessa música — de qualquer música, na verdade — vem de como ela fala ao coração. Como ela lembra que você não está sozinho, como ela traz os sons e as palavras para sensações e sentimentos.

Então, isso significa que não há nada de histórico no livro do Apocalipse?

Não, há aqui um pastor de verdade vivendo num lugar real, em um tempo real, vivendo sob um governo real, escrevendo para pessoas reais em sua igreja real com lutas e desafios reais.

É exatamente como às vezes acontece: um poema ser tão real quanto você.

Uma das coisas que as pessoas costumam comentar sobre o livro do Apocalipse é a violência. Essa observação é frequentemente feita pelas surpresas; por vezes, algumas coisas chocam e muitas vezes provocam um pouco de repulsa.

Ele é mesmo muito sangrento...

Mas aí as pessoas vão ao cinema e assistem ao filme O Senhor dos Anéis *durante três horas, e não ficam enojadas — se sentem inspiradas. Elas esperam ansiosamente pelos próximos dois filmes da série a serem lançados.*

Elas compram o box com os DVDs.

Para algumas pessoas, a forma mais provável de terem aprendido a entender o livro do Apocalipse é que ele se refere ao futuro, sobre coisas que ainda não aconteceram. E, por isso, as questões que se apresentam são geralmente sobre o fim do mundo, sobre qual outro país que possa ser a maior ameaça para o seu próprio país neste momento, e a pergunta maior de todas: *estamos vivendo os últimos dias?*

É importante notar aqui que uma breve olhada nos filmes lançados na última década revela que essas não são perguntas feitas somente por pessoas religiosas — uma multidão de gente faz perguntas a respeito do fim do mundo.

Algumas questões sobre isso:

Digamos que um amigo seu mora na Síria, num vilarejo próximo a uma cidade que sofreu recentemente um ataque de armas químicas. Como será a carta que você vai escrever para ele?

Você irá escrever sobre coisas que vão acontecer daqui a milhares de anos?

Ou você envia para ele uma carta como a do Apocalipse, que condena o mal e incrimina a injustiça daqueles que usam o poder para oprimir os outros e, ao mesmo tempo, recomenda e inspira a todos os que estão no meio da luta que intensifiquem a resistência e não desanimem porque o amor é mais forte do que qualquer outra atitude ou ação que se mova contra?

28

Por que os estadunidenses muitas vezes não entendem os principais temas da Bíblia

A Bíblia foi escrita por judeus que pertenciam a uma minoria judaica que vivia sob a opressão de uma sucessão de superpotências militares que a conquistaram:

Os egípcios,
os persas,
os babilônios,
os assírios,
os gregos,
os romanos.

Esse povo tinha sido derrotado de geração em geração. Você pode deduzir por que as multidões queriam fazer de Jesus um rei que iria libertá-los. **Eles tinham sido conquistados por**

um império depois de outro por centenas e centenas de anos, e aguardavam o fim disso. Eles queriam ser livres.

Estavam cansados de serem oprimidos.

Os escritores da Bíblia eram membros de uma tribo que passava por uma quantidade enorme de sofrimentos e dificuldades nas mãos das nações dominantes. Deste modo, e por isso, os escritos são especialmente veementes com relação àqueles que abusam do poder e se aproveitam dos mais fracos.

Nós vemos esses temas emergindo repetidamente na Bíblia.

O que você irá fazer com o seu poder, suas riquezas, suas forças, seus exércitos?

Que tipo de mundo você criará com isso?

Você irá usar tudo isso para manipular e dominar os outros para construir o seu império e torná-lo cada vez maior, ou você irá usar tudo isso para ajudar a viúva, o órfão e o refugiado entre vocês?

Há uma maravilhosa história no livro de 1Reis sobre a rainha de Sabá indo visitar o rei Salomão. Ela andou pelo palácio e pelos seus jardins, viu os criados, os copeiros, os alimentos que eram servidos à mesa, as suas riquezas, e então lhe disse que sabia o motivo de ele ter sido tão abençoado: "[...] por manter a justiça e a retidão." (1Reis 10:9)

Em resumo, ela lhe disse: "Eu sei por que seu Deus lhe deu isso tudo — para que você cuidasse bem de todos os que vivem abaixo de você."

Salomão, no entanto, não faz isso. Ele constrói um templo para Deus usando o trabalho escravizado. Estabelece bases militares. Torna-se um traficante de armas.

Ele usa suas riquezas e seu poder para dominar os outros e expandir o seu reino à custa dos pobres e necessitados de sua época.

Ele se perde na narrativa.

Ele se torna indiferente.

Ele é o novo faraó.

Ele não pode ouvir o choro.

E Salomão morre, e os reis que o sucedem aos poucos levam o reino à ruína.

Porque quando você não consegue ouvir o choro, quando você para de cuidar da viúva, do órfão, dos que buscam refúgio junto a você, isso lhe conduz à derrocada do seu império.

A história geralmente é contada pelos vencedores que, com grande satisfação, se gloriam a respeito daqueles que conquistaram e dos seus próprios atos corajosos.

Mas a Bíblia é diferente.

A Bíblia critica incansavelmente esse tipo de história. Os impérios sempre precisam de propaganda para continuar aumentando. Eles precisam de um mito, uma estória, uma narrativa que justifique sua fome insaciável por mais soldados, mais vitórias, mais riquezas e mais poder. E esses escritores da Bíblia sabem que por trás de toda essa propaganda estará um mito incentivador que justifica as bombas, os drones e a violência.

E eles condenam tudo isso
de novo e de novo e de novo.

Você já pode perceber por que os estadunidenses se esquecem com frequência de alguns dos temas importantes deste livro?

Você consegue entender por que os cidadãos da mais poderosa superpotência militar global que o mundo jamais viu podem não dar atenção a alguns temas de uma coleção de livros escritos por pessoas que viveram debaixo do regime e da dominação das superpotências militares do seu tempo?

No livro de Salmos, está escrito:

> Alguns confiam em carros e outros em cavalos, mas nós confiamos no nome do Senhor nosso Deus. (Salmos 20:7)

As carruagens de guerra eram o tanque ou o avião de caça do mundo antigo.

Quando você não tem tantas carruagens (ou tanques, armas, ou jatos de guerra) quanto quem está, agora, conquistando você, é preciso olhar além de sua própria força e além da força de seu opressor em busca de esperança e de consolo. Você tem que confiar que existem forças maiores em ação no universo, forças que estão do seu lado.

Você vê por que esse salmo foi um conforto para aquelas pessoas?

Você sente por que pode estar se esquecendo do poder desse salmo quando você está entre aqueles que têm as carruagens?

Eu nasci nos Estados Unidos, fui criado nos Estados Unidos e tenho vivido minha vida inteira nos Estados Unidos.

Eu sou grato por isso.

Liberdade, direitos, oportunidade de realizar sonhos — maravilha!

Mas os Estados Unidos não são apenas uma nação;
são também um sistema.

Um sistema moldado pelo capitalismo, democracia, corporações, convicções e um espírito próprio que desde o nascimento do país esteve sussurrando em seus ouvidos: *mais*.

Mais terra,
mais expansão,
mais riqueza,
mais poder.

Mais influência,
mais clientes,
mais metros quadrados,
mais produtos por menos dinheiro,
mais para cima e para a direita.

Em caso de dúvida, *mais*
porque mais é melhor.

Contudo, *mais* nem sempre é o melhor.
Mais nem sempre é algo bom.

Algumas vezes mais é algo ruim. Destrutivo. Errado. E algumas vezes, algo extremamente nocivo.

Tudo isso nos leva de volta à Bíblia,
porque um dos temas centrais da Bíblia é a crítica do *mais*.

É isto que nós lemos, uma vez depois da outra nas páginas da Bíblia, de forma franca, sutil, corajosa, subversiva, poética, e outras vezes de maneira sarcástica, às vezes irada, com críticas duras e diretas contra as pessoas, as nações, os sistemas, e os impérios que acumulam, infinitamente, mais à custa dos que estão pondo debaixo de seus pés ao longo de todo o seu caminho.

O poder da Bíblia para as pessoas, como nós que estamos vivendo em tempos como estes, é que nos mostra como ela resiste a tudo o que é preciso resistir, condena o que é necessário ser condenado e enaltece a convicção de que existe um mistério sagrado no coração do ser humano.

Porque nisso há mesmo uma tentação, certo?

A de nos tornarmos indiferentes, exaustos, cansados.

Ver toda a injustiça e hipocrisia, abuso e exploração e querer desistir.

Ver como o sistema é manipulado e resolver *deixar pra lá.*

E, no entanto, aqui está a biblioteca de livros
escritos há milhares de anos
que é implacável em sua insistência de que muito importa como respondemos ao mundo em que nos encontramos.

Que o que nós fazemos importa.

Que em que nós acreditamos importa.

Que o que pensamos sobre nossas vidas e sobre o mundo ao nosso redor importa.

Que como tratamos uns aos outros importa.

Como é que você se opõe à injustiça e não perde a esperança?

O que é que você faz para viver com menos preocupação e mais alegria?

Como você perdoa alguém que o prejudicou?

O que é que você faz quando a pessoa que está no poder não tem nenhuma integridade ou nenhuma bússola moral?

Quando você põe algo a funcionar, você confia que as coisas darão certo?

Percebemos na Bíblia que não estamos sozinhos nessas perguntas — essas são perguntas que as pessoas fazem há milhares de anos. E, página após página, seus escritores nunca param de insistir que essa luta que chamamos de vida não é fútil, sem esperança ou inútil. Ela é divina.

Parte 4

As perguntas que sempre são feitas

Pois é, aqui está.

Nós conseguimos chegar até aqui. É isso.

Este é o meu livro sobre a Bíblia.

Eu espero que ele tenha ajudado você a ler esse livro de uma forma totalmente nova.

Como já disse, o que eu tenho ouvido é que, sempre que se fala sobre a Bíblia, as pessoas levantam muitas questões.

Em grande quantidade. Listas de perguntas. Algumas delas estranhas. Outras até surpreendentes. Questões que eu jamais pensei, mesmo que em mil anos pessoas tenham ficado acordadas à noite por causa delas.

Então, apenas para perceber como isso é verdade, vamos dar uma olhada nas indagações mais comuns que eu ouvi no decorrer dos anos.

29

Por que existem todas essas genealogias?

Vamos começar com o texto que inicia o Evangelho de Mateus. Ele começa com a afirmação de que se trata da genealogia de Jesus, chamado filho de Davi, mas acaba fazendo uma lista de muita gente (incluindo várias mulheres, o que era atípico na época) que, por fim, culmina em Jesus. (A propósito, as mulheres que ele menciona têm histórias? Há muitos comentários a respeito.)

Jesus, filho de *Davi*.

Interessante, porque Davi tem um valor matemático de...

catorze.

Você me acompanha?

Não?

Ok, então um pouco de contexto.

Os números eram muito importantes para os hebreus. Tanto que as palavras eram entendidas por aquilo a que se referiam, mas também pelo seu valor numérico. Como isso era possível?

Eu vou dar um exemplo disso primeiro em inglês.

Escolhemos, para ser simples, uma palavra curta: *cab*, que significa, em português, *táxi*. Essa palavra usa três letras: C, A, B.

Pela ordem do alfabeto:

A é a primeira letra do alfabeto, por isso é um.

B é a segunda letra, então é dois.

C é três, e assim por diante.

A palavra *cab*, em inglês, seria 3 + 1 + 2, o que daria o valor numérico de seis.

Na palavra em inglês, mantive também o A (que é uma vogal).

Em hebraico, o nome *David* contém as letras D-V-D (sem vogais em hebraico). *D* é a quarta letra do alfabeto, e *V* é a sexta. D+V+D, então,

4 + 6 + 4, resultando em catorze.

O nome *David* tem o valor numérico de catorze.

Por que convém mostrar isso? Dê uma olhada na genealogia apresentada por Mateus. Você está quase sem interesse nenhum, não é? É apenas uma lista de nomes. Que maneira sem graça de começar um livro!

A não ser que você queira contar quantos nomes estão ali.

O que você notará de imediato é que os nomes estão realmente agrupados, e agrupados de catorze em catorze. Por que isso é significativo? Porque Mateus está escrevendo para um público judeu, que estava esperando o filho de Davi aparecer e salvá-los. E todo mundo sabia que o nome de Davi era equivalente a catorze. Para os leitores de Mateus, quando chegar ao último grupo, todos já começariam a comemorar: "Catorze! Catorze! Catorze!"

O texto continua:

> Assim, ao todo houve catorze gerações de Abraão a Davi, catorze de Davi até o exílio na Babilônia e catorze do exílio até o Cristo. (Mateus 1:17)

Davi, Davi, Davi.

Catorze. Catorze.

Por que Mateus está escrevendo esse livro?

Seu público original, os judeus, já deveria saber desde a genealogia —

Mateus acredita que Jesus é o filho de Davi que estávamos esperando, e está escrevendo para nos dizer por que...

(A propósito, catorze é igual a duas vezes o quê? Sete. Exatamente. E sete é um número extremamente significativo na Bíblia. O que a Torá diz sobre como provar a verdade de alguma coisa? Que são necessárias duas testemunhas. Então, catorze são dois setes, o que acrescenta mais uma significação à genealogia apresentada por Mateus. Ele está dizendo que todos esses nomes naquela lista estão confirmando, como testemunhas, que Jesus é o Messias, como seria num tribunal, de acordo com a Torá.)

Agora, depois de Mateus, vamos falar de Lucas, que também estabelece uma genealogia, mas a dele não começa no tempo e segue em frente. Ele começa com Jesus e se move para trás. Mateus apresenta Jesus através de José e da linhagem de seu pai até Abraão. Lucas não faz isso. Ele diz que Jesus "[...] era, como se cuidava, filho de José, filho de Eli", (Lucas 3:23) e depois segue a linhagem de Jesus por meio de sua *mãe*. E ele não para — volta até Adão, filho de... Deus.

Por quê?

Ótima pergunta.

O que levanta outra questão: para quem Lucas está escrevendo?

Mateus tinha em mente sua tribo judaica. Lucas, por outro lado, está escrevendo para um público muito mais abrangente. Portanto, provar o crédito judaico de Jesus não ajudaria muito nessa história, mesmo porque Jesus era o filho de toda a humanidade — e isso agora era o que tinha peso no mundo de Lucas.

Ele está contando uma grande história sobre a salvação de todo ser humano mediante esse Jesus judeu, então Lucas está tentando fazer com que seu público veja a humanidade universal de Jesus. Para fazer isso, ele conduz a linhagem de Jesus aonde você naturalmente a levaria se este fosse o objetivo da sua história.

Era incomum traçar a genealogia de um homem ao longo do lado de sua mãe?

Sim, era. E por quê? Porque é o que Lucas nos mostra insistentemente. Que Jesus veio para todos, por isso se mistura entre os pobres, chega até os marginalizados, os desamparados, abraça os mais fracos e os excluídos. Ele é quem conta histórias sobre moedas perdidas, ovelhas perdidas e filhos perdidos.

Você consegue perceber como, de fato, cada uma dessas genealogias é usada para um propósito maior nos respectivos escritos? A precisão factual em ambos os casos é secundária diante da proposição *teológica* maior, e é isso que ambos estão fazendo. É muito importante notar essa questão, porque, se você enfatiza os fatos apontados e quer verificar se suas genealogias estão ou não exatamente corretas, você está indo atrás de algo que não foi a intenção primária dos escritores.

Da genealogia de Lucas, vamos voltar mais atrás e escolher outra, a que começa em 1Crônicas?

Apenas continua... e continua... nome após nome.

Zife,

Zifa,

Socó,

Ziclague,

Ofra,

Quenaz,

Iru,

Naã,

Quenaz,

Anube

e, é claro, Pelegue, quem todos vocês já conhecem, que se chamou Pelegue, porque em sua época a Terra estava dividida. (Você não pode esquecer isso. Capítulo 1, versículo 19. Você se lembra daquela época, certo? *Quando a Terra estava dividida*? Bons tempos!)

Qual é o sentido de todas essas listas de nomes? Mais uma vez, uma ótima questão, que é respondida quando você pergunta:

Qual é a história que eles estão contando?

É uma história sobre um povo, um novo tipo de povo, um povo que abençoaria todos os outros povos. Lembre-se de que todos os povos tinham seus deuses e deusas. Era assim que as coisas eram. E quando você viajava para qualquer lugar diferente, perguntava sobre o deus daquela região, porque cada povo tinha seus deuses e cada região tinha seus deuses. Mas esse povo era diferente. Esse povo acreditava que havia *um* Deus que era a fonte de toda a vida, *um* Deus que era bom e amava a todos e queria abençoar a todos por intermédio de sua tribo. Viver isso foi obviamente algo que fez com que passassem por momentos difíceis, mas a ideia esteve sempre profundamente enraizada.

Por tudo isso, fazer parte desse povo era importante, e transmitir seu legado (ter filhos) era uma das maneiras mais nobres de honrá-lo.

Afinal, a história começou com um homem chamado Abraão que tinha *fé,* como já sabemos. Fé que o fazia acreditar que um mundo melhor era possível, fé que lhe dava a certeza de que Deus estava tramando algo para o bem deste mundo maltratado e quebrado, fé que o levava a aceitar um papel importante para desempenhar nas novas realidades desejadas e feitas por Deus.

E, de novo, quem foi Abraão?

Ah, é verdade — alguém pouco valorizado nisso tudo.

No antigo Oriente Próximo, você registrava genealogias para mostrar como você era do povo mais proeminente, você era o melhor, o primeiro, o mais importante. (Da Suméria, do Egito etc., as genealogias eram exercícios gigantescos para lembrar as pessoas de sua grandeza.)

Mas Abraão? Abraão não era ninguém importante.

O que são aquelas longas listas de pessoas que geraram pessoas que geraram pessoas?

Eram nomes de pessoas comuns. Gente comum. Talvez nós pudéssemos pensar num rei Arfaxade como um homem comum. Alguns Jobabes, também homens comuns. Outros, chamados Naors.

As pessoas que escreveram essas listas acreditavam que o Deus do universo, a fonte única da vida, estava trabalhando na história da humanidade mediante pessoas realmente normais e comuns para, por meio delas, resgatar a coisa toda.

E assim aquelas listas eram oportunidades para dizer,
e ele era fiel a Deus
e seu filho foi real
e seu filho continuou o curso das coisas
e seu filho fez a coisa certa
e seu filho era temente a Deus...

(Duas observações agora para aquelas pessoas que amam os detalhes: primeiro, foi ordenado na Torá que, se seu irmão morrer, você se casará com a esposa dele para manter a linhagem. É por isso que algumas dessas genealogias não se alinham com o pensamento crítico moderno, porque os escritores estão registrando arranjos bem complicados nos casos de falecimento de irmãos, e suas sequências continuam com os irmãos que se casam com as esposas dos falecidos. Em seguida, é preciso lembrar também que os mais antigos conhecimentos da biologia eram bastante limitados, e observaram que uma mulher não engravidava a menos que ela ficasse com um homem; eles concluíram disso que um homem deve ser quem possui a semente, por assim dizer, da vida, e deduziram que a linhagem é promovida pelo homem, daí uma longa listagem composta por homens nessas genealogias.)

Para o público original dessas histórias, as genealogias presentes nelas não eram listas entediantes; foram inspiradoras. *Deus usa gente comum.*

E como você irá avaliar o papel que essa gente comum desempenhou na redenção de todas as coisas?

Você escreve o nome deles.
E você se lembra deles.
E você agradece a Deus por eles.
E você promete cumprir a sua parte de continuar a tradição.

Portanto, você pode ignorá-los,
perguntar-se por que eles estão lá,
e separá-los quanto à necessidade da sua presença, ou falta nas listas, mas para o público original,
essas longas listas — e quanto mais longas, melhores — eram sinais de esperança.

Esperança de que ninguém fosse esquecido, esperança de que as pessoas comuns que vivem vidas normais, que não são conhecidas por serem heróis, ou provenientes de famílias ricas ou possuam sangue real, façam de fato parte de algo muito maior do que elas mesmas.

30

Por que Levítico está na Bíblia?

O livro de Levítico começa com extensivas instruções sobre como oferecer cinco diferentes sacrifícios — a oferta queimada, a oferta de cereais, a oferta pela paz, a oferta pelo pecado e a oferta pela culpa.

Em adição, há versículos após as instruções sobre o que fazer com a gordura (do animal que você está oferecendo), os lombos (dos referidos animais) e o longo lobo do fígado (da pessoa — estou apenas brincando com você...), e o sangue. Do animal, é óbvio! Grande quantidade de sangue. Muito sangue.

Duas notas sobre o texto:

Primeiro, o livro começa com referência ao SENHOR (esse nome para Deus está intimamente ligado ao Deus que resgata as pessoas do que quer que seja a que estejam sendo escravizadas) falando a Moisés para que ele dissesse às pessoas:

> Quando algum de vós trouxer oferta ao SENHOR... (Levítico 1:2)

A palavra para *oferta* aqui na língua hebraica é a palavra *corban*, e significa *estar perto de, aproximar-se.*

Aproximar-se?

Vamos analisar um pouco do contexto. Os deuses da época eram conhecidos como deuses distantes, alienados, exigentes e constantemente precisando ser apaziguados. Você nunca sabia quando estava ou não perto dos deuses.

Mas esse Deus — você pode se aproximar desse Deus? Você pode? Essa foi uma ideia nova.

Uma pausa para refletir. **Nós somos pessoas envolvidas nisso, nossas mentes estão sendo desafiadas.** Ninguém dizia coisas assim a respeito dos deuses. As pessoas não concebiam os deuses assim.

Esse Deus é diferente.

Você pode se aproximar desse Deus.

Você pode se relacionar com esse Deus.

O que leva a uma segunda observação sobre o texto: Uma das ofertas é chamada de oferta pela *paz.* É uma oferta que você faz porque você tem paz com Deus. Uma das instruções no capítulo 7 sobre essa oferta de paz é que a carne que você ofereceu *deve ser consumida no dia em que é oferecida.*

Como é que se diz quando você come alguma coisa? (Não é uma pergunta embaraçosa do tipo "pegadinha".)

A isso chamamos: refeição.

Você se aproxima de Deus, e então tem uma refeição celebrando a paz que você tem com esse Deus.

Em outras palavras, você pode saber onde você está com esse Deus.

E se, por acaso, você de repente percebe que fez algo errado alguns dias atrás — como você faz para corrigir as coisas? Havia uma oferta a ser feita para isso.

E se você fizesse algo não intencional que acabasse prejudicando alguém, mas só depois descobrisse isso? Havia uma oferta para isso. E se você tivesse um profundo sentimento de ansiedade em sua consciência por algo de que se sentisse culpado? Havia uma oferta para isso também.

Mas para que acrescentar todos esses detalhes?

As pessoas acreditavam que os deuses poderiam castigar você a qualquer momento por um comportamento impróprio ou por um sacrifício oferecido com negligência. Era assim que imaginavam os deuses. Uma bagunça, e pronto! Os detalhes serviam, portanto, para produzir um significativo efeito calmante, dando a você a segurança de que estava fazendo tudo corretamente, e não deixando que ficasse com dúvidas e julgamentos desnecessários sobre si mesmo.

No coração de Levítico, e num nível muito profundo, estão a convicção e a insistência de que as ações humanas são de extrema importância. Que isso é sagrado. Que há grande peso e significado naquilo que as pessoas fazem no mundo. Em uma época e um lugar em que a vida era frágil e passageira, e as pessoas eram frequentemente vítimas de grande violência, insistir na dignidade e na santidade da ação humana era uma ideia revolucionária.

E por que todas essas repetições que tornam tão difícil ler o livro sem cair no sono?

Boa pergunta. Por que eles não se referiam apenas aos seus iPads? Na verdade, a resposta está escondida na pergunta: naquele tempo, a cultura era principalmente oral. A repetição facilitou a memorização e fez com que pudesse ser transmitida à próxima geração.

Por que eles simplesmente não deixaram pra lá todo o sistema sacrificial?

Isso teria sido incrível. Apenas descarte a coisa toda. Anuncie que o sacrifício final já foi oferecido e não há mais necessidade de fazer essas coisas. Declare que o templo será demolido. Proclame que isso tudo está terminado. Ah, espere, estamos nos adiantando até nós mesmos no presente, não? (Por favor, diga-me que você se sentiu muito bem com esse último parágrafo.)

Então, por que eles não fizeram assim de uma vez?

Bem, como é que você muda as coisas? Como a consciência é modificada e evolui? Como você muda uma forma de conceber as coisas nas quais as pessoas estão apegadas, que há muito tempo costumam ter na lembrança?

Você simplesmente anuncia que uma era acabou e outra era começou? Ou você vai conhecendo as pessoas como elas pensam na linguagem que usam, nas formas a que estão acostumadas e, só depois, gradualmente, vai introduzindo novas ideias que as ajudam a fazer mudanças passo a passo?

Então Levítico é um passo na caminhada?

Sim, foi um passo revolucionário na consciência humana da época convidando as pessoas a considerar toda uma nova concepção do divino.

É isso que Paulo quis dizer quando disse que a Lei (Levítico e outros) era um condutor?

Sim. Um *condutor* conhece você, reconhece onde você está e ajuda a guiá-lo até um próximo local. O condutor é necessário por um certo tempo, e então você vai evoluindo, cresce, adapta-se, ganha maturidade, e descobre que não precisa mais daquilo de que antes precisava.

31

O que dizer sobre aquelas pessoas caindo mortas?

Vejamos uma narrativa que encontramos no final do quarto capítulo do livro Atos. É bem no começo da vida da Igreja, e o escritor nos diz:

> Da multidão dos que creram, uma era a mente e um o coração. Ninguém considerava unicamente sua coisa alguma que possuísse, mas compartilhavam tudo o que tinham. (Atos 4:32 NVI)

Continua o texto:

> Não havia pessoas necessitadas entre eles, pois os que possuíam terras ou casas as vendiam, traziam o dinheiro da venda e o colocavam aos pés dos apóstolos, que o distribuíam segundo a necessidade de cada um. (Atos 4:34–35 NVI)

Agora, vamos ver o que acontece com um homem chamado Ananias, que, *junto com sua esposa, Safira, também vendeu um imóvel.*

Dando conhecimento disso à sua esposa, Ananias mantém parte do dinheiro da venda para si mesmo e, depois, leva o restante para os líderes da Igreja fingindo que é *todo* o dinheiro que ele recebeu da venda.

Pedro, um dos líderes da Igreja, dirige-se a ele, confronta-o e pergunta:

> Ananias, como você permitiu que Satanás enchesse o seu coração a ponto de você mentir ao Espírito Santo e guardar para si uma parte do dinheiro que recebeu pela propriedade? (Atos 5:3)

Pedro faz mais perguntas, acrescentando, num crescendo, faz uma declaração e algo se sucede:

> "Você não mentiu aos homens, mas sim a Deus." Ouvindo isso, Ananias caiu e morreu [...]. (Atos 5:4–5 NVI)

Exatamente assim.

As pessoas que testemunharam o que aconteceu ficaram *bem assustadas* (de acordo com Lucas): alguns jovens entraram e pegaram o corpo e o enterraram, e três horas depois Safira apareceu. Pedro pergunta se o dinheiro que Ananias havia dado era o preço total da venda do imóvel. Ela diz que sim. Pedro pergunta como ela podia estar querendo testar o Espírito Santo, e diz que os companheiros que arrastaram o corpo de seu marido estão lá do lado de fora, prontos para carregar o seu corpo para fora também. *E então Safira cai morta.* Naquele mesmo instante, e bem ali. Os companheiros que tinham carregado o corpo do marido fazem o mesmo e a enterram ao lado do marido; e todo mundo fica novamente muito assustado.

Essa é a história.

História que me faz pensar nas pessoas que conheci ao longo dos anos que me disseram que estavam começando uma nova igreja que é atual, real e relevante, e é uma *igreja exatamente segundo o Novo Testamento.*

Realmente? Como aquela? Como a de Atos dos Apóstolos 4 e 5?

Repare que os corpos estavam caindo por todos os lados lá...

(Por favor, diga-me que você achou isso engraçado!)

Agora, algumas observações sobre a história.

Primeiro, um pouco sobre economia e generosidade.

Lembre-se de que o autor deste livro Atos tem muito material para explorar. Muitas histórias, muitas recordações — ele precisa fazer escolhas sobre o que incluir e o que deixar de fora de seus escritos.

Em outras palavras, a escolha dessas histórias não é aleatória. Lucas tem um objetivo, uma mensagem, uma narrativa especial e distinta que ele está contando. Uma das coisas que ele quer que saibamos no final do quarto capítulo é que *a graça de Deus estava trabalhando tão poderosamente neles, que não havia pessoas necessitadas entre eles.*

De acordo com Lucas, um dos resultados mais diretos da graça de Deus é fazer com que as pessoas cuidem das necessidades materiais umas das outras. Comida, água, roupas, abrigo, assistência médica, esse tipo de coisa. A graça, para Lucas, não é um conceito teológico abstrato, mas uma realidade que leva as pessoas a agirem em favor umas das outras.

A graça tem implicações. A graça leva você a algum lugar. A graça cria uma conexão e uma comunidade, ambas com base em necessidades reais sendo atendidas por pessoas reais e de forma real.

Algumas vezes, quando as pessoas falam sobre economia, política e suas convicções de como as coisas devem ser feitas, o que sutilmente (e não tão sutilmente) pode ser entendido é a crença de que só podemos contar com nós mesmos. Cabe a nós perceber isso e encontrar o nosso caminho no mundo e trabalhar duro para conseguir tudo o que precisamos.

É interessante notar, então, que, de todas as coisas que Lucas poderia nos dizer sobre a Igreja primitiva, uma das mais importantes que ele quer que saibamos é que, na Igreja primitiva, *você não é alguém sozinho no mundo*. Há outras pessoas cuidando de você, algumas poderiam estar de costas, mas outras interviriam e garantiriam que você tivesse o que precisava.

Segundo, vamos falar sobre Pedro.

Ele é um pouco rígido, não é? Por que ele confronta Ananias e Safira daquela forma? A Igreja não era sobre a graça? Eles estavam dando algum dinheiro, certo? Por que aquilo não o tocava de maneira positiva com isso?

Boas perguntas. Vamos começar com o contexto. Porque Pedro tem um passado. Ele é quem negou Jesus. Esse é o cara que, quando as coisas ficaram arriscadas, repetidamente disse às pessoas que ele não conhecia Jesus, mesmo que, na verdade, conhecesse Jesus.

Esse é *aquele* cara.

E agora Pedro é a rocha da Igreja. Você pode sentir por que a autenticidade é tão importante para ele?

Para Pedro, não se trata de dinheiro. Em nenhum lugar desta passagem vemos o menor sinal de ganância por parte dos líderes da Igreja. O que o entristece é a desonestidade. *Fingir* é o que o deixa nervoso.

Se você vende sua terra e fica com o dinheiro, tudo bem. Se você vende sua terra e dá o dinheiro para a Igreja distribuir para aqueles que precisam, tudo bem. Mas faça o que fizer, de acordo com Pedro, só não entre aqui se fazendo de generoso, dando-nos a impressão de que esse é todo o dinheiro, uma vez que não é.

Poucas coisas matam a vida de uma comunidade mais rápido do que a falsidade, o fingimento. (Estou usando aqui a palavra *matar* intencionalmente.)

Nunca foi sobre dinheiro essa história, foi? É sobre participação. É sobre um novo tipo de mundo. É sobre cada um de nós fazendo a nossa parte, sempre que possível, e contribuir para o bem comum. Algumas vezes você não tem nada para conseguir suportar as dificuldades. Outras, você não tem dinheiro, recursos ou esperança. E, nesses momentos, você precisa dos demais. Você precisa saber que não está sozinho.

O que nos leva à questão da morte das pessoas.

Então, vamos esclarecer algumas coisas.

Primeiro, este é o Novo Testamento, e alguém morre. É assim que a história se passa. Às vezes, você ouve as pessoas falando sobre a Bíblia como se ela se dividisse em duas partes: a parte sangrenta e violenta do Antigo Testamento, na qual Deus faz que morram pessoas por várias razões; e, depois, a parte do Novo Testamento, na qual Deus passa a ser melhor por causa de Jesus e, então, ninguém tem que morrer.

A verdade é que há, sim, um pouco de morte no Novo Testamento. Você já leu o último livro da Bíblia, o Apocalipse? Há muita morte ali. Mas há também uma tonelada de amor, graça e generosidade no Antigo Testamento. Então, vamos deixar pra lá essas divisões e categorias simplistas. A Bíblia é bem mais complexa, mesmo porque a vida é muito mais complexa.

Segundo, se você ler esta história com atenção, notará que Deus nunca é o responsável pelas mortes. Ananias e Safira caem mortos, mas não se diz absolutamente nada sobre ser Deus que os mata. Muitas pessoas se perguntam por que Ele acabou com aquelas vidas, mas isso não está na história. Os detalhes serão sempre muito importantes. (Na verdade, toda vez que você lê alguma coisa que não está entendendo bem, geralmente poderá ser muito útil discutir esse assunto.)

E terceiro, quando lemos essa história, estamos lendo uma história escrita por um ser humano real refletindo como ele via o mundo.

Isto não é uma ideia nova, mesmo que revolucionária, ao ler a Bíblia. Lembre-se: esta história foi escrita no primeiro século. As pessoas tinham uma visão de mundo muito mais mágica e mítica. Vulcões entram em erupção porque os deuses estão perturbados; as tempestades acontecem por causa de um conflito entre as deusas; e as futuras colheitas ficarão comprometidas porque as divindades estão aborrecidas.

Essa história foi escrita aproximadamente 1.400 anos antes da revolução científica. Dados, evidências e provas não eram a lente principal através da qual as pessoas viam o mundo.

Deixe-me colocar de outra maneira: digamos que você esteja em uma joalheria, disposto a comprar um lindo colar para o seu amor, quando um cara usando balaclava aponta uma arma e grita: "Ninguém se mexe!" Você fica congelado enquanto ele esvazia os armários e as vitrines pondo tudo num saco, e xinga os vendedores porque não estão ajudando com rapidez suficiente, ao mesmo tempo que ameaça atirar em qualquer um que mover um músculo. Ele continua gritando: "Eu estou no comando aqui! Você está no meu mundo agora! Faça como eu digo!" Logo que ele termina o assalto, corre pela porta da frente para a rua... onde é atropelado por um caminhão de lixo que está passando.

Agora, pare. Faça uma pausa. Reflita. O que é que você pensa naquele exato momento em que vê o bandido ser atingido? Provavelmente alguma coisa assim:

Bem feito.

Ou

Teve exatamente o que mereceu.

Ou

Chegou bem na hora certa.

Ou

A justiça foi feita.

Se você pensou qualquer coisa parecida com isso, o que é que estava acontecendo em sua mente?

Você estava estabelecendo uma conexão entre um acontecimento e outro.

O criminoso entra e rouba uma loja. É atropelado por um caminhão. Um acontecimento levou a outro. Claro. Justiça. O universo retorna, então, ao equilíbrio. *Bem feito. Você colhe o que semeia etc.*

Lembre-se de que sua mente naturalmente costuma fazer essas conexões, mesmo que você esteja vivendo em um mundo moderno e sob a influência da revolução científica há cerca de trezentos anos. Nós tínhamos imaginado que você ia precisar de evidências reais, dados concretos e só então deduzir uma teoria qualquer no sentido de que os dois eventos estariam conectados.

Mesmo tendo dito isso, ainda assim você não pode evitar tal conexão.

Agora vamos voltar dois mil anos na história. Você pode perceber como é que as pessoas daquela época iriam conectar esses fatos? Você pode imaginar como Lucas narraria uma história que implicasse fazer com que as mentiras de Ananias e de Safira os tivessem levado à morte?

No primeiro século era bem normal, e muito natural, presumir que tais eventos, especialmente quando extraordinários ou raros, tinham causas sobrenaturais. A narrativa de Lucas que está sendo contada aqui é um excelente exemplo de como as pessoas viam o mundo e concebiam a vida.

Nós, modernos, evidentemente queremos comprovações para saber *exatamente* o que aconteceu. E na ausência de provas, dados e explicações, nós os criamos: talvez eles tivessem problemas cardíacos preexistentes; talvez as pressões psicossociais de trair sua comunidade fossem demais para suportar; talvez eles tenham morrido mais tarde por intoxicação alimentar — mas foi algo tão próximo do incidente com Pedro, que Lucas não pôde deixar de descrevê-lo de forma bem mais dramática do que deve ter acontecido...

Nós, pessoas modernas, gostamos muito de fazer isso. É como se tivéssemos um impulso instintivo que queremos imediatamente pôr em ação: pegar uma história como essa e começar a procurar suas causas *racionais*.

Tudo isso só serve para esconder a grande força da história. Quanto mais perfurarmos para baixo no território da lógica, mais nos afastamos do efetivo poder de uma história que quer nos transformar e abrir nossos olhos, nos acordar.

Lucas quer que saibamos que a ressurreição inspirou a formação de uma comunidade de pessoas generosas e honestas que se entregaram ao bem-estar umas das outras, fazendo tudo o que era preciso para garantir que todos tivessem suas necessidades atendidas. Eles estavam bem conscientes da presença divina no meio deles, conduzindo-os e convencendo-os com a esperança de que um mundo melhor é realmente possível, exatamente aqui e agora, uma vez que todos estejam fazendo sua parte.

Há aqui um Deus que os lançou por terra?
Pedro realmente já sabia que eles estavam prestes a morrer?
Esse foi um exemplo de julgamento sobrenatural?

Eu não faço a menor ideia.
Ninguém faz.

Deixe a história ser como ela é.
Deixe a Bíblia ser o que ela é.
E depois vá cuidar das necessidades de alguém.
E não finja que você é mais correto e mais justo do que é.
Isso pode matar você.

32

Jesus tinha que morrer?

Não.

Ele não tinha que morrer.

Ele foi morto.

Mas estamos nos precipitando.

Primeiro, uma pergunta: você já fez ou fará uma refeição hoje?

Sim, você provavelmente já fez. E sua refeição consistiu em quê? Estou supondo algo que já foi uma planta, ou talvez algo que já foi um animal. **Em outras palavras, algo que antes estava vivo, mas que, para você comer, teve que morrer**. As frutas ou vegetais tiveram que ser retirados do solo ou colhidos em uma árvore. O animal teve que ser abatido. É assim que funciona. Você tem que comer para se manter vivo e, para você comer, algo tem que morrer.

Sua vida depende de que alguma outra... morra.

A morte é o motor da vida. Pense no que acontece quando alguém morre ao realizar um ato heroico, por exemplo, resgatando alguém de uma situação fatal ou impedindo uma grande injustiça. Dizemos que a morte d'Ele foi *inspiradora*. O que significa inspirar? Significa respirar a vida, dar vida.

Ou aproveite e observe as estações. No inverno, tudo morre. E então, na primavera, as plantas voltam à vida. Elas literalmente *brotam*.

Ou considere o que ocorre com suas células. Você tem muitas células em seu corpo. Elas estão constantemente morrendo enquanto seu corpo está produzindo novas células para substituí-las. Cerca de 300 milhões de células em seu corpo morrem e são substituídas por outras a cada *minuto*.

A morte é o motor da vida. Tudo ao redor de nós, o tempo todo. Esse ritmo de morte-e-vida está incorporado à produção das coisas na criação.

Então, quando você lê a Bíblia e ela lhe conta a história de uma morte que é, de alguma forma, a determinante de uma nova vida no mundo, *essa não é uma verdade nova*. Essa ideia — essa *verdade* — não surgiu do nada. (Obviamente, então, não é uma surpresa que histórias sobre morte e ressurreição tenham sido contadas, ao longo dos tempos, em muitas culturas.)

O que nos leva a outra observação sobre a Bíblia:

Os escritores da Bíblia testemunham como as coisas são. É por isso que essas histórias, imagens, metáforas e ideias repercutiram tão profundamente e sensibilizaram tantas pessoas ao longo dos tempos. A vida *é mesmo* misteriosa. O sofrimento *faz* você sentir que seu coração foi partido ou arrasado. Os seres humanos são capazes de atos surpreendentemente bons e de atos terrivelmente ruins. As pessoas refletem a imagem divina.

Em algumas tradições que enfatizam a importância da Bíblia, as pessoas podem facilmente entender que, se alguma coisa está nas Escrituras, essa coisa é verdade. Mas as coisas obedecem a um critério diferente: está na Bíblia porque os escritores da Bíblia foram testemunhas de verdades muito maiores que aquilo que está em qualquer livro, ou em qualquer povo ou religião.

O que nos leva de volta à questão de por que Jesus morreu.

Uma resposta: porque o mataram.

Traído, executado, pendurado em uma cruz — Jesus foi assassinado. Essa é a história que temos nos Evangelhos. Você precisa começar com a história real, não com aquelas teorias ou sistemas com os quais você foi criado. Você deve esquecer suas suposições sobre o porquê de certas coisas acontecerem ou não, seja o que for. Você tem que deixar de lado suas suposições sobre por que certas coisas tiveram que acontecer ou não acontecer. Você tem que deixar isso se desenrolar como uma história real se desenrola.

Neste caso, somos informados de que Ele veio, ensinou e escolheu alguns discípulos e curou e pregou e enfrentou a injustiça e a indiferença da máquina religiosa/militar/econômica de seus dias. Foi um tempo violento, instável, inseguro, e as ameaças à preservação do império foram combatidas sempre de imediato e severamente. Ele foi morto.

É assim que a história acontece. E então, de acordo com os Evangelhos, Jesus apareceu mais tarde aos seus discípulos. Ele lhes disse para formarem seguidores, imergindo então os novos discípulos no amor à Trindade Divina, e, depois disso, Ele se foi.

Seus seguidores, é claro, lutaram para fazer sentido ao que simplesmente aconteceu.

É assim que a vida é: experimentamos as coisas e depois as interpretamos, fazemos o possível para explicá-las e procuramos o sentido que existe nelas.

Pergunta-se então: *o que isso significa?*

A Bíblia foi escrita por pessoas. Gente com perspectivas fundamentadas em suas culturas, suas épocas e seus lugares. Eles estão tendo experiências, passando por acontecimentos e depois processando e interpretando esses eventos e essas experiências. Essa é a Bíblia. Não foi escrita por terceiros em algum lugar do Céu que passiva e objetivamente revelam ***qual é o plano***. Foi escrita por pessoas reais em lugares reais e em tempo real fazendo o possível para entender tudo o que foi acontecendo.

Você pode ouvir perguntas do tipo: *Por que Deus fez dessa maneira?* Será que nunca vão lhe dar uma resposta satisfatória? É porque se trata de uma pergunta errada que, por isso, sempre resultará numa resposta insatisfatória.

Esses primeiros cristãos interpretaram a vida e a morte de Jesus através das lentes do sistema sacrificial, porque essa era uma de suas principais formas para compreender Deus, a vida, a fé e os eventos pelos quais tinham passado.

Assim, eles acreditavam que o seu Deus habitava exclusivamente no templo de Jerusalém, a cidade aonde você devia ir para oferecer sacrifícios. Isso não era incomum — em todo o mundo antigo, os templos eram tidos como os lugares onde os deuses residiam e, ali, você os procurava para oferecer-lhes dízimos e ofertas a fim de honrá-los e, assim, manter sobre você o seus favores.

No entanto, não foi Deus que estabeleceu o sistema de sacrifício. As pessoas o criaram.

O sistema de sacrifício evoluiu à medida que os humanos desenvolviam rituais e ritos para ajudá-los a lidar com a culpa e o medo. (É por isso que o livro de Levítico é tão radical e inovador — nele você pode realmente saber onde é que poderá estar com Deus e terá a paz com Deus, uma ideia verdadeiramente revolucionária na época.)

No início, havia a crença de que existem forças das quais dependemos para nossa sobrevivência. Além disso, essas forças foram personalizadas, então não era apenas o sol — era o deus Sol. E gradualmente essas forças e deuses receberam nomes. E personalidades. E atributos. E, com o tempo, surgiu uma história especial sobre um Deus que estava acima de todos os outros, que estava fazendo algo novo no mundo.

Deus não necessitava do sangue dos sacrifícios. As pessoas é que precisavam disso.

Por esse motivo é que o escritor da Carta aos Hebreus continua falando que Deus não precisa do sangue dos animais. Ele nunca precisou disso. Nós é que tivemos necessidade disso. Oferecer sacrifícios surgiu de uma profunda necessidade humana — tudo por causa do sentimento de culpa, de vergonha e da sensação assustadora de que você não fez o suficiente para manter os deuses do seu lado. Tudo isso aconteceu de acordo com o desenrolar dessa história.

Deus não precisava matar alguém para estar "feliz" com a humanidade. Que tipo de Deus seria esse? Terrível. Horrível. O que os primeiros cristãos fizeram foi interpretar a morte de Jesus sob a perspectiva do sistema de sacrifício, confiando que a paz que os humanos esperavam com Deus por milhares de anos agora passava a ser, de fato, uma realidade — e sempre o tinha sido — e que se podia confiar plenamente.

Você pode perceber como eles teriam mesmo compreendido que Jesus estava sendo o derradeiro, último e completo sacrifício?

É aqui que as coisas começam a ficar mais interessantes. A história de Jesus morrendo na cruz como um ato de sacrifício é frequentemente contada e entendida de tal maneira que parece muito bárbara e brutal. Um homem inocente sendo executado é, obviamente, extraordinariamente algo primitivo, brutal e bárbaro. Mas a verdade é que a história que lemos aqui é realmente *um salto gigante para a frente.* É sobre a humanidade crescendo em maturidade, deixando para trás a ideia de que o divino precisa de sangue. Esse é o salto gigante que está acontecendo no Novo Testamento. A Bíblia é um reflexo de uma consciência humana em contínuo crescimento e expansão. Se você tentar congelar ou isolar uma seção ou passagem específica, como se ela existisse independentemente da hora e do local em que foi escrita, você irá facilmente fazer perguntas erradas. O que, por sua vez, sempre levará a respostas frustrantes e insatisfatórias.

Jesus foi morto. Foi ordenado que o matassem. Mas seus seguidores insistiram que tiveram encontros com Ele. Refletiram sobre as coisas que Ele disse antes de morrer na cruz. Pensaram em sua própria história e no papel central do templo em sua vida comunitária. Viram, em sua inocência, uma imagem dos cordeiros sacrificiais que todos vinham oferecendo desde a infância. Eles viram na aceitação de Jesus em morrer, em vez de recorrer à violência, uma nova maneira de alguém estar nesse mundo. Viram sua morte como o fim de todo o sistema de derramamento de sangue; e sua ressurreição como uma prova definitiva de que o caminho percorrido por Ele é uma nova e muito melhor maneira de se estar no mundo.

Nós continuaremos a encontrar cada vez mais sentido e significado em sua vida, morte e ressurreição. É por isso que a Bíblia é referida como uma palavra viva e ativa. Nós ainda estamos conhecendo-a, estamos sendo inspirados, ainda estamos questionando, e ainda estamos sendo movidos.

33

O que dizer sobre predestinação?

Anos atrás eu estava falando, em algum lugar do Centro-Oeste e, no final da minha palestra, abri espaço para perguntas e um jovem rapaz levantou-se com uma grande Bíblia aberta nas mãos, começou a ler um trecho da Carta aos Romanos e, então, me perguntou: "Seu Deus é grande o suficiente para predestinar algumas pessoas ao Inferno por causa da ira divina?"

Ou algo assim. Algo tão estranho quanto o som das palavras pronunciadas. Tive muita vontade, na ocasião, de responder com outra pergunta, que acabei não fazendo: "Qual é a faculdade de teologia que você frequenta?"

Isso porque geralmente são pessoas muito, muito religiosas que fazem perguntas como essa a respeito de quem é escolhido e quem é preterido; quem é eleito e quem é predestinado; quem está dentro e quem está fora.

Então, digo aqui o que penso sobre isso tudo: esta é uma discussão absolutamente ridícula, que só leva a debates e a ideias insanas as quais deixam as pessoas infelizes e confusas,

e isso as impede de se tornarem realmente o tipo de pessoa que Jesus nos ensina a ser.

Pronto. Está resolvido.

Mas nem tanto. Realmente não, certo? Por qual motivo, por que de fato encontramos as palavras *predestinados* e *eleitos* na Bíblia? Por que as pessoas fizeram uso dessas palavras? O que elas estavam querendo dizer quando usaram essas palavras?

Vamos a algumas reflexões.

Primeiro, **eleição**.

Nas Escrituras, **eleição é sempre instrumental**. O que quero dizer com *instrumental*? Pense em como usamos a palavra *eleição* hoje: as pessoas, ao realizarem uma eleição, votam em alguém para que execute uma função específica ao fazer parte de uma organização específica (presidente, líder do sindicato estudantil, superintendente de saneamento). A pessoa vencedora, que é eleita, é escolhida para executar essa função específica. As pessoas não são escolhidas simplesmente para serem eleitas; a eleição sempre tem o objetivo de que alguém venha a fazer uma coisa determinada.

Agora, vamos pensar sobre isso em relação à Bíblia. Sobre o que é a Bíblia? É sobre um povo que tem esse senso de que é chamado para ser um povo diferente dos demais. Naquela época, existiam povos para servir a si mesmos, acumular e formar alianças para sua autopreservação. Mas este povo começa com uma história sobre um homem chamado Abrão, a quem Deus diz que o mundo inteiro será abençoado por ele. Esse povo acredita que eles têm um chamado que se estende para muito além de si mesmos até os confins da Terra. É um povo que existe não apenas para o seu próprio bem-estar, mas também para o bem-estar de todos os outros.

Você pode ver por que eles podem ter usado uma palavra como *eleição*? A palavra estava organicamente conectada com *missão*, *propósito*, *chamado*, ***ação** em nome de outras pessoas para seu bem-estar*.

Eles sempre foram fiéis a esse sentimento de eleição?

Não, é isso que você vê nos Evangelhos repetidas vezes: Jesus chamando seu povo de volta às origens, à sua missão, à sua responsabilidade divina de ser uma luz para o mundo.

Segundo, **predestinação**.

A palavra ocorre seis vezes na Bíblia.

Seis.

Em grego, a palavra é *pro+horízwn*, que são duas palavras gregas: a palavra *pro*, que significa antes,

e

a palavra *horízwn*, da qual obtemos a palavra *horizont*e.

Que significa também *fronteiras* ou *limites,* ou *demarcação previamente estabelecida*.

Agora, vejamos um versículo em Efésios 1, no qual é usada. Assim diz Deus:

> [...] nos predestinou para ele, para a adoção de filhos por meio de Jesus Cristo, segundo o beneplácito de sua vontade, para louvor da glória de sua graça, que ele nos concedeu gratuitamente no Amado [...]. (Efésios 1:5–6)

Algumas observações:

O contexto é adoção.

Você já esteve num aeroporto e viu uma multidão de pessoas esperando porque um membro da família ou um amigo daquelas pessoas foi para o exterior e adotou uma criança? Agora o avião está prestes a aterrissar e todos esses amigos e entes queridos estão ali reunidos para dar as boas-vindas à família, e ao seu novo filho. Eles estão segurando cartazes de *boas-vindas* e têm bichinhos de pelúcia e camisetas com as palavras *vovô* e *vovó.* (Como se o bebê pudesse ler! Mas ainda está longe disso, precisa crescer, não é?) E sempre há um cunhado, o técnico, que está filmando tudo. E então o avião pousa, e a família e todos se encontram, e todo mundo começa a aplaudir, a chorar e a abraçar, e você está ali muito atento a tudo o que está acontecendo.

Adoção. Esse é o contexto deste versículo.

Por meio de Jesus Cristo, segundo o beneplácito de sua vontade.

O que Deus expressa nesse versículo é que adotar muitos filhos é algo prazeroso para Ele. Esse prazer corresponde à vontade de Deus, o que traz a Deus incomensurável deleite é acolher as pessoas em casa dentro da família.

Que Ele nos deu gratuitamente naquele que é o Seu Amado.

O *Amado* é uma referência a Jesus. O escritor Paulo quer que seus leitores vejam algo fundamental em Jesus, que é nos mostrar o amor que Deus tem livremente por todos nós, expresso especificamente no amor que Deus tem por Jesus.

Agora, uma ilustração. Digamos que sua amiga Lulu, da faculdade, trabalha em uma cidade longe de onde você mora, e você não a vê desde que se formou, mas um dia você vai fazer uma viagem de negócios a essa cidade. Você entra em contato e sugere um jantar quando chegar à cidade. Você diz a Lulu o hotel em que vai ficar, e ela envia um e-mail dizendo que trabalha bem perto desse hotel, logo ali na outra esquina, e então lhe pergunta por que você não a encontra no trabalho dela? Parece bom. O dia chega e você aparece no endereço que sua amiga lhe deu, que é uma simples porta de entrada onde costumava funcionar uma barbearia.

Um pouco sobre Lulu: ela sempre foi organizada. Loucamente organizada. Só ela mesmo para conseguir ser e se manter assim! Prateleiras bem arrumadas, mesa impecável, roupas penduradas perfeitamente. Não de uma maneira neurótica, e sim de uma forma encantadora: Maravilha! *Lulu gosta de coisas organizadas* exatamente assim.

Então você entra e Lulu está sentada junto a uma mesa mostrando algo em uma grande folha de papel para uma mulher que está ao lado dela, e as duas estão profundamente concentradas, e a outra está ouvindo atentamente o que Lulu está lhe dizendo. Nisso, ela vê você e lhe dá um sinal de apenas um minuto, e então você se senta e a observa. Seja o que for, a mulher com quem está conversando está absorvendo suas palavras e, quando terminam, ela agradece a Lulu profusamente, lhe dá um abraço e diz "Eu não sei o que eu faria sem você", e sai.

Você e Lulu se cumprimentam e se abraçam, e então você faz para Lulu a pergunta que está querendo muito fazer logo de cara: "Lulu, quem arruma seu cabelo?"

(Ha-ha-ha-há!, penso que peguei você! Você não esperava isso, não é?)

Não, você tem toda a razão. Você não quer perguntar a ela sobre o cabelo. A pergunta que quer mesmo fazer é esta: "Lulu, o que você tem feito?"

Ela então explica que, depois da faculdade, fez mestrado em serviço social e foi contratada pelos serviços sociais da cidade; mas, com o tempo, aprendeu que a maioria das pessoas com quem estava interagindo precisava de ajuda para organizar suas vidas, definir um orçamento e priorizar entre necessidades *versus* desejos e, se pudesse ajudá-los a fazer isso, poderiam economizar muito aborrecimento e estresse também em outras áreas de suas vidas. Lulu comenta que encontrou essa barbearia antiga e montou um serviço de treinamento para a vida sem fins lucrativos e que nunca se divertiu tanto.

Você está tão inspirado por esta história que Lulu está contando, e pensa sobre como ela era na faculdade, e imagina o rosto daquela mulher que ela estava ajudando, e você diz: "Lulu, parece que você foi feita para fazer isso."

Agora, vamos pausar e focar essa expressão "foi feita" que você acabou de usar porque ela tem um significado muito profundo. Você está impressionado com a maneira como parece que a Lulu foi feita para fazer isso. O que você quer dizer quando usa essa expressão? O que você quer dizer é: *Isso não é um acidente. Quem Lulu é, o talento que tem e o trabalho que está realizando não são aleatórios, ou que acontecem por acaso. De algum modo muito difícil de descrever, parece mesmo que se trata de como o universo deve funcionar.*

O que você acabou de falar ao assistir Lulu fazer o que ela já fazia há muito tempo, chamou atenção de sua mente para o fato de que a vida da amiga a levou a ser sempre assim até esse momento. Para dar profundidade ao poder do que está fazendo no presente, você colocou o trabalho dela no contexto de toda a sua vida, percebendo uma trajetória da qual você viu vislumbres iniciais na faculdade, mas que agora está vendo nela em sua plenitude, e isso é mesmo lindo. Então, quando os primeiros cristãos estavam tentando explicar essa coisa nova e extraordinária que estava no coração das pessoas e como estavam vivendo mediante Cristo ressuscitado, você consegue perceber que isso acontecia porque usavam uma forma de expressão que, já desde muito antes, implicava um senso de intenção e propósito?

Tudo isso considerado, algumas verdades para encerrar:

As pessoas costumam usar palavras como *eleito* e *predestinado* para limitar as ações de Deus, mas na Bíblia elas são usadas para expandir nossa compreensão do que Deus está fazendo.

O Deus que dá tudo a todos livremente, o Deus que nos chama de filhos porque isso Lhe traz prazer, e as pessoas sentem uma forma de eleição que lhes traz a responsabilidade e a determinação para abençoar os outros — essas palavras são usadas de maneira contínua e concisa para falar do abrangente desejo de Deus em redimir e restaurar tudo e a todos.

(A propósito, se alguém menciona os capítulos 9 a 11 de Romanos e fica chamando atenção para a questão de que alguns são predestinados e outros não, diga-lhe que o crescendo dessa seção em particular vai até o seu ponto máximo, especificamente no versículo 26 do capítulo 11, no qual Paulo escreve que toda a terra de Israel será salva.

Toda. Terra. De. Israel. Será. Salva.

Se a passagem é sobre algum tipo de Deus que escolhe alguns e não outros, por que no momento conclusivo há uma clara expressão no sentido de que todo o Israel será salvo?)

Quando você se deparar com algo assim, que as pessoas religiosas debatem e discutem há anos, sempre se pergunte: o que aconteceria se eu realmente tivesse respostas concretas para essas perguntas?

Quando me perguntam se alguns são escolhidos e outros não, sempre pergunto: *como você conseguiria saber uma coisa dessas?* E, mais importante, *como isso faria sua vida melhor?*

Algumas coisas que as pessoas religiosas fazem questão de tornar evidentes são totalmente inúteis. Evite insanidades e loucura.

Qual é a frequência ou quantas vezes você faz uma pergunta assim: *como é que seria engolir um secador de cabelo enquanto estiver ligado?*

Não, você não perguntaria, porque não é interessante. E se você pudesse responder à pergunta, qual a vantagem ou benefício que isso lhe traria?

Ah, sim, você se lembra daquele cara que se levantou e me fez aquela pergunta? Eis a minha resposta:

Não.

34

O que dizer sobre a ira de Deus?

Vamos ler um pequeno trecho da Carta aos Romanos.

> Que diremos, pois, se Deus, querendo mostrar a sua ira e dar a conhecer o seu poder, suportou com muita longanimidade os vasos de ira preparados para a perdição [...]. (Romanos 9:22)

Sim. Essa é uma passagem estranha à primeira vista. Mas, sem nenhuma dúvida, há aqui algo muito maior do que parece na primeira leitura desse capítulo.

Primeiro, nos capítulos 9 a 11 da Carta aos Romanos, há frases rítmicas que se repetem. Por isso mesmo será necessário que você as leia como um pensamento contínuo. Foi como se o apóstolo Paulo quisesse interpor uma pausa no final do capítulo 8, porque ele sabe que o que escreveu, já há algum tempo antes, aos seus amigos em Roma, levantou algumas dúvidas a serem resolvidas e, então, ele ocupa alguns minutos para antecipar aquelas questões em 9 até 11, e depois ele estará de volta no capítulo 12.

Segundo, é importante perguntar: como é que o capítulo 11 começa? Com uma pergunta. E qual seria?

> Pergunto, pois: terá Deus, porventura, rejeitado o seu povo? (Romanos 11:1)

Interessante, não? Muitas vezes as pessoas leem o capítulo 9 e as passagens que falam da ira, e dizem: *Estão vendo? Algumas pessoas são objetos de ira destinados ao lixão! Elas rejeitaram Deus e serão destinadas a serem queimadas.*

Mas se você continua lendo, é exatamente este o pensamento que Paulo insiste em que *não é* o que ele está dizendo.

Ele fala com eles sobre a sua "total inclusão" (palavras dele, não minhas).

Ele escreve, em seguida, que os dons e o chamado de Deus são *irrevogáveis*,

e insiste, depois, que Deus faz o que Deus faz

para que [Deus] tenha misericórdia para com todos eles.

E, sim, como isso é importante, ele também menciona no capítulo 11 que

todo o Israel será salvo.

(Isso está no capítulo 11, versículo 26.)

Todos serão salvos mesmo?

Como é que você entende?

Total inclusão,
irrevogável,
com misericórdia para todos,
todos salvos.

Essas são as verdadeiras palavras usadas nesta passagem. Portanto, quando alguém começa a falar sobre a ira e tudo mais, é importante que também fale sobre inclusão e sobre misericórdia. **Você pode ver como é fácil escolher e retirar da Bíblia algumas palavras e começar a dizer o que você pretende que elas signifiquem?**

O escritor Paulo está pintando um retrato de um ser divino amoroso e misericordioso que o convida a *confiar*. Amor, graça, poder, salvação — você é convidado a confiar que Deus é de fato infinitamente bom. Esse amor é realmente o alicerce e o fundamento do nosso ser. Que todo mundo vive pela bondade desse Deus. Que tudo o que você poderia tentar fazer para estar bem com esse Deus, já foi feito.

Você pode resistir a essa imensa bondade? Claro que você pode — as pessoas fazem isso o tempo todo! Você pode escolher o isolamento, a violência, a negatividade e o cinismo? Claro que sim — as pessoas fazem isso o tempo todo! Você pode permitir que seu coração se congele e sua vida se torne autocentrada, criando então o seu próprio inferno na Terra aqui e agora? Óbvio — as pessoas fazem isso o tempo todo!

Mas se uma pessoa escolhe esse caminho, a escolha é dela, não de Deus. Ele é amor, graça, misericórdia — convida todos nós a confiar que esse tipo de vida é realmente possível aqui e agora.

Mais um pensamento: será que isso é irônico?

Paulo está realmente usando essas palavras extremas e grandiosas para expressar sua opinião? Observe no capítulo 9, no qual ele escreve algo como "Você gostaria de me dizer...".

Ele está claramente levando adiante uma conversa elevada (eu não conseguiria pensar em uma palavra melhor) com seus leitores. Eles têm categorias primárias, básicas e estreitas com as quais foram criados, como esta pela qual pensam que alguns estão fora e outros estão dentro. É assim que veem o mundo. E, é claro, no pensamento deles, eles estão *dentro* (as pessoas que pensam assim se acham sempre *de acordo* com suas próprias estimativas, não é?).

Na verdade, esta é uma narração um pouco subversiva e extremamente brilhante, em que Paulo assume uma posição à qual seus amigos iriam se opor ao que era mais importante. Ele precisa mudar a perspectiva deles apresentando um quadro muito maior e mais verdadeiro, mais amoroso e mais bonito do que qualquer coisa que pudessem imaginar, e fazer, desse modo, que suas mentes explodissem diante dessa nova luz.

Essa passagem não é realmente muito mais inclusiva, inteligente, expansiva e transcendente do que a maioria das pessoas pensa quando a leem? Essa passagem não é usada para justificar a crença de que Deus pretende enviar bilhões de pessoas para queimar no Inferno e ser torturadas para sempre, em vez de ser reconhecida como um trecho das Escrituras sobre a graça, a misericórdia de um Deus maravilhoso que quer a inclusão de todos para que prosperem e sejam salvos de tudo aquilo de que precisam ser salvos?

E mais um ponto ainda a acrescentar: como termina o capítulo 11?

Com um hino de eufórico louvor.

Literalmente, Paulo escreve:

> Pois d'Ele, por Ele e para Ele são todas as coisas. A Ele seja a glória para sempre! Amém. (Romanos 11:36)

Isso soa como um tipo de Deus que abandona e descarta as pessoas? Isso soa como um ser divino que lança seres humanos reais em um monte de lixo? A passagem termina com uma declaração exultante da união de tudo a este Deus, do poder d'Ele, que mantém todas as coisas, pessoas e eventos juntos. Tudo. Curado. Conectado. Uno.

Onde é possível achar ira nisso?

35

O que dizer a respeito do pecado?

Deixe-me ver se consigo esclarecer algumas coisas em menos de mil palavras.

Primeiro, se eu pedisse para você definir a palavra *pecado*, como você responderia?

Meu palpite é que você provavelmente diria algo como: *o pecado é quando você desobedece às leis de Deus,* ou *o pecado é o que você faz que deixa Deus zangado.*

Embora estas definições possam parecer adequadas, elas não contam a história toda. É por isso que muitas pessoas se sentem desconfortáveis quando, em vez de chorar, querem se manter com a cara séria.

Agora uma definição. O teólogo Cornelius Plantinga Jr., em seu livro *Engaging God's World*, coloca assim: "O pecado é um distúrbio culposo do *shalom*."

Shalom. *Shalom* é a palavra hebraica para paz, totalidade, saúde e bênção. *Shalom* é a harmonia que Deus deseja para o mundo. *Shalom* é como Deus quer que as coisas sejam. *Shalom* é paz consigo mesmo, com seu próximo, com o planeta Terra, com Deus.

Perturbação. As coisas não são como deveriam ser, são? Da degradação ambiental à violência doméstica, à corrupção de Wall Street e às maneiras mesquinhas em que desrespeitamos um ao outro, neste mundo nem tudo é como poderia ser.

Culposo. Em que há culpa, responsabilidade, propriedade — culposa é a maneira como você contribuiu para a perturbação do *shalom* que vemos ao nosso redor.

O pecado é qualquer coisa que fazemos para perturbar a paz e a harmonia que Deus deseja para o mundo.

Aqui está o problema da forma com que muitos entendem a palavra pecado: quando o pecado é entendido principalmente em termos de *evitar*, *violar* ou *desobedecer*, não há um contexto maior para situar o pecado. Existe o que você fez ou não fez, e então há raiva ou ira de Deus ou descontentamento com você.

Mas quando você o coloca no contexto maior do bem, da paz e do *shalom* que todos queremos para o mundo, então isso começa a fazer muito mais sentido. Claro que sou culpado por perturbar o *shalom*. *Existe alguma pessoa sã que não admita isso?*

Na Bíblia, não somos identificados primariamente como pecadores, mas como santos. Isso é importante: sua identidade principal, seu verdadeiro eu, é encontrada em quem você é em Cristo, não na maneira com que você interrompeu o *shalom*.

Na Bíblia, as pessoas são ensinadas primeiro quem são, porque quanto mais você sabe sobre quem é, mais saberá o que fazer.

É por isso que alguns sermões que falam muito de Jesus podem ser tão martirizantes e sufocantes para a alma. Eles não são um anúncio sobre quem você é em Cristo — são chatos, sem vida e produzem todo tipo de desespero, mesmo que citem inúmeros versículos da Bíblia porque, enganosamente, ensinam que sua identidade é vista por intermédio do seu pecado. Não é. É encontrada mediante Cristo, que já cuidou dos seus pecados.

Na Bíblia, há apenas um tipo de pecado — o tipo de pecado que Deus perdoou em Cristo. Não há outro tipo. E assim fazemos o que podemos para fazer as pazes com quem quer que tenhamos ofendido, confiando então que o único tipo de pecado que existe é o que já foi perdoado.

Na Bíblia, pecado é a palavra do meio, a segunda, sobre você. A primeira palavra é que você é criado à imagem de Deus, coroado de glória e honra, um filho do divino. Você é quem você é. A segunda palavra identifica a verdade honesta e sem manchas sobre como todos somos de alguma forma incompetentes e descuidados em respeitar e manter o *shalom*. Todos nós pecamos: todos nós perturbamos o *shalom* que Deus pretende para todas as coisas.

A terceira palavra é a insistência contínua de que a última palavra não foi dita sobre você e seu pecado, passando por cima da verdade de que todos os pecados foram perdoados em Cristo, que somos amados e restaurados, reconciliados e renovados. É para isso que a Bíblia e os escritores se voltam repetidas vezes, e persistem nisso e repetem e repetem.

Mais uma verdade sobre essa palavra *pecado*.

Uma pergunta: o que é estupro?

Se eu lhe dissesse que o estupro é algo que não é bom, como você reagiria?

Ou se eu lhe dissesse que é muito bom quando as pessoas estupram menos, o que você diria?

Ou se eu lhe dissesse que o estupro simplesmente não é a melhor coisa que uma pessoa pode fazer…

Por favor, diga-me o que você está sentindo, como estão seus nervos, seu espanto e como os seus nervos vieram à flor da pele. Por quê?

Porque eu não usei palavras mais fortes, palavras pesadas e duras que possam ser capazes de descrever como o estupro é algo terrivelmente hediondo, horrível e abominável.

Algumas palavras são fortes sempre por algum motivo. Precisamos delas para descrever realidades que exigem esse tipo de linguagem dura, forte e nefanda. Pecado é uma dessas. Vamos deixar assim.

36

É a Palavra de Deus?

Vamos começar esse assunto com algumas palavras sobre *palavras*.

Por volta de 1993, eu estava estudando para ser pastor, e participei de uma aula sobre pregação ministrada pela reverenda doutora Mitties McDonald DeChamplain. Ela é uma lenda, e foi uma grande emoção aprender com ela. Eu estava apenas começando, mas já tinha umas ideias particulares sobre a pregação e como isso poderia ser feito de uma maneira diferente, e mergulhei de cabeça nesse assunto tentando aprender tudo o que podia enquanto ia ganhando o máximo de experiência possível. Fazia parte do meu tempo de estudos com ela apresentar à turma um breve sermão.

Eu tinha aprendido desde cedo, nas aulas do seminário, que havia uma forma comum de como as pessoas se dedicavam aos sermões, e eu não via as coisas desse jeito — eu estava à procura de outras coisas. Algo diferente. Algo novo. Então estudei e me esforcei muito para preparar meu sermão tentando me aproximar de como eu pensava que deveria ser.

Chegou o dia e eu preguei a mensagem. Só posso imaginar como deve ter sido desconfortável para os meus colegas, mas eu imaginava estar voando para o topo do mundo. Eu senti como se tivesse chegado a tocar em algo muito desejado, como se estivesse encontrando minha voz, como se o céu fosse o limite para o que seria feito com essa forma de arte muito especial chamada sermão.

Fui me sentar no meu lugar e estava na hora de a aula começar. Eles foram gentis e solidários e disseram o que geralmente se sabe que a mesma pessoa que estamos avaliando irá nos avaliar mais tarde. Foram bem educados, em outras palavras.

E então foi a vez da Dra. DeChamplain me dar retorno do que eu tinha feito. Era a hora dela me dar *feedback*. Você sabe o que ela disse?

Você pode ir além. Você pode conseguir avançar ainda mais.

Foi isso. Ela não me perguntou por que eu fiz do jeito que eu fiz, não me disse como fazer melhor e não me deu uma lista de coisas para corrigir e trabalhar. Ela entendeu o que eu estava fazendo, e me deixou sabendo que estava acompanhando e que eu deveria continuar indo adiante e que, a respeito disso, não havia limites.

Você pode ir além.

As palavras têm poder. Vinte e cinco anos depois, suas palavras ainda estão comigo.

Há momentos em que alguém diz exatamente o que você precisa ouvir — você sabe que há mais, que o que foi ensinado não foi a última palavra sobre o assunto, e que você sente que estava deixando alguma coisa para trás, e então você ouve alguém dizer isso. E eles dizem o seu nome, citam, descrevem, *insistem que é possível* e expressam as coisas com suas palavras e, seja o que for que eles digam, isso faz seu coração dar um salto para a frente.

E se, talvez, você estivesse num momento ruim, cheio de desespero e dúvida, imaginando se havia ainda algum caminho a seguir, e alguém aparecesse e lhe dissesse algo que lhe torna capaz de fazer você mudar tudo! Então isso o inspirou, mudou, incentivou você a agir, deu esperança de que havia um caminho a seguir.

Palavras podem fazer isso.

Palavras... podem criar novos mundos. (Heschel disse isso.)

Palavras podem mudar tudo.

Então, quando você abre a Bíblia e começa a ler o poema na primeira página, você irá se surpreender que o poeta descreva um Deus que cria usando... *palavras*?

Palavras criam novas realidades. E quando esse Deus fala, insiste o autor do poema, as coisas acontecem.

A palavra para *palavra* e para o verbo *falar* em hebraico é *davar* e é usada cerca de 1.400 vezes na Bíblia. Deus fala, Deus *davar*, e as coisas acontecem. A palavra para *palavra* também é a palavra para *coisa real* e *poder* — algo escrito, falado, ouvido, visto e experimentado.

Um ato criativo que traz alguma coisa nova à existência.

Os escritores da Bíblia acreditavam que esta vida tem uma fonte, que flui do coração de um ser divino que é bom, criativo, generoso e está do nosso lado. Como quando Paulo perguntou a uma multidão de pessoas na cidade de Listra:

Quem vocês acham que é aquele que fornece sua comida e enche vocês de alegria?

De acordo com a Carta aos Hebreus, existe uma força vital criativa que surge por intermédio de toda a criação dando-lhe vida e sustentando-a desde o movimento dos planetas até a respiração de uma criança.

Deus fala e, então, continua a falar. Como o escritor do Salmo afirma: Deus trabalha continuamente para *renovar a face da Terra.*

Renovar a face da Terra.

Na Bíblia, todo o universo é o megafone de Deus.

Deus fala, Deus age, Deus cria, Deus sustenta, Deus é a fonte da contínua energia que desenvolve toda a criação trazendo nova vida e sustentando tudo, desde árvores e rochas até corações e mentes.

Então a Bíblia é a Palavra de Deus?

Sim. Muitas coisas o são.

Espere aí! — muitas coisas são a Palavra de Deus?

É o que você encontra na Bíblia
dos céus e das estrelas (os Salmos)
à
boca de um bebê (novamente os Salmos),
à
sua consciência (Romanos),
aos
poetas e filósofos de sempre (Paulo cita vários em Atos 17).

Então, quando você lê a Palavra de Deus, você encontra os escritos da Palavra de Deus falando sobre muitas e muitas Palavras de Deus?

Sim. Lembre-se de que a Bíblia foi escrita mais de mil anos antes da imprensa. As pessoas não tinham sua própria cópia da Bíblia. Na melhor das hipóteses, havia na cidade um pergaminho na sinagoga. Um para toda a cidade. E antes disso, muito pouco foi anotado. Essas histórias circulavam oralmente e passadas de uma geração para a outra. Então, quando os escritores se referiram à Palavra de Deus, eles não estavam falando de um livro ou de uma biblioteca de livros, como fazemos hoje quando pensamos neles. Eles estavam falando sobre algo muito maior do que isso.

Enfim, como você definiria a Palavra de Deus?

A ação criativa de Deus falando no e através do mundo, criando nova criação e nova vida para que elas existam n'Ele.

Então, o que as pessoas querem dizer quando dizem que essa coleção de livros escritos por pessoas é a Palavra de Deus?

O que elas estão dizendo é que acham que essa biblioteca é um registro confiável de como é a obra criativa de Deus realizando-se e desenvolvendo o mundo.

Mas você não pode ter conhecimentos assim mediante diversos livros, muitas outras palavras, várias outras experiências?

Claro. Isso é algo que os escritores da Bíblia costumam dizer. É como se os escritores continuassem dizendo: *abra os olhos, olhe em volta, ouça e preste atenção. Deus está sempre falando — a coisa toda é uma palavra.*

Assim, você percebe que um dos pontos mais importantes da biblioteca de livros, à qual algumas pessoas se referem como a Palavra de Deus, é que ali estão muitas e muitas Palavras de Deus e você pode e deve ouvir todas elas?

Exatamente.

37

A Bíblia tem autoridade?

Existem versículos na Bíblia sobre *Deus* tendo autoridade, e versículos sobre Jesus, governos, profetas, reis, soldados, mestres e líderes tendo autoridade; mas, no que diz respeito à *Bíblia* ter autoridade, essa não é a linguagem exata que encontramos na Bíblia. O que encontramos é alguma coisa bem mais interessante do que isso.

Convém, de fato, dedicarmos um tempo para essa palavra *autoridade*. Vamos começar prestando atenção numa passagem da Primeira Carta de Paulo aos Coríntios, na qual ele lhes fala sobre isso:

A autoridade que o Senhor me deu é para edificar você.

A palavra para *autoridade* que Paulo usa aqui é a palavra grega *exousia* — que é composta de duas palavras:

ek, que significa *sair de*,

e

eimi, que é o verbo *ser*.

Algo que vem do que se é…

A palavra é geralmente traduzida como *algo que tem peso, poder, influência* e, claro, *autoridade*. É, no entanto, sempre uma palavra ativa, referindo-se ao poder de agir de várias formas especiais para fins específicos. É algo que você tem, mas você tem somente no sentido dinâmico de conseguir fazer algo com ela.

(Observe que é também uma palavra feminina!)

Agora, vamos pensar em *exousia* em termos da Bíblia.

Primeiro, a Bíblia precisa ser interpretada.

Observe que, quando as pessoas dizem que *estão fazendo exatamente o que a Bíblia diz para fazer*, elas não estão se aproximando de você com um beijo sagrado, provavelmente estão usando dois tipos de tecidos costurados, e também é bem provável que não tenham franjas ou rendas penduradas nas barras de suas vestes, como ordena a Bíblia.

Elas não fazem essas coisas porque não acreditam que essas ordens devam ser obedecidas hoje. **E elas não acreditam nisso, ou então praticam essas coisas porque interpretaram a Bíblia de uma maneira particular.**

Mais provavelmente, foram influenciadas por alguém que lhes disse que é dessa forma que a Bíblia deve ser interpretada.

Enfim, **por alguém a quem essas pessoas deram autoridade.** Elas deram aos pais, professores, pastores, padres, líderes de jovens — quem quer que seja — *autoridade* sobre elas. Peso, poder, influência.

Algumas pessoas têm autoridade sobre você por causa de circunstâncias específicas — como a polícia e os líderes do governo e a Receita Federal, por exemplo. Outras pessoas têm autoridade porque você lhes concede.

O telhado da minha casa costumava ter goteira. Quando choveu — o que na Califórnia realmente aconteceu conosco uma vez, não lembro exatamente quando e como foi (ha-ha-ha!) —, nós literalmente tivemos que colocar baldes na cozinha por causa da quantidade de água que passava pelas frestas.

Então ligamos para a empresa de serviços para telhados e eles vieram e o rapaz inspecionou as coisas, fez alguns reparos e depois me pediu que subisse ao telhado para me mostrar o que ele já havia feito e o que ainda precisava fazer. O homem é um especialista e, quando me mostrou como consertar nosso telhado, eu lhe dei *exousia* — dei-lhe importância, influência e autoridade, porque eu queria muito que o telhado parasse de vazar.

Por quê? Para quê?

Isto é bem básico, mas é importante quando você faz perguntas sobre a autoridade da Bíblia.

Segundo, é fundamental compreender que a autoridade da Bíblia é uma realidade relacional. É isto o que eu quero dizer: quando as pessoas falam sobre a autoridade da Bíblia, geralmente se referem à necessidade de você fazer o que ela diz — obedecer, acreditar e se submeter a ela.

A Bíblia, nesse contexto, é frequentemente descrita como a verdade objetiva e absoluta de Deus e, portanto, a única coisa a ser feita é segui-la.

No entanto, segui-la, obedecê-la, submeter-se a ela — qualquer que seja a expressão que você queira usar — não pode ser feito sem interpretação. E **essa** exige que pessoas que de fato existem e são reais a façam. Alguém tem que decidir o que a Bíblia diz, o que significa, o que está lá e o que ela faz parecer que já está lá em carne e osso.

É por isso que tantas pessoas ficam tão confusas quando se trata da Bíblia. Elas foram ensinadas por seus pastores, pais, ou outras figuras de autoridade a se submeterem à autoridade da Bíblia, mas isso **é impossível de se fazer de forma certa sem se submeter primeiro a alguém que decida o que a Bíblia está dizendo.** E isso, por sua vez, requer confiança.

Porque autoridade é uma realidade relacional. O problema está óbvio. As pessoas que mais falam sobre a autoridade da Bíblia também parecem insistir sobre verdades objetivas e absolutas, verdades que existem *independentemente das realidades relacionais*.

Depois, o que geralmente acontece é que as pessoas crescem, ou começam a ler, ou viajar para vários lugares, vão à universidade, ou fazem amigos fora da sua "tribo" e, no processo, descobrem que as coisas *não são como elas lhes disseram que as coisas são*.

Elas percebem que o que lhes disseram como sendo *simplesmente o que são* de maneira absoluta e objetiva é, na verdade, um conjunto de interpretações já feitas por seres humanos... e seres humanos que tinham uma perspectiva limitada.

E aquilo que parecia ser, vira uma espécie de traição.

Como se nos tivessem vendido um monte de mercadorias.

Sempre que encontro pessoas religiosas com raiva ou machucadas que falam sobre estarem sendo *perturbadas negativamente pela igreja, ou iludidas com o cristianismo ou com a Bíblia,* costumo fazer perguntas sobre em quem elas confiavam e o que aconteceu porque essas questões de autoridade são realidades relacionais.

E agora pergunte-se novamente: o que é autoridade?

A autoridade existirá quando você der importância, peso, poder e influência a alguém.

É nessas condições que poderemos dar peso, poder e influência a essa antiga biblioteca de livros com nossas mentes e corações mantendo-se totalmente despertos e engajados?

Absolutamente. Esse é o único caminho que nos conduz à conceder autoridade.

E isso não significa aceitação cega, e sim que estamos sempre pensando a respeito, que a interpretamos, a confrontamos, discutimos e questionamos?

Sim.

38

E sobre as contradições?

> Tornou a ira do SENHOR a acender-se contra os israelitas, e ele incitou Davi contra eles dizendo: Vai, levanta o censo de Israel e de Judá. (2Samuel 24:1)

> Então, Satanás se levantou contra Israel e incitou Davi a levantar o censo de Israel. (1Crônicas 21:1)

E agora, como é que fica?

O Senhor incitou Davi a fazer um censo,

ou

Satanás incitou Davi a fazer um censo?

Numa parte das Escrituras se diz uma coisa, e na outra se diz algo completamente diferente.

O que é que vamos fazer com uma contradição como essa?

Várias coisas.

Primeiro, sobre por que um recenseamento é importante. Você faz um recenseamento porque deseja saber quantas pessoas você tem em seu reino. E por que você quer saber isso? Porque quanto mais pessoas você tiver, mais dinheiro para gerar impostos. E quanto mais dinheiro você conseguir, maior será o seu exército. E o tamanho do seu exército determina contra quem você pode ir à guerra e contra quem não pode. Portanto, fazendo um recenseamento é como você fica sabendo, de maneira muito prática, o quão grande pode ser o seu império.

E por que isso é importante neste ponto da Bíblia? Porque, como vimos várias vezes, essa biblioteca de livros é sobre um novo tipo de tribo no mundo. Uma tribo com um chamado, um destino para ser diferente. Uma tribo que tem a missão de abençoar todas as outras tribos. E de novo e novamente, essa tribo é convidada a confiar que seu Deus cuidará deles.

Portanto, fazer um recenseamento é estar jogando o mesmo jogo antigo de todos os outros povos: a construção de impérios, ir à guerra, mantendo a violência e a destruição em circulação.

Podemos perceber claramente como o recenseamento é uma questão profundamente espiritual — essas pessoas podiam acreditar que há uma maneira diferente e melhor de ser um povo?

Segundo, vamos tratar agora da contradição:

O relato de 2Samuel deste recenseamento foi feito entre 600 a 500 a.C.

O relato de 1Crônicas foi escrito entre os anos 400 e 250 a.C.

Assim, a passagem de 2Samuel foi escrita *anteriormente* — isto é, várias centenas de anos antes.

Esse relato anterior é o que dizia que Deus levou Davi a fazer algo ruim, e o relato posterior diz que Satanás o levou a fazê-lo.

Por que isso é importante?

Porque, no relato inicial, Deus é que incita a que se faça o recenseamento.

E por que isso faz sentido?

Porque no mundo antigo as pessoas geralmente atribuíam todos os tipos de raiva e violência a seus deuses, porque foi assim que aquelas pessoas conceberam os deuses. Elas acreditavam que os deuses eram maus e vingativos, e você precisava lhes apresentar sacrifícios, ofertas para apaziguar a raiva deles, e mantê-los a seu favor.

E como isso explica esses dois relatos conflitantes?

Com o tempo, as pessoas evoluíram em relação à sua concepção de Deus. Em certo momento da história, surgiu a ideia de que um Deus *bom* não instigaria alguém a fazer algo *mau*. Portanto, deve haver outra força liderando e incitando Davi.

E é aí que entra a explicação de Satanás ter sido o incitador de Davi?

Sim. Pode-se perceber então como a ideia de uma força adversa, maligna e destrutiva foi surgindo, um espírito, deus ou deusa, à medida que as pessoas iam se tornando mais sofisticadas em seus pensamentos.

Mas, como fica o relato do Jardim do Éden?

Para começar, em parte alguma da história está que é Satanás — o que a Bíblia diz é que foi uma cobra falante.

Mas as pessoas costumam dizer que foi Satanás que tentou no jardim. Elas têm essa mania incessante de dizer isso.

Mas, na verdade, isso está mesmo na Bíblia?

Não, não está. E "cobras falantes" era um recurso literário comum em histórias da época.

Então, quando é que a palavra Satanás ocorre pela primeira vez na Bíblia?

Exatamente nesta passagem aqui: 1Crônicas 21.

Realmente, nunca até 1Crônicas?

Sim, nunca — e Crônicas só foi escrito na época do exílio babilônico, muito mais tarde na história de Israel.

Quer dizer que a ideia de Satanás não surge senão bem mais tarde na Bíblia?

Sim.

E o que é que essa palavra significa?

É literalmente *ha satan* em hebraico. Significa *o acusador*.

Portanto, não é realmente um nome, é mais como um título?

Exatamente.

E a ideia de que Satanás não surgiu até o exílio, isto é, até que os hebreus experimentassem um mal e uma opressão extraordinários e se encontrassem em uma terra estrangeira, a milhas de distância de casa, em meio a grande alienação e sofrimento?

Sim.

E que, portanto, não há contradição entre essas duas passagens, e tudo está mais que explicado, simplesmente por uma questão de evolução?

Aqui está uma expressão grandiosa e gratificante. Da passagem anterior à passagem posterior, vemos uma sofisticação impressionante de como as pessoas conceberam Deus e o Mal. Elas estão mesmo aprendendo que esse Deus é um novo tipo de Deus, diferente dos outros deuses; *Ele é um que não faz o mal ou convida as pessoas a fazerem algo errado*, e sua linguagem está refletindo isso. Na passagem posterior, é feita alguma coisa diferente que as pessoas que viveram centenas de anos antes não teriam feito.

Conclusivamente, há outros lugares na Bíblia que refletem pensamentos assim, crescentes, mutáveis e evolutivos?

Sim. De fato, em toda a biblioteca. Essa é a questão importante.

39

A Bíblia é infalível?

Para responder à pergunta:

A Bíblia é infalível ou inerrante?

Vamos nos permitir começar com algumas perguntas sobre Mozart:

As sinfonias de Mozart venceram?

Em sua opinião, Mozart prevaleceu?

As músicas de Mozart são celebradas?

E seus concertos são verdadeiros?

Perguntas estranhas, não é mesmo?

Elas são estranhas porque não é nada disso que você pensa ou faz com a música de Mozart. Estão sendo usadas categorias erradas.

O que você faz com a música de Mozart é que você a ouve e a experimenta, e talvez você a estude ou toque, mas principalmente gosta dela.

Esse é o problema da palavra infalível ou *inerrante* quando se trata da Bíblia: a categoria escolhida está errada.

Primeiro, infalível ou *inerrante* não é uma palavra usada em qualquer lugar da Bíblia para se referir à própria Bíblia.

Os escritores falam sobre a Palavra de Deus como inspiração, autoridade e respiração de Deus, porque eles tinham muitas maneiras de chegar à verdade das Escrituras.

Segundo, os escritores da Bíblia estavam fazendo algo muito mais significativo do que tentar escrever cartas e livros e contar histórias sem erros. Descrever a Bíblia como inerrante, então, é usar uma palavra que realmente minimiza a importância do que esses escritores estavam fazendo.

O que os escritores da Bíblia falam é sobre eventos que se desenrolam na história humana real que eles acreditam revelar um Deus que está tramando algo extraordinário no mundo. O que interessa é que seus leitores vejam esse movimento, se juntem a Ele e encontrem vida n'Ele.

Para descrever esse movimento, usam imagens e símbolos, parábolas, visões, sonhos e especulações, relatos, referências históricas e quase todo tipo de escrita imaginável.

É importante, então, não incluir a Bíblia em categorias que a própria Bíblia não reconhece.

O que temos é uma biblioteca de livros escritos por várias pessoas durante um longo período de tempo. Às vezes são *a favor* do divórcio; às vezes são *contra*. Um diz que Jesus era de Nazaré, outro de Belém. Um diz que Davi pagou X por um pedaço de terra, outro diz que pagou Y.

A lista é longa.

Às vezes, o escritor tem um objetivo, está trabalhando em um estilo particular e referenciando os eventos atuais de tal maneira que nós, nos tempos modernos, simplesmente não conseguimos entender exatamente o que está acontecendo no que eles escreveram.

Às vezes é um poema,
outras vezes é uma parábola,
e às vezes as coisas são exageradas porque o escritor está querendo apresentar algo muito maior e importante.

Outras vezes, temos suposições sobre a história e como ela é lembrada que não são compartilhadas pelo escritor, e por isso estamos lendo, tentando descobrir como é que eles erraram tanto quando não estavam escrevendo com essa intenção específica em primeiro lugar.

Acreditava-se que o Imperador César, no final de sua vida, ascendeu aos céus para sentar-se à direita dos deuses — é por isso que Lucas termina seu livro com Jesus em ascensão? Aonde Jesus foi? Para o Céu? Nós até já enviamos naves espaciais para cima e ninguém O viu. Assumimos que Lucas está escrevendo os detalhes reais do que aconteceu; mas, quando você se aproxima e percebe que o discípulo quer que seu público veja *Jesus* como Senhor, não César, então a maneira como a ascensão de Jesus é descrita começa a fazer mais sentido. Nós, modernos, adoramos que a história seja precisa com horários, datas e fatos. É por isso que ainda temos curiosidades não resolvidas sobre o assassinato do presidente Kennedy — parece que não temos todos as evidências. Mas os escritores antigos tinham agendas diferentes. Lucas não está tentando enganar — ele está contando uma história na maneira como as pessoas em seus dias contavam histórias.

Por outro lado, quando você se deparar com aspectos do tipo funk na Bíblia (eu não conseguiria pensar em uma palavra melhor) e estiver diante dessas *estranhezas*, não as negue, não as evite e não aja como se fosse algo facilmente descartável, porque você poderá vir a sentir falta de alguma coisa importante para o poder e a vida da Bíblia.

A força poderosa da Bíblia não vem de evitar o que ela tem, mas de abraçar o que ela é.

Argumentar pela infalibilidade ou inerrância é tentar defender um tipo diferente de biblioteca de livros, uma biblioteca que não temos.

Não recebemos um livro de ciências.

Ou um manual do proprietário.

Ou um documento hermenêutico selado.

O que temos é uma coleção fascinante, bagunçada, imprevisível, às vezes de tirar o fôlego, outras, visceralmente repulsiva, de histórias, poemas, cartas, relatos evangélicos que refletem a convicção crescente de que somos importantes, de que tudo está conectado e que a história humana é dirigida para algum lugar.

Para apreciar completamente a Bíblia, você deve deixar que ela seja o que ela é.

O que me leva a uma última pergunta: **se algo extraordinário, real e convincente estava acontecendo na história da humanidade, de que outra forma isso seria narrado?**

Ou, de outra forma: **quando se trata da Bíblia, o que você estava esperando?**

Ou, de outra forma ainda: **de onde as pessoas tiraram que algo sem erro é a forma mais elevada da verdade?**

O pôr do sol é errado?
O amor entre você e a pessoa que você ama é sem erro?
A melhor refeição que você comeu é perfeita?

Você não pensa nessas experiências nesses termos porque isso roubaria delas a sua profundidade e sua grande alegria.

Por isso mesmo, quando você está tentando falar sobre essas experiências, vai precisar de poemas, de imagens, de cenários e de histórias — o que obviamente é o que encontramos na Bíblia.

E aí, a Bíblia é infalível e inerrante?

Eu tenho uma visão muito mais elevada da Bíblia do que isso.

40

As Escrituras são inspiradas?

> Toda a Escritura é inspirada por Deus [*theopneustos*] e útil para o ensino, para a repreensão, para a correção, para a educação na justiça. (2Timóteo 3:16)

A segunda carta a Timóteo no capítulo 3, versículo 16, usa esta palavra: *theopneustos.*

Esta palavra é uma palavra rara, que não é encontrada em nenhum outro lugar na Bíblia a não ser neste único versículo.

Na verdade, trata-se de duas palavras gregas unidas uma a outra — a palavra *theos*, que significa *Deus,*

e

a palavra *pneó,* que se refere a *respiração.*

A Escritura, de acordo com o apóstolo Paulo, significa aqui *sopro, respiração de Deus.*

Para entender isso, primeiro alguma coisa a respeito de *pneó;* segundo, alguma coisa sobre o que significa ser a respiração de Deus; e, terceiro, o que isso tem a ver com a Bíblia.

Pneó

Você irá encontrar essa palavra grega se for procurá-la num bom número de palavras que têm a ver com respirar, como, por exemplo, em *pneumonia*, uma doença relacionada com os pulmões e a respiração, ou em *pneumático* ou *pneu*. *Pneó* tem tudo a ver com *pneuma*, que significa fôlego, respiração, sopro, ar e também... espírito.

Encontramos esse duplo sentido em muitas línguas, desde o hebraico (*ruach*) ao latim (*spirare*) — a palavra para sopro, respiração, sendo a mesma palavra para *espírito*.

Expirar é o que acontece quando a vida de alguém vai embora; ser *in*spirado é ter sido *soprado para dentro*.

Nós fomos todos soprados para dentro.

Nos primeiros capítulos do livro Gênesis, há uma belíssima cena de Deus pegando o barro da terra e insuflando nele o sopro da vida.

E isso nos leva a você.

Nós somos feitos de pele e ossos e sangue e pelos e cabelos e células cerebrais. Todas as diferentes partes de você compreendem a sua corporalidade, seu corpo — o que você tem de tangível, sua essência material.

E ainda isso não é tudo o que faz você, você.

Você tem também pensamentos, consciência, alma, espírito.

Há aqui uma dimensão tangível para sua existência — pele e osso e madeira e pedras e escuridão e luz — e há aqui

uma dimensão intangível para sua existência — amor e esperança e espírito e anseios futuros.

A vida é uma mistura das duas.

Sem espírito, você tem somente os elementos físicos e sem vida; sem o que é físico e material, você só tem ideias desencarnadas. O que é amor sem o abraço de outro? O que é esperança sem um coração real que se enche de esperança no espaço e no tempo?

Se você já esteve em uma sala, ou num quarto, com alguém que está prestes a morrer, você sabe exatamente do que estou falando. A pessoa está lá, o corpo deitado na cama, a respiração ofegante e lenta, e ainda assim você pode sentir que algo a está deixando, algo que você não pode ver. Não pode tocar, não pode medir em um laboratório e, no entanto, é algo vital e essencial para ela se manter *viva.*

Dá para perceber por que em muitas línguas a palavra *espírito* e *respiração* é a mesma?

Desde cedo, nós, seres humanos, tivemos a consciência de que nossa respiração está intimamente ligada à nossa existência. Se parar de respirar, você morre. A sua respiração é, ao mesmo tempo, uma realidade física que se pode medir e detectar e também aponta para algo invisível que anima e sustenta sua existência nos mais profundos níveis do seu ser.

Se você está vivo, você está respirando.

Você também foi inspirado para dentro pelo divino.

Quando nós falamos a respeito do espírito de alguém, então o que nós estamos nominando é a realidade do que quer que seja que transcenda a sua fisicalidade. As pessoas falam sobre o espírito de um lugar, de uma equipe, de um lar, de uma pessoa — nós muitas vezes nos referimos à qualidade e ao caráter de alguém, mas de uma forma que não se mede por meio de qualquer signo linguístico tangível.

Vamos prestar atenção numa peça musical, por exemplo. Algumas músicas nos movem de forma especial e poderosa, e a palavra que muitas vezes usamos quando isso acontece é *inspiradora*. O que pretendemos dizer com isso? Esta música é feita de cordas e notas e sons e harmonia e volume e todos esses elementos físicos e tangíveis; mas, além disso, há alguma coisa nessa música, alguma coisa para além de sua essência material que fala conosco.

Ela inspira para dentro de você alguma coisa boa, cheia de esperança, alguma coisa verdadeira, confortante, saudável e pura.

Quando Paulo escreve que as Escrituras (o que para um observador judeu como Paulo deveriam ser a Torá, os profetas e os escritos de sabedoria) são a respiração-de-Deus, ele está dizendo que se trata de livros, mas que também são mais do que livros. Eles são *úteis* (a palavra que ele usa é *óphelimos*, que também se traduz por *aproveitáveis* ou *benéficos*) para grande número de coisas que nos ajudam a fazer o bem no mundo.

Na verdade, o que ele disse foi isso. Que Deus usa esses escritores para ajudar você a fazer o bem no mundo. (Quando um homem como Paulo falou sobre fazer o bem, estava se referindo ao *mitzvot*, que são as boas obras inspiradas por Deus para reparar e restaurar o mundo.)

E como realizar esse trabalho?

De várias formas.

Primeiro, o que nós encontramos na Bíblia é a consistente, constante e permanente afirmação de que a vida é um bom, precioso e sagrado dom de Deus.

É fácil ficar desanimado, amargo, cínico e cansado, revirando os olhos em desagrado, deixando as coisas de lado, acomodado, transferindo a responsabilidade para os outros, vivendo sempre à vontade como se tudo já estivesse sido garantido pelos outros. A Bíblia é um livro sobre lembrar o que se deve fazer, sobre estar acordado, sobre como saber agradecer, sobre sempre ter os olhos abertos.

Segundo, o que você encontra na Bíblia é a consistente afirmação de que é da maior importância como você responde a esse dom.

Existem muitos motivos ao redor de nós, todos os dias, que nos fazem acreditar que nós não precisamos nem costumamos nos importar com o fato de que nossas escolhas não sejam significativas; enfim, tudo o que fazemos não é mais do que um contínuo deslizar sem sentido para o nada. Os escritores da Bíblia falam contra isso insistindo que você pode fazer escolhas para viver de uma forma especial, que você pode decidir usar a sua voz e suas energias para restaurar o que está mal e construir o melhor, e que você pode orientar as coisas para uma direção diferente. Na história, numa estória depois da outra, o herói é falho e frágil, propenso a cometer todos os tipos de erros, tropeçando na vida com uma média de vitórias bastante patética. Em outras palavras, a Bíblia é uma biblioteca de livros sobre pessoas muito parecidas conosco, as quais tentam fazer com que nós possamos ir além e descobrir como sair disso, e fazer o possível para descobrir um novo caminho.

Para concluir, a Bíblia é inspirada de maneira muito semelhante à forma pela qual fomos inspirados.

Nós somos humildes sacos de ossos e pele, e mesmo assim a divina, infinita, eterna força criativa do universo nos inspirou, soprou para dentro de cada um de nós. A Bíblia é uma biblioteca de livros escrita por pessoas tentando compreender as coisas, lutando com seus instintos e desejos, duvidando, questionando, fazendo o que era possível para trazer um pouco de luz ao mundo de sua época e, ainda assim, esses livros tiveram inspiração mostrando-nos o que é a redenção, dando-nos esperança e insistindo em afirmar que as pessoas como você e eu, todos nós, podem fazer nossa parte para curar, reparar e restaurar esse mundo que chamamos de nosso lar.

E isso é inspirar.

41

Qual é a melhor pergunta a se fazer quando você está lendo a Bíblia?

Por que as pessoas consideram importante escrever isso?

Comece por aí.

Existem muitas outras perguntas que você pode fazer, e muitas delas podem ser muito esclarecedoras, mas comece com esta: por que as pessoas sentiram necessidade de escrever sobre isso?

Por exemplo, o primeiro capítulo da Bíblia, Gênesis 1. Quando ele foi editado por completo? Quando os israelitas se encontravam no exílio na Babilônia. Os babilônios tinham uma história própria da criação chamada Enuma Elish. No Enuma Elish, o deus Marduk derrotou a deusa Tiamat e depois cortou sua carcaça usando as duas metades para fazer o mundo.

Bem violenta a coisa, não é?

As histórias da criação foram incrivelmente importantes no mundo antigo (e o são agora), porque elas enraizaram e fundamentaram você quanto a uma visão particular de quem você é e do que está fazendo aqui. E, assim, no cerne da história da Babilônia estava o entendimento de que a violência é o motor da criação. É assim que o mundo foi criado. Foi assim que chegamos aqui.

Os israelitas foram conquistados pelos babilônios e levados de sua terra natal para o mundo estrangeiro da Babilônia, onde tentaram manter seu senso de identidade e tribo, mesmo quando cercados pela cultura dominante e pelas histórias da Babilônia.

E o que eles fazem, então, no exílio? Tratam de ir compilando as Escrituras hebraicas, as quais começam com a história da criação de *seu* povo. História que é um poema. Um poema no qual a beleza, a diversidade, a diferença e a ordem são celebradas. Um poema em que o motor da criação é a alegria divina.

Não destruição — generosidade transbordante.

Não violência — alegria.

Você pode compreender por que eles encontraram energia, força, poder e significado no poema de Gênesis 1? Estava sendo apresentada uma estória de criação competitiva e contrastante com a história da criação da Babilônia. Algo que confrontou o pensamento dominante do mundo em que se encontravam com uma visão diferente e muito melhor do que significa ser humano.

Há ainda mais a se notar aí. Essas pessoas estavam a quilômetros de casa desejando ansiosamente serem libertadas do exílio. Será fácil também entender por que teriam encontrado grande conforto e forte esperança na história do Êxodo, que foi de um tempo muito anterior a isso, quando seus ancestrais estavam a quilômetros de casa, e igualmente ansiosos por ser libertados?

Assim é que pessoas escreveram, compilaram e editaram essas histórias, textos e escrituras porque elas relatavam algo diretamente relacionado às suas mais profundas questões sobre a vida.

Algo semelhante acontece também nos Evangelhos.

Os romanos conquistaram Israel, o que criou um profundo sentimento de humilhação.

Se nosso Deus é o Deus do mundo, por que uma nação que nem mesmo reconhece nosso Deus nos conquistou?

Você pode sentir como essa questão terá permanecido no ar?

Como é que você iria, semana após semana, à sinagoga e entoaria uma oração ou salmo sobre a bondade de seu Deus quando havia soldados romanos marchando aos milhares de cada vez (chamados de legião), em meio à sua terra, ignorando completamente o seu Deus?

Basta lembrar quando Jesus perguntou a um homem endemoniado qual era o seu nome e o homem lhe disse *Legião*. Dá para perceber o que está acontecendo ali? Jesus expulsa os demônios, mas o poder da história é que Jesus estava expulsando a vergonha, a humilhação, e chamando seu povo de volta ao seu destino.

As pessoas escreveram histórias *porque encontraram nelas algo que ajudou a restaurar sua dignidade*; as histórias deram a elas um senso de identidade e ajudaram a dar voz à dor que sentiam.

Tudo muito parecido com o que podemos constatar também nas Cartas de Paulo aos Coríntios no Novo Testamento.

O apóstolo Paulo está criando e promovendo um movimento, espalhando a mensagem inebriante de que existe outra maneira de ser no mundo, que as boas novas de Jesus são sobre dignidade humana e bondade. Ele chega até a usar a expressão *nova humanidade*. Mas as pessoas com as quais ele está interagindo estão ainda presas aos modos de ser antigos e destrutivos. Elas não estão entendendo tão rápido quanto ele gostaria que entendessem. E Paulo fica frustrado, mas ama aquelas pessoas e está cheio de esperança, mesmo que já esteja até perdendo o juízo. Ele se preocupa demais e profundamente, e aquelas pessoas também o estão deixando louco. Paulo está sofrendo muito em seu trabalho, mas também está fazendo algo profundo em si próprio.

Está tendo que tratar de assuntos realmente práticos, como o que as pessoas comem, quem está dormindo com quem e sobre cabelo e casamento, e ao mesmo tempo também escreve coisas como:

O amor é paciente, o amor é gentil.

Ele está inteiramente dedicado àquelas pessoas.

Por que escrever tudo isso em uma carta? Porque Paulo tem um coração gigante para essas pessoas, e quer que elas vejam o mesmo que ele viu para que sejam preenchidas com a mesma alegria com que ele está sendo preenchido.

Por que as pessoas escreveram isso que ficou escrito?

O que estava acontecendo em seu mundo que fazia que isso fosse importante para elas?

Por que eles sentiram a necessidade de registrar palavras que expressassem isso?

Comece com essa pergunta.
Comece com essas perguntas.
E veja o que acontece.

42

Qual é a pior pergunta a ser fazer quando você está lendo a Bíblia?

É uma pergunta que começa com estas palavras:

Por que é que Deus...?

Eu estou supondo que você já ouviu alguma versão dessa pergunta, ou perguntou a você mesmo algo como:

Por que Deus disse a essas pessoas para matar outras pessoas?

ou

Por que Deus criou as pessoas se Deus sabia que elas iam bagunçar as coisas?

ou

Por que Deus não poderia simplesmente ignorar ou abolir o sistema sacrificial?

ou

Por que Jesus teve que morrer — Deus não poderia ter salvado o mundo de outra maneira?

ou

Por que Deus faz com que seja tão difícil acreditar em Deus?

Você já ouviu coisas assim, não é?

O problema com essas questões e perguntas está em que essas pessoas têm um mundo de suposições embutidas dentro delas, suposições a respeito de Deus e da Bíblia que nunca levarão a uma resposta satisfatória.

Aqui está o que quero dizer: se você perguntasse à pessoa que pergunta onde é que estão essas ideias dela sobre Deus e sobre as quais ela tem dúvidas, a resposta provavelmente seria: *na Bíblia*.

Está me acompanhando até aqui?

Você também percebe como isso pode ser um problema?

As pessoas que perguntam sobre questões como essas têm um determinado número de suposições e crenças e pensamentos sobre Deus e a Bíblia que trazem para sua leitura da Bíblia. **Dessa forma, enquanto leem a Bíblia, estão constantemente comparando o que elas estão lendo com o que elas já têm decidido sobre quem Deus é com o que Deus parece ser.** (Isto é mais ainda verdade para os povos que crescem ouvindo versões particulares de Deus — isto pode tornar muito, muito difícil para alguém ler a Bíblia de qualquer outra forma.)

Vamos iniciar um exercício bem prático: você tem pensamentos sobre Deus e a Bíblia. Crenças. Dúvidas. Convicções. Frustrações. Experiências. Coisas que as pessoas disseram para você. Coisas que você leu. Opiniões sobre Deus nas quais você acredita e noutras não. Ou qualquer outra coisa a respeito. Imagine agora esses pensamentos como se fossem cada um uma bolinha de gude. Cada um deles uma brilhante bolinha de vidro.

Entendido? Ótimo. Agora, pegue todas essas bolinhas e coloque todas elas no seu bolso. Ou num saquinho. Ou no porta-copos de seu carro. Você já percebeu o que é importante. Coloque-os de lado. Ponha-os fora do alcance de sua vista. Fora de sua visão.

Agora, leia a Bíblia.

Sem a presença de nenhuma daquelas bolinhas.

Continue.

Tente fazer isso exatamente assim.

Escolha agora uma passagem aleatória.

Foque nela sua atenção.

Faça o seu melhor para lê-la sem deixar nenhuma ideia sobre Deus entrar em cena.

Se você fizer isso, tudo o que você tem são as palavras na página. Escritas por pessoas, transmitidas por pessoas, editadas por pessoas, com decisões das pessoas.

Isto é o que você tem.

E então quando você lê: *Deus lhes falou para matar todo mundo naquela cidade,*

alguém escreveu isso.

Foi assim que alguém entendeu o que aconteceu.

Não traga Deus para dentro disso.

A Bíblia é uma biblioteca de livros que refletem como os seres humanos entenderam o divino.

Naquela época, as pessoas acreditavam que os deuses estavam com elas quando foram para a guerra e mataram todos na aldeia.

O que você está lendo está na perspectiva de alguém que reflete a época e o lugar em que viveu.

Não é a perspectiva de Deus —

é a perspectiva delas.

E quando elas dizem que aquela é a perspectiva de Deus, o que elas estão dizendo é sobre a própria perspectiva a respeito da perspectiva de Deus.

Não podemos confundir as duas.

A arte, o desafio, a primeira condição para ler a Bíblia, então, é estar o mais atento possível quanto às suas bolas de gude e mantê-las bem escondidas numa gaveta o mais que você que puder. Muitas vezes tem sido por isso que as pessoas que cresceram na igreja acabam indo para uma faculdade e fazem um curso de literatura ou religiões comparadas e, como passam a ter que ler a Bíblia como parte de seu trabalho acadêmico, de repente começam a achá-la muito fascinante. A primeira educação dessas pessoas as disseminou contra a natureza convincente da Bíblia, porque gastou muito tempo dizendo a elas o que cada coisa tinha que ser.

Cuidado com sermões nos quais o objetivo é provar algo sobre a Bíblia.

A Bíblia não é um argumento, um recurso para convencer alguém. É um registro da experiência humana. A questão não é provar que é a Palavra de Deus, ou é nela inspirada, ou qualquer que seja a expressão atual que as pessoas estejam usando. O objetivo é entrar em suas histórias com tal intenção e vitalidade, que você descubra o que inspirou as pessoas a escrever esses livros.

(Quando você encontra algo inspirador, a última coisa que deve passar em sua mente é querer provar que é inspirado — você está muito envolvido em que aquilo seja realmente inspirado.)

Se você está tentando demonstrar o que aquilo é, você já está se perdendo em meio às profusas ervas daninhas.

Você tem de deixar aquilo ser o que aquilo é.

Há muitas passagens na Bíblia que são bastante misteriosas, há palavras na língua original para as quais nós não temos termos modernos equivalentes adequados, e histórias que contêm práticas e rituais para os quais não temos hoje nenhum contexto.

Se, no entanto, você guardar e esconder na gaveta as suas bolinhas de gude, e ler e ouvir com cuidado e atenção, você começa a ver a história atrás da história, **a história sobre as pessoas despertando para uma compreensão maior e mais abrangente de quem elas entendem que Deus é e o que acreditam que Deus está fazendo no mundo.**

A partir de então, as perguntas começam a ter um novo significado, porque você começa a perceber que, quanto mais entra na humanidade da história delas, mais descobre que há algo em ação ali, algo insistente, algo permanente, algo que não deixa essas pessoas deixarem de avançar.

E então você percebe que essa mesma força, presença, atração e chamado estão em ação hoje dentro de você. E naqueles ao seu redor.

E seja lá o que for que não deixa essas pessoas pararem de ir adiante, também não vai deixar você parar de progredir.

43

Qual é a outra melhor pergunta a se fazer quando você está lendo a Bíblia?

A melhor pergunta

é sempre aquela com a qual você começa quando está lendo a Bíblia:

Por que as pessoas escreveram isso em primeiro lugar?

E então a outra melhor pergunta a fazer é: **Por que esta passagem continua relevante?**

Ou

Por que ainda existe, milhares de anos depois?

Por que as pessoas a protegeram do tempo e a preservaram?

Por que as pessoas, literalmente, arriscaram suas vidas para reproduzir e distribuir esta coleção de livros?

E essas perguntas sempre levarão você a perguntas ainda melhores.

Por que essa história/passagem/verso/relato ressoou nas pessoas por tanto tempo?

O que isso nos ensina sobre o que significa estar vivendo aqui, neste mundo, agora?

E essa pergunta o levará a esta:

O que era verdade sobre este livro, ou história, ou poema, ou carta para eles naquela época é também para nós aqui e agora?

Por exemplo, os Salmos.

> Até quando, Senhor? Esquecer-te-ás de mim para sempre? (Salmo 13:1)

> Por que, Senhor, te conservas longe? E te escondes nas horas de tribulação? (Salmo 10:1)

> Faze-me justiça, ó Deus, e pleiteia a minha causa contra a nação contenciosa; livra-me do homem fraudulento e injusto. (Salmo 43:1)

Ou o Salmo 83 sobre os inimigos:

> [...] assim, persegue-os com a tua tempestade e amedronta-os com o teu vendaval. Enche-lhes o rosto de ignomínia, para que busquem o teu nome, Senhor. Sejam envergonhados

e confundidos perpetuamente; perturbem-se e pereçam. (Salmo 83:15–17)

Ódio, mágoa, isolamento, vingança, raiva, traição — tudo está lá nos Salmos.

Há muitas expressões de que *Deus é bom* nos Salmos e há uma tonelada de expressões do tipo: *Onde, droga, você está*?

As perguntas são:

Por que esses poemas e orações perduram?

Por que, milhares de anos depois, ainda os temos?

E a resposta à qual você retornará sempre é:

Eles falam de nossa experiência humana.

Perdemos muita coisa pelo caminho.

Na verdade, nós sabemos sobre o que é que o escritor está falando.

Especialmente as coisas cruéis. As linhas onde o escritor deseja que Deus destrua seu inimigo. Quem nunca sentiu isso antes?

Os Salmos nos demonstram como é uma vida espiritual saudável.

Você consegue nominar, chamar pelo nome, tudo o que está acontecendo dentro de você. Você descreve com a linguagem e expressa o que sente. Você consegue dizer em exatas palavras como é a desolação.

Se você não puxa para cima, não traz à tona e não expõe em palavras, tudo aqui estará enterrado em seu ser em algum lugar. E isso virá para fora de outro jeito. Em formas destrutivas e prejudiciais à saúde. Você vai manter tudo entulhado internamente e fará com que você se sinta miserável e infeliz.

Essas orações e esses poemas nos Salmos perduraram, e continuam se mantendo vivos, porque falam algo verdadeiro sobre nossos corações e mentes e esperanças e sentimentos e desejos e feridas. E esse não é o poder dos Salmos. Esse é o poder da Bíblia.

Ou os profetas.

Próximo ao final das Escrituras hebraicas estão os livros sobre os profetas, de Jeremias e Isaías a Naum e o pastor Amós.

Eles são um grupo estranho reclamando e lamentando sobre a corrupção dos sistemas religiosos, econômicos e governamentais, insistindo que Deus odeia os festivais religiosos — literalmente.

Isaías fala de Deus dizendo:
Eu não posso suportar suas assembleias inúteis...
Eu odeio com todo o meu ser...
Eu escondo meus olhos de vocês
mesmo quando vocês oferecem muitas orações.

Amós declara a ira de Deus pela injustiça com: *Ouça isso, você que pisa em cima dos necessitados...*

Miquéias se revolta contra
os que cobiçam as terras e as invadem, e as casas e as tomam.

Enquanto Habacuque lamenta e chora:

Ai daquele que amontoa bens roubados e enriquece pela extorsão!

Por que, então, os escritos dos profetas perduram?

Porque eles falam a verdade sem medo, mesmo aos poderosos.

Eles clamam contra a injustiça e a opressão do sistema que se tornou errado.

Eles responsabilizam os líderes pelas decisões que eles tomam.

É pensamento comum que, nos profetas, encontramos uma primeira formulação na história da humanidade sobre uma visão coerente para a justiça social. Posso dizer então que, toda vez que você ouve uma música do Rage Against The Machine, ou ouve um político denunciando como o sistema funciona para alguns enquanto deixa outros na mão, ou vê um documentário que expõe alguma fraude ou ganância, você está tendo uma experiência do espírito dos profetas vivos, e perfeitamente bem.

Ou a parábola do filho pródigo,

que provavelmente deveria ser chamada de parábola do pai que perdoa.

Jesus contou esta história sobre — espere, você leu isso, certo?

É algo incrível. Em poucas palavras, se trata da história angustiante de dois filhos que estão, sim, separados de seu pai — um por causa de suas más ações, outro, devido às suas boas ações.

E ambos acabam sendo bem-vindos em casa.

Um, aquele que saiu, percebeu o que estava perdendo.

O outro, que não foi embora, parece não compreender o que sempre teve.

E ambos são amados e convidados a voltar para casa.

É uma história sobre o exílio, sobre as muitas formas nas quais andamos por aí procurando pelo amor que tem sido nosso o tempo todo, procurando por aprovação e valorização pessoal em todas as ocasiões e em todos os tipos de pessoas, quando já somos o tempo todo filhos de um pai cheio de amor.

Segundo a história, Lar
é tanto uma localização geográfica
quanto um estado de espírito.

E então há a história de Jacó no livro do Gênesis.

Depois que o encontramos, ele diz:

Sou Esaú

porque ele está fingindo ser seu irmão.

Mais tarde, no final da história, quando ele luta perto de um rio e então lhe perguntam seu nome, ele diz: *Jacó.*

Essa é a história de um homem que se sente confortável em sua própria pele, assumindo então o seu verdadeiro eu. Não está mais fingindo ser outra pessoa — ele está pronto para assumir seu destino. E quando ele finalmente diz que é Jacó, ele é informado de que seu nome será mudado.

Ou Daniel —

que perdeu seu nome, sua família, seus costumes e foi levado para uma terra estrangeira, onde foi doutrinado segundo a vida dos babilônios. Tudo o que lhe é conhecido e familiar foi tirado dele, mas mesmo assim mantém seu senso de identidade e integridade.

E há a Mãe Maria.

É dito a ela que Deus tem grandes planos para ela, planos que terão um grande custo. Ela pondera essas coisas *em seu coração.*

E então, no final, quando seu filho é crucificado, ela está lá.

Há um coração e uma alma para essas histórias, uma humanidade crua e vulnerável cintilando por meio desses relatos de pessoas lutando com a morte, pela própria identidade e contra a injustiça e encontrando o perdão e o amor.

E assim você continua lendo essas histórias perguntando, em primeiro lugar, por que as pessoas as escreveram, e depois perguntando por que tais histórias continuaram mantidas no tempo.

O que elas dizem sobre o que significa ser humano? O que elas nos ensinam sobre esperança, amor, dor, perda, perdão, traição e compaixão? Como essas histórias nos ajudam a entender melhor nossas histórias?

Frequentemente, especialmente quando as pessoas chegam a uma passagem particularmente estranha, aparentemente detestável ou inexplicável, elas perguntam:

Por que Deus disse isso?

A melhor pergunta é:

Por que as pessoas acharam importante contar essa história?

Seguida por:
O que foi que as levou a deixar registradas essas palavras?

Seguida por:
O que estava acontecendo no mundo naquela época?

E então:
O que esta passagem/história/poema/versículo/livro nos diz sobre como as pessoas entendiam quem eram, e quem era Deus, naquela época?

E ainda:
Qual é mesmo a história que está se desenrolando aqui, e por que essas pessoas pensaram que essa era uma história que valia a pena contar?

Parte 5

Notas finais

Uma nota sobre o subtítulo

A frase *sua forma de pensar e de sentir a respeito de tudo* é uma referência respeitosa ao livro brilhante de Thomas Cahill, *The Gifts of the Jews: How a Tribe of Desert Nomads Changed the Way Everyone Thinks and Feels*. [Os presentes dos judeus: como um povo nômade do deserto mudou a forma como todo mundo pensa e sente.]

Uma isenção de responsabilidade sobre este livro

Há uma tonelada que deixei de fora.

Se você terminou este livro e seu primeiro pensamento foi: *Mas ele deixou de fora a passagem do livro de ________ que trata de ________*,

você está certo.

Eu deixei de fora.

E há um motivo muito específico pelo qual o deixei de fora: se não o fizesse, este livro se chamaria:

A *Bíblia*.

Mil agradecimentos

Meu muito obrigado para:

Stratton Glaze por ser o Rick Rubin deste livro.

Chris Ferebee por ser um grande amigo e agente por dezesseis anos.

Jeremy Smoak — você pode correr, mas não pode se esconder.

Mark Bass pela arte da capa original.

E todas as boas pessoas da HarperOne, de Mickey Maudlin a Mark Tauber, Laina Adler, Suzanne Wickham, Lisa Zuniga, Anna Paustenbauch e Anne Edwards.

Livros sobre a Bíblia que vão explodir sua mente

Se você estivesse lendo este livro e continuamente dissesse a si mesmo:

Não ouvi nada disso. Onde ele encontrou isso?

Existem muitas respostas para essa pergunta. Então aqui está uma lista de leitura para você começar:

Em primeiro lugar, eu recomendaria começar com dois livros de Thomas Cahill: *The Gifts of the Jews: How a Tribe of Desert Nomads Changed the Way Everyone Thinks and Feels*

e, em seguida,

Desire of the Everlasting Hills: The World Before and After Jesus.

Se você estiver interessado na história e no contexto das Escrituras hebraicas, experimente ler os livros de Bruce Feiler:

Walking the Bible: A Journey by Land Through the Five Books of Moses

e

Where God Was Born: A Daring Adventure Through the Bible's Greatest Stories.

(Ele inclui no final de cada um deles uma extensa lista de referências. Puro ouro aí.)

No que diz respeito aos comentários sobre as Escrituras hebraicas, aqui está um ótimo: *The Five Books of Miriam: A Woman's Commentary on the Torah*, de Ellen Frankel.

E depois há

The JPS Torah Commentary series

e

The Bible As It Was, por James L. Kugel (que é incrível).

Agora, um pouco sobre Jesus. Se você é novo na ideia de que Jesus era judeu e tudo o que ele faz é nesse contexto, eu começaria com o seguinte:

Understanding the Difficult Words of Jesus: New Insights from a Hebraic Perspective, por David Bivin e Roy Blizzard Jr.

Em seguida,

Poet and Peasant: A Literary-Cultural Aproach to the Parables in Luke, de Kenneth E. Bailey.

Em seguida,

Our Father Abraham: Jewish Roots of the Christian Faith, de Marvin R. Wilson.

Em seguida,

Excavating Jesus: Beneath the Stones Behind the Texts, de John Dominic Crossan e Jonathan L. Reed.

Agora, e para os contextos político e econômico do primeiro século da história do Natal?

Leia:

The Liberation of Christmas: The Infancy Narratives in Social Context, de Richard A. Horsley.

Você me permite te apresentar a um homem chamado N. T. Wright? Pegue um livro dele com *Jesus* no título, sente-se em uma cadeira confortável e prepare-se para ser bombardeado.

Eu também recomendaria sua série Novo Testamento Para Todos: [*Título do livro bíblico*] *para todos*. Como: *Lucas para todos*, *Marcos para todos* etc.

Adicione à lista qualquer livro de John Dominic Crossan.

Eu começaria com *God and Empire: Jesus Against Rome, Then and Now*.

E, claro, há Abraham Joshua Heschel.

Experimente estes livros:

The Prophets

ou

God in Search of Man: A Philosophy of Judaism

ou

Moral Grandeur and Spiritual Audacy.

Bons livros sobre o livro do Apocalipse?

Christ and the Caesars, por Ethelbert Stauffer (quão grande é o seu nome?)

e

Reversed Thunder: The Revelation of John and the Praying Imagination, por Eugene H. Peterson.

Quer ler os Evangelhos de uma maneira totalmente nova?

Leia estes:

Heart and Mind: The Four-Gospel Journey for Radical Transformation, de Alexander John Shaia,

God, the Bible, and Human Consciousness, de Nancy Tenfelde Clasby (tão bom),

e

Deus esteve aqui e eu não sabia, de Lawrence Kushner. (O livro de Kushner é um excelente exemplo de como é girar a gema. Nesse caso, cada capítulo do livro de Kushner é uma interpretação totalmente diferente de uma história da Bíblia.)

Recomendo enfaticamente Kenton L. Sparks com seu livro notável *Sacred Word, Broken Word: Biblical Authority and the Dark Side of Scripture*

e

The Bible Tells Me So...: Why Defending Scripture Has Made Us Unable to Read It, por Peter Enns.

Um dos meus escritores favoritos é Robert Farrar Capon. Comece com

The Mystery of Christ...and Why We Don't Get It.

Depois vá para

The Parables of Grace. O capítulo 3 do livro de Dallas Willard, *The Divine Conspiracy: Rediscovering Our Hidden Life in God,* mudou tudo para mim.

Jürgen Moltmann escreveu um livro chamado

The Spirit of Life: A Universal Affirmation.

Ainda estou me recuperando.

Uma nota sobre crescimento e mudança

Uma questão que sempre me perguntam: *o que devo fazer se estou crescendo e minhas perspectivas espirituais estão se expandindo, mas minha família e amigos não estão vendo o que eu vejo?*

Você não pode levar as pessoas aonde elas não querem ir. Aquilo de que você está tão feliz de se libertar ainda funciona para algumas pessoas. Elas gostam disso. Parece certo. Fornece significado e segurança. Então, quando você as desafia e cita quem tem lido ultimamente e faz as perguntas que abriram novas portas, elas não acham isso motivador nem energizante.

Os grupos têm um centro de gravidade. Famílias, amigos, igrejas, escritórios e escolas têm uma consciência dominante, um centro de gravidade, uma linha partidária. É o acordo, muitas vezes tácito, que mantém as coisas funcionando perfeitamente com base no que acreditar, como se comportar, o que é aceitável e o que não é. Então, quando você entra todo animado com seja lá o que tenha aprendido, você é uma ruptura. E os sistemas não aceitam bem as rupturas, muitas vezes gastam energia extraordinária para contê-las, levando-as ao limite, desacreditando-as.

É por isso que algumas igrejas proíbem livros, é por isso que certos tópicos não são permitidos em reuniões de família e é, também frequentemente, por isso que as pessoas usam palavras como *herege*.

Por causa disso, algumas vozes que você ouviu uma vez não serão mais úteis. Na verdade, algumas vozes que antes o *ajudavam*, se continuar a ouvi-las, vão *atrapalhar* o seu desenvolvimento.

Pode até parecer um passo para trás — porque é. Isto é normal. Doloroso, mas normal. Se você continuar a ouvi-las enquanto fica cada vez mais frustrado e zangado, a culpa não é delas — é sua.

Elas continuam a fazer e a ser quem sempre foram; é você quem mudou. É sua responsabilidade parar de ouvir vozes que impedem seu contínuo crescimento e maturidade.

Você pode precisar criar limites com certas pessoas. Para algumas delas, vai parecer que você está indo para o fundo do poço, e elas podem ver como uma tarefa sagrada resgatá-lo. Por mais fervorosas que sejam, o desejo constante de envolvê-lo pode não ser muito gratificante nem ser uma boa conversa, e talvez você tenha de dizer-lhes com gentileza, mas com firmeza: "Não vamos ter essa conversa novamente."

Além disso, você pode ser gentil, cortês e generoso e, ainda assim, perder amigos. Você pode ser rotulado como louco e falso. Você pode descobrir que certas pessoas o evitam. Isso pode ser desorientador, para dizer o mínimo. Nesses momentos, quando você sentir a brisa fria e forte da solidão, pergunte-se: *Eu preferiria voltar?*

Você prefere estar vivo e livre e aberto e emocionado com tudo o que está acontecendo em seu coração, ou você prefere voltar para quem e como você era antes? Eu acho que não. Lembre-se disso.

É muito difícil encontrar palavras para experiências. Você pode estar explodindo com novos insights, esperança e vida; mas, se seus amigos não experimentaram algo semelhante, e você continuar falando sobre isso, pode não estar os ajudando a ver o que você viu. Na verdade, pode estar causando danos. Seja paciente. Não force suas experiências para os outros. O mover do espírito é um grande mistério e como, por que ou quando certas pessoas irão acordar está muito além de nossa compreensão. Deixe que as pessoas tenham suas próprias experiências.

A amargura não é sua amiga. É fácil se tornar cínico, concentrando então suas energias *naquelas pessoas* e se perguntando sem parar por que *elas* não estão mais envolvidas e por que ainda estão presas ali repetindo os mesmos slogans e fazendo os mesmos movimentos.

Mas tome cuidado, se você está cheio de orgulho porque ficou livre, porque é mais inteligente e esclarecido em comparação com o atraso delas, isso não é bom porque está evidente que seu novo conhecimento simplesmente o tornou arrogante.

Observe o seu coração com cuidado porque, se você não for muito compassivo, mais gentil e mais compreensivo, isso significa que, então, você não cresceu nada.

Comemore. Pense nos últimos seis meses, no último ano, nos últimos cinco anos. Você não é a pessoa que era. Você cresceu, evoluiu, abriu-se, foi libertado. Comemore isso. Não porque você seja ótimo, e sim porque você é grato. Se todas as coisas novas que você experimentou não o tornam, em primeiro lugar, muito agradecido, o que é que você ganhou?

Para Jesus, a questão é o fruto. Você conhecerá as pessoas por seus frutos, por sua vida, pela maneira que elas realmente vivem no mundo. Muitas pessoas ficam entusiasmadas com novas ideias e, então, jogam essas novas compreensões na cara de outras pessoas e se tornam aquilo que desprezam. (Se você comprou mais de cinco exemplares de *O amor vence* para a mesma pessoa e ela ainda não leu, estou falando de você. Ha-há!)

Se uma nova ideia, entendimento ou interpretação não ajudar a transformá-lo no tipo de pessoa que Jesus está nos chamando para ser, então nada daquilo vale muito.

Você está perdoando mais do que antes? Menos crítico? Mais presente? Mais corajoso? Menos preocupado e ansioso, mais livre e amoroso? Isso é o que é interessante: você estar sendo transformado.

Lembre-se de que você não está sozinho. Nunca, jamais se esqueça disso. Especialmente se você começou a se sentir desesperado por parecer que é o único que vê as coisas assim. **Você não está sozinho.**

Impressão e Acabamento:
GRÁFICA SANTA MARTA